UN HOMME

D'AUTREFOIS

L'auteur et les éditeurs déclarent réserver leurs droits de traduction et de reproduction à l'étranger.

Cet ouvrage a été déposé au ministère de l'intérieur (section de la librairie) en avril 1877.

PARIS. — TYPOGRAPHIE DE E. PLON ET Cie, RUE GARANCIÈRE, 8.

HENRI JOSEPH
MARQUIS
COSTA DE BEAUREGARD

Gravé par J. B. Ponce

UN HOMME

D'AUTREFOIS

SOUVENIRS RECUEILLIS PAR SON ARRIÈRE-PETIT-FILS

LE MARQUIS

COSTA DE BEAUREGARD

> L'honneur et la raison sont à nous, le reste n'en dépend pas.
>
> Joseph DE MAISTRE, *Discours à la marquise Costa sur la mort de son fils.*

PARIS

E. PLON ET Cie, IMPRIMEURS-ÉDITEURS

10, RUE GARANCIÈRE

—

1877

Tous droits réservés

AU COMTE RAOUL COSTA

Vous souvenez-vous, mon cher oncle, de ces cartons pleins de lettres, de notes et de manuscrits laissés par mon arrière-grand-père?

Parmi ces papiers, plusieurs contenaient des choses intéressantes que j'ai transcrites ici. — Je ne vous apporte cependant ni une biographie du marquis Henry Costa, ni ses Mémoires.

Un titre seul peut convenir à ces pages écrites au jour le jour pendant que je dépouillais nos archives; c'est celui de Souvenirs. — Pour le justifier tout à fait, je vous dirai que les réflexions qui rattachent entre eux ces fragments appartiennent elles-mêmes au marquis Henry.

Vous retrouverez donc votre grand-père, tel que

vous le rappellent les impressions de votre enfance. C'était une si grande joie pour lui que votre arrivée à Beauregard! Parfois distrait, lorsqu'il vous racontait ses batailles sur les Alpes, ses négociations avec Bonaparte, ou les choses si tristes de l'émigration, vous redeveniez attentif lorsqu'il vous parlait de son fils Eugène, du combat où celui-ci fut blessé et de la mort si glorieuse qu'il fit à seize ans.

Vous vous rappelez encore ce médaillon qui renfermait le portrait de l'enfant et la tendresse avec laquelle le marquis Henry vous le donnait à baiser tous les soirs en priant Dieu de faire de vous un autre Eugène.

Votre grand-père vous montrait son vieux château de Beauregard dévasté, il vous conduisait sur les grèves du Léman qu'il aimait, parce que la révolution avait laissé au ciel et au lac leur azur d'autrefois. Il croyait voir et vous voyiez par ses yeux, dans le lointain, la ville de Lausanne, où votre grand'mère émigrée avait tant souffert.

Tant de souvenirs vous rendront indulgent pour ce livre, mon cher oncle; mais je veux plus encore. Je le place sous votre garde au moment où il va franchir, témérairement peut-être, le cercle intime auquel je l'avais destiné.

Je vous le dédie, parce que, seul parmi nous, vous avez connu et aimé le marquis Henry, parce que, seul aussi, vous nous rattachez aux vaillantes générations des hommes d'autrefois.

A. C.

La Motte-Servolex, avril 1877.

UN HOMME

D'AUTREFOIS

CHAPITRE PREMIER

EN SAVOIE AVANT LA RÉVOLUTION

1752-1766

Le château du Villard et ses habitants. — Henry Costa dans sa première enfance. — Portraits de famille.

Le château du Villard, où naquit, en l'année 1752, le marquis Henry-Joseph Costa, est abandonné depuis quatre-vingts ans. C'est une vieille demeure perdue au milieu des montagnes. Deux tours bordées de mâchicoulis devaient donner autrefois au manoir une tournure assez féodale, mais aujourd'hui tout cela croule et s'effondre, depuis les toitures qui gémissent quand vient la bise, jusqu'à la maçonnerie, d'où émergent de gros moellons disjoints.

Quelques-unes des fenêtres ont conservé leurs croisillons sculptés; d'autres laissent pendre tristement à leurs chambranles les grilles forgées qui les protégeaient, tandis que les grandes portes à demi pourries sont veuves de leurs serrures massives et des clous à tête de diamant qui jadis les cuirassaient.

Par les croisées défoncées du rez-de-chaussée, on voit les salles nues et dévastées. Au mobilier brisé, vendu ou dispersé, survit seulement un buste de marbre, incrusté dans la muraille et tout criblé de balles. En 1793, les patriotes l'ont fusillé comme un aristocrate. Ces ruines s'encadrent dans un paysage ravagé et lamentable à l'avenant.

Un tilleul, l'arbre seigneurial peut-être, accote la porte et répand dans toutes les directions ses branches desséchées; quelques buis devenus des arbres indiquent vaguement les bordures du parterre; le perron n'est qu'un amas de mousses et de pierres brisées. La cour se fauche comme un pré, la chapelle sert de hangar à bois; enfin, la girouette armoriée est remplacée par je ne sais quelle triviale image découpée dans du fer blanc.

Les ruines sont souvent pittoresques, mais ici tout est triste et serre le cœur. La révolution a passé là.

Cependant, pour habiter cette solitude aux jours mêmes de sa splendeur, il fallait avoir une force d'âme que nous n'avons plus aujourd'hui, nous qui ne saurions vivre sans émotions violentes et à qui le bruit est nécessaire comme l'air que nous respirons. Nos parents vivaient fort heureux où nous ne saurions passer quelques heures sans ennui; la maison paternelle était adorable alors pour les enfants. « On ne vit qu'au Villard, et l'on végète ici », écrivait le petit Henry auquel deux jours d'absence donnaient le mal du pays. Il avait alors sept ans.

« Quelle différence des joies de notre adorable maison

aux continuels bâillements de Chambéry! continuait-il. Quel temps que le temps passé loin de toi, ma chère maman, et loin de la maison! Mais aussi combien ce vilain temps dorera-t-il celui que je passerai près de toi à être grondé, selon la coutume que tu crois devoir prendre, pour me montrer moins de tendresse que tu n'en as! »

C'est que le Villard résumait le monde entier pour Henry. Télémaque, son frère; Henriette, Félicité, Clémentine, ses sœurs; son précepteur l'abbé Baret, qui « l'ensottisait » (c'était le terme dont se servait le marquis Alexis Costa, son père); le notaire Girod, les paysans de la ferme, les serviteurs de la maison, voilà ses seuls amis et les seuls humains qu'il connût.

Mais aussi tous étaient bien fiers de lui, et quel portrait charmant fait de son élève le bon abbé dans cette lettre qu'il adressait au marquis Costa:

« Rien de plus hors de compréhension que les gentillesses de Henry; au premier abord, on admire sa beauté et sa hardiesse. Ses caresses ont été sans nombre pour M. le marquis d'Yenne, sans que je lui en eusse dit un mot. D'ailleurs on l'a trouvé bien vêtu pour la campagne; le petit a senti son succès et en a été bien modestement et bien doucettement joyeux. Quant à ses petites fautes, il aime presque autant les dire que les faire... Un peu de malice seulement, monsieur le marquis, vient gâter tout cela. » Et vraiment l'abbé n'avait pas tort, car la verve, la belle humeur pétillaient dans tout ce que disait ou écrivait l'enfant.

« Quoique papa ne te laisse pas manquer de détails, ma chère Henriette, mandait-il à sa sœur un jour qu'il avait été seul avec son père en Chablais, je veux aussi te dire un mot, pour te faire voir que je ne suis pas mort. Il me cuit bien d'avoir si longtemps encore à être séparé de vous. Nous regrettons bien, en voyant ce beau temps, que maman et vous n'ayez pas eu le courage d'être de la partie de Beauregard (1). Ce lieu est très-agréable, et nous y serions joyeux comme des *alleluias*, si vous y étiez. A part cet inconvénient et quelques inondations de curés, nous vivons ici à merveille : bon feu, beaucoup d'occupations, de bons livres, de belles pierres pour faire des ricochets. J'imagine que nous ne serions pas de trop aux soirées du Villard, et que notre retour vous enchantera. Je n'en crois pas encore le temps fixé, mais je voudrais l'avancer. Mes occupations ne le retarderont pas dans tous les cas... Elles consistent à meubler mon portefeuille de chevaux, de chiens, de paysans. Vous savez notre marche jusqu'ici, je ne t'en parlerai donc pas; je te dirai seulement que la pièce du lit en tapisserie que nous avons apportée a été extrêmement fêtée par tous les gens de goût à Genève. Il faut adopter ce dessin et mettre fin au schisme qui nous divise.

» Adieu, ma chère Henriette, je t'embrasse; dis à maman que je lui baise les mains; à Clémentine, que je suis bien aise qu'elle m'ait fait le successeur du

---

(1) Habitation que le marquis Costa possédait au bord du lac Léman

chat... J'apporte à Télémaque de bruyantes raquettes. Je serai très-sévère pour le feuillé de M. Girod mon élève. Dis-lui que le Dominiquin a été bœuf avant d'être ange (1), qu'il ne se décourage donc pas. Mes amitiés à l'abbé; l'histoire de sa perruque neuve m'a beaucoup amusé. »

On entre dans la vie des habitants du Villard en lisant cette lettre (2), on sent combien était grande entre eux la confiance qui met dans les relations mille fois plus de charme encore que n'en saurait apporter l'esprit.

Le caractère et les goûts du marquis Alexis Costa avaient mis l'intérieur de la famille à ce diapason de charmante intimité. Le marquis s'était imposé la tâche de resserrer ces liens, d'entretenir parmi ses enfants l'amour de l'occupation, la réflexion précoce, qui contrastaient avec leur âge.

Le marquis Alexis n'allait guère à la cour de Turin et vivait dans la retraite, s'occupant de liquider la succession un peu embarrassée que lui avait laissée son père. Nul ne songeait à s'étonner de le voir prendre courageusement en main l'honneur de sa maison, mais bien des gens trouvaient étrange qu'il tournât absolument le dos à la fortune; qu'il n'allât point rendre ses devoirs au Roi et vécût ainsi bourgeoisement à la campagne. Une famille noble inactive, oubliée, était

---

(1) Le Dominiquin parut d'abord lourd, incertain et embarrassé; il se reprenait continuellement lui-même avec une sévérité quelquefois injuste.   (*Biographie universelle*.)

(2) Henry avait alors douze ans.

alors, dit Balzac, ce que peut être aujourd'hui une fille laide, sotte et pauvre ; personne ne s'en souciait.

Cette existence, qui pour tout autre eût été pénible, convenait à l'esprit fin, délicat, mais en même temps timide et un peu janséniste du marquis Alexis. Désillusionné sur lui-même et sur autrui dès sa première jeunesse, il était arrivé, par cette triste disposition de son esprit, à une sorte d'isolement moral qui lui avait fait perdre toute influence sur les hommes et sur les choses de son pays. La confiance en soi-même peut bien vite dégénérer en défaut, mais elle est un indispensable auxiliaire à l'action.

Le marquis avait une noble et belle figure ; tout en lui trahissait l'homme de qualité. Curieux de mille choses, il aimait la poésie et la musique, il peignait joliment, émaillait, et mettait surtout une adresse infinie à toute sorte d'ouvrages de mécanique. Les nombreuses lettres que l'on a retrouvées de lui montrent le vif intérêt qu'il portait à tout ce qui se disait ou s'imprimait de son temps ; elles contiennent des aperçus frappants de vérité et de justesse sur ses contemporains, comme aussi les théories les plus sages sur la politique, sur la philosophie et sur les arts. Personne, à cette époque, n'avait plus que le marquis Alexis le goût littéraire et le sens artistique ; bien peu connaissaient mieux les maîtres italiens et leurs écoles.

Les heures qu'il volait à son atelier, à sa bibliothèque ou à son laboratoire, étaient consacrées à des expériences agricoles ; son beau livre sur la culture dans les pays montagneux témoigne de l'initiative qu'il sut prendre dans un temps où la noblesse ne songeait guère à de semblables travaux; mais tout cela n'était qu'accessoire dans sa vie, il n'avait rien plus à cœur que l'éducation de ses enfants. Il s'y donnait tout entier, prenant part à leurs jeux, les associant à ses études, sans roideur comme sans faiblesse. Chacun dans la famille gardait sa place, et l'affection grandissait à ce contact de tous les instants.

On savait au Villard que l'éducation paternelle peut seule assurer la transmission des vertus héréditaires qui composent le patrimoine moral des familles. On y savait aussi que la foi religieuse est le meilleur de tous les guides, car elle éclaire l'esprit sans lui donner d'orgueil et fortifie le cœur sans l'endurcir.

Le cœur et l'esprit avaient leurs rôles dans l'intérieur charmant que nous essayons de peindre. La nature enthousiaste et vibrante de la marquise contrastait avec l'humeur un peu sombre de son mari, et ainsi tous deux se complétaient.

Mariée fort jeune, Henriette de Murinais avait apporté au Villard toute sa gaieté et son entrain; elle était l'âme de la vieille maison. Si les enfants, en grandissant, avaient pris à leur père quelque chose de son esprit sérieux et réfléchi, ils lui devaient à elle toutes leurs qualités aimables.

La marquise était faite pour jouer dans le monde un rôle brillant, mais elle passait sa vie dans la retraite sans regret et sans ennui. C'était une femme singulièrement intelligente, maîtresse d'elle-même et sûre de ses forces; douée d'une grande activité et d'une grande chaleur d'âme, elle ne ressentait jamais cet affaissement moral que l'on peut appeler l'abandonnement de soi-même.

Sa haute piété n'empêchait pas la grâce de percer dans tout ce qu'elle disait. Elle avait un grand fonds de lecture; son style comme sa conversation étaient énergiques, mais son cœur l'était bien plus encore.

Aux prises parfois avec d'inextricables difficultés, on la trouvait toujours calme et souriante.

« Je suis comme ce pauvre Arabe, écrivait-elle un jour à une amie, qui lui demandait le secret de son admirable sérénité; ce pauvre Arabe n'avait point de souliers et manquait d'argent pour en acheter; il alla à la mosquée de Damas et vit un homme qui n'avait point de jambes; le pauvre Arabe loua Dieu et ne se plaignit plus de manquer de souliers. De même, comment me plaindrais-je alors que tant de gens sont plus à plaindre que moi? Je recouche les plumes hérissées, et c'est là pourquoi Dieu m'a placée au milieu de tant de pauvres gens. »

Aussi adorait-on la marquise autant qu'elle était adorable, et sa bonté était passée en proverbe bien loin autour du Villard. Accueillante et gracieuse pour chacun, elle ne ressemblait pas à ces gens qui viennent passer chez eux leur temps de mauvaise humeur pour se reposer d'avoir plu ailleurs à des indifférents.

Au Villard, on ne connaissait pas les indifférents.

Parents et voisins affrontaient seuls les difficultés du voyage dans un pays montagneux où les chemins étaient à peine tracés. Comme dans presque tous les châteaux de ce temps-là, de vieux amis y vivaient, qui ne le quittaient guère et avaient en quelque sorte droit de bourgeoisie.

Le marquis Pierre-Joseph de Murinais, père de la châtelaine, y était à demeure. Correct, pimpant, coquet malgré ses soixante et dix ans bien sonnés, il embaumait Versailles, où s'était passée presque toute sa jeunesse. Le marquis était le type charmant des conteurs d'autrefois, charmants surtout parce qu'ils prêtaient leur esprit aux autres. On ne se lassait pas plus de l'entendre qu'il ne se lassait lui-même de dire ses aventures, les émaillant, à chaque édition nouvelle, de saillies et de mille traits plaisants. A la bataille d'Hochstædt, une balle lui avait bizarrement contourné la tête : entrée par la tempe droite, elle était sortie par la tempe gauche; deux larges mouches de taffetas en cachaient les cicatrices. M. de Murinais avouait être demeuré fort étourdi, mais, du même coup, absolument guéri des affreuses migraines dont il avait coutume. Il conseillait volontiers le même traitement, et, au moindre sourire d'incrédulité, on l'entendait invoquer à grands cris le témoignage de son ami, M. de Saint-Rémy. Celui-ci acquiesçait de la mine et du geste; car ces vieilles gens s'adoraient, bien que se querellant tout le long du jour. Ils avaient le même âge, et ne s'étaient jamais quittés, soit à la cour, soit aux armées. M. de Saint-Rémy était venu passer un mois en Savoie, pour assister son vieil ami au moment de la mort de la marquise de Murinais. Il était encore au Villard quinze ans après, et tout à fait chez lui. M. de Saint-Rémy était au fond le meilleur des hommes; mais morose, sans gêne, égoïste, ainsi qu'il convient à tout célibataire qui a dépassé la soixantaine, il boudait le genre humain, et surtout l'ordre de Malte dont il était chevalier profès. C'était avec de terribles bourrasques de bile que M. de Saint-Rémy interrompait parfois le récit de ses caravanes, pour énumérer toutes les commanderies que d'autres avaient eues; ces rages jalouses duraient depuis vingt ans! Mais il faut ajouter que ces grandes colères ne tenaient pas et se fondaient ordinairement dans certaine chanson pleine de gaillardises, où il prenait son patron saint Jean lui-même à partie de ses déconvenues.

Quand, avec une mine et un sourire qui ne valaient rien, on le voyait préluder à sa complainte, la marquise faisait disparaître les enfants et lui tournait le dos. Hélas! c'était en vain; la pauvre femme s'estimait bien heureuse lorsqu'elle n'avait à subir que ce premier couplet :

>   Toutes les belles du canton
>   Nourrissaient le prophète;
> Petits poulets, petits pigeons,
>   Volaient vers sa retraite;
>   Même il recevait,
>   Parfois, en secret
>   Gentilles demoiselles,
>   Et d'un air discret
>   Le bon saint disait :
>   Voilà mes sauterelles.
> . . . .

Le notaire Girod riait sous cape, et l'abbé Baret se signait en entendant chanter de telles horreurs. C'était vraiment l'attelage le plus étrange que celui de ces deux êtres dévoués et bons à l'envi l'un de l'autre. Ils étaient nés dans la maison et ne l'avaient quittée que pour aller, l'un, se faire ordonner prêtre par Mgr l'évêque de Belley, il y avait de cela bien longtemps déjà; l'autre, pour aller chercher à Chambéry ses patentes de notaire royal.

M. Girod administrait les domaines, fauchait, moissonnait avec une ardeur qu'il n'eût point mise à garder du soleil ou de la pluie ses propres récoltes. L'abbé s'appelait Just : jamais prénom ne convint mieux à son personnage; il baptisait les enfants, mariait les serviteurs, et, à ses moments perdus, il instruisait quiconque en avait besoin. Mais, bien qu'il parlât comme un bon livre, la naïveté du petit monde qui gravitait autour de lui l'embarrassait parfois; il trouva, par exemple, un jour Clémentine, la dernière petite fille, fort en colère contre la femme de Putiphar, qui en avait mal agi, disait-elle, avec Joseph. Voulant savoir comment elle entendait l'affaire, l'abbé découvrit avec une satisfaction bien légitime que cette vilaine femme était une menteuse et une voleuse. Pour faire renvoyer Joseph, ne l'avait-elle pas accusé auprès de son mari de lui avoir dérobé un pot de crème (ce qui n'était pas vrai), pendant qu'elle-même cherchait à lui voler son manteau!

Quelque cinquante ans plus tard, on eût peut-être attribué cette leçon d'histoire au Père Loriquet; mais en même temps qu'elles contaient ainsi à leurs petites-filles les aventures de madame Putiphar, nos grand'mères disaient à leurs fils qu'il ne fallait pas balancer entre la mort et le déshonneur. Elles leur disaient encore qu'il était beau de s'armer pour la défense de son pays et de montrer de la fidélité à son prince, que c'était une lâcheté de manquer à sa parole, enfin que l'on devait s'honorer du nom de ses pères.

Les longues soirées de l'hiver se passaient à conter l'histoire de la famille (car il n'est pas de famille qui n'ait, en bien ou en mal, de frappants exemples dans ses propres annales). Les belles actions et les vertus devenaient légendaires dans tous ces cœurs d'enfants. Groupées autour d'un grand ouvrage de tapisserie, les petites filles travaillaient, pendant que leur mère mettait de l'ordre et de l'économie dans les laines et dans les métiers. Le marquis de Murinais égayait le coin du feu en lisant un conte ou bien les gazettes qui venaient d'arriver par l'ordinaire; l'abbé marmottait, en attendant le souper, quelques patenôtres inattentifs; Henry, assis sur le bras d'un fauteuil, corrigeait les déplorables dessins de M. Girod, et le marquis Alexis, tenant son petit Télémaque sur ses genoux, jouait avec la croix de Malte (1) qui pendait au cou de l'enfant, ou crayonnait, pour la lui faire comprendre, la fable du lendemain. Quelquefois les portes s'ouvraient bruyamment; c'était le vieux Saint-Rémy

---

(1) Télémaque de Costa était chevalier de minorité.

qui avait ajouté un couplet à son éternelle chanson, et demeurait foudroyé sur le seuil par un coup d'œil de la marquise. Gens heureux qui n'avaient point encore ouï parler de la révolution, et qui tous cependant devaient être emportés par elle!

La noblesse, en province, ne peut être accusée d'avoir déchaîné la tempête. Qui donc aurait jalousé ces existences bienfaisantes? La maison était grave et sans luxe, on y voyait peu d'argent, mais tout était commun entre le maître et ceux qui le servaient. Personne n'avait souci de l'avenir, car alors le Roi ne mourait pas, et le devoir avait ses horizons définis envers la patrie comme envers Dieu.

CHAPITRE DEUXIÈME

DU VILLARD A PARIS

1767

Comment et pourquoi Henry fit à quatorze ans le voyage de Paris.—Sa politique à propos du jugement de M. de la Chalotais. — Aventure de Moulins. — Arrivée à Paris. — Première échappée sur le grand monde. — Courses au travers des ateliers en renom. — Greuze, Vanloo, Boucher. — Rencontre de M. Diderot. — Versailles. — Madame de Choiseul. — La ville après la cour. — Madame Geoffrin. — Marmontel, le président Hénault. — Retour au Villard.

Tel était le milieu où s'élevait Henry. Son esprit était si largement ouvert, qu'il avait à quatorze ans terminé ses études latines et françaises. Le bon abbé Baret, désormais hors d'état de lui rien apprendre, déclarait, non sans une nuance d'orgueil, « que son élève était fait pour donner à toutes les mères du monde les douleurs de la comparaison ».

Dès longtemps aussi s'était révélée chez l'enfant une véritable passion pour les arts. Un goût héréditaire avait réuni au Villard de nombreux tableaux flamands et italiens, les uns achetés en Hollande par Gaspard Costa (1), les autres apportés de Gênes par le président Jean-Baptiste (2) son père, qui vers 1644 était venu

---

(1) Bisaïeul de Henry.

(2) J. B. Costa, président du Conseil d'État, fut employé par Victor-Amédée Iᵉʳ à plusieurs missions importantes en Espagne et auprès du cardinal de Richelieu.

se fixer en Savoie. Chacune de ces toiles avait sa légende, et les merveilleuses histoires que l'on contait sans cesse aux enfants sur la jeunesse des grands peintres avaient fait éclore la vocation de Henry dans les singulières circonstances que voici.

Sortant un jour de son cabinet, où l'assourdissaient des cris joyeux que dominait encore le fausset de l'abbé, le marquis Alexis trouva son fils qui achevait de barbouiller un panneau de la salle à manger. L'enfant avait juste cinq ans; il tenait à la main une queue de poire et s'en servait comme de pinceau pour mélanger et étendre tour à tour de la brique pilée et du charbon, les seules couleurs qu'il eût pu se procurer. Henry copiait un Caravage.

Si étrange que fût cet essai, le dessin et la couleur étaient incroyables pour un enfant, et l'ensemble tellement extraordinaire, que le marquis, moitié riant, moitié pleurant d'émotion, enleva son fils dans ses bras et le dévora de caresses. Le petit se laissait faire et passait de mains en mains. L'abbé voulut le remettre à M. de Saint-Rémy; mais, plus maussade encore que de coutume, le chevalier lui tourna le dos.

« Beau métier de gentilhomme que le métier de barbouilleur! » murmura-t-il en fermant la porte avec fracas.

« La peste étouffe le fâcheux! dit une voix. — Ainsi soit-il », soupira charitablement le curé de Saint-Pol, qui détestait le chevalier depuis certaine mauvaise plaisanterie dont il avait été victime.

Henry eut tous les honneurs de la journée; sur sa

jolie figure mutine, on lisait la satisfaction que lui causait ce premier triomphe et une parfaite confiance dans l'avenir. A partir de cette époque, son goût pour la peinture ne cessa de se développer.

Il y aurait peut-être de charmantes choses à dire de l'enfance qui s'annonçait ainsi : « C'est une douce manie de *beer* aux choses passées ; tout est plaisir, surtout lorsqu'on tourne les yeux vers les premières années de ceux que l'on chérit. On allonge une vie aimée, on étend l'affection que l'on ressent sur des jours que l'on a ignorés et que l'on ressuscite, on embellit ce qui fut de ce qui est, on recompose la jeunesse (1). »

Mais, s'il est permis de refaire ces jolies légendes pour un homme de réputation, il n'en saurait être ainsi de l'existence modeste que révèle témérairement peut-être aujourd'hui une affection filiale.

Les années se succédaient au Villard sans autres événements importants que les chasses malheureuses ou les voyages à Beauregard. Une partie d'échecs mettait en jeu tous les amours-propres ; on se désolait de laisser partir un ami par le mauvais temps, et plus grande encore était la peine, quand on n'avait pas bourré les poches d'un créancier de tout l'argent qu'elles pouvaient contenir. Que dire de ces années, sinon qu'elles étaient heureuses, heureuses comme celles d'un peuple dont l'histoire ne parle pas ? Mais,

---

(1) CHATEAUBRIAND, *Mémoires d'outre-tombe.*

hélas! le bonheur lui-même est impuissant à arrêter le temps qui s'écoule.

Les enfants grandissaient; Henry allait avoir quatorze ans, son visage était charmant. Sa physionomie reflétait l'aisance et la grâce répandues dans toute sa personne. Son esprit était juste et gai, il parlait avec facilité, tout en demeurant un peu sauvage, de cette sauvagerie étonnée, à la fois craintive et hardie, de l'enfant de la montagne ou du désert.

Du fond de ses grands yeux bleus jaillissait une intelligence sans cesse mise en éveil; l'honnêteté de son âme comme la précocité de son esprit vivait dans ce regard que rien n'était venu ternir.

Henry s'était épanoui dans le rayonnement de ses nobles instincts; habitué par son père à regarder en face le bien comme le mal, il ignorait les nuances et les compromis entre la vertu et le vice qu'engendrent la peur ou l'hypocrisie.

De cette gentilhommière perdue dans les nuages, on avait sur le monde les plus justes perspectives. Voltaire, Rousseau (1) et leur philosophisme y étaient discutés et flétris. Il n'était pas jusqu'aux scandales de Versailles, jusqu'aux discussions académiques qui n'eussent leurs échos au Villard. On n'y était, en un mot, étranger à rien : beaux-arts, philosophie, littérature, venaient tour à tour charmer les longues soirées.

---

(1) Le marquis Henry, qui ne pouvait souffrir J. J. Rousseau, disait plus tard que pour ne pas ternir sa gloire, ce grand homme eût bien fait de mourir sans *Confessions*.

Les enfants s'intéressaient, chacun selon ses goûts ou ses inclinations, à ces choses lointaines qu'il leur était donné d'entrevoir. Quant à Henry, il s'était, nous l'avons déjà dit, pris de passion pour la peinture; il l'entendait comme il entendait toute chose, d'une façon absolument personnelle, trouvant en lui-même ses inspirations, n'imitant rien, apportant dans ce qu'il faisait une originalité, une sûreté de goût, une intuition artistique dont témoignent deux petits tableaux qu'il achevait de peindre au printemps de 1766. L'un représente, car ils existent encore, l'atelier du Villard ; l'autre est un paysage au milieu duquel le peintre avait agréablement groupé sa mère, ses sœurs et quelques paysans.

L'heure du grand développement était donc venue pour Henry; un sentiment instinctif le poussait vers l'inconnu, et son esprit était impatient de prendre un plus haut vol. Le marquis son père sentait aussi qu'il fallait à son fils des conseils et des maîtres; pouvait-il, d'ailleurs, lui imposer la solitude éternelle à laquelle il s'était lui-même condamné?

Si quelqu'un, dans les derniers jours d'octobre 1766, était entré certain soir dans le petit salon de la marquise, il l'eût trouvée, comme de coutume, entourée de ses vieux amis, mais à la perplexité des visages comme à la vivacité de la conversation il eût été facile de voir qu'il se traitait là une question de haute gravité.

Il s'agissait en effet d'un voyage à Paris, auquel on pensait depuis quelque temps pour Henry. Le vieux marquis de Murinais y poussait fort, se sentant comme un regain de jeunesse à la pensée des succès qui attendaient là-bas son petit-fils. Prévus par tous, à vrai dire, le marquis était presque seul à les désirer, car l'affection grossissait les dangers qu'allait courir l'enfant.

L'hésitation était donc grande.

Pour la centième fois, M. de Saint-Rémy s'offrait à chaperonner l'enfant; pour la centième fois, il était repoussé avec perte, quand la porte s'ouvrit brusquement et laissa passer un gentilhomme botté, éperonné, en petite tenue des gendarmes du Roi.

C'était le chevalier de Murinais, qui arrivait de Saint-Marcellin en Dauphiné et allait à Moulins, où son régiment tenait garnison. De là il devait continuer sa route vers Paris.

M. de Murinais semblait tomber du ciel : c'était un homme de bien et fort dévot, ayant quelques années de plus que la marquise Costa, sa sœur, qui l'adorait. Il proposa d'emmener Henry avec lui ; l'affaire fut bientôt arrangée : le chevalier envoya ses chevaux à Moulins, sous la conduite de Pigache, son domestique, et passa le reste de la semaine au Villard, jurant mille fois le jour sur sa part du paradis qu'il ramènerait au giron maternel son neveu sain de corps et d'âme.

Quel événement que ce départ! Les provisions s'entassent dans la voiture, les mêmes recommandations se répètent, on s'est embrassé pour la dernière fois, et l'on s'embrasse encore. Les pauvres parents regrettent la permission qu'ils s'accusent d'avoir trop légèrement donnée et qu'ils voudraient reprendre. Figurez-vous les domestiques effarés, les paysans, le bonnet à la main, voyant partir leur jeune maître pour Paris, pour un monde dont ils n'ont jamais ouï rien dire, sinon qu'on n'en revient presque jamais.

Vieux et jeunes en partant promettent d'écrire, et bientôt cependant les mille riens, les plaisirs ou les fatigues du voyage emportent un chagrin que l'on croyait éternel, et jusqu'au souvenir de ceux qui, demeurés à la maison, ont gardé la meilleure part des regrets. Ici les absents n'eurent pas tort, car, chaque soir, Henry écrivit au Villard ses impressions de la journée.

Une main amie a conservé ces lettres, qui trahissent à chaque ligne les petits défauts comme les charmantes qualités de son esprit.

Voici la première de ces lettres ; elle est datée de Moulins :

« Après que je t'ai quitté, papa, le cœur bien serré, nous sommes arrivés à Lyon que nous avons traversé pour venir coucher à Tarare, et nous voici à Moulins. Mes tableaux, mon oncle et moi avons fait bon voyage ; il n'y a que le pauvre sac de marrons qui s'est déchiré et les a un peu semés le long des grands chemins ; il en reste cependant encore une bonne quantité.

» Depuis que je suis ici, mon oncle m'a mené dans les plus brillantes assemblées. Mais parlons de choses plus intéressantes.

» Je suis on ne peut plus content du mausolée du duc de Montmorency. Les deux figures de l'Hercule et de la Charité sont de la plus grande beauté. Celles du duc et de sa femme sont aussi fort belles, mais les autres n'en sont pas dignes. On voit que l'auteur était parfaitement au fait de l'antique; j'ai reconnu dans la tête de la Charité les traits et les caractères de la Vénus de Médicis; je croirais même qu'ils sont trop bien. Les proportions de l'Hercule sont les mêmes que celles de l'Hercule à la massue. La draperie de la Charité est la plus belle chose du monde; il m'a pris souvent envie d'appuyer le doigt dessus pour la faire plier; le nu se sent parfaitement bien, et les plis en sont jetés majestueusement. Enfin, ce morceau gagne infiniment à être vu de près. Je me suis mis à le copier tout entier; mais comme c'est un très-grand morceau d'architecture, et qu'il faudrait une opération de perspective longue et difficile pour le bien rendre, je prendrai du tout ensemble une esquisse à vue de nez, que je pourrai, dans la suite, mettre en règle; je dessinerai seulement les figures avec soin.

» Comme je rentrais de l'église où j'avais passé une bonne partie de la journée à travailler, mon oncle me pria de lui faire des plateaux de sable coloré pour un grand souper qu'il avait le soir même. Il en fut content, et pour me récompenser me permit d'assister à une petite comédie de société qui termina la fête; le vrai est que je m'y amusai infiniment. On jouait le *Légataire universel*, pièce dans le goût du *Malade imaginaire* de Molière. — Nos acteurs y ont fait merveille. »

On hocha un peu la tête au Villard quand cette lettre y parvint. Mais ce furent bientôt de plus grandes inquiétudes encore.

« Lundi dernier, écrivait Henry, comme mon oncle avait prié un des officiers de sa gendarmerie de me donner quelques principes pour monter à cheval, j'ai monté le Singe et me suis acheminé vers le manége; mais, dès que mon cheval a passé près de l'endroit où on le fait tourner pour le mener boire, il a enfilé au galop une grande allée qui s'est trouvée devant lui. Il faut noter que le cocher de mon oncle, qui venait avec moi, m'avait donné pour toute instruction que le cheval était extrêmement sensible à la bride et que, dès qu'on la lui tirait, il se cabrait; mais, comme il ne m'avait pas donné le secret pour l'arrêter, j'ai laissé à mon cheval la liberté de faire ce qu'il voudrait, pensant qu'après une petite galopade je lui persuaderais aisément par la douceur de venir où je prétendais aller.

» Point du tout; dès que monsieur le Singe a vu que je ne le retenais pas, mon peu de résistance lui donnant une fort mauvaise idée de mon savoir-faire, il a pris le mors aux dents et m'a emporté ventre à terre jusqu'au bout de l'allée, où il sauté l'une après l'autre six barrières de ma hauteur et, avec la dernière, un fossé de six pieds de large, où il a laissé mon chapeau dans un tas de crotte.

» Toutes ces cabrioles ne le rendant que plus furieux, il a franchi un pont et m'a emporté cul par-dessus tête à perdre la respiration. Enfin, après m'avoir traîné ainsi près d'une demi-lieue de chemin ou plus, car le temps me durait bien fort, et m'avoir rudement froissé contre l'angle d'une maison, il s'est venu fourrer dans un petit jardin, fermé par quatre haies et un fossé ; comme il se préparait à franchir ce nouvel obstacle, j'ai sauté promptement à bas ; crotté par-dessus les yeux, j'ai pris mon cheval par la bride et me suis remis en chemin dans la boue jusqu'à mi-jambes.

» Le cocher de mon oncle, qui m'avait suivi en courant de toutes ses forces, m'a joint sur ces entrefaites et s'est chargé du cheval. Tous ceux qu'il rencontrait pendant qu'il me cherchait et qui m'avaient vu passer si en désordre l'assuraient que je ne pouvais qu'être mort ou estropié. Quand je suis repassé, on a paru fort intéressé sur ma santé ; chacun me demandait si je n'avais ni bras ni jambe rompus. La vérité est que je n'ai eu aucun mal, j'ai seulement perdu tout ce que j'avais dans mes poches. Au reste, j'ai acquis beaucoup de gloire ; on ne parle à Moulins que de moi et de mon aventure. MM. les gendarmes et mon oncle lui-même m'ont assuré qu'aucun d'eux n'eût voulu se trouver à ma place.

» Ce matin, cependant, je suis retourné au manége, mais sur mes deux pieds de derrière. J'y ai appris à mettre le pied à l'étrier en règle, à mettre la main et puis le reste en règle sur la selle et à me tenir comme un Sancho, non pas en avant, mais en arrière, et à porter le nez au vent. »

Cette *braverie* du petit garçon amusait les gendarmes ; lui se grandissait, tout heureux de son importance, et s'en allait prenant parti sur toutes les questions qu'il tranchait le plus gravement du monde.

« Aujourd'hui, jour de Noël, écrivait-il à son père, j'ai dîné en fort gaie compagnie, avec les gendarmes et un gros grand vicaire de Nevers qui leur faisait raison sur tous les points. Après le dîner, on a fait la partie d'aller au sermon d'un certain capucin qui tire ses sermons de l'*Émile* de M. Rousseau. Il est de fait qu'accommodés à la sauce philosophique par ce pieux cuisinier, nos dogmes sont difficiles à digérer. » Passant ensuite à la politique : « En sortant du prêche, continue Henry, car c'est bien ainsi qu'il convient d'appeler les tirades du Père Ange, je suis allé chez madame de la Roche, qui avait, dans la journée, reçu des nouvelles de Bretagne.

» Le Roi, paraît-il, ayant fait assembler son parlement, lui a déclaré qu'il voulait que cette affaire fût entièrement oubliée, qu'il lui imposait le silence le plus exact, qu'il ne voulait point trouver de coupable; qu'il ne rendrait point cependant ses bonnes grâces à MM. de la Chalotais père et fils, et qu'il les exilait, les uns disent à Saintes, les autres, aux Sables d'Olonne. Madame de la Roche est fort mécontente de ce jugement, quoique sa lettre de cachet soit levée et qu'elle attende son rappel au premier jour. Je ne sais pourquoi tu me mandes qu'elle est à la Bastille ; le gazetier d'Avignon le veut aussi. Tout le monde trouve beaucoup d'inconséquence dans ces affaires de Bretagne. Ou MM. de la Chalotais sont innocents, comme le public le croit, ou ils sont criminels ; s'ils sont criminels, ils ne sont pas assez punis ; s'ils sont innocents, ils le sont trop. On trouve aussi fort étrange de voir arriver en poste tous ces témoins de Bretagne, que l'on renvoie aussitôt qu'arrivés, en leur défendant surtout de parler.

» C'est précisément fondre des pièces de 24 pour tirer avec des sarbacanes. »

Ici l'originalité de l'expression le dispute à la justesse du sentiment. Henry entrevoyait-il le danger de ces faiblesses, de ces demi-mesures aussi inefficaces à ramener les affections défaillantes qu'à réduire les ambitions qui sourdent? Toujours est-il que l'on peut répéter, devant cette impression si vive dans un enfant de quatorze ans, qu'il n'est jamais trop tôt pour apprendre par quels hommes le monde est gouverné.

M. de Choiseul, tout-puissant encore, malgré ses sept années de revers, entreprenait alors de réformer l'armée.

La tactique de Frédéric l'avait emporté sur la valeur française, et l'on croyait remédier à tout en pratiquant la théorie prussienne.

Ce fut un bouleversement général ; la plupart des anciens officiers se retirèrent; la jeune noblesse, au contraire, adopta le nouveau système avec enthousiasme, et de partout affluèrent les demandes de service; ce fut une rivalité entre les régiments.

M. de Murinais et son camarade, le capitaine d'Orneval, avaient dès longtemps projeté de faire une apparition à Versailles. Leur carrière en dépendait. Ils se mirent en route quinze jours après l'arrivée du chevalier à Moulins.

On cheminait en carrosse et à petites journées.

A Nevers, ces messieurs, qui savaient leur monde, allèrent faire leur cour à madame du Châtelet, la belle-mère de M. de Choiseul. C'était une vieille personne, vivant fort en dehors de Versailles et affectant de n'y avoir nul crédit; mais on connaissait ces détachements, mis à la mode par madame de Maintenon, et l'on se confondait autour de ces vieilles femmes.

Chacun s'empressa donc et voulut paraître pendant un souper qu'elle donna; Henry seul n'y avait rien à dire et se fût ennuyé si sa bonne étoile ne l'eût jeté dans les bras d'un gros M. du Tremblay, *endiamanté* à toutes les phalanges, ridicule des pieds à la tête, mais fort amateur de peinture et possesseur du plus riche cabinet qui fût à vingt lieues à la ronde.

Ce fut un vrai déchirement le lendemain quand il fallut quitter cet homme aimable. Comme son oncle le plaisantait sur cette amitié si brusque, Henry, pour se soustraire aux moqueries, voulut, malgré le froid horrible qu'il faisait, courir la poste à franc étrier. Mal lui en prit, il fut roulé dans la neige et eut trois doigts de la main droite gelés, et si bien gelés qu'il ne put s'en servir de plusieurs jours. Les épigrammes redoublèrent à l'adresse du présomptueux petit garçon, quand il vint humblement reprendre sa place dans la voiture. Elles égayèrent la fin du voyage, et, le 12 janvier 1767, le chevalier de Murinais, Henry et M. d'Orneval débarquèrent à l'hôtel de Nevers, en face des mousquetaires gris. Chacun courut où il avait affaire.

« Enfin, écrit Henry, nous voici à Paris; je ne me trouve plus la même figure; ce qui me prouve cependant que je suis bien moi-même, c'est que j'ai voulu courir la poste et que j'en souffre cruellement. On m'a frisé, pomponné toute la journée, et le soir mon oncle m'a mené souper chez madame de Gastine; j'y ai vu son fils, qui n'est pas encore bien grand pour son âge, mais qui est de la figure la plus noble et la plus intéressante. Malheureusement, il y avait là aussi deux ou trois brillants petits-maîtres, dont le ton m'a fort surpris : ils ne font que bâiller, prendre du tabac; quand j'ai vu au bout de quelque temps que j'étais dupe de mes honnêtetés, j'ai commencé aussi à me mettre à mon aise, à m'étendre, à coudoyer, à passer devant quand l'occasion s'est présentée. »

Mais faisant modestement un retour sur lui-même, Henry s'en prend de son insuccès à sa toilette et à sa gaucherie provinciales.

« Il faut en convenir, mon bel habit de velours et moi avions l'air un peu bête. Comme on ne me disait rien, j'ai prestement pris mon chapeau, mon épée, et m'en suis venu t'écrire, mon cher papa; si je meurs ici, ce sera bien certainement du mal du pays. Que tes lettres que je viens de trouver sont bonnes! Il faudrait bien des cœurs à la française pour faire un cœur comme le tien. En vérité, tu as bien de la bonté de relire deux fois mes chiffons de lettres; ce sont les tiennes qu'il faudrait encadrer. Rien n'est aussi joli que la petite morale que tu tires de mon aventure équestre de Moulins; je n'ai jamais rien lu de plus juste, ni de plus agréablement dit.

» Je t'adresse cette lettre au Villard, mon cher papa, pensant bien que tu as le bonheur d'y être, et que l'on a celui de t'y posséder. J'espère avoir dans quelques jours mieux à te mander, car mon oncle m'a fait de belles promesses. »

Ces espérances, cependant, ne se réalisaient pas. Le chevalier de Murinais avait mille choses à faire et négligeait un peu son petit compagnon.

« Il faut avouer, papa, écrivait celui-ci, que je fais une triste figure; mon oncle m'oublie absolument; depuis quatre jours que je suis ici, je n'ai rien fait ni rien vu. M. de la Garde, sur qui je comptais, est à Issy et n'habite point Paris; il y vient tout au plus une fois par mois. Les rues de Paris sont des torrents de crotte; il est impossible de sortir à pied. Mon Dieu, mon Dieu, me sentir au milieu des plus belles choses et être réduit à dormir pour passer mes journées, cela me met la bile dans un mouvement affreux!

» Tout à l'heure, n'y tenant plus, je suis allé, sous la conduite d'un des laquais de mon oncle, jusqu'à la rue de Grenelle, toute voisine de la nôtre, pour voir une très-belle fontaine. Elle est ornée de sept figures de Bouchardon.

» La ville de Paris, représentée par une femme assise sur une proue de vaisseau, est élevée sur un massif orné de refends et dont la superficie est couronnée de glaçons pendants. A ses côtés, sont la Seine et la Marne penchées sur leurs urnes. Au-dessus, est un fronton soutenu par quatre colonnes cannelées d'ordre ionique. Le corps avancé est accompagné de deux ailes qui décrivent une portion de cercle ; elles renferment des niches dans lesquelles sont quatre génies dus au ciseau de Bouchardon. Ils représentent les quatre saisons. Au-dessous de ces niches sont autant de bas-reliefs, représentant des jeux d'enfants analogues aux saisons.

» Le bâtiment fait un des côtés de la rue, qui n'est pas fort large, et c'est pourquoi Bouchardon a donné cette forme à son édifice. Ce qui m'a choqué, c'est qu'il n'y a pas de bassin pour recevoir les eaux, et que, s'il en sortait, elles inonderaient la rue. J'ai dîné seul à mon petit couvert, j'ai dit mes vêpres et demeure tout morfondu, ne sachant que faire. »

Ce premier coup d'aile avait enhardi Henry.

« J'ai pris mon parti de voir seul, mon *Voyage pittoresque de Paris* à la main, les belles choses que l'on ne me montre pas. Mais il m'en a cui ; comme je sortais de l'église de Saint-Sulpice, où j'avais vu le mausolée de M. Longuet, l'ancien curé, je me suis mis dans un fiacre pour revenir. Je n'ai pas été plutôt dedans, qu'un des chevaux s'est abattu ; il a fallu un grand quart d'heure pour le relever. Pendant que j'attendais qu'on l'eût remis sur pieds, j'ai attrapé un coup de poing d'un vilain porteur d'eau, qui avait trouvé mauvais que je l'eusse un peu coudoyé. Paris n'est aujourd'hui qu'un nerf de glace ; si les chevaux ne peuvent s'y tenir, les porteurs d'eau, comme tu vois, ne s'y tiennent que trop bien. »

Le malheur semblait s'acharner sur le pauvre enfant,

et ce voyage à Paris ne lui apportait que des déceptions. Ses lettres trahissent un profond découragement. Ne pouvant faire mieux, il visitait quelques églises dont il envoyait la description à son père. « L'architecture de Notre-Dame, dit-il, est fort estimée, quoique d'un gothique *perfide*. » L'église de Saint-Roch frappait l'enfant, « parce que M. Falconnet, qui en a dirigé la décoration, n'a voulu imiter personne et a donné un libre essor à son génie, qui se révèle dans tous les détails de l'ouvrage ».

Mais qu'importait tout cela? Henry venait, en rentrant, de trouver un gros paquet de lettres de Villard.

« Ces lettres vont me servir de réveillon; il n'est pas de tableau, de statue, d'église qui vaille ces chères lettres de mon adorable papa. Tes bontés me comblent; est-il donc nécessaire après cela que je t'assure d'une tendresse qui ne finira jamais? Quelle vilaine chose que l'exagération, surtout quand on est si loin! Pour un malheureux *rudement* que j'ai été mettre, sans trop y songer, dans le récit de mon aventure de Moulins, je vous ai donné à tous d'affreuses inquiétudes. Non, je ne me suis fait aucun mal, croyez-le bien, je n'ai eu ni fièvre ni rien d'approchant. Mon oncle ne m'a point fait de mauvais compliment; au contraire, il m'a semblé depuis avoir beaucoup plus d'estime pour moi. Je demande pardon à maman de mon style; la vérité est que j'écris comme je parlerais et que je n'ai jamais relu mes lettres. Je ferai désormais attention. Je suis fort affligé de la maladie de la sœur de M. l'abbé et de l'inquiétude qu'elle lui donne. A ce propos, l'histoire de l'étable à vaches n'est point une plaisanterie. Ce remède a fort bien réussi à plusieurs personnes qui en ont usé. Madame la Dauphine y serait, si l'on pouvait trouver une étable à vaches assez magnifique et des crèches assez dorées (1). »

Ce bavardage préludait à de plus grandes nouvelles.

M. Vissières, le précepteur de M. de Gastine, avait tout de suite jugé à sa valeur le petit provincial si mal traité par son élève. C'était un homme de bien que M. Vissières et en même temps un homme d'esprit; il s'était occupé jadis de littérature et se trouvait ainsi vivre en quelque familiarité avec les beaux esprits et les artistes de son temps.

Il avait offert à Henry de le conduire chez Greuze, et l'on comprend si l'enfant était heureux, mais en même temps préoccupé d'une visite aussi décisive.

« Enfin, mon cher papa, écrivait-il en sortant de l'atelier de Greuze, mes affaires prennent un meilleur tour; quel homme, quel charmant homme que Greuze!

» Le gouverneur de M. de Gastine m'y a conduit ce matin; il nous a reçus avec toute la politesse imaginable, il parle comme un ange. Il nous a fait voir quelques esquisses qui sont sur le chevalet. Le but de la peinture, dit-il, comme je la regarde, est d'être

---

(1) Marie-Josèphe de Saxe, seconde femme du Dauphin, mort en 1765, avait contracté, en soignant son mari, une maladie de poitrine dont elle mourut en 1767.

utile à la société. Dans tous ses tableaux, il veut montrer le vice puni et la vertu récompensée. Il n'en est pas un qui ne soit un sermon. L'un est un avare qui ne songe qu'à accumuler et laisse sa famille dans l'indigence. Il paraît endormi auprès d'un tas d'argent qui fait sa seule occupation. Ses deux fils, poussés à bout, conçoivent le dessein de l'assassiner. Ils entrent dans sa chambre; à la vue du père, la nature se réveille, l'un laisse tomber son poignard et retient l'autre par la manche. L'expression de ces deux figures est étonnante. Un autre est un jeune homme qui s'enrôle contre le gré de toute sa famille; le vieux père, chargé d'infirmités, se désespère sur sa chaise qu'il ne peut quitter; la mère en pleurs et toutes ses sœurs l'accompagnent à la porte; lui d'un air libertin sort et semble leur insulter.

» Dans le pendant, on le voit revenir en fort mauvais équipage, au moment où son père meurt. La mère semble l'accuser d'avoir, par sa mauvaise conduite, abrégé les jours de son père. Le prodigue paraît alors, à son tour, dans le plus profond désespoir. »

Henry continue, et c'est avec la même justesse d'esprit, la même finesse de goût et toujours la grâce de son style qu'il poursuit son inventaire dans l'atelier du maître.

« Le tableau que Greuze m'a ensuite montré représente un père de famille vieux et paralytique, que ses enfants se pressent à l'envi de servir. Il paraît donner des avis à sa famille, tous l'écoutent avec attention et respect. L'expression de cette tête de vieillard est admirable. Tous les accessoires ont rapport au sujet. Sur une armoire, dans le fond de la chambre, sont des armes rouillées, pour faire voir qu'autrefois il a servi l'État. Une femme, dans la demi-teinte, met le couvert. Sur la table on voit une poule bouillie, allusion aux paroles de Henry IV; ce sont là de ces petites naïvetés qui mettent tant d'esprit et d'intérêt dans ses tableaux. Greuze n'est pas ami de Boucher, à ce qu'il m'a paru; il déteste et a bien raison de détester ces ordures qui sont aujourd'hui à la mode, qui déshonorent la peinture et font perdre les mœurs! Tant il est vrai que les meilleures choses deviennent mauvaises entre les mains des méchants.

> Pourquoi faut-il que les pleurs de l'Aurore,
> Qui ne devraient enfanter que des fleurs,
> Au même instant fassent éclore
> Les sucs mortels et les poisons vengeurs (1)?

» On prétend, du moins c'est ce que nous avons entendu dire en Savoie, que Greuze a le dessin trivial. Je ne le trouve pas; ce qui le distingue et, à mon avis, en fait un homme unique, c'est qu'il n'a rien d'héroïque dans le choix de ses sujets. Il a essayé je ne sais quel tableau d'histoire qui n'a pas réussi et s'est remis à la peinture ordinaire.

» Ce que je trouve admirable, ce sont les têtes; leur

---

(1) Gresset.

coloris, leur modelé, sont inimitables; j'aime moins les draperies, qui sont lourdes et d'un coloris parfois douteux. »

La porte une fois ouverte, Henry retourna bien vite chez Greuze, et cette fois y porta ses tableaux.

« Sa femme m'a reçu, dit-il; je l'ai trouvée bien disante, ayant de l'esprit et du sens. M. Greuze est rentré quelques moments après mon arrivée; je ne sais si c'est par politesse, mais rien ne peut égaler son étonnement en voyant ma peinture : les bras m'en tombent, m'a-t-il dit, et je ne croirais jamais, si vous ne me le disiez, que ces tableaux sont de vous. »

Greuze pouvait se rappeler que pareille incrédulité l'avait accueilli lui-même, lorsqu'il présenta aux professeurs de l'Académie son tableau du père de famille expliquant la Bible. Quelques-uns ne craignirent pas de dire que le petit peintre ne pouvait être l'auteur d'un pareil chef-d'œuvre et l'obligèrent à travailler devant eux (1). Grâce à ce souvenir, Greuze fut peut-être moins difficile à convaincre.

« Je le priai de critiquer mes tableaux, continue Henry, après les avoir considérés longtemps. Je n'ai rien à vous dire, m'a-t-il répondu, sinon qu'il faut bien vous garder de vous écarter de la voie dans laquelle vous êtes; c'est sans contredit la meilleure, et c'est par là que vous parviendrez aux plus grandes choses. Papa, tu sais bien qui m'a mis sur cette

---

(1) *Biographie universelle.*

voie : *Se anch'io son pittore.* C'est à toi que s'adresse cet encens; pour moi, je n'en arrête qu'une bien petite partie en chemin. Tu sais d'ailleurs, papa, que ma modestie est fort traitable et qu'on peut la heurter, la froisser sans trop d'inconvénients. »

Si, comme le disait autrefois le bon abbé Baret, Henry tout enfant aimait presque autant à dire ses petites fautes qu'à les faire, il était bien demeuré le même; mais sa vanité n'était-elle pas excusable? Ses tableaux et lui-même devenaient à la mode. Greuze avait parlé, les amateurs de peinture et les beaux esprits du temps se rendaient à l'atelier pour faire causer le petit artiste, pour critiquer ou admirer son œuvre. M. Diderot y vint comme bien d'autres et fut impitoyable; s'en prit-il à la peinture ou se moqua-t-il du peintre, je l'ignore. Henry, piqué au vif, en appelle lestement des arrêts du grand critique.

« M. Greuze, dit-il, m'avait prié de lui laisser mes tableaux; le surlendemain, je les ai trouvés sur un chevalet, entourés de M. Diderot et d'un autre connaisseur dont je ne sais pas le nom; Greuze a mille fois insisté sur la nécessité de copier la nature : « Gar-
» dez-vous, m'a-t-il dit, d'embrasser aucun système, et
» vous serez un homme unique. »

» Après cette charmante leçon du maître, M. Diderot a parlé de mes tableaux avec beaucoup d'esprit, mais peu de jugement, comme les gens de son espèce; l'autre homme a pris un air capable et n'a rien dit.

» Nous aurons Greuze au Villard, car il va faire un voyage en Italie et s'arrêtera sous notre adorable toit.

A propos du Villard, quand j'écris ce nom, je me sens mourir d'envie d'y revenir et d'embrasser tous mes concitoyens de là-bas. »

Au milieu des splendeurs de Paris, l'enfant regrettait la maison solitaire, où, comme dit Chateaubriand, on est mieux à l'abri des hommes. Ce sentiment réveillait les autres nobles sentiments de son cœur.

« Je suis révolté de la statue de Louis XIV, que je viens de voir place des Victoires. La statue pédestre du roi et une Victoire qui le couronne sont colossales et en bronze doré. Le groupe immense avec tout ce qui l'accompagne est d'un seul jet; il est posé sur un bloc de marbre blanc. J'ai été indigné de voir cet orgueilleux vainqueur foulant aux pieds toutes les nations de l'Europe, et notre pauvre Savoie enchaînée, lui décrottant quasi ses souliers. Aux quatre côtés du piédestal, sont des bas-reliefs en bronze. Ils représentent la préséance de la France sur l'Espagne, la conquête de la Franche-Comté, le passage du Rhin, la paix de Nimègue. La figure du Roi et celle de la Victoire sont de seize pieds de proportion, celles des nations enchaînées, de douze.

» Mon indignation a fait rire aux larmes le marquis de Gastine, avec lequel je traversais la place pour m'en aller voir le cabinet de M. de Julienne; M. de Gastine est bien décidément un sot.

» Le cabinet dont je vous parle est immense, composé de toutes les écoles et enrichi de marbres antiques, de groupes de bronze, des plus belles porcelaines, de morceaux de la Chine extrêmement bien choisis, très-rares et très-curieux. Le tout est monté et arrangé avec beaucoup de goût.

» J'ai vu là un très-grand Wouvermans des plus composés et des plus finis qu'il ait faits : il représente une chasse au cerf; j'ai vu aussi un tableau capital de Berghem. J'ai, comme tu le penses, pris bonne note de tout cela, et t'en rendrai compte.

» M. de Julienne possède une très-belle collection de terres cuites; tout autour des salles sont des tables faites des marbres les plus riches : sur la première, en entrant, se voit le buste d'un empereur grand comme nature et en porphyre; sur les suivantes, des urnes, des vases, des boîtes de glaces, des statuettes. Dans l'intervalle que laissent entre eux les tableaux, il y a des trophées d'armes.

» Le milieu de la galerie est une longue suite de trépieds, de vases antiques; dans les trumeaux des fenêtres sont aussi des tables chargées de belles choses. Au plafond pend une lanterne, chef-d'œuvre de chinoiserie.

» La pièce la plus singulière est le bouclier de Scipion l'Africain, couvert de bas-reliefs en bronze. Il a été pêché dans le Rhône et vendu ces jours-ci à M. de Julienne. Tout le monde court pour le voir. J'ai retrouvé là, autour du bouclier et l'examinant curieusement, Greuze et Vien, gros peintre bourru et boursouflé au physique, mais infiniment correct dans sa peinture.

» Ils causaient avec Gravelot le graveur qui, tu le

sais, a enrichi de ses magnifiques compositions les si vilaines œuvres de M. de Voltaire. Tous trois m'ont fait mille amitiés et invitations à aller les voir.

» Mais je m'aperçois que ceci devient furieusement gazette et description de cabinet. Parlons un peu d'autre chose. On a reçu hier M. Thomas à l'Académie; j'ai lu son discours et l'enverrai à M. Baret. Le discours est très-beau. Ma première lettre vous amusera, car mon oncle m'a promis de me mener demain à Versailles, pour y voir donner le cordon bleu à M. le Dauphin. »

Mais Henry avait compté sans les distractions de son oncle.

« Je vous avais promis la cérémonie du cordon bleu. Il faudra vous en passer ainsi que moi, mandait-il tristement au Villard peu de jours après. Mon oncle m'avait juré de me la faire voir, et il m'a oublié pour un souper à Paris. »

Heureusement, l'excellent M. Vissières et M. l'abbé d'Arvillard suppléaient le chevalier. L'abbé était compatriote de Henry, et même un peu son parent. Il remplissait à Paris, pour le compte du roi de Sardaigne, je ne sais quelle mission secrète. Comme il était fort répandu dans le monde, l'enfant ne pouvait trouver un meilleur guide.

M. d'Arvillard voulut dédommager son petit ami de sa déconvenue du cordon bleu et le conduire à Versailles, non certes que l'enfant fût d'âge à être présenté; mais, curieux comme nous le savons, Henry ne laissait pas de repos à l'abbé qu'on ne lui eût montré la cour après la ville. Le chevalier de Murinais les avait accompagnés.

« Quel admirable lieu! écrivait Henry dès le soir même. Je suis mort de fatigue, mais je veux te dire, papa, quel pêle-mêle d'hommes et de choses, de peintures, de statues, de femmes, de soldats, de carrosses, de majestés et de petits riens j'ai admiré depuis ce matin. Versailles n'est qu'un contraste depuis le Roi jusqu'au suisse de sa grille. Louis XV a l'air bon et méprisant, son suisse a l'air imposant et plat. Il s'en allait (le Roi, pas le suisse) à la bénédiction, enveloppé d'un grand manteau rouge avec la plaque du Saint-Esprit; il était suivi d'une longue file de cordons bleus et de gardes. J'ai vu la Reine dans sa chaise à porteurs, lorsqu'elle a traversé ses appartements pour aller à vêpres. Elle m'a paru bien laide et décrépite : son nez et son menton se touchent presque. J'ai vu M. le Dauphin et ses frères; ils sont tout à fait enfants, d'ailleurs d'une assez jolie figure. Mesdames ont passé très-vite. Elles étaient suivies des dames d'honneur, toutes extrêmement replâtrées, barbouillées de rouge et se pavanant en grands paniers qu'elles accrochaient un peu partout. Elles donnaient le bout de leurs doigts à des seigneurs tout à l'ambre, comme on dit ici. »

Henry avait eu en effet, et plus peut-être qu'il ne l'aurait voulu, le temps de voir toutes ces belles choses, car M. d'Arvillard et son oncle l'avaient laissé au milieu des appartements pour aller dîner tous deux chez M. de Cambrai.

Ainsi abandonné, le pauvre petit fût mort de faim et d'embarras au milieu de Versailles s'il n'eût rencontré M. Tronchain, le célèbre médecin génevois que l'on avait fait venir pour madame la Dauphine. M. Tronchain reconnut Henry et l'emmena dîner chez lui.

Quelques heures après, le chevalier et l'abbé eurent grand'peine à retrouver l'enfant, mais ils n'osèrent le gronder. On lui fit au contraire mille caresses, et l'abbé d'Arvillard lui proposa de le conduire le lendemain chez le peintre Boucher.

« Mon oncle, étant sorti en chenille, m'a laissé son carrosse qui nous a conduits chez le divin Boucher; c'est un vieux bonhomme, plus crevé, plus usé qu'on ne saurait le dire. Il était occupé à *bousiller* un mauvais petit tableau qu'il a déjà fait cent fois; il a vu mes tableaux dont il a été dans le plus grand étonnement. Il a trouvé toutefois qu'il y manquait cet art, cette habitude qui caractérisent les maîtres. J'en suis convenu aisément avec lui. Boucher m'a conseillé de copier quelques bons tableaux flamands; cela serait assurément très-bien si je le pouvais. Il a un cabinet d'histoire naturelle immense. J'ai vu là des papillons qui, les ailes étendues, ont un demi-pied de large. Il a aussi une collection merveilleuse de coquillages, d'oiseaux embaumés, de minéraux, de coraux et de morceaux de la Chine. Le tout est arrangé avec beaucoup d'art et de goût. Le maître s'est déridé pour me prier de revenir quand j'en aurais le temps, et m'a accordé presque gracieusement la permission de dessiner à l'Académie lorsque bon me semblerait. »

Chacune des lettres qui arrivaient au Villard marquait une étape de ce voyage entrepris à travers les ateliers en renom.

« Je suis allé aujourd'hui chez Vien, au Louvre, et je lui ai porté mes tableaux; il en a été très-surpris, à ce qu'il m'a paru. En tout cas, s'il n'en dit pas son sentiment, ce n'est pas par politesse, car je ne le soupçonne pas d'en avoir à revendre. Il m'a prié de lui laisser ma peinture, pour la faire voir à ses adeptes et m'en dire leur sentiment. Puis il m'a montré un immense tableau qu'il fait pour Saint-Roch. Les figures en sont colossales. Le tableau est bien composé, a de bonnes parties, et le coloris est frais, mais le blanc est trop peu ménagé. Vien n'a pas le précieux de Rubens et des Flamands.

» En revenant, je me suis arrêté pour visiter le cabinet de M. de Gagni; c'est un des plus nombreux qui soient dans Paris. Les Flamands y dominent; on y voit douze Wouvermans, de très-beaux Berghem, Van Veld, Poter, Teniers et Ostaed; la galerie se compose de plus de quatre cents toiles. Les bordures sont d'une rarissime magnificence, les moindres valent cinquante louis. On trouve dans cette admirable collection les plus beaux bronzes et des porcelaines de toute sorte. Celles-ci sont plus chères que tout le reste. J'ai vu là des morceaux étonnants en mosaïque, en vieux laque, des pendules de bronze doré de la plus belle forme, des tables tant en vieux laque incrusté et en pierre de Lare, qu'en albâtre et en marbre précieux; des vases de porphyre, de caillou d'Égypte, de granit montés avec toute l'élégance imaginable. J'ai vu des montures simplement en or moulu de deux mille quatre cents livres, deux petits vases en porcelaine grands comme le doigt, valant dix-sept cents livres. La troisième pièce est tapissée d'une belle tenture des Gobelins sur les dessins de Boucher; la quatrième a ses panneaux copiés sur des tableaux d'Oudry.

» Je ne vous ai pas écrit hier, parce que toute ma journée a été prise par une visite chez M. de Cambise, où l'on m'a fait beaucoup d'honnêtetés, et par une course à la foire Saint-Germain. C'est, en ce dernier lieu, une foule et une cohue détestables. On y voit une quantité de bâtiments en planches, des baraques remplies de femmes malhonnêtes, qui débitent toutes sortes d'impertinences. Les rues sont couvertes de vitrages; il y a des salles de bal, des cafés, de la musique à assourdir. Les badauds de Paris s'y amusent moins, paraît-il, encore qu'ils n'y perdent leur argent. Je suis revenu de cette foire Saint-Germain tout pénétré de dégoût. »

La nature si fine de Henry répugnait à tout ce qui était bruyant ou agité; il avait horreur de la foule, fût-elle même de bonne compagnie, ainsi qu'on va le voir.

« Il faut que je vous rende compte de l'Opéra où je suis allé pour la première et dernière fois de ma vie. On jouait *Thésée*; mon oncle m'avait placé au parterre, où, en me guindant sur la pointe des pieds et en coudoyant de mon mieux, je suis parvenu à voir assez bien.

» La décoration est effectivement la plus belle chose du monde. Elle a changé sept ou huit fois, toujours plus étonnante à chaque changement. De ces métamorphoses, celle qui m'a paru la plus extraordinaire est un nuage à travers lequel s'envole l'enchanteresse. Ce nuage est d'une légèreté et d'un effet inconcevables. Les vêtements et les armures des héros et des héroïnes m'ont paru assez mauvais. On voit que l'on a voulu faire du grec, et cela n'est ni ancien ni moderne. Beaucoup d'oripeaux, des morceaux de verre, des plumets, voilà toutes leurs ressources. Je n'ai pas entendu un mot des fadaises que l'on chantait, et je n'en ai pas de regret, à te dire le vrai. Enfin je suis bien aise d'avoir vu l'Opéra pour en avoir une idée, mais cela ne m'a pas donné la moindre envie d'y retourner. Mon oncle est allé souper dehors, et me voici passant, à mon accoutumée, ma soirée à vous écrire. »

Le Luxembourg et les merveilleuses galeries du Palais-Royal plaisaient infiniment plus à l'enfant.

La nomenclature et les descriptions qu'il envoyait au Villard de tous les chefs-d'œuvre qu'il admirait pourraient former un charmant et instructif catalogue, mais les impressions du petit voyageur sont préférables encore à ses dissertations artistiques.

Quelle désinvolture, par exemple, dans cette silhouette de Michel Vanloo, tracée à main levée au sortir de son atelier :

« J'ai été surpris de le trouver très-médiocre peintre de portraits. Il traite cependant bien les draperies, mais à force de mannequin; pas ombre de perspective et pas de goût. Vanloo m'a parlé de mes tableaux on ne peut plus sottement : voilà peut-être la raison de mon impertinence. »

Or ces impertinences amusaient infiniment l'abbé d'Arvillard. Comme il avait dit un jour grand bien de l'esprit et du talent de Henry à la toilette de madame de Choiseul, la duchesse le pria de lui amener cette petite merveille.

Henry se laissait faire, mais toutes ces caresses ne le bouffissaient pas.

« Vraiment, je me fais l'effet d'un montreur de lanterne magique; je fus hier, vers midi, chez madame de Choiseul; pendant qu'on allait nous annoncer, je suis resté dans le jardin. La maison est une maison de campagne, ayant des bois, des eaux, du lointain. L'appartement d'en bas et la galerie sont magnifiques; le plafond est peint par Lafosse; la décoration se compose de trophées d'armes et d'instruments de musique; les fauteuils, les canapés, sont des plus beaux Gobelins; les tapis sont de la Savonnerie. Aux deux bouts de la galerie, deux tables admirablement surmontées de bronzes antiques. Sur les fauteuils étaient étendues des tapisseries de Flandre, destinées à l'appartement du duc.

» Je pensais, en voyant toutes ces belles choses, à nos vieux murs, aux panneaux si malades de nos boiseries du Villard. Je ne jalouse rien de ce luxe, papa mais combien de gens nous rendrions heureux avec l'équivalent!

» Au milieu de mon inventaire, on est venu me chercher, et j'ai été admis à la toilette de madame la duchesse, dans le plus ravissant boudoir du monde, où elle était fort entourée.

» Maman serait bien embarrassée de tous ces empressements. La duchesse est une très-petite femme, d'une assez jolie figure, mais pâle comme un œuf frais. Je lui ai vu mettre son rouge. Entre autres choses aimables, elle nous a engagés à dîner, l'abbé d'Arvillard et moi. M. de Choiseul y a paru en costume de chartreux, ce qui ne l'a pas rendu plus charitable pour mes tableaux, qu'il a critiqués à plate couture et on ne peut plus sottement; mais je m'embarrasse fort peu pour eux des louanges ou des blâmes de ces ignares importants.

» J'étais auprès de l'archevêque de Cambrai, frère de M. de Choiseul. Il m'a paru bien petit-maître pour un successeur de Fénelon. Le ton sarcastique et les épigrammes de ces messieurs en parlant du Roi m'ont blessé. Le duc est fort laid, très-gai, très-impoli.

» En rentrant chez l'abbé, nous avons trouvé une invitation à souper chez l'ambassadeur de Portugal. Il y avait très-bonne compagnie: l'ambassadeur de Suède, celui de Bâle, un envoyé extraordinaire de Suède à Madrid, un prince légitimé du feu roi de Suède, et l'ambassadeur de Danemark, grand connaisseur de peinture. Le célèbre Marmontel y était; c'est le plus aimable des hommes. Il a beaucoup parlé avec esprit et bon sens. Ses mœurs sont, dit-on, très-douces et très-pures. Il parle avec respect de la religion. Il a parlé aussi avec beaucoup d'impartialité de Voltaire, qui pourtant le drape cruellement.

» Je voulais envoyer au Villard un exemplaire de son *Bélisaire,* il est trop cher. J'en ai lu les premières pages, elles m'ont paru superbes. On dit les autres chapitres bien inférieurs au premier.

» Je n'ai point été trop embarrassé de moi. Tous ces ambassadeurs sont lettrés, artistes et très-aimables. Celui du Danemark surtout est un connaisseur hors ligne.

» Quelle différence avec ces sots petits-maîtres auxquels j'ai voué une haine à mort! »

Au milieu de ses succès, Henry allait avoir cependant une désillusion pénible. Pouvait-il comprendre un vilain sentiment et surtout imaginer qu'il inspirait à Greuze une sorte de méfiance jalouse?

Il en était pourtant ainsi.

« Je suis allé ce matin chez Greuze et l'ai enfin trouvé. Il m'a allégué de fort mauvaises raisons pour ne m'avoir pas répondu; puis il m'a donné l'heure à laquelle je pourrais le trouver, mais cette heure-là est celle où il ne travaille pas. Quand tu me mandes qu'il faut beaucoup voir peindre, je suis de ton avis, mais je commence à croire que je ne verrai peindre personne et Greuze moins que tout autre. Quelle froideur et quel mystère! Il m'a dit qu'il ne pouvait me donner certains procédés qu'il employait, que ce qui était bon pour lui ne saurait l'être pour moi. Je ne comprends pas comment les belles âmes sont susceptibles de cette sorte d'avarice. »

Et, sans transition, Henry ajoutait :

« Madame la Dauphine est on ne peut plus mal, on croit qu'elle mourra au nez de M. Tronchain. On travaille ici à force à son deuil..... »

A peu de jours de là, Henry écrivait encore à propos de madame la Dauphine :

« Mon oncle, à son retour de Versailles, m'a donné les plus mauvaises nouvelles de la princesse ; la voilà ayant reçu tous ses sacrements pour nous mettre en noir. Mon oncle m'a aussi raconté que l'on parlait de mes tableaux à la cour, et pour m'en récompenser il a voulu me conduire à Choisy, où plusieurs dames de ses amies faisaient avec lui une partie de campagne.

» Il est monté dans leur carrosse et m'a laissé dans le sien avec le marquis de Gastine, le sot petit-maître que tu sais ; celui-ci a commencé fort poliment par passer le premier et me faire mettre sur le devant sans m'en dire un mot d'honnêtetés. Tout le long du chemin il a bâillé et dormi, tandis que je regardais par la portière ; tu peux juger si je me suis amusé.

» Les environs de Paris sont charmants, mais on n'y voit nulle part la nature toute simple. Elle est méconnaissable, défigurée partout. On y voit de jolies petites maisons de campagne, de petits jardins, de petits chiffons. Les plaines regorgent de gibier, et comme la chasse y est gardée avec beaucoup d'exactitude, il y est on ne peut plus privé. Les perdrix, les levrauts, viennent jusque sur le chemin ; quand les voitures passent, ils se retirent de quatre ou cinq pas. On dit que bien souvent le Roi, en chassant par là, tue à lui seul onze ou douze cents pièces de gibier dans sa journée.

» Nous sommes arrivés à Choisy vers midi, et nous nous sommes mis à courir les jardins. On voit là de magnifiques serres, des fraises mûres, des vignes feuillées, des figues presque à leur crue, des pêches et des abricots gros déjà comme le pouce. Les petits pois, les asperges, y foisonnent. Et puis quelles fleurs! tout ce qu'on peut avoir en plein été s'y trouve en massifs serrés (1).

» Les ananas sont en immense quantité. Dans de grandes caisses de glaces on fait mûrir et fleurir, quoi qu'ils en aient, des melons et les plantes les plus rares. L'entretien de tout cela est d'une dépense horrible; comme c'est le Roi qui paye, c'est un gaspillage incroyable. Mon oncle a demandé au premier jardinier qui nous conduisait combien coûtaient les belles plantes de jacinthe qu'il nous montrait. Le Roi les paye cinquante écus l'oignon, lui répondit l'homme. Comme, une demi-heure après, mon oncle lui redemandait s'il pourrait en avoir quelques oignons, l'autre lui offrit d'en faire venir tant qu'on voudrait à vingt sols la pièce. Le Roi est royalement volé.

» Mais voici une bien autre aventure que j'ai à vous conter. Un certain M. de Presle, auquel j'avais été

---

(1) Cette lettre est datée de la fin de février.

présenté, m'avait envoyé une carte pour l'Opéra. Je n'avais en vérité pas la moindre envie d'en profiter, mais mon oncle m'a dit que cela ne pouvait se refuser et qu'il fallait que j'y allasse. A l'heure dite, je me suis donc rendu à l'invitation trop obligeante de M. de Presle. Trois dames et deux messieurs, que je n'avais jamais vus, se trouvaient avec moi. Mais voilà qu'au milieu du spectacle, M. de Presle eut un étourdissement et sortit, de telle sorte qu'à la fin du spectacle il m'a fallu donner la main à une de ces inconnues pour la mener à son carrosse ; elle m'a fait passer par une autre porte que celle par laquelle j'étais entré et où un des laquais de mon oncle m'attendait. Quand j'ai été dans la rue, la belle dame m'a dit que j'allais souper chez elle et m'a enlevé. La voiture roula fort loin, et je ne savais trop ce que cela deviendrait. Quand nous avons été arrivés, j'ai donné de nouveau la main à madame pour la conduire dans son appartement.

» Cependant il est venu du monde, et bientôt il y a eu un cercle de figures à faire mourir de peur. Une tête grosse comme un seau, du menton de laquelle sortaient des jambes longues comme mon doigt, le tout composant une figure de deux pieds et demi de haut. Une autre vilaine perruque sur un cou de travers, des femmes effroyables, enfin des figures à la Callot, et moi tout seul au milieu de ce beau monde.

» Enfin M. de Presle est venu, ce qui m'a fort tranquillisé ; on a soupé, et j'ai prestement prié M. de Presle de me donner son carrosse. Je ne sais pas plus que vous ni où ni avec qui j'ai soupé.

» Aussi malheureux que moi était le pauvre laquais qui, après avoir beaucoup attendu à la porte, a couru tout Paris pour me chercher et revint morfondu, crotté jusqu'aux oreilles, pestant contre l'Opéra, contre M. de Presle et moi. »

Chacune des lettres écrites par Henry rapportait ainsi l'aventure de la veille, et chacune aussi marquait un progrès de cet esprit si fin.

« La satire n'est point un genre qui me plaise, écrivait-il à propos du bel esprit alors à la mode; outre qu'elle n'est pas agréable, je ne vois pas qu'elle soit très-utile. Toutes les satires de Despréaux ont-elles été capables de faire faire un bon vers à Chapelain? J'entendais dire l'autre jour à Marmontel que pendant une pièce où l'on tournait en ridicule la confrérie des petits-maîtres, quelques aspirants à la petite-maîtrise étaient dans la coulisse, étudiant l'acteur, se formant sur lui et imitant ses gestes par le menu. Vous savez que j'ai voué à ces gens-là et à leurs œuvres une haine à mort. »

Mais Henry était trop sincère pour confondre avec les fats sur lesquels il s'exprimait si lestement, les gens d'esprit, qui à première vue le prenaient pour ce qu'il était en réalité, pour un enfant de quatorze ans. « Madame Geoffrin », disait-il gaiement au lendemain de sa présentation chez elle, « est une bonne grosse femme qui m'a beaucoup appelé petit drôle, petit bonhomme, petit garçon, puis a fini par m'inviter à un dîner d'artistes, d'amateurs et de beaux esprits. A l'heure dite, le lendemain, je me suis présenté avec mes tableaux; madame Geoffrin m'avait prévenu qu'elle ne me recevrait pas sans cela.

» La dame se trouvait en compagnie de Vernet et d'un certain M. Mariette, possesseur d'une riche collection d'estampes.

» Ils examinaient un nouveau tableau de Vien, représentant une jeune fille, grande comme nature, donnant à manger à des moineaux qui sortent d'un pot suspendu à sa fenêtre. Tous admiraient; pour moi, je ne trouvais pas la tête d'ensemble; le coloris est sale, la touche grossière et négligée.

» Il y avait à dîner M. de Marigny, le duc de la Rochefoucauld, Marmontel, Cochin, le célèbre graveur, et plusieurs autres personnes dont je n'ai pas su le nom. Chacun y avait apporté quelque chose : Vernet, un tableau nouvellement arrivé d'Italie et que l'on croit du Corrége; M. de la Rochefoucauld, un petit tableau peint en camaïeu sur marbre et incrusté par un procédé que personne ne connaît; M. Mariette, un petit portefeuille plein de ses plus belles estampes; M. Cochin, des dessins à la plume, et moi mes tableaux.

» J'ai été fort surpris que tout le monde me connût. Madame Geoffrin, en me présentant, disait : M. le comte de Costa, dont vous avez sans doute entendu parler.

» Quoi, c'est lui? — Oui vraiment, oui beaucoup.

» Je n'ai point été trop embarrassé, et la maîtresse du logis ne m'a point si fort traité de petit bonhomme.

» Les dîners comme celui dont je vous parle se

renouvellent deux fois par semaine ; c'est un pêle-mêle utile et instructif de grands seigneurs et d'artistes. Madame Geoffrin a le ton brusque et vif ; pour la fille d'un ancien valet de chambre de madame la Dauphine, elle m'a paru fort à son aise au milieu de ces grands seigneurs et de ces grands esprits.

» Le pauvre Marmontel faisait piteuse mine : on veut absolument rôtir son *Bélisaire*. Fréron, qui n'est point de ses amis, le déchire à belles dents ; la Sorbonne et Monseigneur de Paris prohibent l'ouvrage.

» Sur la fin du dîner, est survenu le vieux président Hénault. C'est un bonhomme tout décrépit, sourd et que l'on porte à bras, mais avec cela d'une gaieté charmante ; il n'y en a eu que pour lui. Il m'a adressé le plus gracieux sourire quand on est parvenu à lui faire entendre mon nom.

» Madame Geoffrin a lu à table une lettre que vient de lui écrire le roi de Pologne Poniatowski, qui l'aime tendrement. Pour moi, cette lettre est bien ce que j'ai ouï lire de mieux écrit. Puis est venue une lettre de Voltaire ; Fréron y est plus horriblement traité que jamais. C'est pitié de dépenser tant d'esprit en sottises.

» Tu sais, mon cher papa, que mes lettres ne sont destinées qu'au Villard ; ne leur fais pas, à force de tendresses paternelles, courir de grandes aventures ; ton fils serait ridicule, et voilà tout. Du reste, j'y mettrai bon ordre, car nous allons partir, mon oncle ayant obtenu ce qu'il venait chercher ici. »

Se doutait-il, le pauvre enfant, que ses lettres courraient un jour les grandes aventures qu'il redoutait ?

Henry quitta Paris et mit quinze jours pour revenir au Villard. Au pied de la montagne, quatre mulets et deux chevaux eurent mille peines à hisser la berline jusqu'au château. C'était tout un monde de malles et de paquets. On avait en route ramassé vingt amis qui attendaient l'enfant au passage pour l'embrasser et ouïr ses merveilleux récits. Il pendait des grappes de voisins, depuis le siége de devant jusqu'au siége de derrière; et si grande que fût la voiture, on ne l'aurait jamais pu croire accommodante au point de devenir l'arche de Noé.

Cette invasion d'indifférents mit la marquise au désespoir; elle faillit embrasser le syndic de Saint-Pol dans son empressement à embrasser son fils. Le digne homme, tout interloqué, passa une demi-heure à faire ses excuses en pure perte; la pauvre mère avait bien autre chose à entendre. Elle pleurait et riait, trouvait Henry grandi, maigri, engraissé, selon le côté où elle le regardait; car elle tournait tout autour de lui sans se lasser.

Au milieu de cette confusion qui remplissait la cour, répondant à tout le monde, Henry ne pouvait se faire entendre de personne. Il parlait de M. de Choiseul à Clémentine, de madame Geoffrin à l'abbé, de sermon au vieux Saint-Rémy et répondait peinture à son grand-père, qui lui demandait des nouvelles politiques. A cela le mal n'était pas grand, car le marquis de Murinais était sourd depuis la fameuse balle d'Hœchstædt.

La guerre pensa éclater le soir entre les vieux amis, lorsqu'ils se retrouvèrent seuls autour du foyer. La conversation allait grand train, et chacun contait ses impressions. Saint-Rémy seul hochait la tête.

« On fait grand tort au diable quand on l'accuse de penser en ermite sur ses vieux jours », dit la marquise impatientée.

L'abbé Baret allait donner à son tour sur le mécréant, lorsque M. de Murinais emmena Saint-Rémy pour lui conter une aventure que la semonce de sa fille lui remettait en mémoire, et reprendre la partie de tric-trac interrompue par le dîner.

L'abbé rayonnait! Entre deux portes, il avait dores et déjà acquis la certitude que ce voyage de Paris n'avait point compliqué sa besogne.

CHAPITRE TROISIÈME

VINGT-DEUX ANNÉES PAISIBLES

1767-1789

Le printemps dans les Alpes. — Mort de M. de Murinais. — Voyage en Italie. — Henry renonce à la peinture et entre au service. — Le roi Victor-Amédée II de Sardaigne. — Mariage du marquis Henry. — Fête au Villard. — Émigration à Beauregard. — Vie intime. — Henry et ses enfants. — Ce que pensait M. de Maistre. — La meunière de Tougnes. — Eugène et ses frères en pages du roi Charles VIII. — Un officier de quatorze ans.

Dans les Alpes, le printemps est d'une coquetterie sans égale; on l'y peut admirer et aimer sous mille aspects charmants ignorés ailleurs. Pendant que les rhododendrons rougissent les hauts sommets, mille fleurs inconnues émaillent les prairies accrochées au flanc de la montagne. De grands pins, tout frissonnants encore de la neige qui les couvrait naguère, jettent vers le ciel leurs pousses droites et aiguës. Sur les châtaigniers et sur les hêtres reverdissent et s'élancent les lichens et les pampres flétris par les gelées de l'automne. Partout le bruit des cascades se brisant en gerbes étincelantes, pour s'échapper ensuite à travers l'herbe drue et serrée des ravins, où l'on entrevoit des rochers, gigantesques colonnes destinées à soutenir ces jardins suspendus.

Ce charmant printemps de la montagne était revenu au Villard avec les voyageurs, et l'on avait repris la douce existence d'autrefois. Comme le soleil qui souriait à travers les croisées ouvertes, Henry avait ramené la joie à son foyer. Mille projets s'ébauchaient, mille choses étaient à entreprendre quand la mort de M. de Murinais fit s'évanouir tous ces mirages heureux.

Le marquis mourut au mois de juin 1767 et finit, ainsi qu'il avait vécu, en bon chrétien. Pendant sa courte maladie, M. de Saint-Rémy prétendait être seul à le soigner et le voulait sans cesse distraire par des histoires un peu franches. Comme le bon sire de Joinville, le chevalier *n'y entendait rien;* mais le chagrin du pauvre homme, après qu'il eut fermé les yeux de son ami, ne peut se concevoir. La place que M. de Murinais laissait vide à la table de famille, son fauteuil abandonné, sa chambre close, tout était pour M. de Saint-Rémy un poignant souvenir. On le vit, pendant quelques semaines, aller sans cesse du château au cimetière sans oser y entrer cependant, car le chevalier, si brave à bord de sa tartane, était superstitieux et avait peur des morts.

Rien ne put le retenir, il partit, et bientôt une lettre venue du Roussillon apprenait au Villard la fin du pauvre Saint-Rémy.

La mort de l'aïeul est trop souvent pour les familles un signal de dispersion; lorsque l'intérêt vient y aider, c'est alors une société qui se dissout (1). Il en fut autrement au Villard.

---

(1) Chateaubriand.

En entrant sous ce toit de paix, la mort resserra les liens qui unissaient la marquise à ses frères, le chevalier que l'on connaît et le comte Pierre-Augustin de Murinais, alors cornette dans un régiment de cavalerie. Tous deux étaient accourus auprès de leur sœur, plus malheureuse qu'ils ne l'étaient eux-mêmes, car depuis vingt ans elle n'avait pas abandonné un instant celui qui venait de la quitter pour toujours. MM. de Murinais n'étaient encore mariés ni l'un ni l'autre. Leur inexpérience des choses d'argent était grande et n'avait d'égale que leur désintéressement.

Il demeura convenu entre eux que le marquis Alexis réglerait toutes choses et se chargerait surtout de suivre les intérêts considérables que la succession trouvait engagés en Piémont.

C'étaient de nombreux voyages en perspective. Si, pour le marquis Costa, renoncer à sa chère solitude était un cruel sacrifice, l'Italie apparaissait à Henry comme le pays des rêves dorés.

Il en parcourut donc avec son père les principales villes pendant les premiers mois de l'année 1770, et poussa jusqu'à Rome, où tous deux furent reçus membres de l'Académie des Arcades; mais, chose étrange, sa correspondance pendant ce voyage nous montre Henry comme découragé à la vue des chefs-d'œuvre qu'il rencontrait (1).

---

(1) Pendant ce voyage, Henry eut la rare bonne fortune d'acheter pour un petit écu une des plus belles œuvres du Sodoma. Le panneau sur lequel le grand artiste avait peint un *Portement de croix* servait de table dans une boucherie.

Une sorte de transformation semblait s'opérer en lui; frappé de son néant, il se voyait condamné à un éternel mécontentement de soi-même; sa flamme vacilla un instant et s'éteignit. En revenant au Villard, il jeta loin de lui ses pinceaux et écrivit à la dernière page de son album de voyage cette phrase, qui trahit ses défaillances et ses tristesses :

« Je mets ici le signet; j'ai de l'humeur contre le Titien, je suis enragé contre Raphaël; ils sont trop au-dessus des hommes pour qu'après eux personne ose tenir un pinceau. Je sens en moi des choses que je ne pourrais traduire. Un sot persévérerait; moi, je m'arrête et ne poursuivrai pas plus longtemps un but que je désespère d'atteindre. »

Et ce fut fini de son charmant talent : sans goût désormais pour ces études qui avaient embelli ses premières années, Henry, qui avait alors dix-sept ans, voulut, selon l'usage de Savoie, entrer dans l'armée.

« En Savoie », comme il le disait plus tard, « la noblesse a toujours payé sa dette de sang, si parfois elle a laissé protester les autres (1). » Le drapeau royal était chez nous entouré d'épées fidèles, on avait le culte de la tradition dans l'État comme dans la famille. Pour s'équiper, à chaque campagne nouvelle, on vendait un lopin de terre; mais, au retour, on accrochait son épée au-dessous de l'épée de son père; on ajoutait ainsi un

---

(1) *Mémoires historiques.*

rameau à cet arbre généalogique arrosé de sang, dont toutes les branches se entaient sur un même tronc d'honneur et de fidélité.

Il régnait d'ailleurs entre les princes de Savoie et leurs gentilshommes une facilité d'étiquette qui faisait de ceux-ci bien plutôt des amis que des serviteurs. Les grandes charges étaient si mal payées, que les appointements d'un ministre piémontais au dernier siècle tenteraient peu certaines ambitions aujourd'hui (1).

L'exemple de la simplicité était donné par le Roi lui-même. Jamais prince n'aima moins le faste que Victor-Amédée II, s'il faut en croire ce singulier portrait :

« Victor-Amédée a toujours été de la plus grande sobriété d'ajustements », écrivait M. de Blondel, alors secrétaire de l'ambassade française à Turin. « Je n'ai jamais connu au Roi pendant sept ans qu'un même habit de drap couleur café, sans or ni argent; de gros souliers à deux semelles; des bas de drap l'hiver et de fil l'été; jamais de dentelles; de fortes chemises de toile de Guibert, garnies de batiste; il prétendait que

---

(1) Les secrétaires d'État n'ont que 8,000 livres fixes d'appointements; leurs places, tout compris, ne rapportent guère que 13,000 ou 14,000 livres. Ils ne sont obligés à aucune espèce de représentation. Le surintendant des archives est payé 3,000 livres; le secrétaire de cabinet, autant. La dépense des bureaux est évaluée, en général, à 1,100,000 livres; celle des ministres dans les cours étrangères, à 250,000 livres. Il n'est pas de souverain qui soit servi moins chèrement que le roi de Sardaigne. *(Relation de la cour de Savoie*, par M. DE SAINTE-CROIX, 1777. Manuscrit de la bibliothèque de la Motte.)

c'étaient les seules convenables à sa santé. Son épée était d'acier rouillé, garnie d'un cuir le long de la poignée, pour ne pas user les basques de l'habit. Pour canne, il portait un jonc avec une pomme de coco; sa tabatière était d'écaille garnie d'un cercle d'ivoire. Il n'avait de magnifique que son chapeau et sa perruque. Comme Victor-Amédée aimait beaucoup à se promener, il avait de plus dans sa garde-robe un surtout de drap bleu en forme de redingote, qu'il mettait les jours de pluie. Il faisait parade de cette simplicité et badinait son fils, qui aimait assez la magnificence des meubles, des habits, des dentelles et des diamants.

» Le roi Victor-Amédée avait une robe de chambre de taffetas vert, doublée d'ours blanc; l'hiver, l'ours était en dedans; l'été, il était en dehors. La dépense de la table du Roi à Turin était fixée à dix louis par jour, dans les maisons de campagne à quinze. Je ne rapporte tout cela à Votre Éminence, disait Blondel, en envoyant ce rapport au cardinal de Fleury, qu'afin que l'on puisse juger de ce qu'est l'économie et la règle de la cour de Turin (1). »

C'était le même prince cependant qui, en montant sur le trône, avait répondu au roi Louis XIV ces fières paroles : « Vos menaces ne m'épouvantent pas, je prendrai les mesures qui me conviendront le mieux vis-à-vis de l'indigne procédé dont vous avez usé

---

(1) Cet extrait est emprunté aux pièces justificatives des *Mémoires historiques*, publiés par le marquis Henry Costa.

envers mes troupes. Je n'ai que faire de me mieux expliquer et ne veux entendre aucune proposition. »

« Messieurs, avait ajouté le Roi en se tournant vers ses officiers, c'est en vous, après Dieu, que j'ai placé ma plus ferme espérance pour obtenir satisfaction d'une injure qui ne peut être supportée par des gens de cœur (1). »

Victor-Amédée avait raison, lorsqu'il comptait ainsi sur un dévouement qui n'était point acheté et, par conséquent, point avili; Roi et gentilshommes, quand ils tiraient l'épée, la tiraient pour une cause qui leur était commune.

Le marquis Henry était digne d'un tel honneur; mais son goût passionné pour le travail lui faisait envisager avec un certain effroi les loisirs inoccupés de la garnison.

Au moment même où Henry se décidait à prendre du service, on formait, sous le nom de légion des campements, un corps de topographie militaire; il subit avec succès les examens voulus et reçut, le 17 juin 1771, son brevet d'officier.

Le sous-lieutenant fit bien vite prévoir l'homme de guerre qui, pendant les désastreuses campagnes de 1795 et de 1796, devait, à l'armée austro-sarde, remplir les fonctions importantes de chef d'état-major général. Les alliés furent battus, parce qu'ils eurent

---

(1) Le contingent des troupes de Savoie avait été désarmé par le duc de Vendôme, en 1702. Les officiers avaient été faits prisonniers de guerre, et les soldats incorporés de force dans l'armée française. *(Mémoires historiques.)*

affaire à Bonaparte, et cependant Bonaparte, ainsi qu'on le verra au cours de ce récit, signant avec le marquis Henry, commissaire du roi de Sardaigne, l'armistice de Cherasco, se plut à rendre un éclatant hommage à la bravoure des troupes piémontaises et à l'habileté de leurs chefs.

Mais qui donc alors pouvait entrevoir ces grandes guerres et l'utilité dont seraient pour la défense du pays les travaux topographiques auxquels on employait Henry?

Parmi ses plans et ses dessins, le meilleur est une carte militaire de la Savoie et du petit Bugey. La charmante fantaisie de l'artiste y côtoie la rigidité mathématique de l'officier.

Dans un des angles de la carte, le Roi et ses aides de camp, dessinés à la plume, sont à cheval; ils écoutent les renseignements que leur donne un vieux paysan. Celui-ci, le bonnet à la main et le bras étendu, montre sans doute quelque passage de la montagne. Deux hommes se tiennent derrière lui, appuyés sur leurs fusils; d'autres causent avec un groupe de femmes et d'enfants vêtus à la mode du pays. Cette petite scène s'encadre dans un paysage composé de rochers, de sapins et d'un admirable lointain : tout cela traduit merveilleusement la nature pittoresque et pour ainsi dire les mœurs du pays dont on a sous les yeux la configuration géographique.

Ainsi passèrent dans un travail incessant les cinq années qui suivirent pour Henry son entrée au service; certes le travail l'absorbait, et cependant, à lire ses lettres, la vie isolée et nomade qu'il menait, vie si peu conforme à ce que nous savons de son cœur et de son esprit, ne pouvait lui convenir longtemps. « Le ton *garnisonnier* de mes camarades m'ennuie, écrivait-il à son père, et ce n'est qu'avec effort que je me mets à l'unisson. Je ne m'étonne plus d'ailleurs que Dieu ait condamné le Juif qui donna un soufflet à Notre-Seigneur à errer en mauvaise compagnie pendant l'éternité; c'est une des plus grandes punitions possibles et je m'y verrais, à mon tour, condamné si vous ne parvenez à arranger ce mariage dont vous aviez jusqu'ici un plus grand désir que moi, mais dont, à l'heure présente, je me sens fort empressé. »

On agitait en effet au Villard des projets de mariage, et l'on songeait pour Henry à mademoiselle Geneviève de Murinais, sa cousine. Celle-ci vivait fort tristement en Dauphiné, dans la maison du chevalier de Murinais, son oncle, qui l'avait recueillie, lorsqu'elle perdit son père, tué à l'armée du maréchal de Contades. Le chevalier était bon et tendre pour elle. Mais, si grande que pût être son affection, il était, par métier, un peu errant et se trouvait fort empêché de soucis auxquels ses vœux de Malte ne l'avaient pas préparé.

Mademoiselle de Murinais n'était plus très-jeune; la mauvaise humeur du chevalier croissait avec son embarras de la marier, quand tout à coup l'idée lui vint que Henry pourrait être pour sa cousine un mari fort acceptable.

La joie que cette découverte causa au chevalier se traduit par le tour galant qu'il sut donner au billet que voici :

« Chère sœur, écrivit-il à la marquise Costa, si tu voulais de ma fille Geneviève pour fille, j'irais ces jours-ci te demander ton fils Henry pour fils. »

Henry avait vingt-cinq ans; sa figure était la plus agréable du monde, si agréable même, que mademoiselle de Murinais se sentait à l'épouser quelque hésitation, car elle n'était pas jolie et avait l'esprit de le savoir. Dans une lettre à l'abbé Plouvier, son confesseur, elle traitait même de très-haut son mari à venir, qu'elle appelait un « jeune blanc-bec trop joli pour n'être pas gâté par les femmes ».

Mais ces appréhensions ne durèrent pas.

« J'ai bien lu votre lettre, disait-elle à sa belle-mère; Henry, en revenant du Villard, me l'a remise tout de suite pour me tirer d'embarras, car je fus surprise et déconcertée de son entrée dans le salon.

» On prétend que je fis même une grande révérence, et que je me mis à regarder une partie d'échecs très attentivement.

» Je ne me souviens pas de tant de maussaderie; le vrai, c'est que j'ai été infiniment sensible à son empressement à me rejoindre.

» Ma mère l'a reçu fort tendrement, et lui a dit que, depuis son départ, il lui manquait fort. Cette phrase était celle que j'aurais dû dire; pas du tout, je n'en ai pas eu l'idée, bien que nous soyons fort joliment ensemble, je vous assure. Je l'aime fort, et je suis persuadée que le temps donnera à ma tendresse encore bien de la vivacité. »

La prophétie se réalisa, ainsi que le prouve un billet écrit quelques semaines après le mariage, célébré à Saint-Marcellin en Dauphiné, en mai 1777.

« Je t'écrirai bien courtement ce soir, le plus tendrement aimé de tous les maris depuis Adam.

» Ce premier de tous, malgré sa complaisance sans bornes, ne méritait pas d'être aimé aussi tendrement que toi. Tu es le mari le plus aimable et le plus aimé, m'entends-tu bien? Je voudrais que tu me mandes de t'aller trouver bien vite. Je trouve de la cruauté à nous martyriser tous les deux par une insupportable absence. Voilà ce que renferme le coin le plus intime de mon cœur. »

Quel admirable discours fit l'abbé Baret, chargé de haranguer les mariés, lorsque, quelques semaines plus tard, ils arrivèrent au Villard, je ne le dirai pas; il suffira de savoir que le digne homme avait à pleines mains puisé dans le livre de Tobie; un texte n'attendait pas l'autre, et il les avait grandement traduits à sa façon pour leur faire célébrer, quoi qu'ils en eussent, les mérites de son cher enfant. Tout le pays était accouru au-devant de la *fenna novella* (1). C'est ainsi qu'en Savoie une jeune femme s'entend appeler pendant la première année de son mariage. En l'honneur des époux, les cloches, bien loin à la ronde, tintaient

---

(1) Mot patois; littéralement : femme nouvelle.

leurs plus jolis carillons. Les *boîtes* faisaient rage, les coups de fusil ou de pistolet, sans lesquels on ne se marie pas là-bas, éclataient d'un bout à l'autre du cortége qui avait été recevoir les arrivants aux frontières des domaines.

On aurait pu compter jusqu'à dix curés marchant à la tête de leurs paroisses et débouchant, les uns à pied, les autres à dos de mulet, par les sentiers de la montagne.

Après le discours de l'abbé, après la harangue du syndic et les mille poignées de main données et reçues, Henry finit par arriver à la porte du château ; il présenta le poing à sa femme qui sauta lestement à bas de sa mule. La marquise vint alors, à pas comptés, frapper avec son éventail trois coups aux grandes portes demeurées closes ; puis, donnant la main à son mari, elle fit une gracieuse révérence à la foule et s'en alla prendre place à l'une des tables dressées autour de la terrasse.

Chacun en fit autant et attendit, les yeux fixés vers le château. Tout à coup les portes s'ouvrirent, et le vieux marquis Alexis, en grand habit de cour, parut accompagné de sa femme, de ses enfants et de tous ses serviteurs.

Deux garde-chasse portaient sur un bassin d'argent une aiguière de vermeil.

Le silence se fit comme par enchantement dans cette foule houleuse ; on n'entendait plus que les joyeux *alleluias* du clocher voisin, lorsque le marquis, arrivé au milieu de la terrasse, fit remplir un gobelet, se découvrit et porta la santé du Roi, la santé de sa belle-fille et la santé de tous les amis qu'il voyait réunis.

Trois fois ainsi le marquis vida son verre au milieu des vivat de la foule, et la fête commença.

Pendant huit jours, au Villard, il y eut table ouverte au château et sous les grands arbres de la terrasse.

Le huitième jour, ce fut la fête des pauvres : chacun reçut un vêtement et un petit écu. Ce jour-là, selon le vieil usage de la maison lorsque l'aîné se mariait, Henry et sa femme servirent eux-mêmes leurs invités.

Ainsi commençait, douce, charitable et heureuse, la nouvelle existence du marquis Henry. Noble de cœur et d'esprit, chevaleresque, tout à la fois ferme et résolu, il avait inspiré à sa jeune femme ce sentiment qui tient à la fois de l'admiration et de l'amour, l'abandonnement de tout son être; elle pensait comme il pensait, elle voyait par ses yeux, aimait ce qu'il aimait lui-même. Il était sa force, son intelligence et son cœur; appuyée sur son bras, elle eût défié le monde entier, sans soupçonner qu'elle-même était faite pour inspirer ce sentiment qui la ravissait. Dès sa première enfance, elle avait été formée aux douleurs de la vie : elle avait amassé dans son cœur des trésors de tendresse et y puisait aujourd'hui à pleines mains. Un petit garçon, qu'ils appelèrent Eugène, vint, après deux ans, dorer encore leur horizon. Tout enfin semblait leur sourire.

Mais la jalousie d'un vieux serviteur, la faiblesse du marquis Alexis, rendirent peu à peu la vie en commun plus difficile; c'est l'éternelle histoire de Loth et d'Abraham.

Quelques années après son mariage, le marquis Henry quitta donc le Villard : il s'en vint, avec sa femme et ses enfants (1), habiter au bord du lac de Genève le château de Beauregard.

Beauregard est un endroit charmant : le beau lac, si capricieux de couleurs, si changeant selon l'heure, le soleil ou le vent, vient mourir sur la pelouse qui, de la maison, va se perdre dans ses eaux. L'horizon est peuplé de barques aux ailes blanches. Des chênes séculaires protégent les murailles *enlierrées* du château. Tout cela parle au cœur. Beauregard contraste avec les villas et les chalets qui l'entourent, et ses vieux murs ne peuvent renier leur passé.

Mais c'était là une terre de revenu, depuis longtemps inhabitée; tout était donc à créer pour l'installation qu'y projetait le marquis Henry.

« Je suis ici (2), écrivait-il à sa femme, pour faire les logements, et Dieu sait si j'ai à faire. Par quel bout commencer?

» Pour me dépiquer, je vais tenir ces jours-ci table ouverte sur mon guéridon. Nos voisins de Corsy doivent venir dîner ici dimanche; soyez tranquille sur

---

(1) Le marquis Henry avait alors quatre enfants : Eugène, Victor, Camille et Sylvain.

(2) A Beauregard.

mes magnificences, tout cela se passera fort doucement. J'ai un brochet que je tiens à l'épinette dans un coin du jardin, et des pigeons que j'ai été dénicher dans les trous de mes murailles. Mes hôtes feront bonne chère sans que je mette trop profondément la main dans ma poche. Cependant il me faut acheter tant de choses, que je me ruine en bons marchés.

» Je n'ai même pas de bois, tant on a fait main basse sur les taillis, les arbres en bordures, les poiriers, les noyers, les pommiers, dont les domaines étaient pourvus.

» Les paysans disent que celui qui a conseillé à mon père de couper ainsi ses meilleurs arbres devrait, en bonne justice, être pendu au sommet de ceux qui restent.

» J'ai pris mes mesures pour avoir la messe dans la maison pendant notre séjour; enfin je raccommode, je rassemble, j'approvisionne ce triste endroit, n'ayant comme compensation à tous mes embarras que le bonheur de vous y voir. Le local est fort beau, les promenades infinies, le château épouvantable en totalité, mais agréable dans plusieurs détails; enfin nous jouirons de nos œuvres.

» Nos petits, dites-vous, sont charmants; je les vois du même œil que vous, ma chère, ma bonne amie! En attendant que l'âge ou quelqu'un nous rende durs et injustes envers eux, livrons-nous au plaisir de les aimer. »

Cette tendresse du marquis Henry pour ses enfants se fait jour à chaque page, à chaque ligne de sa correspondance : « Ne perdez pas une occasion, disait-il à ce propos, pendant que vous influez directement sur vos enfants, de leur épargner un dégoût, de leur préparer un plaisir; ne courez pas le risque d'attrister leur enfance. »

De semblables théories, si elles étaient généralisées, pourraient devenir dangereuses, car bien des parents ne sauraient les pratiquer, qui craignent d'être troublés dans leur quiétude égoïste, ou qui, par une sensibilité peureuse, tolèrent, s'ils ne les favorisent, de coupables instincts.

Mais ces dangers n'étaient point à redouter ici; les leçons du marquis Henry ressemblaient « à ces brises qui, pour hâter leur développement, agitent doucement les arbustes au printemps sans faire tomber ni leurs bourgeons, ni leurs fleurs (1) »; aussi avec quelle tendresse ne parle-t-il pas de ces chers petits êtres !

« Je vous dirai, ma chère amie, écrivait-il à sa femme absente depuis un mois de Beauregard, que je viens de trouver en rentrant tout à l'heure tous mes garçonnets en bonne santé; ces pauvres petits m'ont fait le plus charmant accueil : ils étaient venus à ma rencontre de toute la longueur de leurs petites jambes, et leurs cris de joie en me revoyant m'ont bien été jusqu'au cœur. Vous ne croirez jamais combien vous leur manquez; nous nous accoutumerons bien diffici-

---

(1) Pope.

lement à ne pas vous voir, car vous êtes bien véritablement l'âme de la tribu.

» Avant-hier, pour comble de disgrâce, continue le marquis Henry, après avoir détaillé les mille petits ennuis de sa vie quotidienne, la grande table, placée dans l'embrasure de la salle à manger, s'écroula avec un fracas épouvantable, entraînant toute la faïence de la maison que l'on y avait posée et dont il ne resta miette.

» Eugène, présent à ce désastre, se mit à pleurer amèrement ma ruine, qu'il crut devoir en être la suite; j'accourus tout épouvanté de ce bruit, des cris, surtout, qui s'y mêlaient, et ne pus m'empêcher de rire du désespoir d'Eugène, qui s'était communiqué à ses frères. Je les pris tous quatre sur mes genoux et leur contai l'histoire de Job, dont les affaires n'allaient pas mieux que les miennes, mais qui de plus avait la gale et une mauvaise femme pour lui chanter pouille. Du reste, ma mie, voici l'ordre établi pour la journée : je me lève de fort bonne heure, et j'écris ordinairement jusqu'à ce que mes chers petits se lèvent. Je déjeune avec eux, après quoi je cours où j'ai affaire. Nous dînons, nous soupons, nous nous couchons en même temps, et tout cela de fort bonne heure, car c'est moi qui prends la leur.

» Après le dîner, nous avons de longues conversations, un peu de lecture ; souvent nous mangeons des cerises à goûter, en faisant des contes pour rire ; au soleil couchant, nous allons en devisant nous promener au lac, sûrs de trouver notre souper prêt au retour. »

Ce fragment d'une lettre écrite par Eugène à sa mère achève le tableau :

« Ce qui me fait croire que je serai bon à quelque chose, disait l'enfant, c'est que je fais diverses sortes de métiers. Tantôt berger de moutons, tantôt pêcheur de petits poissons, tantôt liseur de contes de fées, tantôt joueur de flageolet, tantôt dessinateur de mauvaises têtes d'après Camille; au bout de cela, le catéchisme tous les matins..... »

La précocité et l'esprit de l'enfant, qui à six ans savait écrire ainsi, frappaient tout le monde.

« A peine Eugène balbutiait-il quelques mots, racontait plus tard M. de Maistre (1), que déjà une conception hâtive lui fournissait des expressions heureuses, qui présageaient une vigoureuse intelligence. On ne peut trop examiner ce signe qui est le plus infaillible de tous pour juger un enfant. Observez si dans son discours il laisse échapper des mots qui expriment les nuances délicates de la pensée. Observez encore s'il sait revêtir sa pensée de formes palpables, s'il sait choisir ces métaphores avec justesse... Rappelez-vous cette soirée où vous le trouvâtes occupé à souffler du feu dans une chambre sans lumière. Je travaille, vous dit-il, pour faire revenir mon nègre. Il donnait ce nom à son ombre dont il s'amusait en faisant des gestes de son âge devant une tapisserie.

---

(1) Une solide amitié unissait le comte de Maistre au marquis Henry. M. de Maistre venait presque tous les ans passer à Beauregard les loisirs que lui laissaient ses fonctions au Sénat de Savoie.

Personnaliser ainsi son ombre, en saisir les deux caractères principaux, la considérer comme un serviteur, comme un nègre fugitif qui disparaît avec la lumière et qu'on rappelle à soi en créant la flamme, c'est peut-être l'expression la plus originale, la plus étonnante qui ait jamais été rencontrée par un enfant au-dessous de cinq ans (1). »

Sur le chapitre de ses enfants, Henry était intarissable; il ne se lassait pas plus de les admirer que de les aimer; leurs défauts mêmes avaient, à ses yeux, je ne sais quel tour ingénieux dont il s'applaudissait. « Eugène et ses frères ont montré beaucoup de philosophie en apprenant la mort de leur grand'tante (2); je n'en suis pas moins convaincu de la bonté de leur cœur; la sensibilité est détestable quand on en fait, et pour pleurer amèrement à leur âge une grand'tante que l'on n'a jamais vue, il faut avoir pris des leçons de sa bonne.

» Quand ils ont des veines de sensibilité, ce qui, Dieu merci, arrive rarement, cette sensibilité est bien à eux ainsi que le bon sens et la vivacité qu'ils mettent parfois dans leurs petites imaginations follettes. Leurs réparties sont étonnantes. De grand matin,

---

(1) Discours à la marquise Costa sur la mort de son fils.

Cette lettre, imprimée du temps de l'auteur, a été rééditée une première fois par M. le comte de Falloux, et se trouve dans le second volume des *Lettres et Opuscules du comte de Maistre*, publiés par son fils, le comte Rodolphe.

(2) Madame la comtesse de Challes, sœur du marquis Alexis-Barthélemy, père du marquis Henry.

Simon trouva, l'autre jour, une bourse au bord du lac : « Vois, dis-je à Eugène, l'avantage de se lever de bonne heure. — Hélas, papa, celui qui l'a perdue, me répondit-il, s'était levé de meilleure heure encore. »

Passant de la théorie à la pratique de ses leçons, Henry faisait avec ses enfants ce qu'il appelait plaisamment de la morale en action, il les amenait au chevet d'un malade, les consultait sur la chaumière à rebâtir ou sur l'apprentissage à essayer. Il cherchait à leur donner par là ce sentiment exquis de la charité chrétienne, qui n'est pas la pitié, mais bien l'amour du pauvre.

Peut-être aussi ce modeste récit d'une visite au moulin de Tougues, près de Beauregard, sera-t-il préférable à bien des périodes philanthropiques :

« Je suis allé hier, à la tête de mes quatre garçons, faire une visite à la meunière de Tougues, qui accoucha seule d'une princesse dans son moulin. Chacun portait son offrande; comme le moins maladroit, je marchais en tête, portant un pot de bouillon. Eugène suivait avec une bouteille de vin pour les rôties de l'accouchée; ensuite venait Victor avec un grand pain en équilibre sur sa tête, puis arrivait Camille avec un morceau de sucre. Nous avons été fort bien reçus. En vérité, il est curieux de voir comment, quand on ne peut faire mieux, on se passe des nécessités de la vie. Pour accoucher comme pour le reste, le nécessaire n'est presque rien. Cette femme, après avoir parfait sa besogne avec beaucoup de sang-froid et empaqueté elle-même son enfant, n'avait d'autre souci que de voir arriver *notre maître* pour ordonner les cérémonies du baptême et y mettre un peu de décence et d'appareil. »

Quand vint l'émigration, la pauvre meunière de Tougues voulut suivre ses maîtres; elle n'était pas oublieuse des bons soins d'autrefois et les servit pour rien tant que dura l'exil.

Il ne reste pas trace aujourd'hui de son moulin, mais la bonne Chagnot a laissé derrière elle de plus durables souvenirs.

Ces choses pourront sembler indifférentes, mais l'héroïsme n'est pas de tous les jours, et l'on rapporte ici ces mille riens pour montrer comment les garçonnets de Beauregard sont devenus des gens de bien.

M. de Maistre a raconté avant nous qu'à treize ans, Eugène possédait une littérature considérable et une connaissance assez étendue de la langue italienne, une habileté peu commune dans le dessin et des dispositions marquées pour d'autres arts (1).

Le marquis Henry vint s'établir à Genève avec ses petits enfants, ne pouvant, à Beauregard, parfaire cette éducation qu'il avait si bien commencée.

Installé à Genève, Eugène étonna bientôt ses maîtres et eut de la réputation à l'âge où on la cherche.

« Mais parmi nous, continue l'illustre historien de cet enfant de seize ans, tout le monde servait le Roi de quelque manière, et celui que son inclination n'appelait pas au sacerdoce ou aux emplois civils entrait au

---

(1) Discours à la marquise Costa sur la mort de son fils.

service militaire. L'usage avait même prévalu, dit-il, de se jeter dans cette carrière au sortir de l'enfance (1). »

Or, voici comment le marquis Henry découvrit qu'Eugène y voulait entrer à son tour.

« Figurez-vous, ma mie, écrivait-il, qu'avant-hier, pendant que je me trouvais aux prises avec le Faret que vous savez, et plus empressé que jamais de me tirer des griffes du fâcheux, mes quatre garçons entrèrent dans ma chambre, travestis, Dieu sait comme, en pages du roi Charles VIII.

» Eugène s'était fait un hoqueton d'un vieux morceau de damas vert, avait enfilé ses jambes jusqu'au ventre dans une paire de grandes bottes que lui avait prêtées le sieur Amour, mon nouveau domestique, et ses mains jusqu'au coude dans une vieille paire de gants à moi; il avait imaginé sur sa tête une toque en papier doré avec un grand panache. Les autres étaient tout aussi drôles et marchaient avec une gravité imperturbable.

» Victor commença le dialogue en me disant qu'il voulait demeurer à la maison à combattre les ours; Camille, qu'il songeait à une abbaye; Sylvain voulait un évêché.

« Mes petits mettaient en action une scène charmante de la *Chronique du Loyal Serviteur*, que nous avions lue et dont nous avions longuement disserté la veille (2).

---

(1) Discours à la marquise Costa sur la mort de son fils.
(2) *La très joyeuse, plaisante et récréative histoire du bon chevalier sans paour et sans reproche.* Cette lettre du marquis Henry

» Eugène a trouvé je ne sais où ce vieux livre dont il a fait son livre de chevet. Je me prêtai de bonne grâce à la situation, et je doute que le vieux sire de Bayard, sentant ne pouvoir faire grand séjour en ce « mortel estre », ait eu plus de gravité que moi.

« Eugène, qui s'était dans tout ceci réservé le principal rôle, s'avança alors et gravement me récita, presque mot à mot, la tirade du bon chevalier : Je serai, s'il vous plaît, monseigneur mon père, de l'état dont vous et vos prédécesseurs ont été, et, Dieu aidant, ne vous ferai point déshonneur.

« Ainsi a dit et fait, papa, le petit Pierre Bayard mon patron, ajouta-t-il en se jetant dans mes bras.

« Non, ma mie, le vieux sire ne fut pas plus attendri que moi en entendant Eugène me parler ainsi.

« Il y avait dans tout cela quelque chose de sérieux qui m'effraya ; je pris Eugène sur mes genoux et vis qu'il ne démordrait pas de son idée.

« En vérité, j'admire combien tout ce qui est noble fait battre le cœur de notre bon petit. »

L'enfant était si résolu que le marquis Henry songea sérieusement à le faire entrer au service.

L'examen à passer était difficile ; car alors, quoi qu'on en ait dit, la faveur ne suppléait pas au mérite et à l'application.

Eugène répondit à merveille à toutes les questions

---

fait allusion à la scène par laquelle s'ouvre le récit du loyal serviteur. Le vieux sire de Bayard mande auprès de lui ses quatre enfants et leur demande de quel état ils veulent être.

de M. de Bellegarde, chargé de l'interroger; son examen écrit était un gros cahier. En Piémont, on avait été moins sévère, et sept concurrents avaient été examinés en deux jours, ce qui faisait dire au marquis Henry :

« Dieu veuille qu'avoir mieux fait que les autres *tourne à compte* à notre cher petit. J'ai peu de doute, au surplus, qu'il n'ait son brevet d'officier, mais je voudrais qu'il fût le premier de sa promotion. Puisque Eugène s'est tiré de tout avec distinction, ce lui sera un petit fonds de bonne réputation. »

En effet, Eugène reçut, au mois de décembre 1789, ses épaulettes d'officier; en les agrafant à l'uniforme de son enfant, qu'il jetait si jeune au milieu des hasards d'un état périlleux, le marquis Henry s'en remettait à Dieu pour l'avenir.

Mais la marquise n'était pas si vaillante, comme le dit encore la chronique du bon chevalier : son amour de mère « l'admonestoit de larmoyer », et elle avait besoin, pour se rassurer, d'entendre Joseph de Maistre lui répéter sa devise : L'honneur et la raison sont à nous, le reste n'en dépend pas.

CHAPITRE QUATRIÈME

LE COMTE DE MAISTRE

1789-1792

Divergences d'opinions entre le comte de Maistre et le marquis Henry. — Le marquis Henry se laisse éblouir par les réformes nouvelles. — Son admiration pour Necker. — Journées du 5 et du 6 octobre racontées par M. de Maistre. — M. de la Fayette. — La Savoie aux premiers jours de la révolution. — Dorat-Cubières. — Les patriotes de Thonon. — Lettres de M. de Maistre sur l'état de la Savoie. — La petite colonie genevoise se ressent de la crise révolutionnaire. — Maladie de la marquise. — Comment, à la fin de 1791, le marquis Henry vendit de la chandelle à Genève.

« Dieu fut bon de me cacher l'avenir, écrivait à la fin de sa vie le marquis Henry ; car si j'avais connu l'avenir, aurais-je eu jusqu'au bout le courage de ma destinée ? Je ne puis me rappeler sans frémir, ajoutait-il, ce moment où j'ai marqué de mes propres mains mon enfant pour la mort, et l'insouciance effroyable avec laquelle j'ai vu commencer tant de terribles choses. »

C'est qu'en vérité à partir de ce jour où, *obéissant à l'honneur,* il avait fait un soldat de son fils, *le reste* n'appartint plus au marquis Henry. Ce fut fini de cette existence si simple et si heureuse, dont le Villard et Beauregard avaient successivement marqué les paisibles étapes. Le soleil radieux de ses premiers trente ans se couchait dans les nuages que la révolution appelait de tous les points de l'horizon.

Incapable de penser qu'ils pussent porter tant de foudres, le marquis Henry regardait monter curieusement ces nuages, et cependant il avait déjà l'instinct du danger, instinct que révèlent les fragments de sa correspondance. N'obéissait-il pas, en écrivant ainsi, au double sentiment de l'espérance et de la résignation, qui envahit le cœur du soldat à l'heure de la bataille?

Quelle bataille en effet que celle dont les États Généraux donnaient le signal en 1789! La charge sonnait jusqu'au fond des provinces, et de partout accouraient ces inconnus qui firent de la révolution un combat de géants.

Parmi eux, au premier rang et dès le premier jour, se dressa Joseph de Maistre, *l'homme jusque-là aplati par l'énorme poids du rien* (1) et qui tout à coup fut grand parce que l'occasion de grandes choses lui était donnée. Des nombreuses lettres qu'il écrivit alors à Beauregard, quelques-unes ont été retrouvées et figureront au cours de ce récit, beaucoup malheureusement sont perdues; parmi celles que nous regrettons se trouve la lettre à laquelle le marquis Henry répondait en date du 15 juin 1789.

Il est aisé de deviner quelles étaient les tristes prophéties du comte de Maistre à la façon presque craintive dont on les réfutait.

« Il est rare, écrivait Henry, qu'une existence soit tout entière heureuse ou malheureuse. Aux uns, la vie

---

(1) Mot de M. de Maistre parlant de lui-même. *(Lettres et Opuscules.)*

est souriante à son aurore, pour qui elle s'assombrira à son déclin. Aux autres, la lutte des premiers jours présage des temps meilleurs. Mais à tous demeurent le souvenir ou l'espérance, comme les anges gardiens que Dieu a placés à nos côtés. Pour moi, je me sens donc des trésors de courage contre les grossièretés de la fortune; mon bonheur passé ne me laisse d'autre droit que celui de remercier Dieu de me l'avoir donné. Mon cher ami, pourquoi vous glacer de l'avenir? Croyez que ces discussions de Versailles, qui vous enfièvrent, ne peuvent produire qu'un nivellement heureux parmi ces hommes qui, *malgré vous*, veulent le bien de la France. Dans ce déluge de maux que vous annoncez à notre pauvre monde, j'estime, quant à moi, seuls malheureux les hommes que la Providence jette ainsi brusquement hors de leur sphère et traîne sur un théâtre où ils sont forcément inhabiles à jouer leur rôle.

» Il faut, dites-vous, aux députés une force d'âme peu commune pour se roidir contre le courant, pour s'isoler de la foule, pour se soustraire aux séductions d'une popularité que vous appelez trop facile. Mais indiquez-moi, mon cher ami, où dans tout ceci finit la vérité et où commence l'erreur.

» Le dogme ne saurait envahir la politique, et les principes, dans cet ordre d'idées, n'ont rien de révélé. »

Qui donc pourrait blâmer de si nobles illusions?

Il n'avait pas été donné au marquis Henry de voir, ainsi que nous l'avons vu depuis, les idées les plus généreuses servir de marchepieds aux plus vulgaires ambitieux. En cet heureux temps, personne n'avait encore l'expérience de la révolution; elle apparaissait aux uns comme une satisfaction donnée à de légitimes espérances, elle était à la mode pour les autres, qui badinaient avec ce mot terrible de liberté.

Si donc, plus tard, parmi les hommes renversés par la tempête, quelques-uns se trouvèrent, à leur grand étonnement, l'avoir déchaînée par leur imprudence ou par leur présomption, ces hommes furent à plaindre; mais que ceux-là leur jettent la première pierre, qui n'ont jamais senti battre leur cœur pour une erreur généreuse.

Comme le dit Pascal, « le cœur a ses raisons, que la raison ne discute pas ». Quand le cœur pèche par l'excès du bien, quand il semble se mirer dans ce qui l'environne, ne riez pas de lui, parce qu'alors il est dupe de lui-même en prêtant aux autres sa noblesse ou sa bonté.

C'était ainsi par son cœur que le marquis Henry jugeait les événements, tandis qu'auprès de lui Joseph de Maistre, préludant à l'œuvre de sa vie, écoutait seulement sa raison pour se constituer l'implacable adversaire des idées nouvelles.

Tous deux étaient passionnés par la querelle qui divisait, en province comme à Versailles, les meilleurs esprits, et ces lettres que nous allons citer, lettres où leurs dissentiments s'affirmèrent dès le premier jour, nous apportent l'écho tout vibrant encore des passions du moment.

En effet, si Joseph de Maistre déplorait comme une

catastrophe le premier succès du Tiers sur la Noblesse et sur le Clergé, si ce succès était salué par la révolution comme une espérance, on peut croire, en lisant ces lignes du marquis Henry, que l'enthousiasme était contagieux aussi parmi les plus honnêtes gens :

« J'ai dîné, il y a trois jours, à Grenoble, chez M. le président de La Coste (1), écrivait-il à M. de Maistre, et j'ai entendu dire de ce qui se passe à Versailles force bêtises d'un ton tranchant et doctoral. Pour moi, je n'eusse point hésité, malgré vous, mon cher ami, à suivre M. de Clermont-Tonnerre (2), et certes c'eût été, comme il l'a dit, à ma conscience que j'aurais obéi ; mais enfin la réunion définitive des trois ordres est faite et bien faite. L'enthousiasme de la foule, à cette nouvelle qui nous fut apportée pendant que nous mangions, renfrogna les convives de M. de La Coste, tous, comme lui, grands partisans de Cazalès.

» Si j'eus à soutenir un rude assaut, j'en fus dédommagé ; en sortant, j'ai trouvé toute la ville illuminée ; en traversant la place du théâtre, j'ai été entraîné par des citoyens qui m'ont introduit dans la salle resplendissante de bougies, et où étaient établis trois cents couverts sur deux immenses tables en fer à cheval. La

---

(1) Président au parlement du Dauphiné, ami intime de la famille de Murinais.

(2) M. de Clermont-Tonnerre avait protesté, dès l'ouverture des États Généraux, contre les décisions de la majorité de son ordre, et avait été chargé de porter la parole, lorsque la minorité de la Noblesse alla se réunir aux députés du Tiers État.

musique la plus ronflante, un monde innombrable dans les loges et autour de nous, rendaient cet impromptu charmant. Je m'y suis fort amusé entre deux messieurs dont les noms n'étaient pas fort imposants, mais tous deux pleins d'éloquence et d'esprit.

» On a bu à la santé du Roi, avec acclamations et battements de mains, à celle de la Reine et à celle du duc d'Orléans; on a bu aussi à la réunion des Ordres. Chacune de ces santés a eu sa nuance; mais, quand est venue la santé de M. Necker, j'ai cru que le plafond allait s'écrouler; cet homme est l'idole de la nation, quoi qu'en disent un petit nombre de gens possédés par l'esprit de dénigrement ou de parti; sa gloire me paraît aujourd'hui affermie et hors de toute atteinte. »

Hélas! cette gloire ne devait pas durer plus longtemps que ne devaient durer les illusions du marquis Henry. Car si l'intensité d'une crise révolutionnaire se mesure à l'engouement du pays pour un homme ou pour une idée, on peut regarder comme le plus effrayant symptôme d'une dissolution prochaine ces acclamations fiévreuses qui saluent l'empirique, le fourbe ou le sot comme un sauveur.

Pour ceux-ci, la rapidité de leur fortune n'a d'égale que la profondeur de leur chute; et l'on est habitué en France, plus qu'ailleurs peut-être, à voir traîner sur la claie l'idole adorée la veille.

Il en devait être ainsi de Necker.

« Placé entre une popularité dont il était avide, et ses instincts honnêtes, médiateur timide entre la cour et la révolution, M. Necker ne sut jamais être grand et succomba. Philosophe de l'école neutre, il n'avait que le semblant des vices ou des vertus qu'exigeait une époque héroïque, et il peut être la preuve que si les sophismes amènent parfois les situations extrêmes, les sophistes seront toujours impuissants à les trancher. »

Tel fut le jugement porté, quelques années plus tard, par le marquis Henry, que les circonstances avaient rapproché de M. Necker. En voyant M. Necker se frapper la poitrine et se reprocher d'avoir été l'auteur inconscient de la révolution, le marquis, à son tour, abjura son admiration première pour les hommes et pour les choses qui l'avaient un instant ébloui. Comment aurait-il pu se soustraire, d'ailleurs, à l'implacable logique des faits qui venaient tous les jours confirmer les craintes et justifier les théories trouvées naguère exagérées ou trop absolues chez son ami le comte de Maistre?

Celui-ci, supérieur au marquis Henry par la force et l'étendue de son génie, lui était inférieur peut-être par l'élan et la chaleur de l'âme; mais tous deux se complétaient; unis dans une égale hauteur de patriotisme et de désintéressement, ils semblaient mettre en commun leur cœur et leur raison pour étudier le phénomène qui se passait sous leurs yeux.

Dans la familiarité de leur correspondance, on voit le marquis se laisser parfois entraîner sur la pente où s'arrête la froide raison de Joseph de Maistre. Mais parfois aussi, chez Joseph de Maistre, cette raison fait place à l'indignation, à la désespérance. Alors bouillonnent en lui des haines qui vont jusqu'à la brutalité.

Il s'en prend des malheurs présents aux crimes du passé. Ne dirait-on pas que la plume qui devait tracer tant de pages immortelles se dérouillait en écrivant ces lignes adressées au marquis Henry :

(1) « Eh bien, mon cher ami, êtes-vous assis à Genève, et pouvez-vous mettre les coudes sur la table pour me donner de vos nouvelles? J'en attends avec empressement.

» Pour moi, me voici déjà embarqué dans mes importantes et écrasantes fonctions (2) : lectures, conversations, méditations, même autres que celles qui roulent sur le tien et le mien, tout est fini jusqu'au mois de septembre 1790.....

» J'ai eu l'autre jour une longue et intéressante conversation à laquelle j'aurais bien voulu que vous eussiez assisté. J'ai passé une soirée entière avec un bon ami de Mounier, qui m'a conté toute la soirée du 5 octobre, d'après l'ex-président (3), et avec des détails qu'on ne lit pas dans l'exposé. Vous savez que tous les journalistes ont retenu leur plume en rapportant ce qui se dit dans l'antichambre de la Reine. Voici un de ces discours :

» Prenons les entrailles de cette p..... pour nous en faire des cocardes.

» Le croiriez-vous, mon cher ami? Mounier a vu, a

---

(1) Archives de la Motte, 7 décembre 1789.
(2) M. de Maistre était sénateur au Sénat de Savoie.
(3) Mounier, on le sait, était président de l'Assemblée pendant les journées du 5 et du 6 octobre.

bien vu avec son œil droit et son œil gauche, des femmes de Paris, qui venaient de prendre du pain dans les cuisines du Roi, tremper ce pain dans le sang des gardes du corps égorgés et le manger ensuite. Le joli peuple !

» Quand les ambassadrices furent introduites auprès du Roi, elles lui demandèrent d'abord du pain; il leur dit : Mes pauvres femmes, je n'ai pas du pain dans ma poche, mais vous pouvez aller dans les offices, vous y trouverez des provisions; pas autant qu'autrefois, mais enfin vous y prendrez ce qui s'y trouvera. Puis, le Roi de France et de Navarre mit la main dans sa poche et leur donna sept louis, c'était tout ce qu'il avait dans ce moment; mais ce don et cet air de bonté avaient fait trop d'impression sur ces nobles dames, qui s'avisèrent de laisser éclater trop de sensibilité en sortant; les autres femmes les accablèrent d'injures et de coups, et, entre autres gentillesses, leur donnèrent le fouet chez le Roi. Jamais le salon d'Hercule n'avait vu cérémonie de ce genre.

» C'est ce que je trouve, du reste, de plus conforme à la Déclaration des droits de l'homme, qui renferme aussi ceux de la femme, en vertu de l'égalité naturelle. Les ... du tiers et du peuple devaient commencer à se montrer à Versailles; depuis trop longtemps ceux des hautes et puissantes dames y jouissaient seuls d'une représentation avouée.

» Que vous dirai-je, mon cher ami? ma foi est ébranlée; au secours! assistez-moi! ma tête fermente toujours sur toutes ces affaires au point que quelquefois je n'en dors pas. Jamais spectacle plus intéressant n'a frappé le genre humain.....

. . . .

» Vous savez que je ne suis pas ami des factions populaires, cependant je prends un grand intérêt à ce sermon terrible que la Providence prêche aux Rois. Parbleu, il vaut bien la peine d'être écouté attentivement, et tant pis pour qui n'en fait pas son profit.

» Hier, un Français m'a dit au Cassin que M. Necker était harassé, excédé de travail et de peine, qu'il était maigre comme un clou et qu'il avait les jambes enflées. Mounier dit qu'il (M. Necker) lui a fait entendre bien clairement qu'il ne pouvait se rappeler, sans une profonde terreur, qu'il était l'auteur de la révolution.

» Peut-être que l'opinion par tête égratigne son cœur. — Pauvre homme! Celui-là, je le plains, car il est vertueux.

» Gare le 1ᵉʳ janvier : c'est l'échéance des rentes; la moitié de Paris vit du trésor royal, et il n'y a pas de laquais qui n'ait quelque chose à lui demander. Si les fonds manquent, que deviendra le pauvre Necker? Figurez-vous l'innombrable et féroce canaille de Paris ameutée par Mirabeau et compagnie. Je crains beaucoup un orage terrible.

» Voilà beaucoup de politicailleries, mon cher ami, assez mal enfilées à mesure qu'elles se présentent à ma plume.

Quittons Paris! quittons Paris! quittons ce gouffre immonde où Mirabeau braille en vrai Lucifer; prenons notre vol vers ces murs de Genève et revoyons le coin de votre feu.

» Il est doux de descendre de la région des tempêtes dans celle de la paix. Mon imagination, continuellement citoyenne de votre aimable ménage, m'y reporte mille fois par jour. Quelquefois, pendant que je passe de longues et tristes soirées à chercher le juste et l'injuste à travers les buissons de la chicane, je songe à vos soirées patriarcales, si bien et si doucement employées. Oh! que mon foyer solitaire ressemble peu au vôtre dans ces moments-là! C'est alors que ma pensée vous visite et vous demande une place autour de la grande table verte.

» A la tête est le grave Eugène, à qui je suis fâché de ne plus faire chercher le nominatif et le régime. J'ai bien perdu trop tôt ce joli élève, il aurait fait tant d'honneur à son maître! Je suis, au reste, trop intéressé de ma nature pour donner jamais la moindre chose pour rien, et j'entends bien qu'il me paye mes leçons par un peu de souvenir. Pour vous, mon cher ami, j'ai votre parole d'honneur, j'ai aussi celle de votre femme, tous deux vous m'avez promis de me nicher de temps en temps dans vos conversations. Je vous somme bien expressément de tenir votre parole.

» Je serai bien fidèle, moi aussi, à me rappeler ces journées d'octobre, passées si agréablement, où nous disions tant de riens et tant de choses, et toujours d'une manière agréable pour nous.

» Adieu mille fois, mon cher ami, j'ai bien peur de ne pas entendre la messe de minuit avec vous; mais, à moins d'être retenu par mille chaînes, je célébrerai, l'année prochaine, l'anniversaire de mes plaisirs d'automne, si toutefois je me sens la mémoire assez pleine de devises et de dits notables pour oser me présenter devant les panneaux de votre cheminée. »

M. de Maistre pouvait-il prévoir que le foyer lui-même, cette dernière espérance, ce dernier refuge, serait, à son tour, renversé? Non, si tristes que fussent ses prévoyances, celle-là n'en était pas. L'orage allait gronder, la foudre frapper peut-être sur les cimes, mais devait-elle visiter l'humble demeure de gens simplement heureux?

La tendresse du marquis Henry pour les siens était moins confiante dans l'avenir.

« Oh! mon amie, revenez jouir avec nous des dernières heures peut-être que nous ayons à vivre heureux, écrivait-il de Genève à sa femme; je le suis pleinement encore par mes petits et par vous. Mais je laisse entre-bâillée ma porte pour que le bonheur, en s'échappant, ne renverse pas ma maison. L'absence de maux dans ce cruel moment m'effraye pour nous. Revenez, ma mie; quand la bise siffle au lac, les bonnes poules couveuses de Beauregard mettent les poussins sous leurs ailes, et le maître coq, du haut de son perchoir, appelle les traînards et les égarés.

» Revenez, vous serez bien reçue et croirez vivre ici aux pays enchantés; je m'isole du monde, où il est trop triste de vivre, et mets tous mes soins à tenir gais et en travail mes petits compagnons. Les progrès de tous sont grands, ceux d'Eugène surtout me confondent; le voilà jouant passablement du violon, dessinant de grandes compositions historiques auxquelles il emploie vos cartons et les miens. Un ancien officier de Savoie, vivant ici à la retraite, lui donne des leçons de fortification et en fera, malgré sa petite figure blonde, un digne officier, si jamais nous dégaînons. Lui et moi sommes inséparables, et, à l'entendre raisonner, il me semble parfois raisonner moi-même; c'est vous dire, mon amie, que l'enfant a quelque esprit, mais surtout, mais avant tout, une profonde tendresse pour vous. »

C'était ce bonheur si intime et si profond qui faisait regretter à Joseph de Maistre sa place autour de la *grande table verte*, alors que ses fonctions en faisaient le témoin impuissant et désolé de fautes irréparables.

En effet, les journées du 5 et du 6 octobre, dont on vient de lire le lamentable récit, avaient eu en Savoie le plus funeste retentissement. Les vieilles rancunes de bourgeois à nobles s'étaient réveillées. Le peuple prêtait avidement l'oreille aux discours des prôneurs de révolution, qui exploitaient ses griefs vrais ou faux contre le gouvernement du Roi. L'une après l'autre, on voyait toutes les villes de la province s'affilier aux clubs de Paris, pendant que des pamphlets, ouvertement distribués, livraient les prêtres et la noblesse du pays à la risée et aux haines.

Si les procédés révolutionnaires sont demeurés aujourd'hui ce qu'ils étaient en 1789, on peut dire malheureusement que les procédés de résistance n'ont pas varié de leur côté; déjà, entre honnêtes gens, alors, on gémissait à portes closes.

Cette poltronnerie fut de tous les temps; on l'aurait dite épidémique en Savoie au commencement de la révolution; elle gagnait jusqu'aux agents de l'autorité.

Le gouverneur de Chambéry se querellait avec le conseil de la ville et capitulait. A quelques jours de là, un avocat de la province de Carouge avait affaire à l'intendant (1), et l'intendant prenait la poste pour se sauver. Chacun savait qu'un grand nombre de Savoyards passaient la frontière pour s'aller joindre, à Lyon ou dans les villes voisines, aux fêtes civiques qui se célébraient. La cocarde tricolore au chapeau, vêtus souvent en gardes nationaux, ces transfuges se vantaient hautement d'une trahison prochaine. Le gouvernement piémontais affectait de ne rien voir, et sa longanimité encourageait les factieux.

« Quand on tremble, ce n'est pas le moyen de faire trembler. La clémence est praticable par un gouvernement fort, disait le marquis Henry, la sévérité est nécessaire à un gouvernement faible ou ébranlé. Il faut qu'il se fasse craindre pour reconquérir la confiance, car ce n'est rien que de connaître ses ennemis, si on ne les châtie avec éclat. Punir les méchants est donc le seul moyen de s'attacher les bons. Faire grâce par crainte ou par faiblesse, c'est se vouer au mépris; la faveur populaire échappe à qui paraît la mendier. »

Et cependant, au milieu de cet effondrement moral, une chose demeurait debout, c'était l'affection des gens de Savoie, non pas pour la monarchie, mais pour la

---

(1) Préfet.

personne même du Roi. Ces Princes-Loups, comme les appelait naguère M. Thiers, étaient de rudes soldats ; le peuple aime la bravoure et ne comprend guère la grandeur qui attache au rivage. Ils étaient simples, d'ailleurs, familiers et bons, parfois jusqu'à la faiblesse.

En veut-on la preuve? cette lettre, adressée de Savoie aux rédacteurs du *Journal de Paris* par Dorat-Cubières (1) en 1791, peut la fournir :

« Le roi de Sardaigne, parce qu'il a quelque bonté, ou du moins l'apparence de la bonté et de la justice, et parce qu'il gouverne ses sujets plus en père qu'en roi, fait une illusion complète à son peuple. Il y a bien quelques abus à la cour de Turin, mais, en général, il y règne des mœurs, de la simplicité et de l'économie. Le roi ne parle à personne lorsqu'il est en public, mais en particulier il parle à tout le monde, et il n'y a pas un de ses sujets, riche ou pauvre, qui n'obtienne de lui une audience de deux ou trois heures lorsqu'il la demande. Étiquette admirable et absolument contraire à celle de la feue cour de France, où le roi parlait à tout le monde en public, et à personne en particulier. »

Comme s'il eût craint que cette première raison ne suffît pas pour justifier, aux yeux de ses amis, l'attitude réservée des patriotes savoyards vis-à-vis du Roi, Cubières s'empressait d'ajouter :

---

(1) Michel, chevalier de Cubières, partisan exalté de la révolution, joignit à son nom celui de Dorat, qu'il avait eu pour maître. Né en 1752, il est mort en 1820.

« Il y a une autre étiquette à la cour de Sardaigne, que je n'oublierai jamais, et qui, plus d'une fois, a mis le roi à portée de prouver à son peuple combien il l'aimait. La voici :

» Lorsque le roi de Sardaigne mange en public, ses sujets, quels qu'ils soient, ont le droit de le voir manger; ils sont obligés de se retirer et se retirent dès qu'il demande à boire. Eh bien, le roi, s'apercevant quelquefois qu'il est vu avec plaisir par ses sujets, et les voyant lui-même avec beaucoup de satisfaction, le roi, dis-je, s'abstient de boire jusqu'au dessert, afin de se laisser voir plus longtemps, et l'on est persuadé qu'il aimerait mieux mourir de soif que de ne pas rassasier ses sujets de sa chère présence.

» Le roi, enfin, va souvent à pied dans les rues de Turin, sans gardes, sans cortége; et, se mêlant avec son peuple, il a l'air de lui dire : Aimez-moi comme votre père, aimez-moi comme votre égal.

» De pareilles vertus sont bien faites pour tenir un peuple dans l'obéissance; ne doutez pas que, sans elles, le peuple de Savoie ne nous eût déjà imités. ».....

Mais l'affection et la popularité sont malheureusement de faibles défenses contre ce vertige, indéfinissable mélange de crédulité et de bêtise, de peur et de férocité, qui sévit sur les foules aux mauvais jours. Elles deviennent alors comme inconscientes de leurs actes, et passent d'un excès à l'excès opposé.

Bientôt donc, comme Louis XVI, Victor-Amédée III vit la haine succéder à la popularité; le flot montait, et l'espérance abandonnait les plus courageux.

« (1) Avez-vous lu Calonne, Mounier et l'admirable Burke? écrivait M. de Maistre au marquis Henry; comment trouvez-vous que ce grand sénateur traite le grand tripot du manége et tous ces législateurs bébés? Pour moi, j'en ai été ravi, et je ne saurais vous exprimer combien il a renforcé mes idées antidémocratiques et antigallicanes. Mon aversion pour tout ce qui se fait en France devient de l'horreur. Je comprends très-bien comment les systèmes, en fermentant dans les têtes humaines, se tournent en passions. Croyez qu'on ne saurait trop abhorrer cette abominable assemblée. Voyez comment trente ou quarante drôles exécutent ce que le Prince et la Ligue n'ont pu faire.

» Les massacres, les pillages, l'incendie, ne sont rien; il ne faut que peu d'années pour guérir tout cela. Mais l'esprit public, l'opinion viciée, en un mot, la France pourrie, voilà l'ouvrage de ces messieurs. Ce qu'il y a vraiment de déplorable, c'est que le mal est contagieux, et notre pauvre Chambéry déjà bien taré.....

» Je vous le dis avec un grand regret, tous les jours le pouvoir recule, même lorsqu'il veut avancer, car il s'y prend mal. On donne à notre bon maître des conseils auxquels on ne comprend rien.

» Nombre de gens, dans ce pays-ci et à Turin, forment, à cet égard, d'étranges soupçons. Pour moi, je suspens mon jugement, mais il est sûr qu'un certain

---

(1) Archives de la Motte (sans date).

esprit souterrain travaille contre l'autorité et dicte les conseils les plus perfides.

» ..... Voilà, mon cher, comment les choses vont, avec tant de moyens de les bien diriger. Quand je vois tant de faux pas, tant de dangers où l'on se jette volontairement, je suis quelquefois comme le Misanthrope ; j'entre en humeur noire ; d'autres fois, je tâche de me rassurer ; mais un petit sermon de votre part ne me sera pas inutile. Il me semble que vous voyez plus en beau, et d'ailleurs vous pensez de vos chers compatriotes plus avantageusement que moi.

» Ainsi, mon très-cher ami, je vous exhorte à m'exhorter ; j'en ai d'autant plus besoin que le temps est fait pour la tristesse. Quelle nuit ! quel déluge ! Hier j'ai fait une marque à mon baromètre avec la date, comme un monument de bassesse, car j'imagine que je ne verrai jamais le mercure descendre jusque-là. .... »

Si l'état des esprits était fait pour justifier ces inquiétudes, le peu d'énergie que montrait le gouvernement les augmentait encore. Les gens qui représentaient le pouvoir en Savoie semblaient être choisis à dessein de faciliter les mutineries.

Un jour les patriotes de Thonon, en Chablais, désireux d'essayer leurs forces, résolurent d'arracher à sa prison un ivrogne qu'avait fait enfermer le commandant de la ville.

Le futur général Dessaix (1), alors médecin militaire

---

(1) Dessaix (Joseph-Marie), né à Thonon (Savoie) en 1764, mort en 1825, n'a qu'une similitude de nom avec le célèbre

et l'un des principaux conjurés, usa si bien de son autorité qu'il fit passer, aux yeux du commandant piémontais, toute sa troupe pour *galeuse* et lui conseilla d'arrêter la contagion au moyen d'une saignée collective. L'autre, le croyant sur parole, mit tous ses soldats hors de service.

Aussitôt le tocsin sonna, le peuple se porta vers la prison, enfonça les portes et promena, pendant vingt-quatre heures, l'ivrogne à travers la ville, sans que les soldats, pâmés et exsangues, pussent s'opposer à rien.

Ce trait, à vrai dire, est plus drôle que méchant, et s'il n'avait indiqué le profond discrédit où était tombée l'autorité, le gouvernement aurait pu s'estimer heureux de n'avoir à faire qu'à de pareilles conspirations.

Mais il en était de plus sérieuses malheureusement. Les idées sécessionistes ravageaient la Savoie. A ce fait si grave, on ne savait opposer que des mesures ridicules, et cela, malgré les plus sages avis; Joseph de Maistre ne les épargnait guère; comme ce juif inspiré qui courait à travers les rues de Jérusalem en criant malheur, il avertissait, sans se lasser, le gouvernement et ses agents du cataclysme qu'il pressentait. Mais nul ne l'entendait ou ne voulait l'entendre. Il s'en plaignait amèrement au marquis Henry.

« (1) Je vous remercie de l'intérêt que vous prenez à

Desaix, tué à Marengo. Fort brave, d'ailleurs, il mérita, en repoussant les Autrichiens en 1814, le surnom de Bayard de la Savoie.

(1) Archives de la Motte (sans date).

mes gazettes; par malheur, je ne vois pas que les choses s'acheminent à les rendre meilleures et plus agréables pour nous. Décidément il y a un sort sur notre malheureuse espèce, et, comme vous le dites, tout tend au nivellement, c'est-à-dire au chaos.

» La brochure dont vous me parlez, intitulée : *Le premier cri de la Savoie vers la liberté*, est une œuvre bien détestable, imprimée à Paris sur du beau papier et avec des caractères d'une grande beauté (notez bien ceci). On nous y propose doucettement de voir ce qui nous conviendrait le mieux, de nous donner à la Suisse ou à la France, ou de nous révolter pour notre compte. Sous une apparente modération, la pièce est fort incendiaire; mais les *amateurs* de Chambéry trouvent cela d'assez bon ton, et l'un d'eux me disait hier qu'il ne doutait pas que, si le Roi et le prince de Piémont lisaient cette brochure, ils ne l'approuvassent beaucoup. Et cela sérieusement; je vous dis qu'ils sont fous. Au reste, ce pamphlet, qui contient mille choses dures contre les Piémontais, a fait le plus mauvais effet à Turin et a produit de la part du gouvernement une de ces niaiseries politiques qui m'impatientent. Comme la brochure porte le nom pseudonyme de Gorrin, imprimeur de notre ville, on a cru faire un fort beau coup de lui commander un désaveu. En conséquence, on a vu paraître une fort belle feuille de M. Marc-François Gorrin, portant qu'il a été fort surpris, etc., etc., etc.; qu'assurément il est incapable, etc., etc.; assurément il est incapable d'avoir d'aussi beau papier et d'aussi beaux caractères.

» Ne trouvez-vous pas que de pareilles platitudes font mal au cœur?

» Et notez bien, ce que j'oubliais de vous dire, que, dans cette prose Gorrin, qui de sa vie n'a parlé français, on reconnaît clairement le style pur de l'avocat général.

» Au reste, mon cher ami, il n'y a rien de si difficile que de se procurer cette brochure pour une demi-heure. Le gouvernement en recherche tous les exemplaires avec avidité, ceux qui en ont n'osent pas les montrer; ainsi, ne soyez pas surpris que je ne vous l'aie pas fait connaître. Cette belle pièce a, je crois, vingt-neuf à trente pages d'impression; on me l'a fait lire très-rapidement. Depuis, j'ai voulu l'obtenir pour une heure, la chose n'a pas été possible. C'est, au reste, un tas de calomnies très-faciles à réfuter, même brillamment, si le gouvernement voulait s'y prêter, mais il aime bien mieux dicter un placard à M. Gorrin. *Quos Jupiter vult perdere dementat.*

» N'avez-vous point oublié le latin? Pour moi, j'aime les proverbes en toutes langues, comme votre cheminée de Beauregard le sait très-bien.

» Quant au *Réveil de la Marmotte,* on n'en dit encore que le titre, mais je ne doute pas que bientôt l'ouvrage ne paraisse. On voit qu'il y a un comité de Savoie, comme il y a un comité d'Avignon. Que le ciel les confonde!.....

» J'ai travaillé comme un forçat tout le jour; après souper, pour finir ma journée, je me suis mis à vous écrire. Mais il est minuit, adieu, bonsoir.

» Depuis assez longtemps, le travail forcé ou quelque autre cause inconnue m'ont donné une insomnie soutenue qui commence à m'ennuyer. J'aurais grand besoin d'aller un peu devers Genève deviser avec vous et me donner du bon temps. Bonsoir encore; vous savez à quel point je suis à vous et à tout ce qui vous appartient. »

Ainsi l'horizon se rembrunissait, et, comme il arrive toujours en pareil cas, les novateurs, en travaillant au bien général, réduisaient les particuliers à la misère.

Les débiteurs usaient, vis-à-vis de leurs créanciers, d'une liberté toute nouvelle, celle de ne pas payer leurs dettes. Bien que, pour les gens de Savoie, ce droit ne fût pas encore officiellement reconnu, ils ne s'en montraient pas moins partisans, et la petite colonie génevoise se ressentait cruellement de la crise; les modestes revenus du marquis Henry, demeurés entre les mains de ses fermiers, devenaient des pierres, selon l'expression de madame de Sévigné, au lieu d'être du pain.

La naissance d'une petite fille, qu'on eût, en tout autre temps, reçue avec bonheur, vint ajouter une nouvelle inquiétude aux difficultés du moment. La marquise fut probablement morte en couches, si une femme excellente, madame Hubert, l'amie du comte de Maistre et du marquis Henry, ne se fût installée à son chevet et n'eût pourvu à ses premiers besoins.

Que d'exemples pareils nous a donnés l'émigration! Si la détresse était partout, partout aussi un dévouement inconnu à d'autres temps la combattait pied à pied. La compassion mutuelle des malheureux a je ne sais quoi de personnel, d'affectueux et d'intelligent qui la rend, pour ainsi dire, toute-puissante ; on croirait que la misère donne au cœur qui l'a éprouvée cette faculté presque miraculeuse de multiplier ses ressources ou de suppléer, tout au moins par ses tendresses, à ce qui lui fait matériellement défaut.

Les soins prodigués à la marquise eurent enfin raison de sa fièvre; lorsqu'ils virent saine et vaillante au milieu d'eux la pauvre femme qu'ils avaient craint de perdre, Henry et ses amis oublièrent leur misère et surent prendre gaiement parti contre la dureté des temps.

« Puisque ta femme est enfin hors de son horrible danger, je te fais, monsieur le gentilhomme de la chambre, mon tendre compliment de ses couches, écrivait au marquis Henry M. de Murinais son beau-frère.

» Par le temps où nous vivons, il est triste de porter pendant neuf mois un fardeau dont on ne peut charger personne. Mais quand on a tous les siens bien vivants et bien portants, ce serait folie que de prendre des cheveux gris pour le reste.

» Parlons de l'argent que tu me demandes. Puisque dans ton heureux pays les assignats n'ont pas cours et que je n'ai que des assignats à t'envoyer, je viens de prendre des informations sur la manière la plus lucrative de te faire passer ce qui te revient. J'ai vu avec la dernière évidence que la chandelle était de toutes les marchandises celle dont on pouvait tirer le meilleur parti. Je viens donc d'en commissionner quatorze quintaux et demi qui t'arriveront dans quinze jours; tu ne perdras en les revendant, d'après mon petit calcul, que vingt-cinq ou trente pour cent sur l'argent que je te dois. Il me reste à toi 3,871 livres en assignats ; je les mettrai en route pour Genève après les avoir convertis en chandelles, si tu les goûtes. »

Parce que tant de gens s'éclairaient à leurs dépens, le marquis Henry, à la fin de 1791, vendait de la chandelle à Genève.

CHAPITRE CINQUIÈME

L'INVASION DE LA SAVOIE

1792

Premiers bruits de guerre. — M. de Semonville. — Le marquis Henry reprend du service. — Son départ avec Eugène pour l'armée. — Le mulet du Villard. — MM. de Lazary et Pinto. — Le 22 septembre 1792. — Retraite des troupes sardes sur le petit Saint-Bernard. — Blessure d'Eugène.

Les événements se précipitaient. La guerre avec l'Europe était devenue une nécessité pour la révolution. Quand bien même le refus des émigrés sommés de rentrer dans leur pays et les exigences hautaines de M. de Cobentzel (1) n'auraient pas servi leurs desseins, les génies malfaisants qui dirigeaient la France eussent invoqué d'autres raisons pour ouvrir les hostilités.

Dès les premiers jours de 1792, Dumouriez avait arrêté les plans d'une guerre générale; on devait se borner à la défensive partout où la France s'étendait à ses limites naturelles; mais on devait en même temps attaquer sur-le-champ, dans les Pays-Bas où le terri-

---

(1) M. de Cobentzel, ministre de l'empereur d'Autriche, exigeait, au nom de son maître, le rétablissement de la monarchie française sur les bases fixées par la déclaration royale du 23 juin 1789. C'était imposer le rétablissement des trois ordres, la restitution des biens du clergé et celle du comtat Venaissin au Pape. (M. THIERS, *Histoire de la Révolution.*)

toire français n'allait pas jusqu'au Rhin, et en Savoie où il n'allait pas jusqu'aux Alpes (1).

Le Roi de Sardaigne ne pouvait ignorer ces projets; se sentant ainsi menacé, il rompit avec les traditions prudentes de sa maison et voulut être l'un des premiers à entrer dans la ligue que l'Europe cherchait à opposer à la France. Depuis lors, l'histoire a bien souvent reproché à Victor-Amédée de n'avoir point, obéissant aux injonctions révolutionnaires, chassé de Turin ses gendres, M. le comte de Provence et M. le comte d'Artois, et de n'avoir point ainsi enlevé tout prétexte à l'invasion de ses États (2). « Mais qu'eût gagné le Roi

---

(1) Thiers, *Histoire de la Révolution*.

(2) Cette curieuse lettre de Victor-Amédée à son ministre, M. d'Hauteville, montre cependant que le Roi se faisait peu d'illusion sur la sagesse de ses gendres.

Cette lettre a trait probablement à une expédition que M. le comte d'Artois comptait entreprendre sur Lyon avec quatre cents émigrés français.

« Mon cher, je vous remets ici les deux lettres de mes gendres que M. de Serran m'a remises, et que j'ai lues après l'avoir congédié; mais il ne m'a pas remis le plan dont d'Artois me parle. Vous verrez que celle de d'Artois est écrite avec beaucoup de finesse et d'effervescence; mais, en rabattant les gasconnades de la nation, au fond nous pensons de même.

» Quoiqu'il souhaite une prompte réponse, je ne suis pas si pressé, et jusqu'à ce que nous sachions à quoi nous en tenir, il faudra peser une réponse qui ne nous lie ni avec eux ni avec les autres. Mais si je dois vous dire ce que j'ai dans le cœur, je crois que notre pointe sur Lyon est nécessaire; que les *petits* pourront entrer avec nous pour former leur noyau aux bien intentionnés, et ensuite agir à part, mais sous nos ordres, pour soutenir le Midi. Quant à cette première ligne de noblesse française dont d'Artois est fou, pourvu qu'elle soit éloignée et séparée de nos

à refuser, par une pusillanimité cruelle, l'hospitalité à ses propres enfants? dit à ce sujet le marquis Henry ; son trône ne s'en serait pas moins trouvé sur le passage de la révolution, et l'exemple a trop souvent prouvé que la lâcheté n'est point un bouclier contre la violence ».

L'invasion de la Savoie se rattachait à un plan général ; cette invasion était résolue bien avant le 22 septembre qui la vit s'accomplir.

Mais il fallait un prétexte, et la diplomatie française cherchait à le faire naître par tous les moyens en son pouvoir. Tantôt les bataillons piémontais en observation sur la frontière constituaient une menace pour la sûreté de la France ; tantôt l'expulsion d'un vagabond convaincu de propagande révolutionnaire était considérée comme une insulte, tandis que le séjour de quelques émigrés en Savoie et la présence des princes à Turin devenaient chaque jour l'objet de récriminations plus ridicules et plus odieuses (1).

Vainement, M. Porte (2), ministre de Sardaigne par

---

gens, qui en seraient détraqués et dérangés, ils peuvent faire ce qu'ils veulent.

» Voilà ce que je pense ; demain nous parlerons plus à l'aise.

« La Vigne, 27 juillet 1792 »

(Archives du comte Crotti de Costigliole.)

(1) Hérault de Séchelles, déguisé en paysan, était venu en Savoie pour sonder les esprits, et ensuite avait été à Turin pour formuler, au nom de la Savoie, des plaintes et des griefs. (*Storia militare del Piemonte*, p. 66, vol. I.)

(2) Au commencement de 1792, le Roi avait rappelé son ambassadeur à Paris. M. de Choiseul, qui représentait la France à Turin, s'était retiré aussitôt. (*Id.*, p. 65.)

intérim à Paris, donnait toutes les satisfactions compatibles avec l'honneur de son maître; il se heurtait sans cesse à ces singulières impatiences que le désir de faire le mal donne aux nations comme aux individus. Cet état de choses se prolongeait depuis quelques mois, lorsque brusquement le gouvernement français se résolut à en finir avec les semblants d'égards qu'il avait jusque-là conservés vis-à-vis du Roi. Sans que l'on daignât même en informer Victor-Amédée, M. de Semonville, le plus dangereux émissaire que la révolution entretînt alors en Italie, reçut l'ordre de s'installer à Turin comme ambassadeur français.

Ce choix et la façon dont on prétendait l'imposer étaient souverainement injurieux pour le Roi; car, depuis son débarquement à Gênes, M. de Semonville s'était ouvertement déclaré son ennemi et avait, par ses intrigues, causé mille embarras déjà au gouvernement. Hésiter eût été une lâcheté : Victor-Amédée le comprit si bien, qu'il fit arrêter et reconduire à la frontière l'ambassadeur français.

« Semonville, écrivait Joseph de Maistre au marquis Henry, est un ci-devant conseiller au parlement de Paris, brailleur contre la cour avant les états généraux et depuis démocrate enragé; envoyé ou ambassadeur à Gênes, il y a déployé un grand luxe et ce que j'appellerais volontiers *le faste de la démocratie*, cocardes tricolores, discours incendiaires, avances à la canaille; il a donné beaucoup d'embarras au gouvernement de Gênes et même au nôtre de qui il était connu et redouté. Déjà au mois de janvier un homme en place

d'Alexandrie écrivait ici à quelqu'un : « M. de Semon-
» ville me donne beaucoup d'embarras. » Enfin il a été
chargé dernièrement de lettres de créance auprès de
toutes les puissances de l'Italie, pour les forcer à dire
sur-le-champ oui ou non.

» Il a commencé cette belle mission par nous, mais
il n'a pu aller plus loin qu'Alexandrie où le gouverneur de la ville, M. de Solar, le pria de rebrousser chemin en lui refusant des chevaux de poste pour continuer sa route.

» Tout de suite, comme vous le pensez bien, M. de
Solar a dépêché un courrier à Turin au retour duquel
le Semonville n'a pas encore voulu se résoudre à partir.
Il a fallu pour cela envoyer un nouveau courrier... En
attendant, on dit qu'il a été à Alexandrie dans un véritable état d'arrestation ; du moins on peut discuter là-
dessus. Cependant il a été libre dans l'enceinte de la
citadelle, le gouverneur l'a même prié à dîner, et à ce
sujet voici une bonne anecdote.

» Le gouverneur a cru devoir servir M. de Semonville en gras un jour prohibé, mais le dévot personnage
a dit qu'il mangeait maigre *comme les autres catholiques,* qu'il n'était pas un jacobin, et a mangé maigre.
Voilà une digne brebis du bercail de saint Pierre (1). »

L'aventure de M. de Semonville fit à Paris un bruit
facile à prévoir ; on cria à la violation du droit des gens.
Le Roi répondit qu'on l'avait violé à son égard en en-

---

(1) Archives de la Motte. — 27 avril 1792.

voyant un ambassadeur sans le faire annoncer suivant les règles. Hélas! il ne s'agissait pas de raison, ni même de raisonnement, avec l'Assemblée nationale, mais bien de canons et de baïonnettes.

Or, comme on était aux derniers jours d'avril, le Roi, pour n'être pas surpris, fit immédiatement passer en Savoie des troupes et de l'artillerie, en même temps qu'il rappelait à l'activité les régiments provinciaux. Ceux-ci formaient, à cette époque, une sorte de réserve commandée par d'anciens officiers demeurés sans paye à la disposition du ministre de la guerre. Pour ces vieux soldats, c'était une bonne fortune que de dérouiller leur épée; car presque tous étaient pauvres et s'ennuyaient à l'ombre de leurs pigeonniers.

L'appel royal retentit donc au pays savoyard comme la fanfare joyeuse qui le matin sonne le réveil d'un camp. Là tout était calme, et brusquement tout s'agite; c'est un pêle-mêle d'armes et de chevaux, d'hommes qui se croisent, se heurtent avec une hâte bruyante qui les confond, les groupe, les sépare, et donne à la scène le pittoresque tantôt gai et tantôt sauvage, mais toujours martial, que Bourguignon et Salvator Rosa ont si excellemment rendu.

C'est ainsi que nos dignes gentilshommes savoyards décrochaient leurs rapières, rajustaient leurs uniformes et dételaient de la charrue, pour le remettre sur pied de guerre, le vieux cheval qui, avec eux, avait passé sa jeunesse au service du Roi.

Paysannes et bourgeoises embarquaient leurs maris et leurs enfants comme de vraies Romaines. Chacun, en arrivant au camp, rivalisait d'entrain et d'activité; c'était avec la plus admirable désinvolture que les riches et les pauvres se ruinaient en équipages. « Nos soldats, écrivait le marquis Henry, mettent leur dernier sou à faire aiguiser leurs sabres. »

Comment, en transcrivant ces choses, ne pas se reporter à de plus récents souvenirs? O soldats de mon pays, si, depuis le temps où vous admirait le marquis Henry, tout a changé autour de nous, vous êtes demeurés, vous, bons, généreux, patients et braves; on ne saurait se plaindre, ni redouter le danger que l'on partage avec vous; qui vous regarde parmi les dures fatigues de la campagne vous aime, qui vous voit au feu vous admire, et bienheureux est celui auquel échoit l'honneur de vous présenter à l'ennemi!

Le petit Eugène, on s'en souvient, était depuis quelque temps attaché comme sous-lieutenant à la légion des Campements; mais le sous-lieutenant avait quatorze ans; on ne pouvait songer à lui laisser affronter seul les dangers et les fatigues d'une campagne.

Le cœur et le patriotisme faisaient à son père un égal devoir de reprendre du service. Malheureusement la chose était difficile, parce qu'au moment de son mariage Henry avait échangé ses épaulettes contre une charge de gentilhomme de la chambre; or cette dignité était tenue en si haute estime à la cour, qu'elle y était regardée comme incompatible avec tout grade militaire. Un premier mémoire par lequel le marquis demandait que l'ordonnance fût rapportée en sa faveur demeura sans réponse. Un second mémoire qu'il envoya peu après lui valut une verte mercuriale; sans se décourager, il partit pour Turin.

Si le marquis avait été superstitieux, de tristes présages l'eussent frappé, car sa chaise cassa entre Annecy et Chambéry; l'homme qui le suivait, jeté hors de la voiture, se fit à la tête une blessure grave; mais tout cela ne fut rien auprès de la tourmente affreuse qui l'assaillit sur le mont Cenis. Comme tous les chevaux avaient été réquisitionnés pour l'armée, force était aux voyageurs de passer à pied la redoutable montagne; redoutable au printemps surtout, alors que les premiers rayons du soleil fondent les étais de glace qui soutiennent les neiges accumulées.

Aveuglé, la respiration coupée par la rafale, Henry recommandait son âme à Dieu, quand il entrevit une batterie d'artillerie à demi ensevelie. Tombant à chaque pas, luttant pour se relever contre la furie du vent qui le rejetait à terre, il finit, au prix du plus vaillant effort, par saisir un affût. Il s'y cramponna, se glissa entre les roues de la pièce et s'étendit parmi trois ou quatre soldats à demi morts de peur. Ce fut ainsi qu'il passa sept heures dans la neige, son manteau ramené sur la bouche pour n'être pas asphyxié et craignant à chaque minute qu'une avalanche ne l'emportât au fond du précipice voisin.

« Lorsque la bourrasque fut calmée, mandait le marquis Henry à sa femme, il manquait de la batterie deux chevaux et trois hommes que l'on n'a plus revus. Vraiment, je me puis croire poursuivi par quelque mauvais génie. A mon arrivée à Turin, je trouvai le

Roi parti pour la vallée d'Aoste; j'y courus et fus obligé d'endurer toutes les lenteurs d'une insupportable étiquette. D'abord il est interdit, à une première audience, de parler d'affaires, ensuite il faut se faire présenter ou représenter à toutes les Altesses, grandes, moyennes et petites; or, remarquez qu'elles ont eu l'attention (charmante pour les gens pressés) de choisir, à ces fins, chacune un jour différent. »

Le marquis Henry finit cependant par obtenir ce qu'il était venu demander à travers tant d'obstacles, mais il lui fallut, comme expiation de cette faveur, subir la méchante humeur du grand chambellan, outré de voir préférer une épée à un habit doré.

Si, comme ceux dont l'allure est trop franche et l'œil trop clairvoyant, le marquis était mal jugé à la cour, lui-même, en quittant Turin, était tristement impressionné. « Les émigrés auraient tort, écrivait-il, de bâtir de grandes espérances sur les plans qui s'élaborent ici; à mon avis, les gens qui vont conduire la guerre sont trop suffisants pour voir clair dans leur propre jeu; à plus forte raison ne sauraient-ils voir clair dans celui de leurs adversaires. »

La légion des Campements, où servait Eugène et où son père retrouvait son rang de capitaine, devait être sous les armes le 18 mai. Or, il n'y avait plus qu'une semaine avant cette échéance fatale, lorsque le marquis revint à Genève.....

La vie a certaines heures décisives qui la dominent et paraissent la partager en deux existences.

Dieu sait à quoi l'on pense en de tels moments;

on ne veut ni se souvenir ni oublier. C'est là une diversité de sentiments que l'on ne peut ni rendre ni mesurer, mais qui, à l'instant où l'on va pour toujours peut-être rompre avec le passé, laissent l'âme la mieux trempée peu maîtresse d'elle-même. Ces alternatives d'énergie et de faiblesse usent les forces, et je ne sais s'il serait un homme capable de les supporter longtemps.

Le marquis Henry passa huit jours ainsi, huit jours qui parurent un siècle et qui finirent trop vite. Eugène, lui, était tout étonné de son importance; mais son chagrin était vif de voir pleurer sa mère ou sa vieille bonne qui l'embrassaient à tout propos. Il leur parlait alors d'honneur militaire, de devoir et de mille choses qui, dans sa bouche, auraient été plaisantes si elles n'avaient déchiré le cœur; car, ce n'était que trop vrai, l'enfant allait faire métier d'homme et risquer ses quatorze ans sur les champs de bataille.

Vint le moment où il fallut partir. Depuis le matin les amis encombraient la maison, chacun apportant un conseil, une recommandation ou quelque objet pour l'équipage des partants. Cet équipage était fort mince et n'encombrait guère le char à bancs d'osier qui stationnait devant la porte; Comte, l'homme de confiance du marquis, y avait attelé les deux chevaux de ferme restés à Beauregard. Eux aussi devaient être de la partie; on ne s'en serait guère douté, tant leur débonnaire figure formait un étrange contraste avec le belliqueux harnachement que le digne homme leur avait donné et s'était donné à lui-même pour remplir son nouvel emploi; malgré l'air rébarbatif qu'il prenait sur son siége, moitié vêtu en soldat, et portant encore une partie de sa livrée, Comte n'était pas fort imposant, si l'on en croit un charmant crayon qu'Eugène nous a laissé de lui.

Comme dans un village où tout le monde se connaît, le marquis Henry ne comptait que des amis parmi ses voisins; ils encombrèrent la rue du Mollard dès qu'ils surent son départ; que de choses douces et bonnes on eût pu entendre! On plaignait la femme, on faisait l'éloge du marquis et du petit sur tous les tons. Quand ils parurent au seuil de la maison, toutes les mains se tendirent vers eux. On eût étouffé l'enfant de caresses, si l'on n'eût compris qu'à pareille heure il appartenait pour la dernière fois à sa mère. Il était charmant dans son petit uniforme bleu à revers rouges avec ses grandes guêtres blanches, son chapeau fièrement placé en bataille et sa petite épée à laquelle était attachée dans un nœud bleu une relique de saint François de Sales. On trouvait l'enfant chétif et pas bien grand pour son âge; il est vrai que son visage n'avait rien de saillant; on l'eût même facilement dit laid sans ses yeux bleus si francs et si limpides.

La marquise avait fait elle-même les ailes de pigeon et la cadenette de son fils, voulant, disait-elle, le voir beau pour la dernière fois et conserver éternellement un tel souvenir. Elle lui prodiguait mille caresses qui la tuaient, le tenant embrassé sans dire un mot: un mot eût fait jaillir ses larmes, et sa force se fût enfuie avec elles!

8.

Henry sentait son cœur l'abandonner; il arracha Eugène à sa mère, et la voiture partit.

« Je ne vous dirai jamais, mon amie, écrivait-il peu de jours après cette séparation, ce qu'il m'en a coûté de vous quitter et de vous enlever notre enfant. Votre douleur me poursuit, et pourtant estimons-nous heureux de souffrir pour Dieu. Dans les jours troublés où nous vivons, la conscience est le seul guide qu'il nous ait laissé. Il a su tirer Daniel de la fosse aux lions, il saura encore aujourd'hui protéger les siens et les récompenser.

» Du reste, il me semble que nous devons espérer; les troupes arrivent à force. Nous avons déjà en Savoie vingt-deux bataillons, et nous attendons encore le régiment d'Aoste, le régiment de Suze, un bataillon des gardes et quelques escadrons de cavalerie. On parle beaucoup aussi de quelques milliers de Suisses qui doivent nous rejoindre.

» M. de Lazary commande en chef. M. Pinto fait le service de quartier-maître général; l'entrain des troupes est tel que rien ne saurait, ce me semble, leur résister. »

Henry disait-il sa pensée intime? Pouvait-il partager cette confiance qu'il s'efforçait d'inspirer à sa femme? Non, car en même temps qu'il écrivait cette lettre, il recevait sur les événements du jour et la façon dont on les appréciait en Savoie les douloureuses confidences que voici :

« Vous concevez bien, mon cher ami, lui mandait Joseph de Maistre, que cent mille feuilles de papier ne suffiraient point à rendre les discours courants. Entrerons-nous? n'entrerons-nous pas? Est-ce un bien? est-ce un mal? Des dames parlent déjà de l'endroit où elles s'enfuiront. *Le peuple toujours sage* dit que cette calamité nous écrasera parce qu'on n'a pas voulu lui laisser chasser les cocardes blanches; quelqu'un m'a rapporté qu'un docteur de boutique disait qu'il se tournerait du côté du plus fort. Voyez les entêtés!

» Tout ceci ne vaut pas le diable. Nous avons force canons, mais point de citadelles. Notre pays sera donc un champ de bataille si les Français entrent; si nous entrons, cela vaudra mieux, mais en même temps il faudra nous garder.

» Un repos de terreur de part et d'autre serait peut-être ce qui vaudrait le mieux; ce mieux n'est peut-être pas bien sublime, mais je le crois prudent.

» Un bruit qui s'accrédite depuis deux jours, mais auquel je ne crois pas la moindre base, c'est que l'Angleterre a déclaré que si les États du Roi sont attaqués, elle ne peut se dispenser de prendre part.

» En vérité, cher ami, je n'y crois pas et n'espère rien de bon (1). »

Cassandre a laissé de plus durables souvenirs que n'en ont laissé les Troyens imbéciles ou moqueurs, et cette fois comme de son temps, celui-là devait avoir raison qui d'avance voyait les choses au pire! En même temps que les troupes piémontaises passaient les Alpes

---

(1) Archives de la Motte.

et prenaient, sur les frontières savoyardes, leurs positions défensives, de nombreux bataillons français se concentraient à Barreaux en Dauphiné, et à Cessieux dans le Bugey. Chaque jour voyait grossir leur effectif, chaque jour aussi les esprits fermentaient davantage et la persécution religieuse redoublait sur la frontière.

Des femmes avaient été fouettées à Seyssel sur la place publique pour avoir fait leurs pâques, chaque jour des bandes de pauvres prêtres chassés de France passaient à travers les postes piémontais. Quelques-uns arrivaient tout criblés de coups et ensanglantés par les pierres qu'on leur avait jetées, tous étaient volés et ignominieusement bafoués.

« Voilà les fruits de la philanthropie, écrivait le marquis Henry, en contant à sa femme la vision qu'il avait eue de son vieux précepteur l'abbé Baret; figurez-vous, ma mie, que le pauvre Baret m'est apparu tout à coup, en veste marron et en habit vert, fuyant les avanies. Il s'en va chercher la paix au Villard, mais je crains, à vrai dire, qu'elle n'y soit pas éternelle, grâce à son successeur Rogeat.

» L'abbé est mené de son papillon noir au point d'appliquer à son rival les plus véhémentes apostrophes de Brissot. Mais, hors ce point où il donne dans la révolution sans s'en douter et par-dessus les yeux, il est bien demeuré le même avec son cœur d'or et ses entrailles paternelles à mon encontre. Il réjouit Eugène par ses histoires qui me célèbrent invariablement et commencent toutes par ces mots : Du temps où le papa n'était pas plus grand que ça. Le digne homme, en gesticulant de sa canne, me donne juste trois pieds de haut.

» Son étonnement de voir Eugène l'épée au côté fait rire ici officiers et soldats qui tous ont pour l'abbé une vraie amitié. Du reste, il ne conçoit rien à ce qui se passe. Pour moi, mon amie, un peu moins heureux que lui, je regarde, la tête à la fenêtre, tant d'événements imprévus avec résignation et philosophie. Je tâche que cette effroyable leçon de Dieu ne soit pas perdue pour moi et mon petit camarade. Tels que nous sommes, nous sommes et serons désormais hors de saison. Si nous prétendons à la considération, il faudra l'acquérir; si nous voulons une fortune solide, labourons nos terres et arrosons nos prés; il n'y a plus que cela de bon. Notre amour-propre pourra en souffrir, mais cette petite plaie se cicatrisera bientôt; si nous en échappons, nous en aurons reçu tant d'autres, que celle-là ne se sentira pas. »

Les jours passaient, et l'armée française ne faisait aucun mouvement qui indiquât une attaque prochaine. Le bruit courait que le camp de Barreaux était ravagé par la fièvre; que celui de Cessieux l'était par la dyssenterie. On se prenait à espérer ce *repos de terreur réciproque* souhaité par le comte de Maistre. Cependant les ducs de Montferrat, de Maurienne et le prince de Carignan venaient d'arriver en Savoie, tandis que le duc de Chablais se dirigeait vers Nice.

« Voilà, disait Henry, la frontière suffisamment garnie de princes; il faudrait que chacun eût les cent bras de Briarée. Malgré cela et malgré le zèle de certains salons pour aller remettre Louis XVI sur le trône, j'ai peine à croire que nous soyons les agresseurs. D'un autre côté, si les Autrichiens en Milanais restent tranquilles, il est probable que les Français ne tenteront rien contre nous, car ils joueraient un jeu dangereux en se créant un ennemi de plus, quand ils en ont déjà 125,000 sur les bras, et la guerre civile sur le point d'éclater. En attendant, les cartes et les armes que vous m'avez envoyées me sont parvenues, et je profite du répit qu'on nous laisse pour compléter mon équipage qui, vous le savez, ne doit point être luxueux. »

Pas luxueux en effet, car l'ordonnance interdisait les voitures et ne permettait qu'un mulet et une tente pour trois officiers; personne ne devait avoir plus d'un couvert en argent : à part les états-majors, qui étaient dans le cas de donner à manger, nul ne pouvait avoir plus de deux plats à sa table, « et cependant les chiches comme les magnifiques, disait le marquis Henry, voient leur budget emporté par le diable ».

« Je suis moins malheureux que tant d'autres encore, continuait-il, car mon père, auquel j'ai demandé aide et secours, a mis à ma disposition le vieux mulet, qui au Villard allait aux provisions. Il est blessé sur les rognons, et entre les mains du maréchal chargé de le remettre sur pied. J'ai accepté ce don avec reconnaissance, comme Cendrillon la robe jaune de ses sœurs.

» Le vieux Simon, qui me l'amena, est fort joyeux que son mulet fasse la campagne, pourvu, m'a-t-il recommandé, qu'il ne se mouille pas. Je lui ai représenté que je me mouillerais avec lui, que c'était là le sort des mulets et des guerriers, et l'ai renvoyé au Villard tout réconforté.

» Me voici donc, chère amie, plus prêt que bien des têtes couronnées à entrer en campagne. »

Depuis ce petit mot, en date du 20 juin 1792, le marquis Henry fut dans un mouvement continuel, non point pour tuer personne, mais pour accompagner le général Lazary dans toutes ses reconnaissances. Ces reconnaissances prouvèrent qu'il était plus glorieux que facile de défendre les frontières de Savoie.

« Les montagnes qui nous entourent, écrivait Henry au retour d'une de ces expéditions, sont criblées de passages par lesquels l'ennemi, s'il se soucie de nous, pourra nous couper, enlever nos détachements et nous faire toutes sortes d'avanies. Mais nous sommes toujours dans cette singulière situation de gens qui ne demandent pas mieux que de se battre, et qui ne trouvent personne pour s'y prêter. Nous voilà donc, malgré nous, les gens les plus paisibles. Nos adversaires sont cependant partout vingt contre un.

» Pour rassurer les troupes, on répand la nouvelle de grands succès remportés par les impériaux; je flaire là encore quelque mensonge; c'est un si vieil usage que de ne pas dire toutes sortes de vérités à ce pauvre peuple, instrument inconscient de si grandes et de si détestables choses !

» Comme saint Thomas, je croirai aux désastres des Français alors que j'aurai mis non pas le doigt, mais la main, mais les deux mains, dans les plaies qu'à défaut de nos rapières les rapières impériales leur auront faites. »

Amis et ennemis semblaient s'entendre pour duper le gouverneur de la Savoie et M. le général Lazary. Pendant que la nouvelle de succès imaginaires leur arrivait de Milan, un général français, déguisé en prêtre et se disant Irlandais, achevait de les rassurer sur les dispositions belliqueuses que l'on prêtait à l'armée républicaine. Cet homme, d'une adresse infinie, avait, au dire de l'historien Botta, réussi à capter si absolument la confiance de M. Perron (1) et du général, que rien ne pouvait les tirer hors de leur sotte quiétude. Les ordres qu'ils donnaient en étaient naturellement le reflet.

« Nous avons 7,400 hommes devant nous, écrivait Henry, autant sont à Barreaux; je les ai comptés au grand danger de ma tête, et j'ai la certitude que ces gens ont assez de recevoir la pluie l'arme au bras; de plus les impériaux, quoi qu'on en ait dit, n'ont point battu les carmagnoles.

» Mais, quoi que j'aie vu et pu dire, rien n'a ébranlé le sot aplomb de nos grands hommes de guerre. Je suis hors de moi. L'Assemblée nationale, après avoir bu, décrétera l'invasion de la Savoie et nous prendra comme *grillons*. Pour notre propre compte, soyons moins fous et prenons nos mesures. Ménagez-vous une retraite à Nyon ou à Lausanne, faites-y passer ce que vous avez de plus précieux, enterrez nos archives. Après cela,

---

(1) Gouverneur en Savoie.

faites-vous un cœur fort, mon amie. Je suis tranquille, et ma conscience est en paix. Soignez et protégez les faibles de la famille; moi, je mènerai les forts. »

Ne croirait-on pas entendre ce pilote dont parle Montaigne, et qui s'écrie au milieu de la tourmente :

O Neptune, tu peux me perdre ou me sauver si tu veux, mais je tiendrai toujours droit le timon de mon navire!

La tempête se déchaînait en effet sur la Savoie, le 22 septembre 1792.

« J'apprends à l'instant que notre frontière est violée; nous allons être attaqués, ne perdez pas une minute pour faire ce que je vous ai recommandé.

» J'embrasse notre enfant et pour vous et pour moi; il est admirable et charmant par le calme imperturbable de son âme. Gardons notre courage, mon amie, car bientôt il ne nous demeurera plus autre chose. »

L'attente d'un danger qui menace ceux que l'on aime est le plus insupportable des supplices.

Mais l'heure du sacrifice n'avait pas encore sonné pour Henry; comme si la Providence eût voulu l'y préparer en brisant toutes les cordes qui vibraient en lui, il devait voir son pays traître au Roi et puis à Dieu. Il devait voir sa famille ruinée, chassée, errante, et la révolution, partout victorieuse, tourner à son gré l'opinion, l'opinion, cette puissance formidable et capricieuse, faite de l'audace de quelques-uns et de la lâcheté de tous!

L'amour du changement, l'indifférence et enfin la peur qu'inspirait un groupe de jacobins bien connus, avaient d'avance paralysé toute résistance. Les révolutions ressemblent d'ailleurs à ces litanies où tous les saints sont, à leur tour, priés avec une égale ferveur. La Savoie se tournait alors vers Montesquiou, et quand le général franchit la frontière, le pays était moralement conquis.

Le vainqueur ne parla point dans ses rapports de toutes les trahisons qu'il avait mises en œuvre pour assurer son triomphe. « Les peuples des villes et des campagnes de Savoie, écrivait-il seulement à l'Assemblée nationale, accourent au-devant de nous; la cocarde tricolore est arborée partout, des cris de joie accompagnent nos pas.

» La municipalité de Chambéry m'attendait à la porte de la ville pour m'en remettre les clefs; le chef de la municipalité m'a exprimé les sentiments d'attachement et de respect du peuple de Savoie pour la France. »

Comment ne pas répéter, en transcrivant ces choses, la phrase de M. de Chateaubriand relative aux Cent-Jours : « Ceux qui avaient jadis recouvert les aigles napoléoniennes peintes à l'huile de lis bourboniens détrempés à la colle n'eurent besoin que d'une éponge pour nettoyer leur loyauté; avec un peu d'eau on efface aujourd'hui la reconnaissance et les empires. »

M. de Lazary cédait-il à l'entraînement général? On l'eût dit à voir l'inertie et la mollesse qui, dès quinze jours avant l'invasion, semblaient l'engourdir au milieu de ses préparatifs de défense.

En vain le marquis Henry et les officiers qui, après

lui, avaient poussé des reconnaissances au delà de la frontière lui signalaient-ils le danger d'une attaque par la route de Grenoble; en vain lui représentait-on que les troupes campées en Bugey pouvaient sans grande peine forcer le passage de la Grotte, où il n'avait laissé que quelques bataillons; le général s'enfermait dans un mutisme complet et dans la plus lamentable inaction. Depuis deux jours cependant, M. de Lazary avait transporté son quartier général au château de Bellegarde, sur la route de Grenoble.

Il y dormait paisiblement lorsque, le 22 septembre, il fut réveillé par la fusillade qui crépitait à quelques pas de lui. C'était le maréchal de camp français Laroque qui, à la tête de douze compagnies de grenadiers et d'une poignée de dragons, surprenait les travailleurs occupés à la construction de quelques ouvrages, fusillait les uns à bout portant et emmenait le reste prisonnier. Le temps était détestable, la pluie tombait si drue qu'elle paralysa l'attaque. M. de Lazary put ramasser en toute hâte les bataillons qui étaient à sa portée et prendre position sur la rive droite de l'Isère pour essayer de rallier les autres.

Mais Montesquiou ne lui en laissa pas le temps; une marche rapide l'amenait le jour même aux portes de Chambéry et coupait l'armée piémontaise en deux tronçons: l'un, avec le général en chef, fut jeté par delà Montmélian et battit en retraite vers la Maurienne après avoir fait sauter les ponts de l'Isère; l'autre, qui comprenait la légion des Campements où servaient le marquis et son fils, fut poussé sur les passages des

Beauges et s'achemina vers la Tarentaise pour gagner le Piémont par le petit Saint-Bernard et la vallée d'Aoste.

Ainsi finirent misérablement pour la Savoie huit siècles d'honneur et de fidélité traditionnelle !

« Qui pourrait sans frémir se rappeler ce moment, dit M. de Maistre, cette dissolution terrible et subite de toutes les autorités, espèce d'agonie qui précède la mort, la joie transparente des lâches et des traîtres, l'inexprimable douleur des bons, cette force indéfinissable qui entraînait tout, même la valeur, ce fracas sinistre de toutes les colonnes qui s'abîmaient à la fois devant le drapeau tricolore, et la fidélité sans armes, meurtrie sous ces ruines, prenant tristement son vol vers les Alpes (1) ? »

Tristement en effet, car, devenus Français par force, les officiers savoisiens, en suivant leur drapeau, devenaient émigrés par fidélité et par devoir. En passant les Alpes, ils abandonnaient à la merci de l'ennemi tout ce qu'ils aimaient, sans même que le souvenir d'une lutte glorieuse pût adoucir pour eux tant d'amertume.

« Quelle destinée que celle que l'on nous a faite ! écrivait Henry. Notre affection pour le Roi nous a obligés à suivre des généraux qui ont lâchement abandonné leur poste ; nous avons fui devant un ennemi qui ne daignait pas nous battre et qui se contentait de nous dépouiller dès la première étape. L'humiliation et la douleur sont au comble parmi nous, soldats et offi-

---

(1) Discours à la marquise Costa, sur la mort de son fils.

ciers marchent pêle-mêle, la pluie tombe par torrents, les chemins ne sont plus praticables. Dans cette retraite précipitée, tous ont perdu leurs équipages.

» Je n'ai, pour mon compte, qu'un uniforme en loques, une chemise et un bas; Eugène a l'autre; vous n'avez pas idée, ma chère amie, des souffrances que nous endurons. »

A travers les rochers du petit Saint-Bernard, cette retraite était horrible; les chemins à peine tracés s'encombraient de ces fuyards, qui tantôt se précipitent, tantôt s'arrêtent et s'entassent sur le revers des fossés.

Les figures étaient mauvaises, le soldat hagard ou hébété : il avait perdu son fusil, ou bien le traînait après lui ne sachant qu'en faire. Les quelques maisons sur la route s'encombraient de traînards qui buvaient; on les chassait, ils faisaient vingt pas et retournaient boire. Le mot de trahison était partout. Quelques attelages d'artillerie bousculaient ces bandes qui ne se dérangeaient pas et blasphémaient. L'officier menaçait, on l'insultait.

Ces gens étaient braves pourtant, et ils fuyaient; où allaient-ils?

Qui eût pu le leur dire? la route s'allongeait devant eux sans autre horizon que les pics neigeux où leurs souffrances seraient sans abri; la pluie les transperçait.

La nuit venue, ils avaient pour se coucher la boue glacée des champs; ils se laissaient tomber et dormaient de froid, de fatigue et de faim. Le jour se levait, il pleuvait toujours, et l'on reprenait la marche.

La marche qui conduit à la défaite fatale! Nous

savons ces douleurs et ces humiliations de la fuite ; quand on assiste ainsi impuissant à l'agonie de son pays, c'est une grâce de Dieu d'avoir à pleurer sur soi-même, car, si vive que soit la douleur alors, elle nous arrache à une douleur plus poignante encore. Le marquis Henry ne souffrait que dans son fils ; sa fatigue, sa faim, sa soif, n'étaient que la fatigue, la faim, la soif de son enfant. En le voyant ainsi faire à quatorze ans ses premiers pas dans la vie, il avait au cœur une indicible amertume, mais cependant il ne regrettait rien. Il balançait d'autant moins à tout souffrir, à tout sacrifier, qu'il souffrait tout et sacrifiait tout pour son fils.

« Par le temps qui court, il faut plus que jamais un guide à notre enfant ; pauvre petit ! c'est une parfaite créature que Dieu conservera, parce qu'elle vaut la peine d'être conservée. »

Il le croyait ; aussi quelle angoisse lorsqu'un soir, en revenant d'une reconnaissance faite sur le versant Val d'Aostain du petit Saint-Bernard, le marquis Henry trouva son pauvre Eugène blessé par l'explosion d'une gargousse d'artillerie ! L'enfant s'était brûlé le visage et les mains au point de donner de sérieuses inquiétudes. Henry n'avait pas un abri pour le soigner, pas un sou vaillant pour lui procurer ce qui était nécessaire ; Dieu merci, une bonne âme lui prêta quelque argent. De leur côté, les soldats, qui adoraient Eugène, firent avec des branches de sapin une sorte de civière dans laquelle ils le mirent à l'abri sous leurs propres vêtements et prirent en le portant ainsi le chemin d'Aoste. Comte, le domestique du marquis Henry, et après lui le meilleur ami d'Eugène, suivait le petit blessé, rafraîchissant à chaque instant ses mains et son visage avec de la neige. Après mille fatigues, on le débarqua enfin dans un couvent de capucins. L'infirmier, un certain Père Anthelme, qui avait à dix lieues à la ronde la réputation d'être un médecin habile, entreprit la guérison de l'enfant. Comte allait tous les jours en porter des nouvelles au marquis, jusqu'à ce qu'enfin le colonel de Bellegarde, qui commandait, touché de tant de courage et d'abnégation, eut permis à Henry de rejoindre son fils.

« Je viens enfin de retrouver l'enfant, mais dans quel état ! sa figure n'est qu'une plaie ; grâce à Dieu, cependant, les yeux n'ont pas souffert.

» *Il capucine* dans le couvent dont il est vraiment l'enfant gâté. Le Roi, qui vient d'arriver, s'est informé d'Eugène et m'a fait savoir qu'il me verrait avec plaisir ; je ne sais si je me déciderai à aller lui présenter un visage triste et des doléances auxquelles il ne peut rien. Il sait que je lui ai tout sacrifié, je l'ennuierais en le lui rappelant. »

Hélas ! on sert parfois les meilleures causes avec les illusions d'un athée qui irait au martyre !

CHAPITRE SIXIÈME

A LAUSANNE

1792

Nice est abandonnée comme la Savoie. — Sommation faite aux officiers savoyards d'avoir à déserter. — Réponse du marquis Henry. — La marquise abandonne Genève pour se réfugier à Lausanne. — L'émigration à Lausanne. — Maladie de la marquise. — Madame du Roseray. — Illusions des émigrés et colères du marquis Henry. — Quelques mots sur la situation de la Savoie à la fin de 1792.

Pendant que Montesquiou poursuivait ainsi sa marche victorieuse en Savoie, une autre armée française, sous les ordres du général Anselme, franchissait le Var sans coup férir et occupait le comté de Nice.

Là, commandait pour le Roi un vieil officier suisse nommé M. de Curten, brave comme son épée, mais si peu capable de sang-froid, qu'il perdit l'esprit en voyant les Français prendre leurs dispositions d'attaque. Il hésita pendant quelque temps, tint coup sur coup deux ou trois conseils de guerre, massa ses troupes comme pour marcher à la frontière; puis on le vit, abandonnant brusquement toute idée de résistance, repasser le col de Tende avec une précipitation si grande que ses détachements eurent mille peines à le rejoindre.

Le général Anselme crut naturellement que cette brusque retraite masquait une combinaison stratégique, et ne s'engagea qu'avec prudence à la poursuite des troupes piémontaises. Cette prudence devint de la stupeur, quand l'avant-garde française entra à Nice et à Villefranche, sans qu'une amorce eût été brûlée. Les canons sur les remparts étaient chargés, tous les ponts demeuraient intacts, les magasins regorgeaient, et le pays était français jusqu'aux Alpes sans qu'une goutte de sang eût payé cette conquête (1).

Il en avait donc été de Nice comme de la Savoie. En abandonnant ainsi sans les défendre les provinces commises à leur garde, MM. de Lazary et de Curten (2) avaient-ils obéi à de secrètes instructions? On ne saurait l'affirmer, mais il est probable que le Roi avait voulu *rogner la bordure* (3), en sacrifiant au salut du reste de ses États deux provinces difficiles à protéger. A peine, en effet, ses troupes étaient-elles en position sur les contreforts des Alpes, que Victor-Amédée prenait coup sur coup les mesures les plus énergiques. L'ordre était donné d'armer tous les hommes valides de quatorze à soixante ans; on émettait pour quatre millions de billets d'État, et chacun était invité à porter à la monnaie ses bijoux et toute l'argenterie qu'il pouvait posséder.

C'était bien, mais l'abandon de Nice et de la Savoie avait découragé la défense, et rendu la guerre presque impossible aux contingents de ces provinces. De plus, la saison devenait mauvaise, sans que rien fût préparé pour un hivernage de troupes sur ces hauteurs

---

(1) On cassa quelques officiers subalternes qui, dit-on, n'avaient point exécuté les ordres, et tout fut dit.
(2) On leur donna une pension de seize cents écus.
(3) Mot attribué à Victor-Amédée.

« où, comme le disait le marquis Henry, la nature a moins fait qu'en aucun lieu du monde pour l'agrément humain. Nos troupes, continuait-il, creusent des tanières, boivent de la neige et gèlent sur pied; avec cela, on nous ordonne de nous tenir en joie, de reformer nos équipages et de porter notre argenterie à la Monnaie. On oublie donc que nous sommes nus et dépouillés, à la merci de la charité publique, fort rare, comme vous le pouvez penser, à ces hauteurs. Puisse-t-elle, mon amie, me procurer seulement une fourrure grossière pour empêcher que mon petit ne meure de froid! le reste ne m'importe plus. »

Dans sa détresse, les ambitions du marquis n'étaient que pour son fils. Pouvait-il d'ailleurs lui en demeurer d'autres?

Montesquiou, le 22 septembre, avait importé la liberté en Savoie, et la liberté faisait en Savoie ce qu'elle faisait partout, elle crochetait les coffres (1), pillait les

---

(1) Voici comment s'exprimèrent les commissaires des districts de Cluses et de Chambéry, annonçant à la Convention qu'ils venaient d'envoyer à la Monnaie les statues d'argent et les objets précieux qui ornaient les églises de leur pays (*Moniteur*, p. 606, t. XIX):

« Nous avons vu précipiter successivement tous ces saints dans les coffres de la République, ayant la tête, les bras, les jambes séparés du corps. Cette mutilation, en nous représentant l'anéantissement de la superstition, nous a en même temps offert le tableau et l'état des tyrans à l'époque où nous quitterons les armes.

» Indépendamment de l'argenterie, nous sommes chargés de vous faire l'hommage du sabre et du bonnet donnés par l'évêque de Rome Clément XI au ci-devant prince Eugène, d'horrible mémoire. Il n'est pas indifférent de voir dans ce sabre et ce bonnet

églises, et jetait en prison quiconque ne portait pas la carmagnole et le bonnet phrygien.

Toutes les lois révolutionnaires dont la France s'était dotée depuis trois ans furent à la fois appliquées à ce pays nouveau ; on peut imaginer au milieu de quel désordre.

L'émigration fit rage dès le premier jour, malgré les décrets coup sur coup lancés par l'Assemblée nationale des Allobroges. Oublieux de l'honneur militaire comme de tant d'autres choses, le nouveau pouvoir sommait en même temps les officiers savoisiens, qui servaient dans les troupes royales, d'avoir à déserter sous peine d'être réputés émigrés.

Ainsi s'ajoutait une torture nouvelle aux angoisses du marquis Henry ; son père et tous les siens demeuraient comme otages en Savoie. Leur liberté, leur vie peut-être, dépendaient du parti qu'il allait prendre.

Cependant il ne balança pas.

---

gigantesques, chargés d'argent massif, de dorures et de perles, comme les tyrans, en se montant sur l'or et l'argent comme sur des échasses, cherchaient à imposer au reste des humains, et comment, en prenant des formes et des attitudes colossales, ils cherchaient à faire croire, pour ainsi dire, que la nature avait des moules particuliers pour les former. — Puisse ce sabre devenir le glaive vengeur dans la patrie des Brutus et des Scévola, et servir à renverser ce trône imposteur et cruel qui fit couler tant de flots de sang et désola si longtemps l'humanité ! — Puisse-t-il servir à venger un grand crime, un grand attentat dans la personne de l'envoyé du peuple français ! — Les habitants du mont Blanc regrettent de n'avoir pas des trésors immenses à offrir à la patrie ; mais elle veut surtout des enfants tendres, fidèles, et prêts à tout sacrifier pour elle ; à cet égard, nous ne lui laisserons rien à désirer. »

« Il est de la morale de tous les temps et de tous les pays, répondit-il, de ne point abandonner en temps de guerre les drapeaux auxquels on a été attaché et que l'on a suivis en temps de paix. J'encourrais la mésestime de ceux-là mêmes qui me rappellent, si je faisais à cet égard violence à mes principes. Mais après avoir motivé ainsi que je le fais le parti que je prends de différer mon retour, parti dans lequel n'entrent pour rien l'ambition, le ressentiment ou l'orgueil, je déclare que je rejoindrai mes foyers dès que je pourrai le faire avec honneur. »

« O mon amie, écrivait-il en même temps à sa femme, encore à Genève au moment où paraissait le décret relatif aux émigrés, fuyez si vous le pouvez; c'est de la ruine ou de la mort qu'il s'agit. Pour nous, mon amie, tout est consommé, mais je reste; *spoliatis arma supersunt*. Laissons au moins intact l'honneur de la maison à l'enfant dont je me suis fait l'aide de camp. »

La marquise ne pouvait hésiter, il fallait quitter le voisinage de la frontière; elle voulait aller à Nyon, petite ville suisse située au bord du Léman sur la rive opposée à Beauregard, mais tout en face. M. de Maistre, qui venait d'arriver à Genève, tenait pour Lausanne; Lausanne était un abri plus sûr, elle serait là moins isolée; il comprenait que la solitude était dangereuse pour l'imagination et le cœur de la pauvre femme. La marquise obéit, mais pour obéir il fallait quitter la petite maison de Genève, tout embaumée encore des souvenirs de son mari et de son enfant.

« Eugène m'a laissé ici des trésors que je vais emporter avec moi, disait-elle; ces trésors, mon ami, vous les savez, ils composent ma chapelle de souvenirs; priez l'enfant de ne plus vouloir ces riens qu'il aimait tant, car il m'en coûterait trop de m'en séparer. Il cuit à mon cœur de laisser derrière moi ces dessins qu'il a crayonnés sur les murailles de sa chambre; mais que faire? en ces tristes temps on laisse accroché partout quelque lambeau de soi et de sa vie passée. Maistre me veut à Lausanne; que sa volonté soit! il me parle d'ailleurs en votre nom. Mais je ne veux voir personne; un visage humain auquel je ne pourrais parler de vous me ferait mal. J'en veux à ceux qui ne vous aiment pas, c'est-à-dire à ceux qui ne vous ont jamais vu. Enfin, je partirai demain pour gravir la seconde station de mon calvaire. »

Lausanne, où se réfugiait la marquise, était, dans les derniers jours de 1792, le rendez-vous de toute une société de femmes venues là pour laisser passer la *giboulée,* c'est ainsi que l'on y appelait la révolution, et de vieux gentilshommes que leurs infirmités ou leurs cheveux blancs avaient fait remercier par les princes. Sans souci de l'avenir, dont M. de Brunswick *avait la charge,* tout ce monde faisait, comme disait la marquise, gaiement son cours de mal-être, trouvant plaisant d'être pauvre et se consolant de tout avec une épigramme.

Étonnée d'abord de ses façons, la femme de Henry s'était promis une vie fort retirée dans le petit appartement que M. de Maistre lui eut bientôt trouvé tout en haut de la ville. La vue de ce logement était infinie. De sa fenêtre, parfois, à travers une déchirure de la brume, elle pouvait, sur la rive opposée du lac, voir Beauregard ou se l'imaginer; l'exil, disait-elle, lui en était adouci. Mais il y avait dans son cœur d'indicibles lassitudes, de sublimes résignations, des révoltes auxquelles elle voulait échapper par une prière qui ne montait pas à ses lèvres; alors elle tendait les bras vers son mari.

« Oh! Henry, écrivait-elle, oh! Henry, que me dites-vous d'aimer mon intérieur, de le parer, de m'y plaire, parce que vous y viendrez! Vous me demandez ce qu'il est. Hé! mon Dieu, je n'en sais rien, je ne le connais pas. Depuis un mois je ne l'ai pas regardé; Chagnot, je crois, a une mansarde où elle dort, où elle fait la cuisine. Moi, j'habite avec les enfants une chambre avec des carreaux rouges, des rideaux fanés, trois chaises de crin, un vieux poêle blanc avec des fleurs et la petite table sur laquelle je vous écris. Il y a une vieille Suissesse qui me regarde de son cadre; je la retournerai le long du mur, car son regard et son sourire me font mal, elle ne sait rien du désespoir de votre femme.

» Que m'importe tout cela! cependant, Henry, j'ai là sous ma fenêtre un pauvre petit rosier venu par hasard au milieu des orties, comme ton image au milieu de mes larmes, mon mari bien-aimé..... Les enfants sont en ferveur avec un potier qui fait ses pots vernis tout près de moi; je vais parfois avec eux admirer, et durant des heures entières je regarde sans savoir ce que je regarde; mais je ne puis plus vivre ainsi, mande-moi de t'aller retrouver.....

» L'abbé Baret m'a rejoint. Il baisse beaucoup, mais il est tout vie cependant quand il est question de vous. C'est mon unique ami, c'est bien le prophète avec lequel je suis heureuse de partager mon pot d'huile et mon reste de farine. Enfin, mon ami, votre femme se porte bien, mais c'est un miracle dont elle ne peut remercier Dieu. »

Tant d'exaltation était maladive et finit par étonner l'abbé; après avoir tenu conseil avec Chagnot, tous deux résolurent de s'en ouvrir à un vieux médecin nommé Tissot, qui, par bon cœur, s'était fait à Lausanne le confident des émigrés, et pratiquait en perfection à leur égard la charité chrétienne, alors qu'il se croyait simplement philanthrope.

Mais le cas était épineux, et toute la science du digne homme s'embarrassait. Il conseillait mille choses auxquelles la marquise ne voulait pas entendre, il raisonnait, moralisait, et à chaque visite constatait en s'en allant qu'il avait absolument perdu son temps. L'état empirait cependant, et le docteur avouait chaque fois à l'abbé qui le reconduisait, que la maladie morale de la marquise ne tarderait pas à avoir sur sa santé le plus redoutable contre-coup. L'abbé entrait alors dans d'interminables désespoirs qui ne remédiaient à rien.

Chagnot finit enfin par trouver, dans sa simplicité, le remède si vainement cherché par son ami; son bon cœur l'avait instruite de toutes les délicatesses et lui faisait entrevoir le mal dont souffrait sa maîtresse comme se pouvant guérir au contact d'une douleur plus aiguë que la sienne même. Mais il fallait la trouver, et Chagnot en désespérait. On voyait la pauvre femme s'informer adroitement, et faire causer les marchands et les rares serviteurs qui, comme elle, avaient suivi leurs maîtres en exil. Bien souvent, après un long récit, elle passait en hochant la tête; les gens dont on venait de lui conter l'histoire ne pouvaient être les amis qu'elle voulait donner à sa maîtresse : ils n'étaient pas assez malheureux.

Une vieille dame émigrée vint enfin lui rendre quelque espérance. A sa figure comme à son vêtement, on devinait une grande misère. Ce vêtement était noir, et les yeux rougis de madame du Roseray témoignaient que Chagnot ne s'était pas trompée.

Ce furent donc de sa part mille prévenances et de toutes sortes; mais la vieille dame ne se départait pas de sa réserve et, sans presque jamais parler, remerciait seulement Chagnot par un sourire. Celle-ci enrageait; huit jours avaient passé qu'elle ne savait rien encore et était à bout de prétextes pour entrer chez sa voisine, quand heureusement une maladie vint lui livrer les secrets et le cœur dont elle voulait s'emparer. Le docteur Tissot et la marquise furent bien vite installés au chevet de la malade; bientôt aussi, comme l'avait pressenti Chagnot, la femme de Henry se trouva soulagée en soignant sa nouvelle amie, comme en compatissant à ses chagrins. Madame du Roseray venait de perdre son fils, tué à l'armée des princes; elle était veuve, se trouvait à Lausanne sans ressource, et réduite, comme elle le disait elle-même, à la *Providence jour-*

nalière. Ces maux tirèrent la marquise hors d'elle-même et éveillèrent sa pitié au point de la faire s'estimer heureuse par comparaison.

Madame du Roseray, dans le début un peu cérémonieuse et complimenteuse, avait fini par s'abandonner tout à fait; c'était une femme de la plus charmante société et bien faite pour mériter les tendresses qu'on lui témoignait. Ses traits avaient ce je ne sais quoi d'attachant que laisse après elle la souffrance. Personne en effet n'avait eu une vie plus traversée. Née en Auvergne, elle s'y était mariée avec un parent, major au régiment d'Anjou, qui l'avait ruinée et était parti pour l'Amérique avec M. de la Fayette, sans que depuis on en eût jamais ouï parler. Louis du Roseray, le seul enfant qu'elle eût de lui, venait, comme nous l'avons dit, de se faire bravement tuer.

Aussi, se trouvant moins malheureuse par comparaison, la femme de Henry se reprenait à la vie, le sommeil lui revint et peu à peu la santé. Le docteur Tissot lui conseilla de vivre moins seule; elle obéit et renoua quelques relations avec d'anciens amis qu'elle avait évités jusqu'alors; ceux de madame du Roseray devinrent les siens, et peu à peu, sans qu'elle sût trop comment, la maison de la marquise fut le centre des plus charmantes intimités, « au point, disait-elle, qu'à certains jours c'était dans sa chambre comme un jugement dernier ».

On avait, hélas! chez elle d'incomparables ressources d'espérance; les uns y tenaient pour M. de Brunswick, les autres pour les princes, quelques-uns pour les armées du Roi de Sardaigne, mais personne ne doutait du succès prochain de la coalition. Parmi les habitués de la maison brillait au premier rang un vieux monsieur de Riv..., qui depuis le commencement de l'émigration faisait son personnage à Lausanne. Il était de la meilleure mine, mais fat, léger et infiniment préoccupé de sa personne. Sa parure lui était une cause de perpétuels soucis; il ajustait au besoin de petits vers, mais se prétendait surtout excellent à la guerre et dans les ambassades, où sa jeunesse avait été, disait-il, employée avec de grands avantages. Il donnait le plus galamment du monde les explications sur la façon dont se gagnaient les batailles ou se nouaient les alliances. On s'oubliait à l'écouter, et, qui plus est, parfois on finissait par croire le vieux rêveur quand il engageait sa parole pour une restauration prochaine.

Comme tout ce petit monde qui gravitait autour d'elle, la marquise s'était insensiblement laissé prendre à ces chimères et voyait dans leur réalisation la conséquence toute naturelle de son ardeur à les désirer.

Rien ne lui sembla bientôt plus certain que le succès des alliés, rien pour elle ne fut plus évident que la restauration de Louis XVI; l'Angleterre, au besoin, devait accommoder tout cela et rendre par-dessus le marché la Savoie au Roi de Sardaigne avec le cœur de ses sujets.

Or, ces visions étranges, que trahissaient à chaque ligne les lettres de la pauvre femme, finirent par inquiéter son mari.

« Votre noblesse émigrée et vous avec elle, continuez donc ces bavardages auxquels se prend tout ce qui a quitté son pays? Souffrez, ma chère amie, qu'au lieu de partager votre système sur la régénération du monde, je vous invite à réfléchir sur l'imprudence des gens qui, buvant du thé, se livraient l'année dernière à une quiétude qui les a perdus. Hélas! croyez-moi, les nations, comme les individus qui n'auront pas en tout ceci perdu l'esprit, se moqueront des autres, et, pour remède, les inviteront à prendre patience.

» La paix peut n'être pas fort éloignée; je n'en sais rien, mais tenez pour certain que c'est la France révolutionnaire qui l'imposera. Cette guerre, si follement entreprise et si lâchement soutenue, perdra les Rois dans l'esprit des peuples; et notre misérable breloque de Savoie, dédaignée, abandonnée par tout le monde, restera en proie aux malins esprits comme une masure envahie par les spectres.

» Nous serons ruinés si vous n'y prenez garde. Cessez de voir dans les Rois des sages trompant comme autrefois les peuples pour leur bien et les gouvernant par leur prestige. Croyez qu'à cet égard tout est bien changé. Aujourd'hui ce sont les gouvernés qui ont les lumières cent fois plus qu'il ne leur en faudrait; j'en conviens, pour ne pas vous quereller; mais les gouvernements n'y voient goutte et ne savent où ils en sont; ils offrent l'image d'un cavalier qui a perdu la tête et que son cheval emporte.

» Les Necker, les Tronchain et tant de gens habitués à repousser la vérité qui les blesse, reconstruisent le monde comme nous le reconstruisions l'année dernière au coin de notre feu, c'est-à-dire qu'ils dissertent vainement, trouvant, comme nous, que tout va mal, que le torrent grossit; mais ils ne savent que lui opposer.

» Adieu, chère amie; croyez que pour vous gronder un peu, je ne vous en aime pas moins. Eugène vous souhaite avec moi une année plus heureuse que celle que nous achevons. »

1792! triste année, en effet, pour le marquis Henry et pour la Savoie. Au milieu de l'anarchie qui avait suivi l'invasion, ce malheureux pays était tombé aux mains des jacobins. La Convention avait usé, vis-à-vis du Roi de Sardaigne, de ce moyen terrible, dont, au mois de juin précédent, elle menaçait la coalition naissante; contre ses bataillons elle avait envoyé la liberté.

Devant la liberté tous les fronts s'étaient humiliés.

Et cependant, il est de mode d'accuser la monarchie de ravaler les consciences. Or jamais courtisans furent-ils plus plats que les adorateurs de la déesse Raison, que ces hommes oublieux de leurs serments comme des bienfaits reçus, qui, dès le lendemain de l'invasion, se courbèrent jusqu'à terre devant le bonnet phrygien?

« Il est bien consolant pour nous de recevoir les ordres d'un peuple libre », disait, en faisant acte d'adhésion à la République, le second président du Sénat de Savoie.

Tant d'abjection fait songer à ces Égyptiens qui remerciaient à genoux le crocodile sacré d'avoir bien voulu dévorer leurs enfants.

On avait vu, pendant cette triste année, l'assemblée

des Allobroges voter par peur l'annexion de la Savoie à la République française, et accueillir comme des libérateurs les quatre commissaires envoyés par la Convention pour procéder à l'organisation des nouveaux départements.

C'était Simon, prêtre apostat et voleur; c'était Grégoire, évêque constitutionnel; c'était encore Hérault de Séchelles, l'ancien protégé de Marie-Antoinette, devenu naturellement son plus ardent ennemi; et enfin Jagot, homme peu connu, mais fervent jacobin (1). Fêtes patriotiques et décrets révolutionnaires se succédèrent dès lors sans interruption; les uns et les autres furent en Savoie ce qu'ils étaient en France, et sont trop connus pour qu'il soit besoin d'en parler ici.

---

(1) Cardinal BILLIET, *Mémoires*.

CHAPITRE SEPTIÈME

AUX QUARTIERS D'HIVER

1793

Philosophie chrétienne. — Ce que le marquis Henry pensait de la noblesse. — Le régiment de Maurienne. — La cité d'Aoste. — Mort de Louis XVI. — Illusions de la marquise. — Campagne d'hiver sur les Alpes. — Portrait d'Eugène. — La coalition jugée par le comte de Maistre. — M. de Maistre à Lausanne.

« Contre nous, disait à la fin de sa vie le marquis Henry, contre nous qui, pour la plupart, n'avons à nous reprocher que le crime d'une solidarité originelle, se sont dressées, au moment de la révolution, les choses comme les hommes et la nature comme l'idée.

» Contre nous la terre des cimetières a donné son salpêtre, les cloches sont devenues des canons, les cercueils de plomb où dormaient nos pères ont fourni des balles, et nos parchemins ont enveloppé les paquets de mitraille que l'on nous a envoyés (1).

» Dieu n'a-t-il point voulu châtier ainsi notre orgueil de race, en l'écrasant sous les monuments qu'il s'était élevés à lui-même et qu'il croyait impérissables? »

---

(1) Évidemment, en écrivant ainsi, le marquis Henry songeait à ces fameuses preuves de noblesse rédigées par Chérin et trouvées dans le cabinet de Louis XVI. Elles étaient écrites sur vélin et reliées avec la plus rare magnificence. Ces preuves furent condamnées par décret à faire des gargousses et mises à la disposition du ministre de la guerre.

Mais alors que, pour ses compagnons d'infortune, rien ne devait survivre à l'anéantissement de leurs priviléges et de leurs titres, le marquis Henry savait dégager la noblesse de toutes ces choses :

« Mon amie, écrivait-il en apprenant que ses armoiries avaient été brisées à Beauregard et que l'on avait fait au Villard un auto-da-fé des parchemins de la famille, mon amie, bien fols sont ceux qui prétendent en avoir fini avec nous, parce qu'ils ont brisé nos armoiries et dispersé nos archives. Tant qu'ils ne nous auront pas arraché le cœur, ils ne pourront l'empêcher de battre pour ce qui est vertueux et grand, ils ne pourront l'empêcher de préférer la vérité au mensonge et l'honneur au reste; tant qu'ils ne nous auront pas arraché le cœur, ils ne pourront l'empêcher d'être réchauffé par un sang qui n'a jamais failli; tant qu'ils ne nous auront pas arraché la langue, ils ne pourront nous empêcher de redire à nos enfants que la noblesse ne consiste que dans le sentiment raffiné du devoir, dans le courage à l'accomplir et dans une inébranlable fidélité aux traditions de sa famille. Sur les sommets du Petit Saint-Bernard, dans la hutte de Lapon d'où je vous écris, tout aussi bien qu'aux Tuileries, ces sentiments sont de mise, et celui-là est le plus noble qui sait le mieux y conformer sa vie et sa mort. »

Aussi prisait-il nobles comme le Roi lui-même les braves soldats dont, quelques jours plus tard, il contait à sa femme la touchante fidélité.

« Sur un ordre équivoque, le régiment de Maurienne avait été licencié au milieu de la déroute qui, l'année dernière, a consommé notre invasion. Les hommes étaient rentrés dans leurs foyers, promettant de se réunir à Suze, le 1ᵉʳ janvier de cette année; mais parmi nous, il faut le dire, on comptait peu qu'ils tiendraient leur parole après quatre mois de régime républicain.

» Leur colonel s'était cependant rendu à Suze au jour indiqué, avait tracé dans la neige la place d'un bivouac, disposé les feux et fait construire quelques baraquements. Ceci fait, le colonel, malgré le froid affreux, se mit à se promener de long en large sur la place de Suze, comme un maître de maison qui attend ses invités en se promenant dans son salon. Or, mon amie, il n'attendit pas longtemps. A dix heures du matin, un premier soldat arrivait, qui se nommait Grillet et était de Lanslevillard, un des villages les plus prochains du Mont-Cenis; le brave garçon était parti de chez lui la veille par des chemins à se rompre le col.

» Après lui, on vit arriver deux caporaux, d'Épierre, qui, pour se mieux dissimuler, avaient retourné leurs uniformes; après ceux-ci, d'autres débouchèrent, groupés par trois ou quatre, des sentiers les plus détournés.

» Comme les ruisseaux finissent par former la rivière, c'était merveille de voir les compagnies se reformer. Dans l'intervalle de cinq jours, le régiment avait retrouvé les deux tiers de son effectif. Je me suis dit, en apprenant tout cela, que, si le Roi m'en voulait croire, il dépouillerait certains seigneurs de ma connaissance de leurs plaques et de leurs cordons pour les accrocher sur ces poitrines où battent bien les plus nobles cœurs que je sache. »

Le colonel de Maurienne voulut passer la revue de son régiment.

« Les hommes paradaient avec de vieux fusils rouillés, — et tous n'en avaient pas —, avec des sabres sans fourreaux et des gibernes vides ; tous avaient les accoutrements les plus bizarres, en bonnets de laine rouges ou noirs, ou bien encore la tête couverte avec des peaux de renard ou de chèvre.

» Ainsi faits, ces hommes étaient grotesques, mais à arracher des larmes d'admiration. Quand le colonel, tirant de sa poitrine la cravate du drapeau, qu'il avait sauvée, l'attacha à la pointe de son épée et l'éleva en criant : *Vive le Roi!* ce fut dans les rangs un cri de : *Vive le Roi!* à réveiller nos glorieux morts d'Hautecombe (1).

» Tout ceci me rend quelque espérance, car, ainsi que le dit le pauvre abbé Baret, l'aunage du bon Dieu n'est jamais qu'à la taille de celui qu'il habille. »

Eugène était là aussi qui gardait son père du découragement ; un sentiment profond de sa responsabilité disait au marquis qu'après avoir fait à sa guise la destinée de son enfant, sa place était auprès de lui. Dans son incomparable tendresse, oubliant pour ainsi dire les leçons qui avaient fait le cœur d'Eugène à l'image de son propre cœur, Henry s'excusait presque de ne pas faillir, parce que, disait-il, il n'aurait pu entraîner son fils.

« O mon amie! ne me tentez pas ; relisez mes lettres

---

(1) Sépulture des princes de la Maison de Savoie.

si vous les avez conservées ; elles répondent à ce que votre cœur égaré me propose relativement au retour d'Eugène et au mien. Croyez que, s'il était possible de sortir honorablement d'ici, la chose se ferait ; mais comment imaginer que tant de soucis pour l'éducation d'Eugène puissent aboutir à une flétrissure?

» Réfléchissez à ceci, que nous ne devons tenir à l'existence que par l'utilité dont nous sommes à nos enfants, et qu'il nous est impossible de prendre pour eux un parti dont ils aient à rougir. Si vous saviez combien le moral d'Eugène s'est formé au milieu de tout ceci, combien son âme renferme de noblesse et de courage, vous verriez que, moi-même le voulant, il serait impossible de l'entraîner à une détermination douteuse. Si une bonne tête, un cœur noble, du courage, des talents peuvent redevenir des qualités que l'on prise, peut-être se trouvera-t-il que j'aurai bien élevé mon fils ; sinon, les circonstances auront écrasé moi et mon courage. »

Cette dernière lettre est datée de la cité d'Aoste, où les grenadiers royaux (1), relevés de leur faction sur le Petit Saint-Bernard, venaient de prendre leurs quartiers. M. le duc de Montferrat, qui devait les commander, s'y était installé en même temps avec son état-major. Tout était donc mouvement et bruit dans la

---

(1) Eugène et son père avaient passé aux grenadiers royaux à la suite du licenciement de la légion des Campements où ils avaient servi jusqu'alors. Les hommes qui en faisaient partie avaient formé un régiment de pionniers et le régiment des grenadiers dont il est question.

petite ville, si calme d'ordinaire et si déserte. Les jardins, qui, à Aoste, entourent chacune des maisons et donnent aux rues une physionomie singulière, étaient occupés par d'innombrables tentes; les ruines du vieil amphithéâtre servaient d'écuries aux bêtes de somme; partout on voyait, broutant la mousse venue sur les colonnes et les chapiteaux renversés, des mules d'attelage ou des chevaux de main.

Les soldats et les fourgons de guerre remplaçaient ces bœufs paisibles, ces troupeaux et ces gens heureux qu'admirait du « haut de la colline, caché entre les broussailles comme une bête fauve, le Lépreux de la cité d'Aoste ».

L'écho de la trompette de guerre, le crépitement lointain de la fusillade rendaient plus cruelles encore ces insomnies pendant lesquelles il lui « semblait qu'une force invisible l'entraînait dans un gouffre sans fond ».

Une sorte de cauchemar affreux l'oppressait, comme nous oppresse, à certaines heures, le pressentiment d'un malheur fatal. Il semble alors que tout est péril, et qu'on y doit succomber; l'esprit va se perdant dans des calculs infinis et s'écrase dans l'accablement, après avoir en vain cherché à démêler l'avenir dans les enchevêtrements de l'heure présente.

La correspondance du marquis trahissait cette douloureuse disposition d'esprit :

« Vous me demandez comment se passe mon temps et qui je vois. Certes, les événements sont assez extraordinaires pour donner pâture à mon humeur rêveuse; pour moi, l'état des choses et les fluctuations de l'opinion sont hors de toute compréhension. Je ne crois pas que jamais la raison humaine ait été soumise à de pareilles épreuves; la mienne n'y résisterait pas si je n'étais écrasé de travail et si la besogne que l'on m'impose ne faisait diversion à mes pensées.

» Ce travail consiste à établir un système de défense générale de nos montagnes, et me prend mes journées entières en courses et en dessins. Parfois, le soir, je vais passer quelques moments chez l'évêque; c'est le point de réunion de nos perruques carrées. Nous préférons mettre là en commun nos tristes pensées et nos tristes figures, plutôt que d'aller les produire dans un monde plus brillant et plus gai. »

Comme bien d'autres, il voyait, en effet, avec une douleur profonde M. le duc d'Aoste et son frère, M. le duc de Montferrat, organiser des fêtes par ce triste temps, et passer joyeusement à danser ces dernières heures de répit, que l'on aurait pu employer si utilement à préparer la campagne qui allait s'ouvrir.

Il semblait qu'à Turin comme à Vienne on ne voulût point voir l'orage qui s'amoncelait. Il fallait un coup de foudre pour réveiller les Rois de l'Europe.

La foudre éclata le 21 janvier 1793.

Rois et peuples, frappés de stupeur quand l'affreuse nouvelle de l'assassinat de Louis XVI parvint à l'étranger, refusèrent tout d'abord d'y croire.

Louis XVI n'était pas mort, on allait le voir apparaître à la tête des armées coalisées. A Lausanne, on avait imaginé une substitution, un enlèvement, une fuite. L'esprit exalté de la marquise s'était fait de ces chimères une réalité. M. de R... partageait d'ailleurs cet avis, qui était aussi celui de toutes les femmes de son entourage :

« Comment croire, mon ami, écrivait-elle, que le diable soit ainsi maître des Rois, qu'il les aveugle et ne leur laisse pas les moyens d'arracher un des leurs aux griffes de la canaille? Non, jamais je ne croirai à autre chose dans tout ceci qu'à un bon tour joué aux Jacobins. Louis XVI ne peut et ne doit point être mort; il y a eu un enlèvement, une fuite, que sais-je? rien encore sur les moyens, mais j'ai la certitude, partagée par les gens sensés d'ici, que nous le verrons bientôt à la tête des armées de la coalition rosser d'importance républicains et république. »

Ces pauvres émigrés, dont beaucoup avaient vécu à la cour, ne pouvaient imaginer le Roi sur la place de la Révolution. Depuis deux ans, ils avaient quitté la France, leurs idées étaient demeurées celles qu'ils en avaient emportées. Les causes comme les effets échappaient à leur intelligence, et insensiblement les illusions de l'un devenant les illusions de tous, ils mettaient en commun leurs espérances, ou plutôt leurs rêves.

« Que vos amis soient fous, je n'ai rien à y voir, répondait Henry; mais souffrez au moins que, pour vous, je vous invite à ne plus prendre leurs rêveries pour des réalités. Vous doublez ainsi l'amertume de ce qui existe. Louis XVI est mort, hélas! il ne ressuscitera pas. Les autres Rois sont affolés; je vous le jure, ils ne songent point à jouer une comédie politique. Ce qui se prépare est une guerre affreuse; le succès résoudra sans doute d'importantes questions, mais ce succès, pour nous, n'est rien moins qu'assuré. »

A cette provocation inouïe d'une tête de Roi qu'on lui jetait à la face, l'Europe avait répondu en se levant en armes. L'Angleterre, l'Espagne, Naples et la Hollande se joignirent à la Prusse, à l'Autriche et à la Sardaigne (1). Celle-ci fit dès lors pour se préparer à la guerre des efforts prodigieux, car, étant aux avant-postes de la coalition, elle allait voir se porter sur ses frontières tout l'effort des Français.

Malheureusement une convention, signée le 22 septembre 1792 entre le général Stam et le marquis de Brezé, plaçait les troupes royales sous le commandement du général autrichien baron de Vins. Celui-ci traçait, sans qu'il en coutât rien à son gouvernement, des devis que le Roi de Sardaigne remplissait à grands frais.

M. de Vins, médiocre militaire, mais diplomate habile, devint par la suite l'agent de cette politique autrichienne qui devait aboutir, après quatre années de luttes, à l'écrasement du Piémont, aux défaites de Wurmser et de Beaulieu et à la conquête de l'Italie par Bonaparte.

Mais personne ne prévoyait encore ce douloureux

---

(1) Une lettre du marquis Henry raconte qu'en apprenant le crime du 21 janvier, le Roi de Sardaigne se trouva mal et demeura huit jours au lit avec une fièvre ardente. Mais je n'ai trouvé nulle trace de son abdication, ni des circonstances dont, selon M. de Beauchesne, cette abdication fut accompagnée. (*Histoire de Louis XVII*, vol. II, p. 5.)

avenir. Lorsque M. de Vins prit possession de son commandement, il partagea en trois grands corps l'armée qui allait opérer sous ses ordres. Le premier devait défendre les Alpes niçardes; le second, couronner le Mont-Cenis, pendant que le troisième opérerait sur le Petit Saint-Bernard et couvrirait les passages qui de Savoie conduisent en Piémont par la vallée d'Aoste.

C'était à cette armée, qui allait ouvrir la campagne sous le commandement de Mgr le duc de Montferrat, qu'appartenaient le marquis Henry et son fils.

Vers la fin de février, les grenadiers royaux avaient reçu l'ordre de reprendre leurs positions sur le Petit Saint-Bernard.

« Voici qu'il nous faut sortir de nos cantonnements, alors que quelques semaines de repos eussent fait tant de bien à nos hommes. Nous nous acheminerons demain vers la montagne. Il neige là-haut, et nous y allons mener une vie de Tartares. Cependant ce me sera une douceur infinie de respirer sur ces sommets un peu d'air natal; c'est un premier pas fait vers vous, mon amie; mais qu'il y a loin encore de là à vivre en paix à l'ombre de notre figuier!

» J'éprouve quelque ennui de me trouver à la belle étoile sans tente et sans le reste, car je n'ai point encore les aptitudes du soldat romain, tel que le rêve M. Brissot. Le glorieux mulet de Simon est mort; je l'ai remplacé par une petite jument, pour laquelle je suis trop lourd et que je ferai passer à Eugène dès que j'aurai pu trouver un dromadaire pour moi. La pauvre Rebecca, devenue aveugle, portera Comte et notre unique porte-manteau. La dernière campagne n'a rajeuni ni le porte-manteau, ni son contenu, ni la pauvre Rebecca, qui, je le crois, finira cette année sa carrière au champ d'honneur. Ses jambes, quand elle a la bonne fortune de pouvoir s'en servir, sont toutes quatre d'une seule pièce. Si j'avais le temps, je vous enverrais un dessin de tout cela.

» J'ai quelque argent encore, quoique nous ayons passablement vécu, l'enfant et moi. Nous aurions peut-être dû nous restreindre en prévision de l'avenir, mais des considérations majeures ne m'ont pas permis de me mettre au régime des officiers de fortune. Ma qualité de volontaire me faisait une nécessité d'un peu de décence. Nous aurons, du reste, assez à pâtir, Eugène et moi, pour n'avoir pas voulu nous amuser à souffrir, de propos délibéré, pendant les quelques semaines de nos quartiers d'hiver. »

Peut-on imaginer ce que le froid a de rigueurs alors que la tourmente souffle au travers des bivouacs, arrache les tentes, que la terre gelée ne peut retenir, et noie sous des tourbillons de neige les feux, dont le bois grésillant noircit sans donner de flammes?

Quelles marches à travers les neiges accumulées, quand les loups suivent pas à pas la colonne et que d'innombrables corbeaux tourbillonnent avec des croassements lugubres!

Quelles nuits passées aux avant-postes! Le froid fait éclater l'écorce des chênes; le soldat n'a mangé que du pain gelé, brisé sous la crosse de son fusil, et n'a trouvé à boire que de la neige!

Le factionnaire est là, à quelques pas en avant de ses camarades qui sommeillent sous sa garde; il a faim, son corps frissonne. Le froid pend en glaçons le long de sa barbe, sa main colle au canon de son fusil et y laisse des lambeaux de peau.

Puissent ceux dont la langue dorée parle sans cesse de patriotisme, apprendre de toi, pauvre soldat obscur, ce que c'est que d'aimer son pays !

Comme beaucoup parmi ceux qui ont fait la guerre, le marquis Henry avait l'amour du soldat et éprouvait pour lui cette admiration qui s'impose au cœur capable de comprendre la vraie grandeur.

« Je me plais à analyser, disait-il, ces natures primitives, dont l'honneur, pareil à l'or vierge, emprunte quelque chose de son éclat à la gangue rugueuse qui l'enveloppe.

» Il y a des choses que l'on ne ferait pas pour tout le trésor du Roi, me disait l'un d'eux. Ces choses-là, pourquoi les font-ils donc? qu'espèrent-ils? Rien, c'est leur cœur qui les guide.

» Ces braves gens comprennent la royauté comme Montross (1), dont ils n'ont pourtant jamais entendu parler, et s'immoleraient pour la couronne, quand bien même elle ne serait suspendue qu'à un buisson.

---

(1) Jacques Graham, duc de Montross, le plus vaillant et le plus fidèle des partisans de Charles Ier d'Angleterre, périt sur l'échafaud le 2 mai 1650. — Le cardinal de Retz le peignit par ce seul mot : « C'est un de ces hommes qui ne se rencontrent plus dans le monde et qu'on ne trouve que dans Plutarque. »
(Biographie universelle.)

» Comment, après cela, se plaindre du mal-être? Trouvons donc, comme Pangloss, que tout est pour le mieux; c'est absolument l'avis d'Eugène, qui se pâme de l'étrangeté de sa nouvelle existence. Le fait est que nous menons la vie de gens embarqués; faute d'espace, nous sommes treize officiers, couchant, mangeant, dormant, sifflant, chantant, travaillant dans la même chambre; et quelle chambre! une baraque enfouie dans la neige et dont nous n'émergeons qu'aux heures de service, car une garde montée coûte souvent la peau du visage ou vaut une ophtalmie.

» Eugène brave cela et les coups de fusil à me faire mourir d'inquiétude. Imaginez qu'il est allé l'autre jour, lui troisième, se promener du côté de l'ennemi, et assez près pour qu'il faillît tomber aux mains d'une patrouille. Je l'ai grondé, mais mon sermon l'a si peu impressionné, qu'hier encore, comme nous avions des coups de fusil, il s'est mêlé à l'affaire, bien qu'il n'y eût rien à voir. »

« Vous me demandez, continuait le marquis Henry, comment est fait le pauvre petit, depuis un an bientôt que vous l'avez quitté; vous me demandez s'il a grandi, s'il fume, s'il jure; il ne fume point et jure encore moins, si ce n'est en piémontais, qu'il commence à parler très-passablement. Il n'a pas beaucoup grandi, mais il est extrêmement fortifié, au point de ne transpirer jamais. Du reste, il est très-enlaidi; sa brûlure de l'an dernier lui a épaissi les traits et gâté la peau du visage, que l'impression de la neige lui a rendue, ainsi qu'à moi, un vrai cuir bouilli. Son joli son de voix s'est aussi perdu ; à force de crier, sa voix est rauque et brisée. Mais tout le monde l'aime, il compte pour un très-bon officier, se trouvant bien partout ; il trouve moyen d'obliger ses camarades sans ostentation et sans se faire jamais un mérite de rien ; bref, mon amie, c'est une admirable nature qui, si jamais elle péche, péchera toujours par excès du côté du bien. »

Laissant à regret ces détails qu'il eût donnés intarissables à sa femme, puisqu'il s'agissait d'Eugène, le marquis ajoutait :

« Il faut cependant que je vous dise qu'il se pourrait faire que, dans notre petit coin, les choses allassent mieux que par le passé. Le général autrichien comte d'Argenteau est venu depuis quelques jours prendre le commandement de l'armée sous les ordres du duc de Montferrat ; l'un et l'autre vont résider ici, et, si nous ne faisons pas de grands exploits, les troupes au moins ne périront pas de faim et de misère.

» Le général d'Argenteau est plein d'esprit et d'activité ; le jour même de son arrivée, et une heure après avoir mis pied à terre, il a voulu voir tous les postes. Je l'ai accompagné partout. Je ne puis deviner comment j'étais sur ses tablettes, mais il m'a demandé dès son arrivée, et depuis je n'ai cessé d'être occupé par lui. »

Si, au quartier général de M. d'Argenteau, les choses semblaient prendre une tournure favorable, il n'en était point de même à celui de M. de Vins, qui, comme nous l'avons dit, avait le commandement supérieur des armées austro-sardes. On discutait encore à l'état-major général les plans de la campagne, et cependant on était au mois de mai. Les divergences de vues et les jalousies paralysaient toute action décisive.

M. de Vins savait pourtant, à n'en pouvoir douter, que les Français étaient hors d'état de rien entreprendre en Savoie et dans le comté de Nice ; car l'armée des Alpes, que les décrets de la Convention portaient à 30,000 hommes, n'en comptait pas six mille en réalité. Huit bataillons venaient d'être détachés contre la Vendée ; il n'y avait pas au pied du Petit Saint-Bernard deux mille cinq cents hommes, et trois mille à peine se trouvaient dans la vallée de Maurienne. Le reste était dispersé dans le Lyonnais et le Haut-Dauphiné. Enfin on n'ignorait point à l'état-major général la situation de Lyon et du Midi, où l'on attendait le Roi de Sardaigne comme un libérateur.

Aussi le général de Saint-André et tous les officiers piémontais voulaient une vigoureuse offensive du côté de la Savoie. Ils représentaient que les troupes du Roi, jointes à celles que l'Autriche tenait en réserve dans le Milanais, pouvaient former un effectif de quarante mille combattants ; que rien ne devait s'opposer à la marche de ces divisions jusqu'à Lyon, et que Lyon conquis deviendrait pour les coalisés une base d'opération sérieuse.

Ce plan pourtant si simple et d'une exécution si facile devait échouer, grâce aux lenteurs calculées de M. de Vins. Toute raison lui était bonne pour différer l'attaque des lignes françaises. Tantôt il n'était pas prêt, tantôt il lui fallait de nouveaux ordres. Son mauvais vouloir était si évident que soldats et officiers finirent par le chansonner dans des couplets dont le sens était à peu près celui-ci :

Quand l'ennemi est fort, de Vins dit qu'il ne faut pas l'attaquer; quand il est faible, il dit qu'il n'est pas à redouter. Que Dieu soit loué et de Vins remercié !...

« C'est pitié de voir si souvent la valeur conduite par la sottise ou la trahison, disait plus tard le marquis Henry, car la valeur n'obtient pas même alors la considération qu'elle mérite! »

Malheureusement, ce qui se passait à l'armée du Roi se passait sur le Rhin et se passait partout. La diversité des intérêts, la divergence dans les vues et dans les moyens empêchaient tout accord parmi les puissances coalisées, tandis que la Convention, centralisant entre ses mains puissantes toutes les forces et toutes les volontés de la France, grandissait dans le sang à l'intérieur et à l'étranger.

Voici comment Joseph de Maistre jugeait la coalition :

« Le second hiver que nous avons éprouvé (1) a jeté six pieds de neige sur les *petites cloisons* qui nous séparent de nos amis; voilà l'ouverture du bal renvoyée, cependant tous les violons sont prêts et les archets sont en l'air. On attend que Pitt frappe le premier coup de l'ouverture, mais on commence fort à murmurer contre lui; nous avons la certitude que, le 13 de ce mois, la flotte de la Méditerranée était encore à Porthsmouth; on craint fort que le grand

---

(1) Cette lettre, adressée à la marquise Costa, est en date du 28 avril 1793. (Archives de la Motte.)

ministre de la paix ne soit pas celui de la guerre; dans ce cas, M. son père ne lui aurait laissé que la moitié de ses talents; c'est beaucoup, mais pas assez dans le moment. M. Pitt aurait besoin qu'un club de Marseillais allât lui faire danser la carmagnole. A force de chanter : *Vive le son du canon*, peut-être il y prendrait goût; jusqu'à présent, je ne crois pas que ce soit son talent.

» On se fâche ici, on se fâche à Turin. Dieu veuille que cette ligue ne ressemble pas à toutes les autres! »

« J'ai écrit, disait encore M. de Maistre à la marquise, quelques jours plus tard, j'ai écrit quatre petites pages à votre cher époux; elles le trouveront sur quelque sommet de montagne, prêt à s'élancer dans le chemin de la plaine et de la gloire. Que Dieu le conserve avec son petit bachelier!

» Je tremble toujours pour les gens d'esprit honnêtes gens, parce qu'il me semble que le bon Dieu ne veut plus de cette graine sur notre planète. Je crois infiniment aux bêtes, comme vous le savez, madame, et c'est en quoi nous différons. Au reste, je suis bien aise de vous dire que je ne suis pas seul de mon avis.

» Hier, en bonne et très-bonne compagnie, un personnage *molto ponderoso* nous articula bien clairement, en parlant de la superbe diplomatie de M. le prince de Cobourg, cette sentence remarquable :

» M. le prince de Cobourg est un excellent soldat pour aller en avant; mais, pour le reste, c'est une grosse bête, voilà ce que j'aime.

» Ce qu'il y a de sûr, c'est qu'on vient de lui donner

un garçon politique qui est chargé de l'empêcher d'écrire.....

» Qu'arrivera-t-il? je n'en sais rien; la sottise ou la scélératesse sont des instruments aveugles dont madame la Providence se sert pour arriver à ses fins, comme un artiste se sert d'un outil pour exécuter ses ouvrages.

» La lime sait-elle qu'elle fait une clef? Toutes les personnes exécrables ou risibles, qui s'affichent dans ce moment sur la scène du monde, sont des limes; quand l'ouvrage sera fait, nous nous prosternerons pour le recevoir des mains du grand ouvrier. Jusque-là, je fais bonne mine, mais je déclare ne rien prévoir, à moins que le prophète Nathan n'ait parlé de Paris sous le nom de Ninive. Lisez sa prophétie, vous verrez que les prédicateurs futurs auront beau jeu si les choses tournent dans le sens que nous appelons bon. »

M. de Maistre était en situation de connaître la vérité et de juger les événements, car le Roi Victor-Amédée l'avait chargé d'organiser en Suisse un bureau de renseignements et une correspondance politique.

Il commençait cette existence de luttes pour son prince, luttes qu'il devait poursuivre dix ans sans trêve ni merci.

On a, dans cette grande figure, trop étudié le philosophe et pas assez le citoyen. Deux passions ont dévoré sa vie politique : la haine de la révolution et l'amour de son pays.

Le philosophe de génie avait jugé, dès le premier jour, l'esprit satanique de la révolution; mais, plus ardent encore, le citoyen avait juré une haine implacable au drapeau français dès que ce drapeau fut arboré à Chambéry.

La révolution avait envahi son pays, confisqué ses biens et mis à son tricorne une cocarde républicaine; le comte de Maistre pouvait-il cesser de la haïr?

Non, il ne se lassera jamais de la poursuivre; la France de la Convention, la France du Directoire, la France consulaire comme la France impériale, c'est toujours la révolution; il essayera de susciter contre elle les monarchies et sonnera à pleins poumons le cor de Roland à Ronceveaux; et pourtant il ne cessera jamais de croire au rôle providentiel de la vraie France, de la France catholique, et c'est d'elle qu'il attend le salut après la ruine.

Ce qui fait le succès des vainqueurs, c'est la résignation des vaincus; Joseph de Maistre ne se résignera jamais, jamais il ne croira au succès de la révolution.

Cette idée si originale de faire jouer au Piémont un grand rôle en Europe, de faire de lui un rempart contre la révolution française, ne pouvait germer que dans la tête d'un homme de génie, affolé de patriotisme et de haine.

Que l'on scrute la vie du comte de Maistre en Sardaigne, à Rome, à la cour de Russie, comme à Turin; que l'on fouille son œuvre tout entière, on le trouvera dominé partout et toujours par ces deux passions qui remueront l'Europe, pour relever le pays du Savoyard proscrit et humilié.

S'il déteste la casaque blanche du *kaiserlick* à l'égal de la carmagnole du Français, c'est que, dès le premier jour, il a deviné la politique machiavélique de l'Autriche, et que cette politique est un obstacle à ses desseins.

S'il aime la Russie, c'est qu'il espère dans le caractère chevaleresque de l'Empereur.

Et voilà pourquoi, sans argent dans un monde où l'argent était tout, ambassadeur sans cordons au milieu de tous les ordres de l'Europe, il a usé dix ans de sa vie à poursuivre le rêve patriotique dont ses livres nous ont conservé un si éloquent souvenir.

Les hommes tels que le comte de Maistre ou le marquis Henry honorent le prince auquel ils sont attachés, car ces hommes ne sont point des courtisans prêts à s'incliner devant tous ses caprices; ils se tiennent fièrement debout devant lui et grandissent en ne servant qu'un principe. Quand leurs conseils sont dédaignés, qu'eux-mêmes portent la peine de leur indépendance, que tout paraît désespéré, ces hommes savent trouver dans la sainteté même de leur cause le courage de redire ce cri de la Vendée : Vive le Roi quand même!

CHAPITRE HUITIÈME

SUR LES ALPES

1793

Cruelles anxiétés du marquis Henry. — Insurrection des paysans du Haut-Faucigny — Le *Ristauro* du Petit Saint-Bernard. — François Buffet. — Récit des événements de Thônes. — Le duc de Montferrat refuse les services du marquis Henry. — Maladie d'Eugène. — Voyage sentimental de mesdames de Bellegarde.

Si l'on voulait chercher une analogie à ce sublime entêtement du dévouement humain, on la trouverait peut-être dans l'ordre harmonieux et éternel de la nature qui, elle aussi, en dépit de nos folies, demeure belle et souriante.

Le canon gronde, les révolutions bouleversent le monde, et cependant la moisson mûrit, la forêt se couvre de verdure, et le lac continue à refléter l'azur du ciel.

Rien ne saisit et n'attriste comme ce contraste perpétuel entre l'homme et ce qui l'environne.

Au spectacle d'un champ de bataille éclairé par le soleil, au spectacle de prairies émaillées à la fois de fleurs et couvertes de morts, de ruines fumantes sous une nuit pleine d'étoiles, le cœur se demande comment tant d'admirables et tant d'horribles choses peuvent coexister, et pourquoi, dans sa rage furieuse, l'homme vient gâter l'œuvre de Dieu.

C'est bien ainsi que, malgré la méchanceté des

hommes, le mois de mai de l'année 1793 fleurissait et embaumait, comme il a coutume de fleurir et d'embaumer depuis le commencement du monde.

Cependant, en ces jours-là, on portait Marat en triomphe à la Convention ; on décrétait une nouvelle classe de suspects, le comité de salut public s'installait, tandis que de l'Ouest au Midi éclatait l'insurrection, tandis que la guerre était partout, sur les Pyrénées, sur le Rhin, comme sur les Alpes.

Où donc ce contraste eût-il été plus violent qu'à ces hauteurs et dans ces solitudes où le travail isolait le marquis Henry ? Nous l'y avons laissé étudiant un système de défense, respirant avec délices un peu d'air natal, mais souffrant de tous les souvenirs de l'exilé, qui rendent l'exil si cruel.

« J'ai, dans ces courses désordonnées que m'impose mon travail, toutes les visions d'Ezéchiel et tous les mirages des Pères du désert. Il me semble parfois que je vois par delà ces montagnes, qui s'étagent à l'infini, mon toit, mes champs, mes amis, vous et mes petits enfants ; auprès de vous, je vois l'échafaud, j'entends bruire le lac de Genève sur les grèves de Beauregard, j'entends les rossignols de Tougues, et puis le tocsin et des cris de mort, tout cela comme dans une vision qu'éclaire l'incendie et qu'assourdissent la fusillade et le canon. Que tout cela me fait souffrir! Un souffle de mort a donc passé sur notre génération maudite ; mais alors pourquoi Dieu laisse-t-il encore luire son soleil, fleurir ses fleurs, comme s'il était indifférent à nos maux?

» Cette indifférence n'est pas la sienne; il se plaît à confondre notre orgueil avec le brin d'herbe, avec l'insecte qui, lorsque le monde est en feu, vivent et meurent en paix parce qu'ils sont soumis et obéissants à sa loi.

» Comme ce brin d'herbe ou cet insecte, mes compagnons vivent calmes et tranquilles; pour eux, tout est facile, car ils ne doutent de rien. Je ne saurais vous dire ce que leur calme me fait de bien; il n'est pas jusqu'à leurs chansons qui ne viennent à bout de mes révoltes, comme la chanson de David rendait Saül au sens commun. »

Aussi le marquis vivait bien plus au bivouac qu'il ne vivait aux quartiers de M. d'Argenteau ou de Mgr le duc de Montferrat. Jamais la disposition de son esprit ne l'avait moins porté à être courtisan; les allures, au quartier général, n'étaient point telles d'ailleurs qu'elles pussent ramener le marquis Henry vers des pensées plus souriantes.

« Monseigneur, disait-il, est ici tout à fait sur pied de campagne avec cinquante personnes pour le servir, dont deux spécialement destinées à faire le café de Son Altesse. Ce surcroît de bonne compagnie est fort embarrassant pour tout le monde et un peu scandaleux par ce temps de détresse générale. Qu'il y a loin de là à la simplicité guerrière de nos anciens princes. »

A ces mille riens qui froissaient Henry, venaient s'ajouter sans cesse les préoccupations de son métier et les inquiétudes que lui donnaient les siens; aussi, à aucune époque de sa vie, ses lettres ne trahissent-elles un plus profond découragement. Il crut trouver, dans l'insurrection qui éclata au mois de mai parmi les paysans du Haut-Faucigny, un moyen d'y échapper en même temps qu'un aliment à la fiévreuse activité qui le dévorait; mais ce fut là une espérance bien vite déçue. La malechance qui s'attachait aux armes du Roi semblait se jouer avec une cruauté égale de tous les dévouements. Un jour, Henry rentrait au camp plus triste, plus fatigué que jamais de ces marches et de ce travail que l'inaction voulue de M. de Vins semblait devoir rendre toujours inutiles; l'animation extraordinaire qui régnait autour des feux le frappa. Il questionna le premier soldat qui fut sur son chemin, et apprit de lui que la vallée de Thônes du côté du Mont-Blanc était en révolution. Les paysans, las de la terreur qui pesait sur eux, avaient pris les armes et s'étaient rencontrés avec les Français. Malheureusement, ces braves gens avaient été battus; deux fuyards apportaient la nouvelle de la victoire républicaine à Mgr le duc de Montferrat. Malgré ce qu'il pouvait y avoir de fâcheux dans cette première défaite, Henry devina le parti que l'on devait tirer de cette levée des paysans. Il voulut entendre l'histoire de la bouche même de ceux qui la racontaient pour en avoir été les témoins, car il se méfiait de l'exagération enfiévrée des braves gens qui la répétaient autour de lui. Gerbat, son inséparable compagnon, qui par hasard, ce jour-là, était demeuré au camp, savait où on pouvait l'entendre; il le conduisit derrière les campements de Mgr de Montferrat, dans une grande baraque que l'on appelait le *ristauro*.

C'était une sorte de caravansérail où se réunissaient les cantiniers de l'armée, pour y tenir leur marché; là aussi quelques campagnardes, dont les maisons à mi-côte semblaient suspendues à la montagne, vendaient le lait de leurs chèvres et d'immenses quartiers de polenta, qu'elles coupaient avec un fil et dont la portion coûtait un sou; tout autour de la baraque, de grandes outres toutes gonflées de vin étaient accrochées aux troncs d'arbres qui la soutenaient. C'était un va-et-vient continuel autour du *ristauro*. Le piétinement des hommes et des mulets y avait fait fondre la neige, de sorte qu'il y avait tout autour une mare de boue comblée tant bien que mal avec des mélèzes et des sapins.

Le *ristauro* était fort bruyant quand le marquis y arriva; deux ou trois torches de résine illuminaient l'intérieur et mettaient en plein relief le visage et la tournure énergiques d'un paysan qui se détachait sur les groupes de soldats assis.

L'homme paraissait exalté, autant que ses auditeurs semblaient attentifs à ne rien perdre de ses gestes et de ses paroles.

— Je vous le répète, la levée des troupes en fut la cause principale...

— De quoi, demanda le marquis Henry? — De notre levée à nous, monsieur l'officier, reprit le paysan, qui se nommait François Buffet et était de la paroisse du Grand-Bornand, en Savoie; mon camarade André, le chapelier de Thônes, et moi, nous nous sommes sauvés quand tout a été fini. Nous avons passé par Martigny avec les autres pour venir servir ici plus utilement qu'en faisant les cibles pour les patriotes. Si vous voulez toute l'histoire, je vais vous la dire.

— Volontiers, dit le marquis; on lui fit place.

— (1) Pour l'exécution de cette levée, reprit le marguillier, Henrioud d'Annecy fut envoyé chez nous, au Grand-Bornand, où il demanda vingt-deux hommes ou six mille francs. Le Grand-Bornand ne voulut donner ni hommes ni argent. En même temps, Songeon d'Annecy et Déage de la Roche furent députés à Thônes pour la même commission. Ils demandaient à Thônes vingt-sept hommes; mais la commune, pour gagner du temps, demanda à voir les ordres, que l'on ne voulut pas montrer. Alors ceux de Thônes refusèrent de fournir les hommes.

— Et ils firent bien, dit Gerbat qui, pour la troisième fois, entendait le récit et se sentait à chaque fois plus enthousiasmé.

— Alors, reprit François Buffet, les députés Songeon, Henrioud et Déage repartirent à Annecy pour aller chercher des troupes et nous forcer à marcher. — Les éligibles de Thônes commencèrent à avoir peur; ils se proposèrent entre eux de passer tous en Piémont, lorsque quelques personnes du Grand-Bornand vinrent leur faire part du dessein qu'avaient les habitants de

---

(1) Ce récit est textuellement copié sur une relation des événements de Thônes, écrite, le 23 mai 1793, par M. Delachenal, plébain de Thônes, à M. Grand, son vicaire. Cette pièce m'a été gracieusement communiquée par M. le comte de Roussy, qui en possède l'original aux archives de Thorens.

prendre tous les armes et de se défendre. Ceux de Thônes acceptèrent ce projet.

Le samedi donc, 4 mai, arrivèrent à Thônes cent cinquante hommes du Grand-Bornand, cent de la Clusaz, quarante de Saint-Jean, cinquante-six des Villards, cinquante de Manigod et soixante des Clefs; Serraval et le Jonchet se réservèrent pour le canton de Faverges.

A ces quatre cent soixante-six hommes se joignirent encore deux cents combattants d'Alex, avec trois bombardes prises au château de Menthon. Le lundi suivant, on se réunit au bas du pont pour délibérer et régler les postes.

Nous autres du Grand-Bornand, nous étions d'avis de nous défaire d'abord des mauvais sujets; mais les autres, plus indulgents, dirent : Faisons-les d'abord marcher avec nous; s'ils reculent, nous les retrouverons.

— Et nous ne les avons pas retrouvés, interrompit André le chapelier. Il nous en a cuit de ne pas les avoir branchés, car ils ne se sont pas fait faute d'adresser des signaux aux patriotes pendant que nous nous battions.

Ce fut parmi les soldats un mouvement unanime d'approbation.

Arrivé à ce point de son récit, le marguillier s'était arrêté. Se méfiant peut-être de l'intelligence de ceux qui l'écoutaient, ou voulant, pour faire honneur au marquis, appuyer son histoire d'une démonstration topographique, il avait saisi deux pains de munition, une assiette et un verre qui se trouvaient sur la table et les avait disposés devant lui.

— Ici, au bas du Cruet, dit-il, en reprenant sa narration et en appuyant son doigt sur le pain le plus rapproché, se tenaient les paroissiens de la Clusaz; ceux de Saint-Jean, là sur le sommet de ce verre qui est le rocher de la Moriette; le reste se plaça au pont Saint-Clair, après avoir entendu la messe à la chapelle de Thuy et reçu l'absolution de M. Blanc, curé de Clusaz, qui était accompagné de M. Charvet, professeur de rhétorique, et de MM. Martin et Depommiers, vicaires.

On était là depuis vingt-quatre heures au moins, quand le mardi soir, au coucher du soleil, on vit venir sur nous trois cents hommes qui s'arrêtèrent du côté du château de la Balme. Tout de suite on leur lâcha une bombarde qui tua deux cavaliers et leurs chevaux. A ce salut.....

Comte, qui était parmi les auditeurs, ne put retenir à ce mot, qu'il trouvait plaisant, un éclat de rire qui devint bientôt général.

— Ne riez pas tant, dit tristement Buffet, car ces démons nous ont fait payer ce salut bien cher, comme vous allez voir. A ce salut, les Français reculèrent et envoyèrent chercher des renforts qui arrivèrent bientôt avec deux canons.

Tessier de Thônes lâcha son fusil sur le commandant, mais le coup ne partit pas; arrivée à portée des postes de Cruet et de Morette, la troupe fit jouer ses canons sur nous. François Avet dit Loiseau, Jean Dupont de Morette furent tués, Gallay de la Clusaz et Veyrat bien blessés.

Nous fîmes alors feu à notre tour, nous en avons tué six et blessé une trentaine.

Malheureusement, on a crié tout à coup : Nous sommes trahis; c'étaient les mauvais chrétiens qu'on n'avait pas pendus; alors tout le monde s'est enfui. Fontaine, marchand épicier, fut tué dans la fuite.

Le chapelier et moi, nous nous sommes sauvés au chalet qu'il a dans la montagne, et nous avons su par la femme qui nous a apporté à manger, que, le 9, la troupe française était entrée à Thônes, où tout fut mis au pillage. La maison de Machet et celle de Piédeballe échappèrent seules, les autres furent saccagées, les toits abattus; les portes, les fenêtres, les armoires brisées, tout le bétail emmené.

L'église est abîmée, le tableau d'autel déchiré; les statues en pierre de saint Maurice et de saint Paul, portées sur les murs du cimetière, ont été traitées d'aristocrates, blasphémées et mises en pièces.

Tout le vin de la paroisse a été bu ou versé jusqu'à la dernière goutte.

Ce pauvre Maurice Durod, le procureur syndic, dont les trois fils sont soldats ici, a été arrêté; on lui a demandé s'il avait consenti à leur départ.

« Oui, répondit-il d'une voix ferme, trop heureux que je suis que notre Roi ait bien voulu les agréer dans son service pour l'aider à défendre la bonne cause. »

Et puis après, on lui a encore demandé s'il voulait reconnaître la constitution française.

« Non, a dit Durod, elle est contraire à ma religion, pour laquelle je donnerais mille vies à l'exemple de saint Maurice, mon patron. » Sur ces réponses, il fut garrotté et trainé au bas du pont, ainsi que M. Moisillier, qu'on voulut forcer à rire pendant l'exécution. On lui mit cinq balles dans le corps; on coupa la tête, qu'on promena au bout d'une pique dans toute la ville. Louis Pin le perruquier a été fusillé au même endroit après avoir refusé Ducret, prêtre jureur, qui lui offrait son ministère; mais tout n'est pas dit, et nous ne nous laisserons pas égorger sans dire plus que des moutons.

Si le Roi et Mgr de Montferrat voulaient bien nous prendre en pitié et nous donner des officiers pour nous conduire et quelques soldats pour nous maintenir, je jure par saint Maurice et tous les saints protecteurs de la vallée, que la république ne se ferait pas vieille chez nous.

Le marquis se retira fort impressionné par ce qu'il venait d'entendre et par l'énergie surtout avec laquelle ces dernières paroles avaient été prononcées. Il y avait à utiliser ces dispositions des paysans, et par conséquent à les encourager; mais il fallait aller dans toute cette affaire bride en main et avec une prudence d'autant plus grande que Mgr le duc de Montferrat n'y prêtait qu'une médiocre attention et ne semblait guère se soucier d'en tirer parti.

A la guerre pourtant, rien ne doit être négligé; le marquis combina un plan dans lequel l'insurrection du Haut-Faucigny, organisée et dirigée par des officiers de l'armée régulière, devait seconder efficacement la descente des troupes austro-sardes en Savoie. Ce plan fait, il l'apporta au duc de Montferrat en s'offrant pour l'exécuter. Monseigneur répondit, d'une façon assez sèche, que M. le marquis de Sales venait de recevoir ses ordres et qu'il était chargé seul de leur exécution.

M. de Sales, acclamé d'abord par les paysans, reconnut bien vite que leur bonne volonté, abandonnée à ses seules forces, n'était capable de rien. Il revint donc en grande hâte au quartier général pour demander des secours. Grâce aux intelligences que M. de Maistre avait en Suisse, il était facile de faire passer par le Valais les armes et les munitions qui manquaient aux insurgés. M. de Sales demandait aussi qu'on voulût bien lui donner deux ou trois cents hommes de troupes régulières, qui pourraient, à l'aide de déguisements, gagner le lieu du rendez-vous. On ne courait nul risque à agir de la sorte, car M. le baron d'Erlach et M. de Segristène, baillis de Lausanne et de Saint-Maurice, s'étaient engagés à favoriser l'entreprise.

Malheureusement dans cette circonstance, comme dans toutes celles qui marquèrent cette funeste campagne, le mauvais génie du Piémont, personnifié dans M. de Vins, paralysa le mouvement. Une lenteur infinie fut apportée à l'organisation des secours demandés et lorsque, au mois d'août suivant, M. le marquis de Sales, appuyé par quelques compagnies d'infanterie, ramena au feu les paysans du Haut-Faucigny, les Français avaient eu le temps de prendre leurs dispositions d'attaque et de défense.

Après un premier engagement heureux aux environs de Sallanches, M. de Sales, qui commandait les paysans, et M. de Loche, qui était venu le rejoindre à la tête de trois compagnies du régiment d'Ivrée, furent obligés de rétrograder. Ils demandèrent de nouveaux secours; on leur envoya des ordres, et des ordres si contradictoires, qu'ils ne surent auquel obéir.

C'était un usage adopté dans l'armée autrichienne d'enlever toute initiative aux officiers devant l'ennemi.

Par ordre donc du général de Vins, M. de Sales abandonna le Pas de Cluses dont il venait de s'emparer; par ordre, il dut le reprendre dès que l'ennemi s'y fut installé, et cela pour l'abandonner et y revenir une troisième fois. Les Français, pendant ces manœuvres, avaient occupé les hauteurs environnantes et rendu la position des troupes royales intenable.

MM. de Sales et de Loche n'eurent bientôt plus d'autre parti à prendre que celui de la retraite. Cette retraite devint malheureusement une déroute telle, qu'il fallut jeter deux pièces de canon dans la rivière et que plusieurs hommes périrent au fond des précipices.

Le désespoir des paysans que l'on abandonnait à la merci des Français ne peut se décrire; beaucoup incendièrent leurs chaumières et suivirent l'armée. Ce furent encore les mieux inspirés, car un grand nombre parmi ceux qui restèrent furent pris et fusillés; la république savait user de la victoire en Savoie comme en Vendée.

On eût dit que la terreur dont elle frappait ainsi ses ennemis à l'intérieur avait son contre-coup parmi les troupes qui, depuis deux mois, étaient immobilisées par de M. de Vins, sur le Petit Saint-Bernard, sur le Mont-Cenis et sur les Alpes Niçardes; les bons serviteurs du Roi gémissaient de leur inutilité; quant au marquis Henry, soit que la façon dont l'avait accueilli Mgr le duc de Montferrat lorsqu'il s'était offert à conduire l'insurrection de Thônes, soit que toute autre cause fût venue aigrir son humeur, il ne dissimulait plus ni son découragement ni son mécontentement.

« Ce n'est pas la façon dont nous faisons ici la guerre qui peut nous en donner la passion. La chose publique va de manière que l'on se félicite de n'avoir pas à y mettre la main; mon rôle de spectateur me plaît, et je suis à mes yeux plus utile que ceux qui commandent et font les importants. Je sers sans intérêt le Roi, qui est bien mal servi par ceux qu'il paye le mieux. Je juge tout avec une extrême sévérité; je ne fais grâce à pas une ineptie, à pas une friponnerie, à pas une lâcheté. Eugène est mon confident, et, si nous sortons de tout ceci, je vous réponds que ces deux années seront de toutes celles de son éducation les mieux employées. Nous ne faisons rien, alors que nous pourrions avoir quelques succès; puisse notre métier de chien de garde nous être payé au moins de quelque estime! »

Mais sait-on jamais en ce monde ce que l'on doit désirer ou ce que l'on doit craindre? Pendant que le marquis Henry se désolait ainsi de l'inutilité de son dévouement de soldat, Dieu le frappait rudement dans un autre sentiment plus profond mille fois et plus vivant. Eugène tomba malade d'une affreuse fièvre maligne qui ravageait les troupes.

« Que serait devenu mon courage, s'il m'eût fallu quitter Eugène à l'agonie pour marcher en avant? Je ne sais et n'y veux point réfléchir, car j'aurais à rougir de moi. Dieu m'a épargné cette douleur, mais il faut être vous ou moi (1) pour comprendre ce qui s'est passé dans mon cœur pendant ces quatorze jours qui ont précédé l'heureuse crise d'hier. Je remercie Dieu du fond de mon âme; et combien, je le reconnais, nous avons tort de nous plaindre de ces riens qui nous semblent insupportables, parce que nous manquons de douleurs de comparaison!

» Malgré ma misère qui est affreuse, j'ai été assez heureux pour rassembler autour d'Eugène tous les secours imaginables. Dans notre pauvre hutte, il a été soigné comme à Beauregard; je n'oublierai jamais l'affection de Comte dans ce moment, il a montré là toute l'ingénieuse tendresse de la bonne Chagnot pour Eugène.

» Ah! ma chère amie, de quelle oppression je me sens délivré depuis que je vois notre enfant hors de danger! Mettez-vous à genoux, faites mettre à genoux nos trois autres petits enfants pour remercier le bon Dieu de n'avoir pas voulu nous écraser tout à fait. »

Et le marquis donnait après coup le détail des fatigues, des privations affreuses auxquelles son Eugène n'avait pu résister.

---

(1) Cette lettre est adressée par Henry à sa femme, comme d'ailleurs presque toutes celles qui figurent au cours de ce récit.

« Depuis un mois que la neige commençait à fondre, il avait fallu pourvoir à tous les postes, garnir tous les passages que l'hiver avait défendus jusque-là. Écrasés de marches, de contre-marches, de gardes, de patrouilles, nous avons fait, avec nos quelques bataillons du Petit Saint-Bernard, le service de toute une armée.

» Je craignais pour le petit et pour moi la gale que tout le monde a par ici, mais il devait en être bien pis. Eugène se plaignit tout à coup d'un grand mal de tête, il tremblait la fièvre; je crus un instant à un de ces accès comme il en avait autrefois et m'en fus le remplacer à un poste pour lequel il était désigné. En rentrant, je le trouvai en proie au délire d'une fièvre maligne avec tous ses symptômes effrayants. Je fus droit au général d'Argenteau qui m'avait témoigné quelque intérêt, et lui demandai la permission de ne pas quitter Eugène. Pendant huit jours, la fièvre l'a tenu avec des intermittences de délire et de calme qui le faisaient passer d'une sorte de folie furieuse à la prostration la plus profonde. Comme le pauvre enfant, et avec lui, je passais par toutes les étapes de la douleur humaine, voulant espérer, ne le voulant plus, selon le caprice de la fièvre ou ma religion du moment.....

» Comme je ferme ma lettre, la générale bat à assourdir; il faut regrimper aux avant-postes, probablement pour y passer deux ou trois jours avec aussi peu d'utilité que de gloire, mais cette fois j'y porterai un cœur moins déchiré et un esprit plus libre. L'ennemi est indiscret de nous attaquer, il est bien à son aise dans la maison d'où il nous a chassés, il n'aurait à gagner ici que la peste qui nous détruit ; je crois donc que c'est pour rire qu'il nous donne des alertes deux ou trois fois par semaine. Notre lieutenant-colonel est mort hier au soir de cette affreuse fièvre ; mes courses folles, mes angoisses m'en ont préservé jusqu'ici. »

> ... Simigliante à quell' inferma
> Che non puó trovar posa in su le piume,
> Ma con dar volta suo dolore scherma (1),

le malheureux Henry se retournait au milieu des tristesses qui l'enserraient, et, comme dit Dante, secouait sa douleur sans trouver le repos.

Il traversait ces heures d'abattement dont on ne veut point être tiré, où la voix la plus aimée est discordante avec les sentiments intimes du cœur, où l'on est, comme il le disait lui-même, sans énergie pour regarder en arrière vers ses années heureuses.

« Votre lettre, datée de l'anniversaire de notre mariage, m'a profondément remué ; plus que jamais je devrais remercier Dieu, qui nous a rendu notre enfant, et voilà cependant que, l'épine arrachée, je n'y pense déjà plus, pour ne voir que regrets derrière moi et tristesses dans l'avenir. Que celles-là soient, je n'y ai rien à dire, mais votre lettre, datée de notre bon jour à tous les deux, me trouve sans énergie pour me retourner vers ces seize années si heureuses de notre vie commune. Pour me consoler, je me prouve que tant

---

(1) Semblable à cette malade qui ne peut trouver de repos sur la plume, mais qui, en se retournant, excite sa douleur. (DANTE.)

d'autres n'ont pas aujourd'hui ces souvenirs qui font mal, mais en même temps rattachent au présent par le passé. Je vous ai dit les malheurs et les inquiétudes bien légitimes de mon pauvre colonel Bellegarde? Nous sommes, ou plutôt il est rassuré aujourd'hui sur le sort de ses femmes dont il a reçu plusieurs lettres à la fois. »

Le fragment suivant, emprunté aux curieux mémoires du cardinal Billiet, servira de commentaire à la dernière phrase que l'on vient de lire :

« Il y avait alors à Chambéry, dit Mgr Billiet, quelques femmes enfarinées de jacobinisme. L'étiquette républicaine leur avait imposé un costume. Elles portaient une carmagnole, sur la tête un bonnet rouge, une cocarde sur le sein, une ceinture tricolore, et aux pieds des sabots de bois. Elles avaient à leur tête les deux sœurs de Bellegarde, qui employaient leur fortune en bonnes œuvres républicaines.

» L'aînée avait épousé son proche parent, le colonel de Bellegarde; l'autre s'appelait Aurore, et n'était pas mariée. Après avoir émigré, elles étaient rentrées en Savoie pour sauver leur fortune. Aurore était la maîtresse de Simon : on l'appelait Simonette; sa sœur était la maîtresse de Hérault de Séchelles. »

Certaines raisons, qu'il est inutile de rapporter ici, avaient obligé ces jolies citoyennes à partir pour Paris avec ces messieurs, tous deux, on s'en souvient, délégués en Savoie pour républicaniser le pays. Il est probable qu'en cherchant à convertir son camarade Bellegarde aux théories du docteur Pangloss, le marquis Henry négligeait de lui dire en quelle compagnie se faisait le voyage.

« Le mari est tout consolé de voir que sa femme, dont il ne savait rien, n'est point morte; mais il l'aimerait, je crois, mieux ailleurs qu'à Paris. Le pauvre homme était tenaillé d'inquiétudes, et les larmes lui sortaient des yeux comme des flèches; c'est quelque chose que d'en être soulagé. Vous sentez que, sans souffler mot des compagnons, je répète tant que je puis à Bellegarde qu'il y a un Dieu qui veille particulièrement sur les jolies femmes, qu'il faut les laisser courir quand on ne peut faire mieux, que c'est folie d'en prendre des cheveux gris, qu'assez d'autres calamités nous tombent sur la tête sans celle-là, et que les pèlerines étant jeunes, pleines d'esprit, hardies, heureuses, elles s'en tireront sans que nous nous en mêlions.

» N'écrivez donc pas, ainsi que je vous l'avais demandé, pour avoir des nouvelles de ces gentilles fugitives; nous avons, vous et moi, trop à faire pour nous confondre à chercher ce qui se perd de cette façon. »

Et, plein de philosophie pour les malheurs de M. de Bellegarde, le marquis ajoutait :

« Malgré la beauté de mes raisonnements, évitez, mon amie, de courir le monde avec des généraux constitutionnels ou des commissaires de la Convention, car ils sont de détestable compagnie.

» Toujours pas de nouvelles du porte-manteau que vous m'avez adressé. Si je savais au moins par quelle voie vous me l'avez envoyé, je me consolerais en le faisant chercher.

» Convenez que l'ancienne formule : à la garde de Dieu et sous la conduite d'un tel, avait du bon.

» Mais c'est pour vouloir raffiner sur tout que les porte-manteaux s'égarent, que les jolies femmes se perdent, et que le monde fait comme eux et elles..... »

CHAPITRE NEUVIÈME

LA MARCHE EN AVANT.

1793

Singulière attitude du général autrichien de Vins. — Il prend l'offensive à la fin d'août. — Entrée des alliés en Savoie. — Impressions du marquis Henry et de son fils en descendant les rampes du Petit Saint-Bernard. — Halte de l'armée à la Roche-Cevins. — Combats philanthropiques en attendant la chute de Lyon. — Retraite des Piémontais. — Henry, malade, quitte l'armée. — Attaque des Français. — Horribles inquiétudes pour Eugène. — Réaction en Savoie. — La Révolution au Villard. — L'abbé Grégoire. — Le marquis Alexis Costa est arrêté. — Huitième béatitude.

Sous une forme plaisante, le marquis Henry exprimait ainsi une grande vérité; les événements la rendaient plus saisissante encore au moment où il écrivait.

On raffinait à Vienne sur les engagements pris vis-à-vis du Roi Victor-Amédée, on y spéculait sur sa loyauté et sur les dangers qu'il courait. Si l'Autriche semblait l'encourager à la lutte, c'était pour paralyser ensuite tous ses moyens d'action. Au mois de juillet 1793, pas un des régiments promis n'avait encore franchi la frontière du Milanais, tandis que, sous prétexte d'attendre ces secours, M. de Vins immobilisait toutes les forces piémontaises. Aussi les plus mauvais bruits circulaient parmi les troupes du Roi. L'Autrichien voulait-il une rupture? prétendait-il mettre son alliance à un plus haut prix? attendait-il pour intervenir que Victor-Amédée, battu et ruiné, fût à sa merci? Nul ne le savait, mais chacun soupçonnait les plus coupables desseins. L'attitude singulière de M. de Vins était faite pour justifier ces défiances.

Le moindre succès remporté par les troupes du Roi, une reconnaissance un peu hardie exécutée par elles, le mettaient hors de lui. Un engagement du côté de Nice, où le général piémontais comte de Saint-André battit les Français, excita même sa jalousie et sa colère à un si haut degré, qu'il fallut l'intervention personnelle du Roi pour empêcher un éclat.

Cependant, à l'heure où l'on était, les choses avaient pris une telle gravité, les dispositions d'attaque étaient si menaçantes et si formidables, que différer de prévenir l'ennemi eût été, de la part du général autrichien, l'éclatant aveu de sa trahison. Il se résolut donc à l'offensive.

Mais lorsque les troupes reçurent l'ordre de marcher, aux derniers jours d'août 1793, le petit nombre des bataillons engagés, comme le manque de réserves et d'approvisionnements, indiquait à l'œil le moins exercé l'arrière-pensée de se borner à une démonstration. Et cependant, l'ordre fut accueilli avec enthousiasme.

« Il semble que chacun de nos hommes, disait le marquis Henry, ait à la main une lance enchantée. »

Le plan d'après lequel on allait agir était d'une simplicité telle que la campagne eût été décisive si on l'avait entreprise quelques mois plus tôt. Commandée par le marquis de Cordon, l'armée du Mont-Cenis devait suivre le cours de l'Arc à travers les vallées de la Maurienne, tandis que les troupes du duc de Monferrat, attaquant les Français à Saint-Maurice, au pied du

Saint-Bernard, devaient les pousser devant elles et rejoindre l'armée de Maurienne au confluent de l'Arc et de l'Isère.

Bien qu'un souffle d'honneur enlevât les troupes qui descendaient les rampes du Petit Saint-Bernard et que lui-même ne pût se défendre *du mal d'espérance*, le marquis Henry comprit, dès sa première étape en Savoie, les dangers et l'inutilité de l'entreprise.

« Alors que les Hébreux arrivèrent aux frontières de Chanaan, leur cœur ne battit pas plus violemment que le nôtre en descendant la montagne que nous avons franchie mardi. Je marchai toute la journée avec Eugène à l'arrière-garde, lui rêvant de vous remettre sur votre trône, et moi rêvant comme lui tout éveillé, le cœur gonflé *du mal d'espérance*. Le sort nous devait cette justice de nous ramener ici drapeaux au vent ; mais la fortune nous doit-elle autre chose? Oui, peut-être, si la méchanceté et l'ineptie ne l'ont pas à tout jamais dégoûtée de nous. Nous nous lançons cependant dans l'aventure sans réserves et sans savoir ce que l'ennemi nous opposera. Lyon est à ses fins, et les quelques bataillons que nous sommes vont avoir en tête l'armée qui l'assiégeait. Bien fous sont les rêveurs qui espèrent un soulèvement en Savoie. L'exemple de Thônes glacera les plus hardis. »

Hélas ! à parler avec tant de sagesse, le marquis Henry perdait son temps, car, à peine avait-on connu en Suisse la marche des troupes royales, que les émigrés crurent au gain de la partie. De toutes parts affluèrent à l'armée les questionneurs indiscrets, les demandes outrecuidantes, ou les plans dénués de sens commun.

« Nous n'avons pas encore brûlé une amorce, que vos vidames et vos chanoinesses songent déjà à nous faire déblayer leurs places au soleil, écrivait Henry à sa femme qui probablement l'avait prié de quelque indiscrète commission. Battre les Français sera chose aisée, je n'en saurais douter, grâce aux conseils que vos amis nous donnent, et nous serons trop récompensés de nos peines à les voir lutiner de leurs talons rouges le pavé du Roi; mais il y a d'ici à Versailles quelques lieues encore à franchir. Il m'est donc avis qu'il serait sage d'attendre, avant d'allumer les flambeaux de la curée, que le cerf fût porté bas.

» Les insanités émigrées qui peuplent les bords du Rhin et inondent la Suisse ne sont pas les moindres moyens dont Dieu se serve pour nous mener à mal. C'est grande pitié de se voir ainsi houspillé par ses amis, et plus grande pitié encore de voir compromettre si souvent les causes justes par une maladroite et aveugle confiance dans leur droit. Le droit et la justice, sans doute, ne leur nuisent pas, mais un peu de politique ne gâterait rien. Or, c'est là précisément lettre close pour les paladins de tous les temps. »

Les faciles succès du début de la campagne ne pouvaient mettre en défaut celui qui jugeait le présent, et on pourrait ajouter l'avenir, avec tant de clairvoyance. Si l'armée piémontaise avait pu parvenir jusqu'à la Roche-Cevins, petit village à demi-route du Saint-Bernard, à Conflans, et s'y établir sans coup férir, il y avait évidemment derrière cette retraite précipitée des Français un piége que devinait le marquis Henry.

« Nous avons fait jusqu'ici la guerre avec des lunettes d'approche, disait-il, mais ce mode philanthropique de guerroyer est trop contraire aux rubriques françaises pour ne pas cacher un plan que favorise notre étourderie. »

Nul n'avait l'air en effet de songer à mal. Les Piémontais, pleins de confiance, croyaient inaccessibles les montagnes qui les entouraient et s'étaient installés à la Roche-Cevins comme si ce méchant village eût été l'objectif de la campagne. Les Français, de leur côté, se tenaient cois pour laisser durer ces illusions jusqu'à l'arrivée des renforts qu'ils attendaient; parfois ils venaient cependant donner de petits spectacles, mais les balles, les boulets et les grenades royales volaient en l'air le plus innocemment du monde aux cris de vive le Roi et de vive la république.

« C'est donc plus à notre patience qu'à notre courage qu'en veut l'ennemi; mais, en attendant, nous nous morfondons sans qu'il me soit loisible d'en imaginer le prétexte. Je redoute fort que la coalition ne se trouve quelque jour une nouvelle défaite sur les bras. »

M. de Vins et le duc de Montferrat étaient-ils seuls à ignorer les motions qui s'étaient succédé à la Convention, dès la première nouvelle de leur marche en avant : la déclaration de la patrie en danger, le départ de Simon et de Dumas pour l'armée des Alpes? Ils savaient ces choses, car chacun les renseignait.

« Quand on a bien dit que chaque heure de retard

est une calamité, écrivait M. de Maistre, vous n'avez certainement ni canons, ni courage de plus. »

« Malheur à nous, disait-il encore dans une autre lettre, si Lyon était vaincu. L'abominable Convention, qui sait fort bien à quel point l'insurrection de cette ville lui nuit, veut l'écraser à tout prix. J'attends les événements avec crainte et soumission (1). »

Lyon succomba, et le Roi vit tourner contre lui toute l'armée assiégeante, conduite par le général Gouvion. En rejoignant Kellermann, Gouvion décidait de la victoire.

Pendant les six semaines que les troupes du duc de Montferrat employèrent à ces escarmouches philanthropiques dont parlait le marquis Henry, les Français avaient gagné de proche en proche toutes les crêtes qui dominaient la vallée. La position des Piémontais se révéla tout à coup si dangereuse qu'il fallut songer à la retraite.

« Je ne vous disais pas dans ma dernière lettre tout ce que je pensais de notre détestable position de la Roche-Cevins. L'ennemi a fini, sans que nous nous en fussions aperçus, par nous dominer de partout et de si près que nous voyons relever ses gardes. Hier enfin, il a attaqué à droite et à gauche nos postes dans la montagne, les poussant si bien, et ceux-ci se laissant si bien faire, que la retraite pensa nous être coupée.

» Il a fallu partir à minuit, et nous sommes arrivés au point du jour à la chapelle d'Aigueblanche, où

---

(1) Archives de Thorens.

étaient des batteries et des dispositions prises pour une sérieuse défense; mais nos postes latéraux ayant de nouveau lâchement plié, il a fallu nous replier nous-mêmes et regagner précipitamment ce triste Saint-Bernard en faisant deux marches dans une, avec la crainte perpétuelle d'être coupés.

» J'ai suivi péniblement la marche, perclus de mon vieux rhumatisme, qu'avaient regaillardi tant de nuits au bivouac. Une béquille sera donc pour moi le *virtutis bellicæ præmium.* »

Arrivé à Séez, petit village situé tout au pied du Saint-Bernard, les forces du marquis avaient absolument trahi son énergie; on fut obligé de le hisser sur un cheval pour l'emmener aux bains de Saint-Didier, de l'autre côté de la montagne. Il laissait les troupes à Séez, d'où elles pouvaient en trois heures rentrer dans les retranchements du Saint-Bernard; d'ailleurs l'ennemi semblait ralentir sa poursuite.

Le marquis partait donc sans trop d'inquiétude; il emmenait avec lui son domestique pour le soutenir à cheval.

Mais, malgré tous les soins et toutes les précautions imaginables, Henry, arrivé à destination après quinze heures de marche, était harassé et en proie à une violente fièvre. A peine était-il couché, que Comte rentra dans sa chambre, hors de lui et les traits bouleversés. Il venait d'apprendre que les troupes piémontaises, au lieu de remonter immédiatement la montagne, avaient reçu l'ordre de se reposer pendant vingt-quatre heures, comme si l'on eût voulu engager l'ennemi à surveiller cette partie scabreuse de la retraite. L'ennemi, en effet, prenant les Piémontais sur le temps, avait engag quatre ou cinq régiments contre les grenadiers royaux qui formaient l'arrière-garde de l'armée du Roi.

Le combat était acharné au moment où le cantinier qui apportait ces nouvelles avait quitté le champ de bataille. Cet homme ajoutait que les grenadiers royaux n'avaient, pour faire face aux assaillants, qu'une pièce de huit et un obusier de montagne.

Dans sa vie tout entière, nulle angoisse n'avait égalé celle qui étreignit le marquis à cette nouvelle. Il essaya de se lever et crut un instant pouvoir dominer les douleurs atroces que lui causait la marche ; mais il n'était pas hors de sa chambre, qu'il roula sur le plancher, incapable de faire un pas. Son visage ruisselait de sueur, et cependant il était glacé comme l'homme qui va mourir. Il se fit porter devant la porte ; là, étendu sur une paillasse, il questionnait les passants. Tantôt c'était une petite chevrière, tantôt un muletier qu'il interrogeait, mais ces gens ne savaient rien d'Eugène ; ils se sauvaient vers Aoste avec leurs chèvres et leurs mulets, c'était tout ce qu'ils pouvaient dire. Chaque fois qu'il apercevait une civière, le marquis croyait y découvrir son fils ; il se soulevait pour trouver devant lui un visage inconnu ; il eût voulu son fils blessé, il eût été sûr ainsi qu'il n'était point mort.

« Oh ! cette peine-là était de celles dont on meurt, mon amie ; mon cœur ne battait plus en pensant à notre enfant sans moi au milieu des balles, alors que j'avais tant souffert pour que cela n'arrivât jamais.

Enfin, Comte que j'avais envoyé est revenu. Il avait trouvé l'armée rentrée dans ses retranchements, et Eugène ronflant sur un sac, l'enfant fort difficile à réveiller, mais très-réjoui des cinq cents coups de canon et des vingt mille coups de fusil qu'il avait entendus pendant le combat. Sans l'héroïque résistance de notre arrière-garde, il est probable que l'ennemi fût arrivé en même temps que nous sur le Petit-Saint-Bernard.

» Je ne fais point de réflexions sur tout ceci, le champ est trop vaste et trop douloureux. Toutes nos espérances se sont évanouies, et il ne demeure que le sentiment du mal immense que notre folle équipée a causé derrière nous. Je l'avais prévu, voilà nos pauvres parents livrés désormais sans défense aux représailles des Jacobins. »

Ceux-ci en effet, à l'apogée de la puissance, n'étaient pas gens à pratiquer la pitié, car la peur a son ivresse comme le sang. Or, l'invasion piémontaise avait mis en moindre danger la république que les patriotes de la Savoie. Ce fut donc partout dans ce malheureux pays une réaction sans merci contre les *séides du tyran sarde*. Non cependant qu'on guillotinât personne à Chambéry (pour ces exécutions on envoyait à Grenoble), mais on fusillait en Chablais et en Faucigny les paysans insurgés, et l'on emprisonnait à tort et à travers dans le reste du pays les quelques prêtres et nobles qui n'avaient point émigré. Toute dénonciation contre ces malheureux qui, comme les vieux parents du marquis Henry, n'avaient d'autres crimes à se reprocher que leur bienfaisance, était devenue un acte de patriotisme.

La révolution vint au Villard, si lointaine et si perdue que fût la vieille demeure. La révolution y vint, sans souci des vertus qui eussent dû protéger ses habitants simples, bons et charitables tels que nous les y avons laissés il y a vingt ans.

Si comme Enoch, qui doit revenir à la fin des temps, le bon chevalier de Saint-Rémy fût ressuscité en 1793, il n'eût rien compris aux choses de la Savoie, mais à coup sûr il se fût reconnu entre son vieil ami le marquis Alexis et la marquise sa femme. Rien n'était changé autour d'eux, car tout avait vieilli avec eux, comme ces cadres que le temps harmonise avec la toile. Ces vingt ans écoulés avaient décrépi les murailles en même temps que les traits du marquis, mais son cœur comme les portes de sa maison étaient demeurés ouverts à la souffrance et à l'amitié.

Le marquis était resté le même homme qui croyait, dès longtemps avant la révolution, qu'être aimé de ses voisins vaut mieux que de reculer les limites de sa terre, et qu'une justice rigoureuse ne doit jamais avoir lieu entre le riche et le pauvre. M. de Saint-Rémy eût trouvé au Villard la marquise Henriette assise dans un coin du petit salon boisé, occupée, comme il l'avait laissée, de son grand ouvrage de tapisserie. Les enfants étaient probablement sortis, et c'est pour cela qu'il ne retrouvait pas Henry auprès de la fenêtre où il avait coutume de dessiner, et les petites filles occupées à travailler avec leur mère, car la table à dessin était toujours dans l'embrasure et les métiers tendus le long de la muraille. Çà et là, à vrai dire, quelques fauteuils avaient un air de deuil, celui du vieux marquis de Murinais, auprès duquel Saint-Rémy eût retrouvé le sien, et puis le fauteuil de Girod le notaire, qui était mort l'année d'avant. Un nouveau visage seulement dans le salon; c'était l'abbé Rogeat, qui de son ample soutane couvrait le fauteuil du pauvre abbé Baret. Les mêmes serviteurs s'agitaient dans les cours, à la cuisine et dans les étables, tous portant la livrée de leurs cheveux blancs.

Le bon Saint-Rémy, dont un amical souvenir vient traverser ces pages, eût, en un mot, retrouvé son Villard tel qu'il l'avait laissé, si l'inquiétude et la tristesse n'y eussent remplacé la joie, qui s'était envolée avec les enfants. Henry et Télémaque se battaient sur les Alpes, Henriette et Clémentine, la petite fille qui jadis avait contre madame Putiphar de si plaisantes indignations, étaient mariées l'une au marquis de Faverges, l'autre au baron de Morand, et toutes deux avaient émigré; Félicité, seule demeurée au logis, soignait ses vieux parents, leur cachant les bruits sinistres qui montaient de la vallée; mais si habile qu'elle fût, le marquis Alexis voyait à l'allure des gens qui l'entouraient que les choses allaient mal. Ses paysans, ceux-là mêmes qu'il avait obligés si souvent, étaient rogues et ne le saluaient guère. Tantôt il les entendait fredonner un couplet patriotique, tantôt le mot d'*aristocrate* l'accueillait au passage. Les choses s'envenimèrent au point qu'un jour on le somma d'avoir à livrer son plus bel arbre pour en faire un arbre de liberté; le marquis Alexis refusa, on coupa l'arbre malgré lui; les paysans, malgré lui encore, y attelèrent ses bœufs et amenèrent le peuplier devant la porte du Villard, où il fut planté.

Ces scènes odieuses donnèrent au marquis une fièvre qui pendant huit jours le retint alité; pendant ces huit jours, il fut dénoncé à Chambéry comme un ennemi de la république. Le marquis avait manifesté quelque joie d'une lettre qui lui annonçait un petit succès en Maurienne. En fallait-il davantage? son cordonnier, qui le dénonça, jugea que cela suffisait. Père d'émigrés et aristocrate, il avait des titres à la guillotine ou tout au moins à la prison.

Le marquis fut donc arraché au Villard et mis en surveillance à Chambéry, en même temps que tous ses biens étaient placés sous séquestre. Mais le district ne pouvait se contenter de si peu, il réclama au marquis quelques milliers de livres que jadis le Roi lui avait données ou prêtées pour ses expériences agricoles.

On lui laissait à peine quelques jours pour trouver cette somme, qu'il ne put compléter même en vendant à vil prix ce qu'il avait encore d'argenterie et de bijoux. La nation y suppléa en s'emparant de ses vêtements, de ceux de sa femme et de ses filles; la nation alla même jusqu'à se saisir de leurs lits.

Malgré ces avanies, le marquis avait grand'peine à se tenir coi; sa verve toute gauloise, comme réveillée par la persécution, brocardait à tout venant, épargnant moins que personne les puissants du jour. Mal en prit un dimanche à Grégoire pendant la messe que l'intrus célébrait à la cathédrale de Chambéry. Le marquis Alexis s'était, par hasard, fourvoyé dans l'église; à la vue du jureur, sa bile s'échauffa, et tout haut, malgré sa fille qui cherchait à l'entraîner, il se permit à l'adresse de l'officiant les apostrophes les moins républicaines.

Le scandale fut immense au milieu de l'indignation des uns et du rire discret des autres, car on avait horreur en Savoie des prêtres assermentés.

Grégoire, qui n'était point endurant, fit jeter le marquis aux prisons de l'archevêché. Là s'entassaient depuis le commencement de la révolution les malheureux dont l'exécution était retardée par l'impossibilité où l'on se trouvait de rencontrer un bourreau présentant des garanties suffisantes de civisme et d'habileté (1).

Le cachot du malheureux marquis était infect; il s'y trouvait confondu avec les plus ignobles scélérats qui, excités par leurs geôliers, le rouaient quelquefois de coups, ou lui arrachaient la barbe et les cheveux. Il sortit de prison à la chute de Robespierre pour languir pendant trois années. Son intelligence n'avait pu résister aux sévices et aux cruautés dont il avait été l'objet. Une hydropisie de poitrine l'enleva le 13 juin 1797 sans qu'aucun de ses enfants fût là pour lui fermer les yeux (2).

---

(1) *Mémoires du cardinal Billiet*, p. 8.
(2) Le caractère du marquis Alexis forçait à l'estime ses ennemis

L'arrestation du marquis Alexis et les affreux traitements qu'il subissait avaient été rapportés à la femme de Henry par la comtesse de Maistre qui, déguisée en paysanne, avait pu quitter son malheureux pays.

« O mon ami! écrivait la marquise à son mari, il faut que j'ajoute une nouvelle douleur à toutes celles qui vous poignent; votre père est en prison et traité comme par ce temps-ci sont traités tous ceux qui ressemblent au bon Dieu. L'infâme Commune s'acharne sur ses cheveux blancs, et si elle savait où trouver une couronne d'épines, elle serait pour votre père. Votre mère et Félicité sont aussi en prison, mais moins durement. La pauvre Maistre m'a rapporté ces affreuses nouvelles; son voyage ressemble à la fuite en Égypte. C'est à pied et à travers les montagnes qu'elle a fui les abominations de notre pays.

» Henry, je ne croyais pas avoir la force de tant souffrir. J'ai eu la messe chez moi. C'est l'arche chez

---

les plus acharnés. Cet extrait d'un journal républicain, appelé *le Précurseur*, 8 floréal an VI, a été retrouvé dans les papiers de son fils :

« Le citoyen Costa, ci-devant marquis, devait la rente d'une somme de quarante mille francs à l'un des hôpitaux de Chambéry. Il fut poursuivi à sa sortie de prison pour le payement du capital de cette somme. Tous ses biens étaient sous séquestre; il se vit obligé de rembourser en assignats : il paya, on lui donna quittance.

» Qu'a fait depuis le citoyen Costa? il a cédé aux mêmes hôpitaux une propriété d'environ trente-quatre mille livres. Il faut convenir que ces chouans sont de terribles gens; on est tenté de croire qu'ils le font exprès, afin de n'avoir rien de commun avec les patriotes. »

Philistins, mais pourquoi ceux qui ont porté la main sur l'arche n'ont-ils pas été foudroyés? »

Semblait-il que de tels jours pussent avoir un lendemain?

Ni l'un ni l'autre ne le croyait.

« La prison, et puis l'échafaud pour mon père, répondait Henry; pour moi et pour Eugène, la mort dans les neiges; pour vous, la mort de désespoir; mais pour nos enfants, que rien de tout cela ne tuera, quel sera leur avenir?

» Ah! déshabituez-les surtout du métier de seigneur. Il vaut mieux à jamais être Laridon que César. Otez-leur jusqu'au souvenir, c'est un vice originel dont il faut les guérir, car on s'acharnera à leur ravir cela, comme aujourd'hui on nous ravit la tête. Croyez bien que tout est fini de nous. Si les Titans avaient été grisés de sophismes, si on les avait menés au combat en chantant la *Marseillaise*, ils auraient déniché pour toujours Jupiter de son Olympe. »

Pope ajoutait une huitième béatitude aux béatitudes de l'Évangile, et il avait raison de dire :

« Heureux ceux qui n'espèrent rien de bon, car leur attente ne sera pas trompée. »

Le marquis Henry était parmi ces bienheureux aux derniers jours de 1793!

CHAPITRE DIXIÈME

EUGÈNE

1794

Quartier d'hiver à Asti. — Les moines émigrés. — Le grand séminaire. — Correspondance d'Eugène avec son frère Victor. — Henry de Faverges. — Détresse à Lausanne. — Mademoiselle Rosalie Roth et sa légende amoureuse. — Maladie de la marquise. — Henry dans les montagnes de Nice. — Pressentiments d'une mère.

La triste campagne qui finissait avait eu au moins ce résultat de retenir l'ennemi au delà des montagnes qui entourent le Piémont.

Vers Nice, où le marquis allait faire la guerre, les troupes royales occupaient une ligne de postes excellents, qui dominaient le bassin de Tende et couvraient ainsi au midi les principales avenues du pays; mais malheureusement ce système défensif n'avait de valeur sérieuse que si la neutralité du territoire génois était respectée.

Or, la probabilité, ou tout au moins la possibilité d'une trahison frappait tout le monde; seul, M. de Vins affectait la foi la plus aveugle dans les scrupules des Français et des Génois. Craignait-il de donner de l'ombrage à ceux-ci, ou de précipiter l'attaque de ceux-là? Nul ne le savait; mais en négligeant d'occuper le marquisat de Dolce-Acqua qui confinait au territoire génois, le général autrichien grossissait son passif d'une faute nouvelle et absolument irréparable.

« Nous sommes battus, nous le serons encore, toujours et partout, parce que nous nous aveuglons sur nos propres fautes et parce que nous méprisons un ennemi qui n'est que haïssable.

» La superbe ineptie de M. de Vins, qui ne veut point entendre parler d'envoyer quatre hommes à Dolce-Acqua, nous vaudra bientôt une humiliation nouvelle. Son déplorable système repose tout entier sur la bonne foi génoise; autant vaudrait aller au combat ayant pour bouclier une toile d'araignée et pour gourmette à son cheval un fil de la Vierge.

» Ceci n'est pas mon affaire, mais je ne vois que les paysans de l'Ouest pour marcher au succès. M. de Charette jure que sa femme, la Vendée, vient d'accoucher de cinquante mille garçons qu'il veut mener baptiser à Paris. Que Dieu le soutienne !

» De ce côté seulement viendra le salut. Eugène est ravi des belles choses que l'on raconte de ces héros vendéens; je lui ai remis votre lettre arrivée dans la mienne; vous pouvez imaginer la joie de ce bon petit. »

On faisait encore en 1794 la guerre à la façon du bon vieux temps, c'est-à-dire que l'hiver interrompait les opérations. Piémontais, Autrichiens et Français pansaient donc tranquillement leurs plaies, en attendant que les *six pieds de neige, jetés,* comme le disait M. de Maistre, sur les *petites cloisons qui les séparaient* (1), leur permissent de se rejoindre.

En attendant, le marquis et son fils furent envoyés

---

(1) Lettre à la marquise Costa (Archives de La Motte).

en quartier d'hiver à Asti, petite ville située à quelques lieues de Turin. Là, refluaient les émigrés que la modicité de leurs ressources exilait de la capitale; parmi eux étaient des moines en grand nombre. Tout ce petit monde avait des mœurs à part que le marquis Henry peignait ainsi :

« Je me trouve fort béatement ici, depuis mon arrivée, sous la protection du révérend Père Vallier, le vieux, gros et gras carme de Saint-Marcelin que vous connaissez. Le Père Vallier fait à Asti la pluie et le beau temps comme tous ses confrères qui foisonnent et jouent ici un rôle très-important, car vous saurez qu'il y a céans des moines de toutes les couleurs et à tous les degrés de l'austérité. On n'entre pas dans un salon que l'on n'en trouve quelqu'un couvrant de son ample draperie le meilleur fauteuil et tenant le dé de la conversation. Le matin on va en bonne fortune prendre le chocolat chez eux.

» J'ai déjà, ajoutait le marquis, été admis à ces parties fines, mais sans Eugène, jugé sans doute trop petit compagnon pour d'aussi hautes destinées. »

Moins heureux en effet, Eugène vivait au séminaire, comme l'écuyer Sancho vivait à l'office pendant que son maître était en bonne fortune; mais si l'enfant passait là toutes ses heures de liberté, il y était moins attiré par la sainteté du lieu que par un vieil abbé, grand joueur de violon.

« L'abbé Pilla, l'intendant du séminaire, est au moins trois fois meilleur maître que Felice, écrivait Eugène à son frère Victor, et il ne coûte que dix livres par mois de vingt leçons, qui sont souvent de deux heures ; je copie aussi des antiquités d'Herculanum que j'ai trouvées dans ce bienheureux séminaire, qui est un lieu de délices. »

Dans cette correspondance avec son frère, Eugène racontait toutes les circonstances de sa vie militante, comme il l'appelait; il détaillait son capitaine, M. de Pean, *lequel était extrêmement leste, hardi et grivois;* mais Eugène était surtout intarissable quand il parlait de son cousin Faverges, qui juste était de son âge, avait comme lui le grade de lieutenant, et venait de le rejoindre.

« Tu le sais, Henry (1) est ici toujours plus polichinelle et plus drôle. Il est plus grand que moi et a cent fois plus d'esprit. Hier nous avons été à cheval sur des ânes auxquels il avait barbouillé les oreilles de bleu et de rouge avec des cocardes françaises à la queue; papa s'est fâché et l'a enfermé, mais il s'est consolé en bourrant avec du tabac le nez de mes deux cochons de mer; nous avons bien ri de leurs drôles de figures ; seulement Henry aime trop les claques et la danse. Moyennant des chevaux de frise que j'ai semés sur mon lit, il ne s'y roule plus. Au dernier bal que nous avons fait, il avait égaré son manteau, et il a fallu que Comte, qui était venu nous chercher, lui prêtât son habit de

---

(1) Le marquis Henry de Faverges, mort lieutenant général et gouverneur de Coni, après avoir servi en Autriche, en Angleterre, et en Piémont après la Restauration. Le marquis de Faverges était décoré de la croix de Marie-Thérèse.

burat; ainsi habillé, il ressemblait à un paquet de sottises. »

Victor, naturellement, s'émerveillait à cette peinture des plaisirs de la guerre, mais la marquise les goûtait moins et criait gare à ces chers petits imprudents, si heureux de leurs quinze ans, de leurs épaulettes et de toutes les libertés qu'elles leur donnaient.

« Je te félicite de l'arrivée de Henry; c'est un charmant garçon comme toi, écrivait la pauvre mère, mais tâchez, mes chers petits, de ne pas vous rompre le col par vos étourderies; j'en ai autant peur que du canon.

» Je ne puis pas te peindre comme je suis occupée de toi, ajoutait-elle, et à combien d'épreuves tu mets ma tendresse; je partage tes joies comme tes chagrins, mon petit; rien de ce qui te regarde ne passe sans retentir au fond de mon cœur.

» Que je suis heureuse de tout le bien que l'on me dit de toi! Dieu te conserve avec tes principes solides! Je suis fière de la pensée que les soixante-dix livres dix sols que le Roi te paye par mois nourrissent le père et l'enfant. Que je trouve cela bien! Tu dois être bien heureux de cette petite fortune. Dieu te le rendra, mon enfant, et moi aussi, car un jour viendra où je te serrerai dans mes bras et contre mon cœur avec une joie indicible.

» Je sais que tu es fort occupé de ton service; si j'y entendais quelque chose, je te parlerais bien de ton caporal et de ton sergent. Mais je me réserve pour le temps où tes frères seront soldats aussi. Victor se meurt déjà de l'être, d'après les plaisirs dont tu lui parles.

Sylvain pourra être fifre, et alors je suivrai la compagnie pour raccommoder vos guêtres, vous faire la cadenette le dimanche et régler les comptes; n'est-ce pas, que ce sera charmant?

» Adieu, mon bon petit; je t'embrasse de tout mon cœur, comme je le ferai bientôt en te revoyant. »

L'espérance d'en finir avec une insupportable absence adoucissait un peu ces détresses maternelles, auxquelles venaient s'ajouter peu à peu les embarras de la plus cruelle misère. Depuis deux ans que durait l'émigration, l'argent et le crédit s'étaient épuisés; les bijoux emportés de Beauregard s'étaient fondus un à un, entre les mains de mademoiselle Rosalie Roth, l'hôtesse qui louait à la marquise le petit appartement que l'on sait. Mais depuis six mois on n'avait rien payé, et mademoiselle Rosalie ne le laissait pas oublier; c'étaient alors des scènes affreuses pour la femme de Henry.

Chagnot trouva le philtre qui seul parvenait à endormir les méchantes convoitises de mademoiselle Roth; elle sut que la vieille fille avait jadis aimé le bel Hans Gemein, et que ces amours rancies avaient été rimées par elle.

Personne bientôt ne chanta plus tendrement que Chagnot le refrain de la complainte.

> Ich warte dich hier,
> O lieber Hans.

Orphée s'y prenait ainsi pour adoucir les tigres de la Thrace.

Mais voilà qu'un jour tout cet échafaudage de rouerie charitable s'écroula; malmené par la vieille fille, Victor ameuta sous sa fenêtre les amis sûrs qu'il comptait parmi les gamins de Lausanne, et tous ensemble hurlèrent à l'envi la fameuse chanson avec force contorsions et singeries. C'était briser le charme. Mademoiselle Rosalie, hors d'elle-même, mit tout net la marquise à la porte.

Cette exécution brutale avait lieu au cœur de l'hiver; Dieu sait ce qui fût arrivé de la pauvre femme, si M. de Maistre ne l'eût recueillie avec ses enfants.

« J'émigre dans l'émigration même, écrivait-elle, après avoir fait l'historique de l'aventure. Sans Maistre, qui nous a recueillis, il nous eût fallu coucher sur les cailloux de la route et y mourir de froid. Oh! mandez-moi de vous aller rejoindre, je n'ai plus ni semailles ni moissons à faire ici, il me faut bien aller chercher mon blé en Égypte.

» On ne parle que de guillotinés; l'un assure oui, l'autre non. Madame d'Argouges et madame de Talmont sont tombées ici en sabots, sans linge, sans domestiques, huchées sur des tonneaux dans un char; c'était une pitié, cela m'a fait pleurer. Je les ai été voir hier, je leur procure un confesseur aujourd'hui. La mère est surtout infiniment grande dans le malheur. Madame de Talmont m'a prié de lui procurer à travailler; elles sont éclairées avec des bouts de chandelle qu'elles touchent et arrangent elles-mêmes avec plus de courage que moi. Je ne sais où j'en suis, continuait-elle; il me semble que je me porte bien, et cependant je suis malade; je ne souffre pas, mais je n'ai aucune force d'esprit. Loin de vous, je ne puis plus supporter le temps qui court; il me semble qu'il tranche tout net ma vie et que c'est fait de moi. Vous me soignerez, car l'idée de Job me fait peur, je veux être sans plaies sur mon fumier. »

On conçoit les angoisses du marquis à la lecture de cette lettre; sans plus tarder, il courut à Turin pour emprunter à sa sœur, madame de Faverges, son dernier louis. En même temps qu'il envoyait l'argent, il écrivait:

« Que Dieu me donne la force de supporter cette nouvelle douleur de vous savoir à la charité publique. Venez à Turin; que le malheur vous réunisse à ma pauvre sœur; je lui ai pris ses dernières ressources pour vous amener auprès d'elle. A défaut de pain, vous mettrez en commun votre faim et votre soif; au moins l'amitié vous les rendra-t-elle à toutes deux moins insupportables... »

C'était là encore une espérance qui devait être déçue. La marquise tombait dangereusement malade à Lausanne, et pour comble de disgrâce, au moment où M. de Maistre en avertissait le malheureux Henry, celui-ci recevait brusquement l'ordre d'aller, avec son régiment, occuper le poste de Lauthion, tout au sommet des Alpes Niçardes.

C'était trop!

« La lettre par laquelle Maistre m'annonce que vous êtes malade est le dernier écroulement sous lequel je succombe; qu'importe tout le reste après cela? Vous êtes malade sans moi, et moi je vais regrimper ces montagnes maudites où je ne saurai plus rien de vous; comment résister à toutes ces angoisses? Je tâche de forcer sur mes rames, mais je n'ai plus d'espérance que dans l'excès du mal et dans la miséricorde de Dieu, qui grandira avec ces excès mêmes... »

« L'adversité a ceci de singulier, qu'un moindre mal est un bien infini », écrivait Henry, lorsque après huit jours d'angoisses il fut un peu rassuré.

» Vous m'êtes rendue, ma douce et bonne amie; votre résurrection me ressuscite malgré les mille lieues qui nous séparent et malgré les mille déboires de ma vie présente; pas plus que votre maladie, la situation ne peut se prolonger longtemps. Il faut que le monde meure ou guérisse. A la manière dont tout marche en France, la violence amènera des Vêpres Siciliennes qui abrégeront la chose. Cette guerre ne peut pas durer non plus. Quand les athlètes épuisés seront, chacun de leur côté, étendus sur le sable, il faudra bien que l'on cesse de se battre et que l'on parle raison; quinze cent mille paires de bras peuvent-elles demeurer éternellement armées? Non, les grandes puissances traiteront, et, comme le roitelet sous l'aile de l'aigle, je cheminerai vers vous.

» J'ai essayé pendant ma dernière course à Turin mes talents de courtisan; il m'en a cuit, hélas! Je vois de plus en plus que je ne deviendrai jamais un âne à porter des reliques; ma demande a été rédigée, paraît-il, sur un ton qui a déplu; on m'a fait major, mais major sans paye; comme dit la Fontaine, le moindre grain de mil eût mieux fait mon affaire. »

« Patience, disait Henry, en finissant sa lettre, patience encore, parce que ma pauvre Rebecca est morte au moment où je vais reprendre la campagne sans argent pour la remplacer; je mangerai son fourrage avec mon pain... »

Les grenadiers royaux quittèrent Asti, le 15 janvier, pour aller relever les bataillons qui avaient hiverné sur la ligne destinée à protéger au midi les avenues du Piémont.

Mais, alors même qu'on eût défendu le front de cette ligne avec tout l'héroïsme imaginable, rien n'empêchait les Français de la prendre à revers. Ils n'avaient qu'à emprunter le territoire génois pour mettre en l'air tous les postes piémontais. Or, comme nous l'avons dit, M. de Vins était seul à ne pas voir le danger qui le menaçait de ce côté.

Ce danger était si évident cependant que chacun s'attendait dès le mois de février à un grand effort de la part des Français. Ceux-ci tiraillaient, tracassaient les avant-postes et, comme disait le marquis Henry, pelotaient en attendant partie. Cependant on retardait encore l'envoi de nouvelles troupes sur la montagne, tant à cause de l'argent qu'il en coûtait, qu'à cause des souffrances excessives auxquelles elles étaient exposées.

« Nous sommes arrivés à Lauthion par une pluie battante, et nous avons trouvé qu'il ne manquait ici que du bois pour se chauffer, des maisons pour s'abriter, et généralement tout ce qui se boit et se mange; aussi les troupes que nous relevons ressemblent-elles à une armée de spectres.

» Lauthion est une sorte de vallon étroit tendant de Savourges (1) au col de Raous, et au fond duquel coule un torrent; nous en occupons la rive gauche, sur une pente rapide.. Cette pente est cultivée au moyen de terrasses larges comme les plates-bandes d'un jardin, élevées les unes au-dessus des autres. Dans les replis les plus considérables se trouvent éparses quelques cabanes et une petite chapelle; en ma qualité de major, j'occupe la plus apparente de ces chaumières. J'y arrive en grimpant à quatre pattes, et cependant je fais envie à plus d'un de mes plaintifs camarades, qui eux ont pour demeures des trous en terre recouverts par la neige. Du sommet de notre rocher, nous voyons toute la chaîne des Alpes et nous avons la Méditerranée pour lointain. Mais au milieu de la tourmente toutes ces magnificences sont perdues pour nous.

» J'ai une porte, une fenêtre et une bonne cheminée à ma caverne; mon trou est assez vaste pour que j'aie pu y tendre mon lit. Eugène vous envoie un dessin de notre mobilier, que j'ai par force et par raison le plus mince possible, dans un lieu où chacun est embarras à soi-même.

» L'ennemi, ajoutait-il, semble se réveiller de toutes parts; il n'est pas encore en grand nombre, mais va tenter, je crois, l'impossible pour arrondir son dépar-

(1) Saorgio.

tement des Alpes-Maritimes et l'organiser par cantons et districts.

» On prétend que dans l'armée adverse les barbes sont fort longues, et que les patriotes ont juré de ne les couper qu'à Savourges; je souhaite que nous leur servions de barbiers.

» Le petit Faverges m'est venu rejoindre ici après avoir été embrasser sa mère à Turin; je ne sais en quelle compagnie il a voyagé, mais son embarquement ressemble furieusement à celui de Vert-Vert. Eugène est absolument scandalisé.

» A propos de ce pauvre petit, ne soyez pas vous-même scandalisée de sa passion pour la danse; il avait mordu à cette grappe en passant, comme autrefois vous lui avez vu faire des souliers. Sa passion actuelle est de faire la cuisine; il trouve pour l'instant notre trou délicieux. »

Pauvre père dont la tendresse semblait grandir à mesure qu'approchait l'heure du sacrifice!

On était à la fin de mars; les neiges, en remontant, rendaient d'heure en heure plus critique la position des troupes piémontaises, sans que M. de Vins, occupé de galanteries à Turin avec la belle madame Marsilla, daignât s'en apercevoir.

Quand M. de Vins se retrouva, il était trop tard pour parer à l'invasion. L'ennemi, précédé d'une proclamation signée par Robespierre jeune, Sallicetti et Ricord, avait traversé la toile d'araignée génoise et débouchait de toutes les vallées depuis Vintimiglia jusqu'à Oneille.

Par une marche rapide à travers le marquisat de Dolce-Acqua, il eut bientôt pris à revers la ligne piémontaise, en même temps qu'il menaçait toutes les vallées situées derrière le Col Ardent.

Cette manœuvre audacieuse plaçait, si elle eût réussi, l'armée du Roi entre deux feux et l'obligeait à mettre bas les armes. Une tourmente épouvantable la sauva.

Comme toujours, comme partout, après un désastre que l'on n'a pas voulu prévoir, on passa brusquement en Piémont d'une arrogante et sotte quiétude à la consternation la plus exagérée.

« Peu s'en fallut, mon cher ami, écrivait le marquis à son frère Télémaque, que le 10 avril le Roi ne perdît d'un seul coup, avec le reste de son comté de Nice, les vingt bataillons qui le défendaient; peu s'en fallut qu'on ne vît les portes du Piémont ouvertes à deux battants devant les Français.

» La chaîne de nos postes retranchés avait sa gauche appuyée à des montagnes inaccessibles du côté du Piémont, mais fort accessibles en revanche du côté de Dolce-Acqua; nos docteurs affirmaient l'inviolabilité de la Rosine génoise et dormaient à poings fermés sur sa vertu.

» Mais voilà qu'il y a quatre jours les carmagnoles attaquèrent tous nos postes de front; ils les attaquaient mollement, et il était aisé de voir que ce n'était là qu'une démonstration. Dans l'entre-temps, une division traversait le territoire génois et mettait en l'air toute notre gauche, qui se repliait précipitamment derrière la Roga et la Bendola. Les hauteurs de la gauche une fois couronnées, les balles arrivèrent jusqu'à Savourges. Cette nouvelle attaque n'était pas encore celle qui, dans les combinaisons françaises, devait décider du succès de la journée. Pendant qu'elle se prononçait, dix ou quinze mille hommes, s'avançant à l'abri des montagnes qui flanquaient notre gauche, cherchaient à gagner deux défilés que l'on n'avait point songé à mettre en défense. Si ce mouvement avait réussi, l'ennemi était maître de Tende, et nous nous voyions obligés de mettre bas les armes.

» Le ciel est venu à notre aide; une tourmente épouvantable a arrêté l'ennemi. M. le général Colli a eu le temps d'arriver avec des renforts pour tamponner nos derrières et nous mettre à l'abri.

» Dès que nous avons pu nous reconnaître, on nous a fait grimper au sommet du Col Ardent qui, avec celui de la Tanarde, sont actuellement les points intéressants. Rien n'est moins ardent que ce lieu, à en juger par le temps que nous y avons : c'est une neige perpétuelle.

» Tu n'as pas idée, mon cher ami, de la consternation qui règne ici; les mines sont longues, les propos détestables, mais d'une malédiction unanime contre M. de Vins. Pour moi, je le juge incorrigible, car ce qui se passe est voulu et non pas le fait de la bêtise. Quoi que promettent les Autrichiens, nous n'avons que trahison et mauvais vouloir à attendre d'eux. »

L'attitude hypocrite de la république génoise contribuait encore à augmenter tant d'inquiétudes.

« Cette aimable république a envoyé bien vite un ambassadeur à Turin pour témoigner de sa douleur et de la violence qui lui avait été faite.

» Mais à quoi bon? Ne dirait-on pas d'une donzelle tout éplorée de ce que l'on ait répondu à ses avances? On dirait, à voir ces hypocrites, que doublent nos sans-culottes de l'intérieur, les chacals qui flairent le sang et qui servent d'escorte aux tigres. »

Les combats se multipliaient, il n'était pas de jour où l'on n'en vînt aux mains avec plus de courage que d'utilité ou de succès.

« Pendant que je dessinais mon dernier plan, une alerte m'a fait grimper au sommet d'un pic où se montraient les Français; cette attaque absurde a été repoussée, et puis comme ce poste ne servait à rien, nous nous sommes retirés moulus et harassés.

» Le lendemain, nous avons été attaqués à la Marta par des forces tellement supérieures que nous avons été forcés, en perdant beaucoup de monde.

» L'affaire se passait à une petite distance du poste où Eugène et moi étions de faction, et sur une pente chargée de neige. La scène était éclairée par un soleil éblouissant. Depuis ma tente, avec une lunette, je suivais le spectacle comme d'une première loge. Il fut question aussitôt de prendre une revanche. La nuit était venue, nous marchâmes à un gros retranchement situé sur notre gauche.

» Nous en fûmes maîtres sans grands efforts à trois heures du matin; à six heures nous en étions chassés après un vif combat qui nous coûta cinq officiers et trente-deux hommes. Ces petits échecs successifs font le plus mauvais effet.

» Les choses vont si mal qu'il nous faudra regretter l'année dernière comme moins triste que celle-ci. Voici encore que l'on nous apprend un désastre de M. d'Argenteau, qui a été culbuté au pont de Nava; il s'est réfugié sous le canon de Céva. Là comme ici la faute première est à M. de Vins, mais les conséquences nous en seront imputées. »

C'est au chef que serait revenu l'honneur de la victoire; pourquoi les instruments qu'il a fait agir demeurent-ils toujours chargés du poids de la défaite?

M. de Vins rejeta celle-ci sur M. d'Argenteau qu'il n'avait point secouru, et sur M. Colli auquel il avait confié *in extremis* le commandement d'une armée à demi enveloppée. Se retranchant derrière des ordres ambigus, comme le font si volontiers les hommes que la nature a formés médiocres, il évitait ainsi de se compromettre après avoir hasardé avec peu de scrupule la réputation de ses subordonnés et la vie de ses soldats.

Le bruit de ces combats, grossi par l'écho, arrivait à Lausanne, pour retentir comme un glas funèbre dans le cœur de la marquise. Par une fatalité qui, à de telles heures, vient doubler si souvent les inquiétudes d'une pauvre mère, les lettres du marquis et d'Eugène ne lui parvenaient qu'à d'éternels intervalles.

« Écrivez donc, disait-elle, je suis tenaillée, morte des tourments que vous me causez; j'aime mieux savoir tous les maux que de les croire; je sais que vous vous battez tous les jours, et rien de vous.

» Hélas! qu'il me faudrait d'yeux et de cœurs pour partager tout ce que je pleure et tout ce que je souffre seule! De partout les nouvelles sont affreuses, on emprisonne, on guillotine; les cris des femmes ne se peuvent pas imaginer, pas plus que ceux des pères, des mères et des orphelins. Chez nous, les conventionnels font rage; leurs menaces ou leurs caresses ont fait abjurer de misérables prêtres dont ils s'amusent. On veut les avilir encore en leur faisant prendre femme. Pour cet office, on leur donne des billets qui leur permettent d'aller en chercher là où elles sont en réquisition.

» Un capucin s'est risqué le premier; la fille à laquelle il se recommandait lui a répondu qu'elle était trop bonne patriote pour épouser un capucin qui, comme lui, n'avait su que prêcher l'erreur. Il lui fallait avant de l'épouser aller chercher des lauriers à la frontière. Voilà où l'on en est!

» Victor grille de vous aller rejoindre; vienne le brevet, et son bonheur sera complet; ensuite le boulet, et tout sera fini! Si au moins ce malheur atteignait la femme et les inutiles, mais non, c'est vous, mon ami, c'est mon Eugène! Pauvre enfant, que je ne reverrai plus! Pourquoi faut-il que je sois si oppressée?... »

Était-ce là le pressentiment d'un irréparable malheur, et Dieu, pour l'y préparer, soulevait-il devant la pauvre mère un coin du voile qui cache l'avenir?

CHAPITRE ONZIÈME

LA MORT D'EUGÈNE

1794

Combat de la Saccarella. — Eugène est blessé. — Nuit à l'ambulance. — Départ de l'enfant pour Turin. — Sa tante madame de Faverges. — Lettre de Comte. — L'honneur. — Nos morts de la dernière guerre. — L'abbé Frainier. — Communion en viatique. — Derniers adieux. — Comte et le marquis Henry. — M. de Maistre auprès de la marquise. — Ce que peut inspirer un cœur chrétien.

Le 27 avril, le jour même où la marquise écrivait ces choses, s'estimant assez heureuse encore pour avoir peur de l'avenir, deux reconnaissances, l'une française, l'autre piémontaise, se surprenaient à bout portant au sortir d'un ravin.

La fusillade s'engagea, et son crépitement alla réveiller au loin les postes ennemis. Soudain toutes les crêtes se couvrirent de signaux, de toutes parts accoururent les bataillons, qui se déroulaient dans la neige comme de grands serpents noirs. L'acharnement des quelques hommes engagés dans le ravin donna aux soutiens le temps d'arriver, et la mêlée devint bientôt générale avec des alternatives de succès et de défaite.

Repoussés d'abord, les Français revinrent à la charge et lancèrent à la baïonnette une colonne qu'ils firent soutenir par deux pièces de montagne. Le combat devint alors une lutte corps à corps où les républicains se mêlaient, en les rompant, aux premières lignes piémontaises.

Eugène, forcé de reculer, secondait le capitaine Pean qui ralliait ses hommes. Derrière Eugène, était son père qui le regardait; le marquis eût voulu que le monde entier fût là pour admirer son enfant; les balles faisaient rage, Henry semblait ne rien entendre et ne voyait que son fils.

Tout à coup le comte de Saint-Michel, à la tête d'un bataillon des gardes, tombe sur le flanc des républicains, ils reculent; les grenadiers royaux, un instant ébranlés, se rallient et chargent au cri de : Vive le Roi!

Eugène marche une dizaine de pas et tout à coup s'abat dans la neige.

L'âme de son père est dans le regard dont il l'enveloppe; Eugène est entre ses bras, et le marquis ne sait encore si l'enfant est mort ou vivant. Le petit l'embrasse et lui montre le sang qui s'échappe à gros bouillons de sa botte percée par une balle.

Henry essaye de le mettre debout, l'enfant s'y efforce, mais sa jambe pend inerte. « Je ne puis, dit-il », et il retombe dans les bras de son père.

A quelques pas de là, un rocher les met tous deux à l'abri des balles. Eugène s'était évanoui.

Deux soldats passèrent; Henry leur confia son fils et retourna au feu (1).

Le combat dura jusqu'à la nuit, l'ennemi fuyait; trois fois, l'épée à la main, le marquis avait chargé à la

---

(1) Le sacrifice d'Abraham, écrivait plus tard le marquis Henry en parlant de ce terrible moment où il avait quitté Eugène, était plus méritoire que le mien, car il n'espérait pas comme moi qu'un coup de fusil lui épargnerait l'horreur de voir expirer son enfant.

tête des volontaires; un dernier élan l'amena jusqu'à portée des retranchements français (1).

Mais dans le lointain les trompettes sonnaient la retraite, il fallait obéir; aussi bien le marquis avait pitié des quelques hommes qui le suivaient.

De rares coups de fusil tirés au hasard troublaient seuls le silence qui peu à peu s'était fait sur le champ de bataille. Henry regagnait les postes piémontais, se guidant machinalement sur le piétinement de la neige. Pendant qu'il se battait, les événements de la journée avaient flotté pour lui comme dans un rêve, mais maintenant ils lui apparaissaient dans leur cruelle vérité.

Son enfant était blessé, cette pensée l'écrasait. Au moment d'atteindre le poste de la Briga, où il allait retrouver son fils, il sentit ses forces l'abandonner et s'assit. Quelques-uns de ses soldats l'avaient devancé et revenaient au-devant de lui, amenant Comte avec eux.

La blessure de l'enfant ne semblait point grave; il était là dans un petit baraquement qui servait d'ambulance.

Henry ne put trouver un mot; il se leva pour suivre Comte.

Le chirurgien pansait avec de la charpie la blessure d'Eugène. Nulle fièvre, nulle enflure encore; c'était une petite plaie ronde entourée d'une auréole bleuâtre.

---

(1) Le rapport officiel piémontais attribue une grande part dans le succès de la journée à l'énergie et à la bravoure du marquis Costa.

Le marquis s'agenouilla auprès de son enfant; il le regardait dans les yeux, n'osait le toucher, comme s'il eût craint de voir disparaître un mirage; mais, au premier mot d'Eugène, il prit sa petite tête dans ses deux mains et le dévora de baisers.

Henry retrouvait son fils, et l'enfant se sentait digne de son père.

Ils se tenaient embrassés, et il n'y avait plus qu'un seul battement entre ces deux cœurs appuyés l'un sur l'autre. L'enfant s'endormit bientôt; alors Henry, s'adossant contre la muraille, l'attira doucement sur ses genoux, lui fit un oreiller de son bras et demeura immobile.

Quelques blessés étaient étendus autour d'eux; un seul, qui avait une balafre au travers du visage, gémissait un peu; les autres semblaient engourdis et ne se plaignaient guère. Parfois un soldat leur donnait à boire ou refoulait sous leur corps la paille dispersée; personne ne parlait.

Une chandelle de suif brûlait sur la table; quand elle baissait, Comte en prenait prétexte pour montrer qu'il était là. Blotti dans un coin, il épiait son maître. Voyant sa grande douleur, il en voulait avoir sa part..... Une fois, il appela Henry. Quand le marquis se retourna, Comte ne sut que dire et tendit machinalement la botte d'Eugène qu'il avait recueillie.

Le lendemain, l'ordre fut donné de faire un mouvement en avant et d'évacuer les blessés.

Deux hommes vinrent qui mirent Eugène sur une civière; l'enfant souffrait, la fièvre s'était déclarée, cette fièvre terrible qui, après quelques heures, fait sa chose du blessé.

Si calme la veille, il était en proie à une surexcitation affreuse; le visage rouge, les yeux brillants, la voix rauque, l'enfant criait qu'il ne voulait pas qu'on l'emmenât. Il se roidissait en tenant son père embrassé. Le marquis se laissait aller à cette étreinte, son courage était vaincu. Lui, qui la veille avait laissé l'enfant pour courir à l'ennemi, était là faible, désarmé, sanglotant, les lèvres collées sur le front de son fils, ne pouvant imaginer que Dieu lui demandât encore un pareil sacrifice.

Dans cette lutte suprême entre le devoir et la tendresse, le premier l'emporta; Henry se dégagea des bras de l'enfant, et pendant que celui-ci le regardait étonné, les porteurs avaient enlevé la civière et s'étaient mis en marche. Le marquis baissa la tête et pleura.

La civière, suivie de Comte, disparaissait au détour du chemin.

Henry s'élança sur un rocher qui surplombait la route et ne vit rien; il monta plus haut et plus haut encore jusqu'à ce qu'enfin il entrevît le cortége s'éloignant et perdu dans le brouillard qui venait de la vallée.

Alors, dans l'impuissance de sa tendresse, il se retourna vers Dieu pour recommander son enfant!

Quelques jours après, il recevait cette lettre d'Eugène:

« Je suis toujours couché, mon cher papa, et cette maudite balle ne sort pas. Cependant aujourd'hui le chirurgien et moi croyons qu'elle est fichée entre le tibia et le péroné. On me panse deux fois par jour, et la suppuration est abondante.

» Je bois de l'orgeat ; je crève un peu de faim, je mange deux petitissimes soupes par jour et à goûter deux cuillerées de fraises ou de cerises ; ce qui me ravigote bien le cœur.

» On nous a dit que tu étais aide de camp du général Colli ; je te le souhaite à cause des fatigues que le régiment sera sûrement obligé de faire...

» J'ai écrit à maman ; je râcle un violon que l'on m'a prêté, et je dessinaille pour me désennuyer.

» Enfin, je suis soigné ici comme *à ca* (1). Ma tante a la bonté de rester toute la journée auprès de moi. »

La tante dont parlait si affectueusement Eugène était la marquise de Faverges, sœur aînée de Henry. Au moment de l'invasion de la Savoie, elle s'était réfugiée en Piémont ; mais l'excellente femme avait laissé son cœur de l'autre côté des Alpes, et son affection pour les siens était vive comme au temps où elle habitait le Villard.

Lorsque Comte, en arrivant à Turin, amena chez elle son petit blessé, elle oublia pour le soigner ses propres inquiétudes ; elle avait aussi ses deux enfants à l'armée. L'un, hélas ! ne devait pas la revoir.

Il y a parfois dans les familles de singulières analogies de temps et de destinées. Eugène et son cousin Clément

---

(1) Mot piémontais : *à la maison*.

de Faverges moururent de leurs blessures pendant cette funeste campagne.

Quatre-vingts ans plus tard, à Sedan et à Rezonville, les arrière-neveux de ces enfants sont tombés eux aussi dans la même guerre, pour le même devoir (1).

L'honneur qui fait couler tant de sang et de larmes retenait Henry loin du lit où souffrait son enfant. L'armée piémontaise était battue, et moins que jamais il pouvait au milieu de la déroute songer à abandonner son poste de combat.

« La journée d'avant-hier ne me sortira jamais de la mémoire, et les horreurs d'une déroute, comme celle que nous venons d'essuyer à travers les coups de fusil et les précipices, ne se peuvent comparer à rien.

» C'est donc moins que jamais pour moi le lieu et le temps de me rapprocher de notre enfant; quelle pitié, mon Dieu, que de le savoir si gravement atteint et d'être ici l'esclave enchaîné de cet honneur maudit qui nous coûte notre sang !

» Mais il est un malheur auprès duquel celui-ci et les autres ne sont rien. C'est que la balle de l'enfant est toujours dans la plaie. Il a une fièvre ardente et les nerfs très-agités; les chirurgiens disent que cela va bien, mais Comte m'écrit qu'il n'est pas content et que les souffrances du pauvre petit sont vives.

» Nous payons bien cher, mon amie, notre contin-

---

(1) Olivier Costa, tué à Sedan; Henry de Faverges, tué à Rezonville.

gent à la bonne cause ; en attendant les palmes, nous sommes cruellement traînés à travers les ronces. »

Voici ce qu'écrivait Comte. Sa lettre si touchante mérite de figurer parmi ces souvenirs :

« J'ai veillé le petit depuis sa blessure, comme vous me l'aviez ordonné quand nous vous avons quitté. Je l'aurais fait par plaisir, si je ne voyais le mal grandir à chaque accès de fièvre qui lui vient. Le petit se tourmente de vous, plus que de sa jambe ; tous ces tourments lui brûlent les sangs, et le médecin voudrait que vous veniez. C'est impossible, mais entre vous et le petit mon cœur fond, et je n'en ai plus guère pour avoir l'air gai que le médecin veut que j'aie.

» Madame la marquise (1) est plus puissante que moi sur son chagrin, elle ne quitte le petit que quand je la remplace. Il a quitté son violon parce que ça l'agace. Ce qui lui fait plaisir à boire, c'est la limonade et l'orgeat.

» Mais cette maudite fièvre revient toujours, sans qu'on sache qu'y dire et sans seulement qu'on touche la balle, à cause de l'enflure qui a mauvaise couleur. Je suis bien tourmenté du petit ; si le bon Dieu m'avait planté cette balle dans la jambe, je serais bien plus gaillard.

» Le petit m'a fait écrire à sa maman, pour qu'elle ne se tourmente pas plus qu'il ne convient. »

Le fidèle serviteur connaissait trop bien sa maîtresse

---

(1) Madame de Faverges.

pour croire qu'il lui serait donné de la tranquilliser, quoi qu'il pût lui écrire.

Henry avait adressé une lettre à l'abbé Baret, afin de préparer la pauvre femme à la triste nouvelle; la marquise avait arraché ce billet aux mains défaillantes de l'abbé. Depuis ce moment, elle était dans une exaltation qu'elle prenait pour de l'héroïsme. Combien elle se mentait à elle-même!

Mais qui n'a menti de la sorte par amour de ceux qui partagent vos inquiétudes et vos angoisses?

Déjà cependant, entre les lignes de leurs lettres se pouvaient lire les pensées déchirantes et le suprême appel que faisaient d'avance à leurs tendresses les parents d'Eugène, pour se fortifier contre un malheur que tous deux ne prévoyaient que trop.

« Dans ce moment, écrivait la marquise, il y a dix-sept ans que je disais un oui qui nous a unis pour toujours, qui nous a donné les mêmes enfants, les mêmes intérêts, la même destinée, qui a fait mon bien pendant quinze ans.

» Faudra-t-il en gémir à présent? non. Quand même je remercie Dieu.

» Pour célébrer cet anniversaire, l'enfant chéri est blessé après trois campagnes désastreuses, vous abîmé de fatigues, notre famille emprisonnée.

» Oh! mon ami, vous me restez encore, et, quoi que Dieu nous réserve, pour vous je veux être immortelle. »

Elle l'eût été, la pauvre mère, si la douleur pouvait donner l'immortalité.

Le 13 mai, Eugène se plaignit de violents maux à la tête et en même temps d'un grand mal de cœur; vers le soir, la fièvre lente qui le minait redoubla; pour la première fois il eut un peu de délire.

A minuit, Comte, qui veillait l'enfant, vint chercher madame de Faverges; en rentrant dans la chambre du petit ils le trouvèrent assis sur son lit, en proie à une agitation extrême. Il demandait son épée... son père était en danger... son père allait être tué... il ne pouvait le laisser ainsi. « A moi, criait-il, à moi, à papa, me voilà, papa ! » Comte et sa tante eurent mille peines à le recoucher et à le calmer un peu.

Le délire était passé, quand arriva le chirurgien qui, malgré ce léger mieux, voulut saigner l'enfant; le sang vint difficilement; il était de mauvaise nature. Le chirurgien promit de revenir.

Le lendemain, la journée fut assez calme, mais un abcès se déclara sur la jambe, abcès qui inquiéta les deux ou trois médecins appelés en consultation. Ils dirent que la vie d'Eugène dépendait de la solution heureuse ou fatale de la phase où entrait sa blessure.

Madame de Faverges, atterrée d'un danger qu'elle était loin de croire aussi prochain, effrayée surtout de ce délire qui pouvait revenir d'un instant à l'autre, parla à l'enfant du bon Dieu et du Ciel avec une insistance qui l'étonna et effraya Comte. Celui-ci, prenant madame de Faverges à part, la supplia de ne point en user ainsi et de ne point encore parler des sacrements, parce qu'il était toujours temps d'y songer. Mais Eugène les interrompit; il avait entendu les derniers mots de Comte. « Pourquoi ne pas faire ce que veut ma tante? dit-il; tout cela ne fait pas mourir, mon ami; demande donc à M. l'abbé Frainier de revenir me voir, s'il en a le temps. »

Comte sortit aussitôt pour aller chercher l'abbé, qui demeurait auprès de là. L'abbé Frainier était un saint prêtre que la révolution avait chassé de sa petite cure aux environs de Besançon; mais c'était un saint un peu exalté, envisageant toutes choses par leur côté héroïque. Trois ou quatre fois déjà, il était venu voir Eugène, et son caractère avait vivement frappé l'enfant, *naturellement porté vers ce qui était noble et grand* (1).

L'abbé lui avait fait envisager la révolution comme une preuve de la colère de Dieu, colère qui demandait à être apaisée par du sang. Il en fallait beaucoup; ses souffrances, les larmes de sa mère, étaient une expiation.

Le noble petit cœur d'Eugène avait battu à cette pensée du grand rôle qu'il jouait; son âme, naturellement brave, il l'avait assez prouvé, s'exaltait devant une mort, non-seulement glorieuse pour les hommes, mais utile aux yeux de Dieu.

Aussi Eugène avait-il donné à l'abbé Frainier toute la confiance de ses seize ans.

L'abbé accourut. « Il paraît que les médecins ne sont pas contents de moi, dit Eugène en le voyant en-

---

(1) M. de Maistre. Quelques parties de ce récit sont empruntées à M. de Maistre; mais il a été presque tout entier rédigé d'après une lettre de madame de Faverges à la marquise Costa.

trer; s'il me faut mourir, j'en aurai un grand chagrin pour papa qui ne sera pas là. » Et il se mit à pleurer. Cette pensée était vraiment la seule qui le tourmentât. « Si je pouvais l'embrasser encore, ajouta-t-il, le voir pour le charger de mes tendresses pour maman et mes petits frères ! »

L'abbé, qui plus tard rapporta ces paroles au marquis Henry, disait que jamais âme plus innocente ne s'était confiée à lui, que pas un remords, pas une inquiétude n'étaient venus, en face de l'éternité, troubler la sérénité de cette conscience d'ange.

L'enfant parla avec un charme et une douceur infinis aux serviteurs de la maison, réunis autour de son lit; après avoir dit à Comte de préparer une petite chapelle pour le bon Dieu qui allait venir, il voulut que ses épaulettes fussent détachées de son uniforme et placées auprès des bougies allumées.

Quand tout fut prêt, le prêtre, qui était allé chercher le saint viatique à l'église de Notre-Dame des Anges, revint accompagné, ainsi que cela se pratiquait en Piémont, de deux soldats détachés du poste voisin.

Eugène entendit les crosses de leurs fusils résonner contre la porte de sa petite chambre, et voulut faire entrer ces hommes; ils entrèrent pour s'agenouiller au pied du lit, comme les témoins de cette mort d'un soldat chrétien.

Rien n'est touchant et imposant tout à la fois comme cette suprême venue de Dieu auprès d'un malade. C'est le dernier ami qui prend possession de nous alors que tout nous quitte. Entre le monde et le mourant dans un tel moment il n'y a plus rien, entre le mourant et Dieu il y a tout, le repentir, la miséricorde et l'espérance.

Ce fut avec cette foi profonde qu'Eugène vit entrer dans sa chambre le prêtre portant la sainte hostie.

Tout saisi d'émotion, il chercha à s'asseoir sur son lit, mais il ne put se soutenir et retomba entre les bras de sa tante; là, pressé contre la poitrine de celle dont *la tendresse remplaçait pour lui toutes les tendresses absentes* (1), il reçut le bon Dieu qui le rappelait.

L'enfant demeura longtemps immobile et les yeux fermés. Tout à coup, avec un sourire, il tourna la tête vers sa tante et murmura quelques mots qu'elle ne put saisir. Elle se pencha vers lui pour le baiser au front. Alors, comme si ce baiser l'eût rappelé au monde, au seul monde qui fût pour lui et qui tînt une place dans son cœur, il reparla de son père, de sa mère, et les larmes lui vinrent aux yeux.

L'abbé Frainier, qui venait de rentrer, lui dit que Dieu lui donnerait la joie de les revoir bientôt. « Avec moi au Paradis, dit l'enfant, n'est-ce pas, vous me l'avez promis? » Et avec une force dont on ne l'aurait pas cru capable, il prit les mains de l'abbé, les serrant contre lui, et il redisait : « N'est-ce pas, vous me l'avez promis?..... »

A deux jours de là, on opéra l'abcès, et la balle fut extraite. Eugène souffrit peu, mais bientôt survint une hémorragie qui ne laissa plus d'espoir.

---

(1) Joseph de Maistre.

Le délire revint. Eugène chantait à demi-voix une chanson de son pays, l'interrompait pour donner un ordre à ses soldats; puis il parlait de son père. A ce nom-là, sa voix s'altérait... son œil était égaré. Dans un coin de la chambre, il aperçut son épée : il la voulut. Comte la lui donna. Il la saisit de sa petite main défaillante, la porta à ses lèvres et la laissa retomber sur son lit. On voulut la lui ôter, mais il la retint. L'agonie commençait moins cruelle pour lui que pour ceux qui l'entouraient. L'abbé Frainier et Comte récitaient des prières ; madame de Faverges contenait en le serrant sur sa poitrine les convulsions de ce pauvre petit corps. Elle sentait le froid la gagner elle-même au contact du froid qui envahissait Eugène. Les lèvres du mourant remuèrent; elle approcha la joue de ses lèvres, et recueillit, avec le dernier soupir de l'enfant, un dernier baiser.....

« Prions Dieu pour mon pauvre frère », dit-elle... Les autres comprirent que tout était fini; personne n'avait la force de prier. La marquise voulut fermer les yeux de l'enfant, mais Comte, tenant Eugène entre ses bras, le baisait, le regardait, le reposait sur son lit, le soulevait de nouveau pour l'embrasser encore. Pauvre noble serviteur, qui croyait ne pas survivre à sa douleur !

On emmena Comte, car il devenait fou. Il ne se retrouva lui-même qu'au moment où, le lendemain, madame de Faverges lui dit d'aller rejoindre le marquis Henry. Alors son dévouement le remit debout, et il partit.

Le régiment était à Coni. Lorsque Comte s'arrêta

devant la maison où logeait son maître, il voulut s'enfuir; entre lui et son maître la terre s'effondrait.

Tout à coup, sans qu'il sût trop comment, il se trouva dans la petite chambre où travaillait le marquis.

« Eugène? »

Comte se mit à pleurer; Henry comprit et pencha la tête; il ne demeurait plus rien en lui qui fût capable d'entendre ou de sentir. Son âme l'avait abandonné. Il poursuivait, sans doute, d'un dernier élan de tendresse son enfant à travers l'infini, comme si, avant de pleurer sur lui-même, il eût voulu revoir son enfant heureux.

« Monsieur Henry, mon bon monsieur Henry! » disait Comte.....

L'insensibilité de son maître l'effrayait. Il lui prit la main et s'agenouilla pour la baiser. « Mon bon monsieur Henry! répétait Comte. » Il lui sembla, au bout d'un moment, que le marquis pleurait; les larmes coulaient une à une comme ces gouttelettes de sang que l'on arrache à la veine d'un mourant.

Le marquis fit quelques pas en chancelant, mais le mouvement lui fit du bien; il revint à Comte, le regarda avec une expression de visage que le pauvre homme ne devait jamais oublier, et tout à coup, éclatant en sanglots, il se laissa aller dans ses bras.

Comte le fit asseoir sur un tabouret et commença à lui parler d'Eugène. C'était une grande pitié de les voir ainsi. Il semblait à Comte qu'il jetait son maître dans ces souvenirs comme dans une forêt d'épines dont il échappait lui-même tout sanglant; son horreur grandissait à la pensée d'y traîner un malheureux qu'il voyait près de défaillir.

Il dit tout cependant. Avec cette délicatesse dont le cœur a l'instinct, Comte lisait dans l'âme de Henry et embaumait la blessure qu'il faisait. Parlant des souffrances de l'enfant, il parlait surtout de sa résignation et de son courage, de sa confiance en Dieu et de sa tendresse pour son père.

Si Henry était sans force à entendre ces récits déchirants, son visage reflétait par instants les sentiments qui avaient soutenu son fils. On eût dit que la fermeté d'Eugène, que son espérance immortelle, séchaient ses larmes; mais un mot tendre les faisait jaillir plus amères que jamais.

La nuit vint, et avec elle l'horrible fièvre qui hante le chevet du malheureux et lui fait compter dans le silence tous les battements de son cœur. Il n'en est pas un qui ne réveille un souvenir ou n'évoque une terreur nouvelle. Alors la raison s'enfuit, l'imagination déborde, et rien ne demeure plus qui garde le malheureux de la folie ou du désespoir.

Le marquis passa la nuit dans ces intolérables angoisses. Une sorte de cauchemar l'oppressait; il ne dormait pas, puisqu'il voyait Comte, là, au pied de son lit, et là-bas, sur la table, la chandelle qui brûlait. Oh! non, bien sûr il ne dormait pas, car il voyait aussi Eugène auprès de lui, dans la grande salle de Beauregard; il lui parlait, l'enfant répondait. Tous deux étaient heureux de se revoir; il y avait si longtemps qu'ils ne s'étaient embrassés!

« Mais alors, qu'ai-je donc là au cœur pour y tant souffrir? disait Henry.

Mais Eugène, mais mon petit, qu'as-tu donc? tu ne me réponds rien? Comte, ne le vois-tu pas? — Le pauvre père avait comme une vision. — Qu'il est pâle! mais il se meurt, au secours!

Ah! » Et le malheureux marquis se renversait sur sa couchette; il se souvenait : son enfant lui avait été arraché, il ne devait plus le revoir; son Eugène était séparé de lui par l'éternité. Henry serrait, à les lui briser, les deux mains de Comte qui sanglotait auprès de lui.

Ces déchirements, qui ne se pouvaient comparer à rien, durèrent pendant toute cette horrible nuit.

A cette exaltation succéda vers le matin un état de souffrances moins aigu. Henry était plus calme; sa foi, anéantie comme l'avait été sa raison dans cet effondrement de lui-même, se réveillait et se glissait en son cœur, pareille au rayon de soleil qui se faufile dans les ruines.

Son enfant n'était-il pas heureux? Lui-même n'avait-il pas envoyé à Dieu un ange pour son paradis?

Que n'avait-il fait pour son fils? de quels sacrifices n'eût-il pas payé pour son enfant un instant de bonheur? et maintenant, ce bonheur, Eugène l'avait complet, tel que toute sa tendresse paternelle pouvait l'imaginer. Qu'importait donc le reste, puisque le reste, ce n'était que lui-même?

Henry se jetait avec une sorte d'emportement sur ces pensées; il s'y abîmait, espérant abîmer avec lui son désespoir.

Il fut ainsi pendant deux jours sans oser écrire à Lausanne; mais enfin, pas plus que son immense douleur, ces pensées consolantes ne pouvaient demeurer pour lui seul; il en devait le partage à celle qui avait partagé ses tendresses, ses joies et son orgueil. Est-il une langue plus chrétienne, plus noble, plus douloureuse que celle dont il sut se servir?

« Armez-vous de courage, mon amie, je recueille le mien pour vous dire que notre enfant est au ciel. Il a rendu entre les mains de Dieu son âme pure et valeureuse. Il a vécu seize ans sans reproches, il est mort en guerrier chrétien, objet de l'estime et de l'intérêt général.

» Je suis accablé, presque fou de douleur, mais c'est sur moi, c'est sur vous que je gémis. Ah! songez que désormais c'est vous seule qui m'attachez à cette triste vie, et vivez si vous ne voulez pas que le dégoût s'empare de moi. »

Dieu et le bonheur de son enfant, le marquis Henry n'a que ces pensées, les seules que sa femme saura comprendre; mais surtout qu'elle ne meure pas, car il ne saurait lui survivre. Son inquiétude pour la marquise pouvait seule, en effet, arracher Henry à son indicible abattement; sans doute il plaignait sa femme, mais qu'il se sentait donc plus à plaindre lui-même! Elle n'avait pas vu son enfant depuis deux ans, mais lui....

Et comme s'il se fût reproché son égoïsme, il redoublait envers la pauvre mère de pitié et de tendresses.

« Mon plus grand souci, mon amie, est de savoir

comment vous avez supporté cette affreuse épreuve. Écrivez-moi, mon amie, mon seul bien, ma seule tendresse; ne craignez pas d'envenimer ma blessure; elle saigne et n'est pas près de cicatriser. Que vos larmes me font de mal! quelle pitié vous m'inspirez! Larmes et pitié se fondent dans une indicible tendresse pour la mère de mon Eugène.

» Ah! pleurez, mais avez-vous un ami devant qui vous puissiez pleurer? J'ai prié Maistre de vous assister. Il vous amènera sa femme; Baret et Chagnot pleureront avec vous notre ange; ils savent ce que nous avons perdu. Pour moi, je suis bien seul; les doléances auxquelles je suis soumis me font mal, et je ne trouve qui me comprenne que mon pauvre Comte. Son cœur en fait l'ami qu'il me faut.

» Soyez, dans votre douleur, obéissante aux affections que, comme une dernière miséricorde, Dieu a placées sur votre chemin, puisqu'il m'a privé du triste bonheur de vous assister. »

C'était à l'amitié de Joseph de Maistre que Henry s'en était remis, pour annoncer à la marquise le malheur qui la frappait; s'il était permis, sans blasphémer, de rapprocher d'une douleur divine l'excès de la souffrance humaine, on pourrait dire que Joseph de Maistre fut le Cyrénéen de ces heures d'agonie.

Il était demeuré une journée entière sans oser monter l'escalier de la marquise, et ne s'était décidé à la voir qu'au moment même où il n'y avait plus moyen de lui cacher la vérité, que tout le monde déjà connaissait à Lausanne.

« Voilà trois heures que votre femme sait son malheur, écrivait M. de Maistre au marquis Henry ; je n'entreprends pas de vous peindre sa tristesse, elle est profonde, mais elle est religieuse ; c'est le désespoir que je craignais, elle échappe à cet état.

» Votre nom sort de sa bouche aussi souvent que celui de son fils ; elle tremble pour vous, elle m'ordonne de vous l'écrire, de vous prier de vous conserver pour elle, pour Victor qui est allé prendre la place de l'ange que vous pleurez, pour vos autres enfants qui ne peuvent se passer de vous.

» Au milieu du triste spectacle que j'ai sous les yeux, j'éprouve une satisfaction inexprimable à voir que les soins de l'amitié sont doux pour votre malheureuse femme.....

» Cher et malheureux ami, que ne puis-je me partager ! que ne puis-je pleurer à Lausanne et à Coni ! J'ai peur que personne ne vous entende et que vous soyez forcé de renfermer votre douleur.....

» Si quelque chose peut augmenter la tendresse que j'ai pour vous, c'est votre malheur ; il me semble que vous m'êtes plus cher, depuis que je ne vois rien dans le monde de plus infortuné que vous.....

» Je n'entreprends pas de vous consoler, mon Dieu ! je ne puis cependant m'empêcher de vous dire que votre excellent enfant est parti de ce monde au moment où il devient bien triste de l'habiter.

» Je me trompe fort, mon ami, ou nous touchons à un moment épouvantable ; tout va de pis en pis : heureux sont ceux qui ne verront pas ce qui s'apprête.

» Je ne quitterai pas votre femme tant que je pourrai lui être utile ; je lui donnerai tous les soins qui dépendront de mes faibles pouvoirs; je crois que vous êtes là, et que c'est à vous que je les rends.

» Madame de Costa est au lit, elle est aussi tranquille qu'elle peut l'être dans cette circonstance fatale. Un prêtre respectable, la fidèle Chagnot et moi, voilà les entours qu'elle préfère, le reste est à quelque distance.

» Je finis, que puis-je vous dire encore? A moins de perdre mon fils ou mes frères, mon cœur ne pouvait avoir une blessure plus douloureuse que l'affreuse nouvelle de la mort de votre fils si bon, si chéri et si digne de l'être (1). »

Mais si touchante, si dévouée que pût être l'amitié de Joseph de Maistre, Joseph de Maistre était un étranger, et la marquise était accablée, déchirée d'une douleur telle, que celle de son mari pouvait seule la connaître et la comprendre. Inconsciente d'elle-même pour ainsi dire, elle criait vers Henry, son seul ami.

« Le seul qui puissiez me faire vivre, disait-elle, après la perte que j'ai faite, que nous avons faite ! Il n'y a que vous qui puissiez m'entendre, mon Henry, rien que vous qui, en ce monde, puissiez m'empêcher de mourir. Ma douleur est déchirante, celle que j'ai lue dans votre cœur y ajoute encore. C'est à vos lettres

---

(1) Archives de la Motte.

seules que je dois d'avoir trouvé des larmes; combien j'en répands depuis qu'elles se sont fait jour! Vous êtes ferme et courageux, dites-vous, mais vous me trompez. Ta pensée, Henry, ne me quitte pas, je lis dans ton cœur.

» Si notre bienheureux enfant avait dû éprouver de pareils déchirements à notre mort, n'est-il pas plus heureux pour lui d'avoir passé le premier?

» J'ai reçu de Henriette (1) les détails, ils m'ont abîmée de douleur. Il a fini comme il a vécu, ne vous refusez pas à son éloge que Maistre veut écrire, cette pensée alimente ma douleur. Il m'a donné des marques d'attachement inappréciables. Je suis chez lui depuis quatre jours.

» Je voudrais bien vous écrire avec un peu de calme, mais, hélas! je ne puis faire mon sacrifice; ma foi m'a abandonnée. Ah! mon ami, j'élève mes mains, mon cœur vers vous. Vivez, pour que nous puissions pleurer ensemble. »

L'imagination et le cœur de cette pauvre mère avaient comme les battements d'une fièvre désordonnée.

« Son imagination, écrivait M. de Maistre, va maintenant plus vite sur vous et sur elle qu'elle n'est jamais allée sur la révolution. Elle m'a prouvé tout d'abord que vous étiez malade, ensuite que vous étiez mort, puis que vous ne deviez plus l'aimer et qu'il serait très-avantageux à vos intérêts qu'elle mourût.

---

(1) Madame de Faverges. Le récit des derniers moments d'Eugène, auquel ont été empruntés tous les détails qu'on a lus.

Tantôt elle n'aime pas ses enfants, tantôt elle n'a pas de religion, etc., etc. Calmez-la beaucoup, et pour cela montrez-lui une douleur calme.....

» Écrivez-moi tout ce que vous voudrez, mais faites bonne contenance auprès de cette pauvre mère (1). »

La marquise voulut bientôt quitter la maison amie qui l'avait recueillie. La solitude l'effrayait, mais elle en avait besoin. Ses plus chères affections lui étaient à charge; quand on essayait de la consoler, elle espérait que l'on emporterait quelque chose de sa douleur et se relevait blessée de la retrouver tout entière. Elle aimait ses enfants pour eux; mais pour elle, elle eût voulu les voir morts, car son cœur aussi était mort. Le passé lui était poignant, le présent et l'avenir empoisonnés. Dieu l'abandonnait; son espérance en lui était évanouie.

Hélas! elle n'était point aveugle, mais bien comme celui dont les yeux ne voient plus à travers les larmes qui les emplissent.

Ce qui lui paraissait cruel par-dessus tout, c'est que le monde entier ne pleurât pas avec elle et le jour et la nuit. Il eût fallu que tout fût en deuil, et dans cet affreux temps la mère désolée trouvait le monde trop heureux. Elle reprochait à son mari son courage, sa résignation, les grands sentiments qui le soutenaient. Que lui importait l'honneur? N'était-ce pas là un mot que le sang de son fils avait effacé?

---

(1) Archives de la Motte.

Ses larmes, ses regrets, étaient inutiles, et cette inutilité même était pour son cœur une nouvelle souffrance.

Pour adoucir cette agonie, M. de Maistre entreprit d'écrire l'admirable lettre que l'on sait (1); mais à peine avait-il commencé que la pauvre mère craignait déjà que M. de Maistre ne fût au-dessous de sa tâche.

« Maistre travaille beaucoup, disait-elle; hélas! j'ai peur qu'il ne soit au-dessous de sa tâche et qu'il ne se sente pas content de son œuvre ; je le trouve triste depuis qu'il s'en occupe. Il m'en a lu quelque chose ; je trouve qu'il n'a pas fait ressortir assez les charmes de son enfance; la politique est trop la base de son travail. Je ne crois pas Maistre assez sensible. »

Et elle reprenait sa plainte !

« J'ai cru être malheureuse, lorsque je vous ai vu partir au mois de mai 1792. J'ai cru l'être à l'invasion de la Savoie; à votre entrée en campagne cette année, à votre marche en avant l'année dernière, je croyais mourir. Oh! que je me trompais! J'avais des inquiétudes; mais je ne laissais pas errer mon esprit sur le comble des maux qui m'accablent. Je me sens déchirée. Mon enfant me suit partout. Tout me le retrace depuis sa naissance jusqu'au moment où vous me l'avez arraché. Oh! je ne puis faire mon sacrifice.

» Je m'étais confiée à la Providence : jusqu'ici je lui avais remis mes destinées, à présent je ne puis plus

---

(1) Discours à la marquise de Costa sur la mort de son fils.

me fier à elle; c'est vous, mon seul ami, à qui je m'accroche. »

Hélas! pour Henry, l'état d'esprit où il voyait sa femme était une nouvelle torture.

« Mon amie, lui écrivait-il, employant à la calmer tout ce que son cœur si chrétien avait de pensées consolantes, il semble que vous preniez à tâche d'envenimer votre propre blessure et la mienne. En vérité, j'ai bien de la peine à me soutenir. Votre douleur, je la sens, je la partage, elle est immortelle au fond de mon cœur. Mais à quoi bon la faiblesse et le désespoir? Ils ne nous rendront pas ce que nous avons perdu; ils nous rabaissent vis-à-vis de nous-mêmes et nous rendent moins dignes de l'ange dont la vie et la mort doivent nous honorer et nous consoler.

» Nos jours sont comptés, nos destinées sont écrites; quelques années de plus ne font ni notre malheur ni notre bonheur. En nous frappant, Dieu nous détache de ce monde où il y a tant à souffrir. Il arrange tout pour le mieux.

» Si une mort prématurée était un mal, si elle n'était pas un bien, Eugène nous eût-il été enlevé alors que tant d'êtres nuls et malfaisants vieillissent pour embarrasser le monde?

» Ce pauvre enfant a joui de plus de bonheur que n'en saurait donner la plus longue vie; sa conscience n'a jamais été troublée par aucun reproche, sa sérénité par aucune passion.

» Jamais un nuage d'inquiétude, d'humeur ou de tristesse ne s'est arrêté sur son front. Jamais il n'a été haï ou méprisé. Il n'a éprouvé qu'intérêt et amitié en ce monde. Il a été l'objet de la sollicitude paternelle la plus tendre et la plus constante. Il a fait une mort chrétienne et glorieuse, persuadé qu'il s'envolait au ciel, laissant un souvenir dont ses frères et ses malheureux parents doivent s'honorer.

» Enfin que vous dirai-je encore? il a quitté ce monde dans un moment où il devient triste et difficile de vivre.

» Croyez donc, chère amie, que Dieu a rappelé notre enfant pour son bien ; si je n'avais jamais entendu parler du Ciel, je l'inventerais aujourd'hui pour y placer notre enfant. Pour nous, si Dieu nous laisse sur la terre, c'est pour y expier par notre patience et notre résignation nos fautes qui nous excluraient peut-être du pays qu'habite Eugène.

» Il y a pour chacun, dans la vie, un malheur qui vous chasse du paradis d'Éden et après lequel ce n'est plus qu'à la sueur de son visage que l'on peut arracher les ronces et les épines de son cœur. »

CHAPITRE DOUZIÈME

LE LENDEMAIN DU SACRIFICE

1794

Victor vient prendre auprès de son père la place d'Eugène. — Angoisses du marquis Henry. — Mieux vaut un trou qu'une tache. — Le général Colli nomme le marquis Henry quartier-maître général de son corps d'armée. — Difficultés auxquelles il se heurte. — Coup d'œil rétrospectif sur les faits militaires accomplis depuis la blessure d'Eugène. — Le 9 thermidor sauve l'armée piémontaise. — Nouvelles défaites des Autrichiens. — Lettre du comte de Maistre sur les suites de thermidor. — Le marquis Henry jugé par lui-même. — Invocation de M. de Maistre à Eugène.

Le marquis Henry cherchait à combler avec ces pensées si chrétiennes l'abîme que la mort d'Eugène avait ouvert dans son cœur; mais, hélas! ses efforts étaient vains, il roulait dans le vide. Les assises auxquelles il se cramponnait se détachaient pour rouler avec lui dans le gouffre que rien ne devait jamais fermer. En écrivant à Lausanne, il contenait par pitié l'élan de sa douleur, mais avec son frère il y donnait un libre cours :

« Mon état est affreux, c'est une sensation affreuse que ce manquement de tout à la fois, que ce manquement de courage, de résignation, de croyance et d'amour pour ce qui me reste. Je me cherche moi-même dans le vide sans pouvoir me retrouver. Le coup qui m'a frappé a fait de moi un être que je ne connais pas, sur lequel je n'ai ni puissance de volonté, ni puissance de raisonnement, un être qui s'abandonne parce qu'il est pervers et impie. Celui que Dieu m'a ravi a emporté ce qu'il y avait de bon en moi, parce que je lui avais tout donné. Je l'avais fait courageux et chrétien : sais-je seulement si je suis encore cela ?

» J'ai demandé Victor pour qu'il vienne prendre ici la place de mon enfant; c'est une épreuve à laquelle je jugerai si mon cœur n'est point mort et si je puis tenter de rebâtir sur la lave qui vient d'engloutir tout ce que j'aimais. »

Hélas ! lorsque la mort jalouse emporte nos affections, elle les transfigure à travers l'espace et les fixe pour l'éternité dans une auréole radieuse, qui, à jamais, les défendra contre toute comparaison ; et puis derrière elle la mort laisse le souvenir, le souvenir dont on a dit :

> Nessum maggior dolore
> Che ricordasi del tempo felice
> Nella miseria.....

La misère pour qui s'est vu ravir son amour est la comparaison de ce qui fut et de ce qui est.

C'est bien ainsi que sentait le marquis Henry quand il éprouvait une sorte d'angoisse à la pensée de revoir son fils Victor qui venait d'arriver.

L'enfant, comprenant qu'il avait à remplacer Eugène partout, était accouru, passionné par l'exemple de son frère et résolu à l'imiter. Mais affronter une telle comparaison lui semblait une terrible épreuve; plus que lui encore son père la redoutait.

Chose à peine croyable, pendant deux jours Henry eut la faiblesse ou la force de ne pas embrasser son fils.

Il lui semblait qu'il allait avoir à choisir entre ses deux enfants, à sacrifier l'un ou l'autre; que la minute où il reverrait Victor en déciderait pour l'éternité.

Jusqu'alors il avait cru les chérir d'un cœur égal; à l'instant où il allait, pour ainsi dire, se séparer d'Eugène, il se reprenait à l'aimer seul, les autres n'existaient plus; reporter sur eux des tendresses, c'était voler son souvenir.

Henry craignait de blesser à jamais Victor et ne pouvait se résoudre à rien. L'enfant comptait les minutes et se désespérait. Il s'imaginait n'être plus aimé; sa vie passée semblait lui mériter cet abandon; il voulait fuir, retourner à Lausanne.

Comte assistait à ces scènes désolantes, Comte qui avait bien aimé Eugène, mais qui adorait Victor. Le fidèle serviteur se gardait de blâmer son maître, mais il ne le comprenait plus. Lorsqu'il avait voulu amener l'enfant, Henry avait répondu : « Pas encore », et depuis lors n'avait plus rien dit.

Deux jours s'étaient passés, lorsque Comte, plus brave qu'il ne se croyait lui-même, ouvrit toute grande la porte du marquis et poussa l'enfant dans la chambre en disant : « Eh bien! le voilà. »

Victor hésitait tout craintif. Dès que Henry le vit, il courut à lui, le prit dans ses bras et le couvrit de baisers; dans ce premier élan son cœur avait brisé tous les obstacles, Henry ne craignait plus de ne pas aimer son fils. Depuis la mort d'Eugène, pour la première fois, il sentait quelque chose le rattacher à la vie!

« Victor est arrivé, écrivait-il à sa femme; j'ai passé,

en le revoyant, de l'engourdissement à une sorte de vie dont je ne me croyais plus capable. Ce pauvre enfant renouvelait de si cuisantes douleurs, que pendant deux jours je n'ai osé les affronter; Comte me l'a jeté dans les bras, et je me suis senti ressusciter un peu. La profonde douleur de mon pauvre Victor m'a touché, et son ferme désir d'imiter notre ange a mis une sorte d'espérance au bout de ma vie.....

» N'est-ce pas tenter Dieu, cependant, que de se rembarquer après un tel naufrage, et de hisser de nouveau la voile qu'il a foudroyée?..... »

Le ton si douloureux de cette lettre montre à quels souvenirs Victor allait se heurter sans cesse.

Alors même que le marquis ne parlait point, il sentait, il devinait sa pensée, cette pensée d'une comparaison écrasante pour lui. Lorsque Henry le regardait, son air était si triste, l'expression de son visage si découragée, son geste même si lent et si abattu, que le pauvre petit sentait les larmes lui venir aux yeux. Malgré ces larmes, il essayait de sourire, d'embrasser son père. Hélas! dans ce baiser même qui lui était rendu, il n'y avait point de chaleur; Victor comprenait qu'il allait par delà, et qu'en l'embrassant Henry ne songeait qu'à Eugène.

C'était pour tous deux une souffrance que renouvelait chaque instant de la journée. Il fallait que Victor fût partout où avait été Eugène; son père l'y retrouvait sans cesse. C'étaient les mêmes leçons qu'il fallait apprendre, les mêmes livres, les mêmes compas, les mêmes crayons dont il fallait se servir; et Henry avait pour ces objets une sorte de culte jaloux, il eût voulu les conserver pour lui seul ; chacun était une relique à placer, comme le disait la marquise, dans une chapelle de souvenirs.

Parfois, en donnant une leçon, Henry s'oubliait à dire : « Mais, mon enfant, je te l'ai montré déjà. » C'était vrai ; mais c'était à l'autre qu'il l'avait montré. Parfois encore il faisait une question ou demandait un renseignement : Victor ne savait rien, et tous deux se regardaient. Quand Henry l'appelait Eugène, l'enfant alors fondait en larmes.

Dans sa détresse, Henry avait été obligé de vêtir Victor avec les uniformes du petit mort.

L'enfant désolé allait se réfugier dans les bras de Comte, et celui-ci le consolait de son mieux, le prenait sur ses genoux, lui écartait les cheveux sur le front, ordonnait sa toilette pour le faire ressembler à son frère. Le digne serviteur allait jusqu'à vouloir lui donner des leçons, à lui montrer comment Eugène s'y prenait pour dessiner, pour lire, pour parler, en un mot, pour toute chose. Il apprenait à l'enfant à manier un fusil, à commander.

Puis, il le promenait à travers le camp, lui faisant connaître le nom des officiers et celui des soldats, de ceux-là surtout qu'Eugène aimait le mieux. Lorsque le soir Victor se trouvait au coin du feu avec son père, il savait lui parler de ce qui l'intéressait ; il lui rappelait l'occasion où Eugène avait montré du courage et du sang-froid. De là il tirait prétexte pour mettre à nu son bon petit cœur et son vif désir de bien faire.

Henry reconnaissait la main qui avait ainsi façonné l'enfant, et, sans en rien laisser paraître, avait pour son vieil ami Comte un redoublement d'affection. L'extrême sensibilité de son cœur s'était accrue depuis son malheur; rien ne passait inaperçu ou ne lui demeurait indifférent. N'est-ce pas le propre de l'infortune que d'aiguiser le sentiment et d'exagérer les qualités comme les défauts de celui qui souffre ?

C'est ainsi que le marquis Henry, si peu courtisan par habitude comme par instinct, sentait cette fierté s'effaroucher encore à la pensée qu'on pût le payer de la perte de son fils. « Mieux vaut un trou qu'une tache dans notre blason », avait-il dit; tout le sang de ses veines s'échappait par ce trou de balle, mais il le tamponnait silencieusement et à l'écart des hommes.

Il semble que le malheur dédaigneux du bruit attire. Gémissant, le marquis Henry eût peut-être inspiré la pitié; silencieux et fier, il imposa l'admiration. Un homme de son mérite et de sa valeur ne pouvait d'ailleurs passer inaperçu à l'armée; ses travaux topographiques, sa bravoure, tout, jusqu'à cette sorte de dédain dont vis-à-vis du monde il enveloppait sa douleur, avait attiré l'attention du général Colli qui, le jour même où Eugène avait été frappé, venait prendre le commandement des troupes piémontaises.

Colli avait raconté au Roi l'héroïque conduite du marquis, les services que Henry avait rendus au corps d'armée sous ses ordres, services appréciés déjà à un si haut degré par M. le duc de Montferrat et par le général d'Argenteau. Colli avait fini par faire entendre à Sa Majesté que le marquis Henry, depuis deux ans, servait comme volontaire, que ses biens étaient sous séquestre, qu'il n'avait eu pour vivre, depuis de longs mois, que la paye de son fils, et que ce fils était mort.

Le Roi avait été frappé de ces détails qu'il ignorait.

Il accorda bien vite au marquis la paye de major, en même temps qu'il donnait à Victor un brevet de sous-lieutenant et autorisait Colli à les attacher tous deux à sa personne. Le marquis Henry allait remplir les fonctions importantes de quartier-maître général (1).

« Malgré ma répugnance à accepter une faveur dans un pareil moment, écrivait Henry à sa femme, je me trouve, depuis hier, quartier-maître général au corps d'armée que commande Colli. Des gens sans entrailles diront peut-être que j'ai battu monnaie avec le sang de mon fils, mais la vérité est que je n'ai rien demandé.

» Colli a tout fait, il a marchandé avec le Roi sans m'en rien dire, et me voilà faisant un rôle au moment où moins que jamais cela me semblait désirable. Malgré les instances qui m'ont été faites, j'aurais refusé, si je n'avais entrevu la possibilité d'échapper à moi-même par un excès de travail.

» Victor me suivra au quartier général; l'occupation qu'il me donnera, jointe à la vie laborieuse de mon emploi, m'empêchera peut-être de mourir de tristesse. »

---

(1) Chef d'état-major.

Comme le voulait le marquis Henry, ses occupations nouvelles parvinrent à le distraire.

« Ces fatigues sont écrasantes, écrivait-il peu de jours après, mais je trouve un soulagement à manger mon pain à la sueur de mon visage. »

En effet, grandes étaient les difficultés qu'il rencontrait à ressaisir l'une après l'autre toutes les attributions de son grade, dans une armée désorganisée et où le désordre était arrivé à son comble.

Le combat de la Saccarella, où fut blessé Eugène, n'avait été qu'un épisode de la grande attaque que les Français avaient prononcée le 27 et le 28 avril contre toutes les lignes piémontaises. La droite de leur armée, commandée par Masséna, avait poussé jusqu'à Loano, en même temps qu'elle s'était élevée par la montagne jusqu'à Orméa, Garessio et Murialto.

Alors que, par un retour sur sa gauche entre Tende et Saorgio, Masséna prenait à revers cette dernière position, le centre de l'armée française, devenu à son tour assaillant, culbutait les Piémontais et les forçait à abandonner leurs positions jusque par-delà Tende, qui le 11 mai tomba aux mains des républicains (1).

Tel avait été l'ensemble des opérations et leur résultat définitif, résultat acheté au prix de beaucoup de sang et de grands efforts. Quelques notes et quelques lettres empruntées au marquis Henry compléteront ce rapide aperçu.

---

(1) Mémoires de M. de Ségur.

Le 27 avril, les troupes piémontaises soutinrent vaillamment une première attaque, et leur bonne contenance arrêta l'ennemi pendant une journée entière au col Ardent; mais, écrasées par des forces supérieures, elles avaient été, dès le lendemain, obligées de battre en retraite et d'emporter leurs canons, à bras, par des sentiers affreux encore couverts de neige.

Le marquis Henry décrivait, au lendemain de la blessure d'Eugène, les horreurs de cette déroute.

« Nos soldats, disait-il dans une autre lettre, avaient gagné le même jour le col des Coutures et pensaient y faire une résistance désespérée, non que la position fût à conserver pour elle-même, mais le général voulait ainsi laisser le temps d'évacuer les magasins de Tende que nous couvrions.

» Malheureusement, la reddition imprévue du château de Saorgio, qui appuyait une de nos ailes, fit tomber la grande redoute de la Marta et permit le 20 avril aux Français de couper l'artillerie de notre aile droite et de s'en emparer. La confusion s'augmenta encore par l'explosion des magasins à poudre de Saint-Dalmas que l'on fit sauter, croyant l'ennemi aux portes de la ville. »

A partir de ce moment, ce fut parmi les troupes du Roi une déroute dont rien ne peut donner l'idée; pas un régiment ne fût rentré en Piémont, si les gardes et les grenadiers royaux n'avaient couvert la retraite en se faisant détruire.

L'ennemi ne laissa pas aux Piémontais le temps de se reformer; dès le lendemain, il attaquait avec une nouvelle vigueur le général Colli, envoyé en toute hâte par M. de Vins à la première nouvelle de l'engagement du 27. Colli avait amené avec lui quelques régiments autrichiens. A la vue de ce renfort, les troupes sardes revinrent de leur panique et se disposèrent à faire bonne contenance ; déjà même elles étaient engagées et se battaient bien aux avant-postes, lorsque, par suite de l'ineptie ou du mauvais génie de M. de Vins, l'ordre fut brusquement donné de se mettre en retraite.

« Ce fut, au moment même de la victoire, donner le signal de la déroute ; chose incroyable, ces hommes tout à l'heure pleins d'entrain tombèrent dans un morne abattement, ils cheminèrent pendant quelque temps en assez bon ordre, et puis tout à coup la confusion se mit dans les rangs, et tous ensemble se jetèrent en débandade dans les gorges qui versent du côté de Limon.

» Ces bataillons de troupes excellentes, fuyant, roulant dans la neige dont ces précipices étaient remplis, donnaient un spectacle hideux ; tels sont donc les hommes qui composent les plus vaillantes armées, tel est donc le degré de vertige où ils peuvent arriver quand le fil qui les unit est coupé, quand le ressort qui les fait mouvoir est rompu !

» Hélas ! à la guerre, les résultats d'une faute, les suites d'un ordre mal transmis, mal exécuté ou mal conçu, sont irréparables. »

Les Français avaient dédaigné de poursuivre ces misérables fuyards ; mais la position de l'armée sarde n'en était pas moins désespérée à Limon (1). Dominée et prise en flanc, harassée de fatigue, flétrie, rebutée par tant de désastres, elle se trouvait affaiblie par de nombreuses désertions et hors d'état de subir un nouveau choc. Il fallut évacuer complétement le comté de Nice et livrer en un seul jour tous les passages des Alpes méridionales.

L'armée sarde, à la faveur d'un brouillard épais, exécuta sa retraite sans être inquiétée. Une seule marche la conduisit au bourg Saint-Dalmas qu'elle ne devait plus quitter de toute cette campagne.

Tels avaient été les événements militaires qui s'étaient déroulés sur les Alpes Niçardes, depuis le 26 avril jusqu'au 15 mai 1794.

Au moment où le marquis Henry prenait possession de ses nouvelles fonctions, il allait donc avoir l'armée piémontaise à réorganiser; cette besogne, déjà si difficile, se trouvait singulièrement compliquée par les dispositions d'esprit où se trouvaient les officiers et les généraux qui la commandaient. Colli, sur lequel on rejetait naturellement toute la responsabilité du désastre, était aigri et affecté outre mesure de tant d'injustice.

« En dépit des frondeurs, des jaloux, des bavards et des sots, qui se déchaînent contre le général, écrivait le marquis Henry qui s'était pris d'une grande compassion pour son chef, sa bonne contenance nous a

---

(1) Bourg situé au bas du col de Tende, du côté du Piémont.

sauvés, et peut-être donnera-t-elle à nos tristes alliés le temps de réfléchir sur l'indignité de leur abandon; mais le rôle du général n'en est pas moins pénible; il se montre plus affecté que je ne le voudrais de l'injustice de ceux qui le jugent. Je le vois, quant à moi, comme un homme de ressource, d'intelligence, de grande bravoure et de métier.

» Malgré notre position si fâcheuse, chassés de toutes les hauteurs qui donnaient à notre défensive un si grand avantage sur les attaques françaises, nous espérons encore arrêter l'ennemi à l'embouchure de nos vallées. Pour cela, le général déploie toutes les ressources d'une stratégie consommée. Certains donneurs de conseils que je connais seraient embarrassés d'appuyer ceux-ci d'une science aussi profonde. Ils les eussent employés plus utilement, d'ailleurs, à éveiller les défiances de M. de Vins, alors qu'il était temps encore de défendre le marquisat de Dolce-Acqua avec une autre garnison que ses illusions. »

En effet, les conditions de la guerre avaient changé; Colli, forcé de renoncer à l'attaque, ne songeait plus qu'à mettre les vallées du Piémont à l'abri d'un coup de main. Il multipliait les redoutes, les abatis, coupait les ponts, faisant toute chose à la hâte, tant il croyait une attaque prochaine.

Mais l'ennemi, après ses succès d'avril et de mai, ne bougeait plus; sûr de pénétrer en Italie quand il le voudrait, il semblait ne plus se soucier de la poignée de soldats qui lui en barraient encore la route.

« On ne parle que de la paix prochaine, écrivait

Henry, parce qu'on en a besoin et envie, car je ne sais pas d'ailleurs sur quoi se fonde cette espérance; parce qu'à force d'étriller la coalition, on l'a rendue peureuse et raisonnable, la coalition croit être en droit d'avoir la paix qui lui est devenue nécessaire. Je doute fort que le vainqueur entende de cette façon; la guerre l'enrichit, depuis qu'il la fait en dehors de ses frontières; elle affermit le gouvernement et maintient le calme dans son intérieur. »

A Turin, devenu plus que jamais le pays des illusions, on croyait donc la campagne finie, et l'on mettait cette croyance à profit pour se disputer le commandement. Les officiers piémontais refusaient d'obéir à M. de Vins, qu'une convention nouvelle, signée au mois de mai précédent entre le Roi de Sardaigne et l'Empereur, confirmait dans ses fonctions de général en chef. De toute part on demandait que Victor-Amédée fît cesser cet état de choses en prenant lui-même la direction des armées; mais son grand âge et ses infirmités ne pouvaient le lui permettre. Ce fut alors que Colli proposa d'en confier la direction au général prince d'Hohenlohe (1).

Pendant que l'on attendait à cet égard les décisions suprêmes du conseil aulique, un mouvement offensif des Français coupa court aux récriminations et donna raison au marquis Henry. « C'est se disputer la meilleure place au milieu d'une maison qui brûle. »

---

(1) REVEL, *Guerre des Alpes.*

« Et cependant encore, ces discussions sont-elles heureuses, parce qu'elles empêchent bon nombre de gens de se figer tout à fait dans leur sotte quiétude. Ils imaginent que l'ennemi songe à la paix, alors que, comme le fauve, il est d'autant plus à craindre qu'il est plus affamé.

» Comment, du reste, se faire illusion sur ses dispositions? Nous venons de lui rendre ses prisonniers, et il garde les nôtres. Il a infecté le lieu d'échange de papiers incendiaires, dans lesquels il invite les jacobins piémontais à seconder sa prochaine entrée en Italie, et les peuples à secouer le joug de la royauté. »

C'était là le système républicain qui avait déjà, deux ans auparavant, si merveilleusement réussi en Savoie. A l'appel qui leur était adressé, les conspirateurs sortirent de terre, comme toujours, prêts à exploiter les malheurs de la patrie.

Prompts à profiter de l'émotion que la découverte de ces complots produisait en Piémont, et du mécontentement que leur sévère répression y causait, les Français, dans la nuit du 13 au 14 juillet, surprirent à Ceresolle les avant-postes sardes. A l'abri d'un rideau de troupes, on les vit dès le jour suivant se mettre avec une fiévreuse ardeur à réparer les ponts rompus et les chemins défoncés. L'activité qu'ils apportaient à ce travail, les munitions, l'artillerie que l'on voyait arriver de toutes parts, ne pouvaient plus laisser aucun doute sur leur intention de forcer l'embouchure des vallées et de mettre le siége devant Coni et Ceva.

Le 9 août, tout semblait annoncer pour le lendemain une attaque générale, quand tout à coup on vit l'ennemi désarmer ses batteries et reprendre avec une certaine confusion le chemin de Limon.

« Nous ne pouvons nous expliquer l'étrange manœuvre des Français, écrivait le marquis Henry, que ses fonctions rendaient plus attentif que personne à suivre les événements; pourquoi donc repassent-ils si précipitamment le col de Tende? Est-ce une panique? Dans tous les cas, si nous n'avons rien fait pour la provoquer, elle nous sauve, et cette retraite bénie ressemble à celle que fit Sennachérib lorsque les rats eurent mangé les cordes de ses arbalètes.

» Il semble que Dieu veuille nous faire sentir le peu de cas qu'il fait de nous, de notre prudence ou de notre sottise. »

Les événements du 9 thermidor sauvaient en effet l'armée royale d'un nouveau désastre, car, à la nouvelle de la mort de Robespierre et de la réaction qui en fut la suite, le vieux général Dumerbion avait suspendu toute offensive.

Si l'on en juge par cette lettre du marquis Henry, cette révolution ne fit cependant qu'une bien médiocre impression au camp austro-sarde.

« La terreur panique qui a déterminé la si brusque retraite de l'ennemi est l'effet d'une machine qu'a fait jouer Barrère pour expédier son ami Robespierre; ces renseignements sont pris dans les correspondances que nous avons enlevées. Mais qu'importe qu'une tête de l'hydre soit coupée? pour nous cela signifie peu de chose.

» L'invasion de l'Italie n'est que partie remise, tandis

que notre détestable position empire par la zizanie, l'incurie et l'enfantillage de nos puissants.

» Imaginez, par exemple, qu'en vue des couches de madame la duchesse, on tient à Turin des congrès pour savoir de combien de coups de canon on saluera cet heureux événement. Voilà ce dont s'occupent les gens sérieux; ce qui est moins édifiant encore, c'est que parmi les galants de cour beaucoup songent, dit-on, à mettre le plus d'espace possible entre eux et les républicains. M. le comte de Lille a été des premiers à quitter Turin. Le peuple, malgré les menées jacobines et ces tristes exemples, est cependant demeuré bon et encore énergique. On m'a raconté que l'autre jour madame la princesse de Piémont, à pied et suivie d'une seule dame, a fait un pèlerinage dans toutes les églises de la ville; aussitôt qu'elle eut été reconnue, le peuple se réunit à sa suite et l'accompagna avec de grandes démonstrations de respect pour elle et de foi dans un miracle que nous ne pourrons devoir qu'à son intercession. »

Le marquis Henry avait plus de confiance dans les prières de la sainte princesse que dans les moyens employés par le Roi, et il avait raison. Le Roi n'en prenait pas moins cependant les mesures les plus extrêmes pour garantir le reste de ses États de l'invasion française et de la lèpre révolutionnaire qui s'attaquait à eux. Pendant que les hommes valides, demeurés inactifs jusque-là, étaient armés et organisés en milices, on interdisait toutes les réunions, même les réunions littéraires ou scientifiques, et l'on fermait les cafés comme les casinos.

Hélas! il n'était plus temps.

« Les circonstances sont trop fortes; le Roi est admirable, mais autour de lui il y a trop d'incapacités et de découragement, on a épuisé le grand magasin des illusions (1); il n'y a plus que celui de la sottise où l'on puise à pleines mains. Mais, après tout, les singeries des gens qui s'agitent dans le vide devraient me faire rire au lieu de m'irriter; pauvres gens qui se morfondent pour faire croire qu'ils ont du crédit ou de l'influence, et qui ne sont insolents que pour cacher leur poltronnerie et leur nullité.

» On va, arrêtant quelques individus suspects; l'autorité, avec eux, a l'air de jouer au colin-maillard; les yeux bandés, les bras en avant, elle court après des gens plus lestes qu'elle, et qui lui échappent pendant qu'elle s'empare de quelques lourdeaux qu'il faut relâcher après cela, avec mille compliments d'excuse.

» J'ai été faire une course du côté de l'armée autrichienne vers Albenga. Là, bien que l'ennemi ne bouge pas encore, nous avons tout à craindre. Il est de mauvais ton cependant de parler des amas d'armes et de munitions qui s'entassent dans la Rivière de Gênes; il arrive aussi beaucoup de troupes à Nice. Nos fortes têtes veulent que ce surcroît de bonne compagnie soit destiné à la Corse (2); pour moi, je crois tous ces apprêts

---

(1) Au mois de mai 1794, une convention entre le Roi de Sardaigne et l'Empereur d'Autriche réglait le partage des conquêtes qu'ils allaient faire en commun sur la France.

(2) Alors au pouvoir de l'Angleterre.

destinés à l'Italie, et nous n'aurons pas longtemps à en attendre la preuve. »

L'attaque de Dego par l'armée française, au mois de septembre 1794, la défaite des Autrichiens, la retraite du général Walis trompé par de faux rapports, furent des événements auxquels les Sardes et par conséquent le marquis Henry ne prirent aucune part. Mais voici comment ce dernier les appréciait :

« Nos tristes alliés viennent de recueillir le fruit de leurs lenteurs et de leur mauvaise foi; depuis nos désastres de Loano et notre retraite à Saint-Dalmas, ils se concentraient du côté d'Acqui, appelant à eux les troupes, que depuis le commencement de la campagne on nous faisait espérer, tout en les immobilisant en Lombardie; malheureusement ces troupes ne sont pas arrivées à temps. Le général Walis a été battu, et c'est là un désastre à ajouter à tant d'autres, qui marquent d'un point sanglant chacun des coups que nous jouons.

» Les Français se sont emparés d'immenses magasins auxquels ils ont ajouté le pillage le plus effréné; ils n'ont laissé ni un grain de blé, ni un bœuf, ni une volaille, ni un ustensile, ni un linge. On a traité les chaumières comme les châteaux. La horde a poussé la barbarie jusqu'à déshabiller dans les chemins les paysans, hommes et femmes, qui sont tombés entre ses mains.

» Pour le coup, les Français paraissent renoncer au prosélytisme; les paysans émigrent par bandes afin de fuir le voisinage de ces bons apôtres de la fraternité. Pour peu que ceux-ci agissent de même dans la Rivière, les Gênois se convertiront à leur tour, et si le bon sang italien ne ment pas, on verra avant peu une répétition des Vêpres siciliennes. Ce sera la première fois, si les Gênois se réunissent à nous, que la peur aura été bonne à quelque chose. »

Ainsi finissait la campagne de 1794. La neige, qui cette année-là tomba de très-bonne heure et en grande abondance, sépara les combattants. D'un côté comme de l'autre on prit ses quartiers d'hiver, laissant seulement sur les tristes sommets que l'on se disputait naguère avec tant d'acharnement quelques malheureuses troupes destinées à y mourir de froid.

M. Colli avait transporté son quartier général à Savigliano; c'est là que nous retrouvons le marquis Henry, plus abattu que jamais.

« (1) Votre dernière lettre, lui écrivait M. de Maistre, m'a pénétré de chagrin à cause des choses tristes que vous me dites sur l'état présent des choses.

» Je comprends que tout va mal dans le pays où vous êtes, mais croyez que les choses ne sont jamais mieux allées en France.

» Je ne suis point suspect, car depuis le siége de Lyon j'ai vu extrêmement en noir; j'ai surtout pensé extrêmement mal de la coalition.

» Mais, dans ce moment, tout annonce une grande révolution dans l'intérieur, ou pour mieux dire, cette révolution est faite, et il ne s'agit plus que d'en attendre

---

(1) Archives de la Motte.

les conséquences. Le jacobinisme est radicalement anéanti et sans aucune secousse.

» La tête de Carrier ne tient plus que par un fil. L'ancien comité de salut public, qui avait résisté au premier choc, vient de succomber au second, du moins l'examen de sa conduite est renvoyée à l'examen des comités. C'est le premier escalier de la guillotine.

» La Convention nationale envoie au tribunal révolutionnaire tous les complices et fauteurs de Robespierre, c'est-à-dire qu'on enverra à l'échafaud autant de jacobins qu'on le jugera convenable.

» Un décret bien plus célèbre accorde une amnistie complète à la Vendée. Un membre voulait qu'on exceptât les chefs. Un autre a observé que c'était ouvrir la porte à tous les émigrés qui seraient libres de rentrer par la Vendée. Sur ces deux propositions l'Assemblée a passé à l'ordre du jour.

» On écrit d'ici à Paris, à M. le comte, M. le marquis un tel, et l'on met tout uniment la lettre à la poste, sur la demande, comme vous le pensez, des personnes auxquelles on écrit. Il y a peut-être à Lyon trois mille émigrés rentrés depuis quelques jours. La guillotine est en repos permanent et ne s'agitera probablement que pour les jacobins qui tombent de toutes parts dans les serres du tribunal révolutionnaire.

» Les prêtres rentrent en foule, et le culte se relève vigoureusement. »

Après avoir donné ces nouvelles d'un si grand et si universel intérêt, M. de Maistre se prend corps à corps avec les tristesses de son malheureux ami :

« Deux choses vous frappent, à ce que je vois : l'invasion du Piémont et les malheurs qu'elle fera tomber sur vous.

» Je doute de ces deux choses, c'est-à-dire je doute que le Piémont soit envahi, et s'il l'est, ce qui à tout prendre est possible, je doute encore plus que vous fussiez plus mal. Ceci tenant à beaucoup de choses que je n'ai pas le temps de vous débiter, je brise là-dessus..... »

Mais qu'importaient ces choses au marquis Henry? Dès longtemps il avait envisagé d'un œil tranquille la ruine et l'échafaud ; l'invasion de son pays était douloureuse à son honneur de soldat, mais ce n'était point là encore ce qui faisait saigner son cœur.

« Je suis, écrivait-il à sa femme, installé à Savigliano et aux prises avec un très-grand travail dont m'a chargé le général, par pitié peut-être, car je lui eusse donné ma démission s'il n'avait eu l'air de m'employer utilement pendant ces éternels quartiers d'hiver. Je ne pourrais me faire à l'idée d'être une bouche inutile à sa table, j'étais tourmenté de cette pensée, jamais je ne me serais cru susceptible d'une pareille peine. Le malheur rend chatouilleux avant d'abrutir tout à fait (1).

» Que je remercie donc le bon Dieu de me donner ainsi une occupation qui me laisse peu de lacunes ! car

---

(1) Cet ouvrage était une carte militaire de toute la partie méridionale du Piémont, avec des mémoires sur la manière de la défendre et le précis historique des faits militaires qui y avaient eu lieu.

ces lacunes sont affreuses, et si je laissais la douleur s'emparer tout à fait de moi, je ne tarderais pas à y succomber. »

« Vous me demandez, écrivait-il encore quelques jours plus tard, de vous parler de moi et de mes projets. L'avenir et moi sont deux choses dont je détourne constamment les yeux et dont je ne m'occupe jamais sans répugnance. Depuis que d'affreux événements m'ont séparé de tout ce que j'aimais, j'en suis venu à ne plus me compter pour rien. Si tous les quinze jours le hasard me fait rencontrer un miroir et que j'y voie ma figure, il me semble rencontrer une vieille connaissance, quelque malotru sur le visage duquel je m'amuse à observer les impressions du temps.

» Je suis fort desséché au moral comme au physique; mon imagination est éteinte, ma sensibilité usée. Un peu d'exaltation me resterait peut-être encore sur le chapitre de la gloire; mais, en me dévouant comme Curtius, il me semblerait ne jeter dans le gouffre qu'une bûche de bois sec. »

Ces deux lettres, écrites à quelques jours d'intervalle, reflètent bien toutes les phases par lesquelles le chagrin faisait passer l'âme du marquis Henry; tantôt comme dominé par la douleur, il la fuit dans un travail obstiné; tantôt, au contraire, il semble la braver, se regardant comme devenu insensible à ses atteintes. Il n'est ni désespéré ni insensible, et sa grande âme se retrouve tout entière avec son courage et sa foi lorsque, après avoir lu l'éloge d'Eugène, composé par le comte de Maistre, il écrivait :

« En lisant l'éloge de notre ange que Maistre vient de m'envoyer, je me suis senti non point ému d'une douleur telle que je craignais de l'éprouver, mais pénétré de reconnaissance pour Celui qui avait daigné nous prêter un tel enfant. Puisque, après nous l'avoir prêté, il nous l'a repris, c'est que l'enfant était parfait et notre mission accomplie.

» Cet écrit remue trop le cœur pour n'être pas bon ; il fera aimer notre ange par bien des gens qui, plus heureux que nous, l'aimeront sans le pleurer. Mais encore Dieu nous avait-il donné des années de bonheur que ces gens-là ne connaîtront pas et qu'ils devraient nous envier. »

Obéissant à la prière qui de Lausanne montait jusqu'à lui, n'était-ce point Eugène qui envoyait à son père ces pensées consolantes?

« Ombre pure et chérie, avait dit M. de Maistre, si les sentiments qui ont pénétré nos cœurs dans ce monde survivent à la mort et nous accompagnent dans l'autre; si, comme de grandes âmes généreuses et sensibles aiment à le croire, les objets de nos affections ne deviennent point étrangers à notre intelligence au moment où elle se débarrasse de son enveloppe mortelle, reviens, oh! reviens parmi nous habiter encore la demeure solitaire de tes parents désolés! Répands sur eux, comme ces génies bienfaisants envoyés dans l'enfance du monde vers les patriarches exilés et voyageurs, le baume du courage et de la consolation. Viens, tu ne changeras point de séjour, le ciel est partout où se trouve la vertu. La nuit quand tout se tait, quand la douleur seule avec elle-même baigne sa froide couche de larmes amères, plane sur ces têtes chéries, et de ton aile éthérée secoue sur elles une rosée balsamique qui les avertisse de ta présence et les remplisse de pensées célestes. »

Ainsi se terminait le discours dans lequel l'esprit et le cœur d'un homme de génie s'étaient plu à couvrir de fleurs la tombe d'un enfant de seize ans (1).

---

(1) Discours à la marquise Costa sur la mort de son fils.

CHAPITRE TREIZIÈME

A TURIN

1795

Continuation probable de la guerre. — Le marquis Henry aux quartiers d'hiver. — Le sigisbéisme. — Gibbon à la cour de Turin. — Le roi Victor-Amédée III. — Congrès de Milan. — Colli, nommé général en chef des troupes piémontaises, prend le marquis Henry pour son chef d'état-major. — Le marquis Henry et les intrigues de la cour. — Reprise des hostilités dans la Rivière de Gênes. — M. de Vins et les Génois. — Bataille du 23 novembre. — Lettre du marquis Henry au ministre, M. d'Hauteville. — Portrait du général Colli.

L'accalmie qui avait succédé à la révolution de thermidor donnait à l'Europe battue la possibilité de traiter avec la France. Partout il y avait d'une pacification prochaine des signes avant-coureurs qui n'échappaient pas à l'œil clairvoyant du marquis Henry, mais sans lui donner toutefois grand espoir pour son pays.

« Si j'étais Espagnol, Anglais ou Prussien, écrivait-il dans les premiers jours de janvier 1795, je me laisserais peut-être aller avec vous à de douces espérances de paix, mais la paix sera pour l'Europe entière avant d'être pour nous. Les Français n'ont point laissé accrochée depuis trois ans une loque de leurs carmagnoles à chacun des pics de nos montagnes, pour ne pas exiger le payement du fil et des aiguilles qu'il leur en coûtera pour les raccommoder.

» Quand ils voudraient se montrer désintéressés sur ce chapitre, résisteraient-ils d'ailleurs à ce fatal courant qui les ramène en Italie comme ces troupeaux de sauterelles envoyées à époques fixes pour ravager les mêmes contrées ?

» Sans espérance donc de victoire, il faut continuer à nous battre; l'imprévu n'est que dans la bataille, et notre seule espérance dans l'imprévu.

» Depuis ces neiges qui nous ont séparés, chacun à l'armée quitte, avec le harnais, les soucis et les devoirs du métier. Depuis Colli jusqu'au dernier sous-lieutenant, chacun court où l'appellent son ambition ou ses plaisirs.

» Étrange indifférence vraiment que donnent à un égal degré l'habitude du danger, la certitude du triomphe ou la résignation à d'inévitables catastrophes. »

« Lassitude, fatalisme, continuait le marquis Henry, insouciance philosophique ou religieuse, de quelque nom qu'on l'appelle, ce sentiment est celui auquel les victimes de la Terreur durent leurs dernières amours et leurs chansons interrompues par la guillotine.

» Comme ceux-là, les gens qui tiennent nos destinées entre leurs mains s'amusent et chantent.

» Victor est allé passer quatre jours à Cherasco, où les grenadiers royaux doivent donner un superbe bal; on y accourt de partout pour danser, car il s'agit avant tout de danser.

» Moi, mon amie, je demeure ici; la société m'ennuie et m'attriste; pour ne pas le lui rendre, je la fuis. Les femmes sont toutes à prétentions; les vieilles, les laides sont insupportables comme le peuvent être les jolies; chacune a son chacun. Jamais telle foire de sigisbéisme ne s'est tenue (1). Les femmes qui sont pourvues veulent s'assurer de l'être toujours et accordent des survivances et des demi-places.

---

(1) Le sigisbé était une sorte de chevalier servant dont les femmes piémontaises doublaient leur mari. Le personnage était ridicule plus que dangereux; son existence officiellement reconnue était de tous points réglée par une sorte de cérémonial.
Voici, d'après le curieux manuscrit de M. Blondel, secrétaire d'ambassade de France à Turin, manuscrit que nous avons cité déjà, les fonctions d'un sigisbé :
« La comtesse de Frasasque m'échut donc en partage, raconte M. de Blondel. Il s'agissait d'un voyage à la foire d'Alexandrie. La comtesse avait dix-huit ans et était fort belle; malgré cela et à cause de cela, on verra combien mon service était bête.
» Il me fallut en partant donner la main à madame pour monter dans son carrosse, et suivre dans le mien jusqu'à moitié du chemin, où j'avais fait préparer un grand dîner auquel elle invita toutes les personnes de ses amies qui, comme elle, allaient à Alexandrie; après le dîner, je la suivis en carrosse et pris les devants pour faire arranger dans la maison qui lui était destinée toutes les commodités nécessaires et ordonner le souper. Le lendemain, il me fallut être à la cour dès huit heures du matin pour savoir les plaisirs du jour et en venir rendre compte à madame, retourner à la cour à dix heures pour accompagner le Roi à la messe de l'archevêché, qui est distant du palais de trois cents pas que le Roi faisait à pied, précédé de quatre ou cinq cents personnes superbement habillées.
» Après avoir reconduit le Roi, il me fallait aller prendre madame et la promener à la foire. La première fois, on était obligé de lui donner un éventail de dix à douze louis; en revanche, elle vous donnait un nœud d'épée. A une heure et demie, je l'accompagnais à l'endroit où elle était invitée, et, après lui avoir présenté à laver, je me mettais près d'elle, parce que le sigisbé est toujours censé prié avec sa dame, et il fallait la servir jusqu'à même lui présenter à boire.
» Vers les cinq heures, je la conduisais à l'opéra. J'étais obligé de rester dans sa loge aussi longtemps qu'elle y était seule; mais dès que quelque cavalier arrivait, il me fallait sortir et m'en aller attendre au parterre qu'il s'en allât pour revenir ensuite prendre ma place.
» Au sortir du spectacle, je remettais les gants de madame, je lui

» Cet hiver qui pourrait être si utile n'est en somme qu'un hiver charmant pour tout le monde, excepté pour moi. Enfin, la Providence fera bien de nous prendre en considération, car nous sommes bien peu redoutés de nos ennemis, soutenus par nos alliés et d'accord avec nous-mêmes. »

Si pourtant on s'en rapporte aux impressions de Gibbon qui passait précisément l'hiver de 1795 en Italie, il y avait quelque chose à rabattre de ces plaisirs dont parlait le marquis Henry, mais assurément rien de ses critiques à l'endroit des mœurs absurdes qui avaient cours à Turin.

« Ici la cour est vieille et triste, écrivait Gibbon à ses amis (1), et chacun se pique de faire comme la cour. Le principal amusement, c'est de se promener en carrosse et de saluer ses connaissances de droite et de gauche; si la famille royale se trouve au cours, on a en outre le plaisir de faire une pause et de la saluer

---

donnais son mantelet, son éventail, et je la conduisais à l'appartement du Roi. Je n'y entrais pas, parce que les hommes ne mangent pas avec la Reine. Je soupais à la table du grand maître. Au sortir de table, je la reconduisais au théâtre, où les mêmes machines qui sont à Paris forment une salle de bal. Toutes les fois qu'il fallait danser, il fallait que je dansasse avec elle lorsqu'elle n'était pas retenue par quelque autre. Le bal ne finissait qu'à cinq heures; il me fallait ensuite reconduire madame chez elle et pour toute récompense de mes peines elle me donnait à baiser sa main en me souhaitant le bonsoir.

» Cette corvée dura huit jours, pendant lesquels j'observai ponctuellement tout le cérémonial du sigisbéisme, et fus très-heureux, en revenant à Turin, quand elle me donna mon *bien servi*. »

(1) Lettres familières, mars 1795.

quand elle passe. J'ai eu cet avantage quinze fois dans une après-midi.

» Nous avons été présentés chez une femme qui tient assemblée; on s'y ennuie à mourir. Chaque femme y est uniquement occupée de son sigisbé, et un pauvre Anglais qui ne parle pas le piémontais et ne sait pas le taroco (1) reste dans son coin sans que personne lui fasse l'honneur de lui adresser la parole.

» Ne croyez pas que ce qui nous arrive soit dû à ce que nous n'avons pas eu le temps de faire des connaissances : tous les Anglais s'en plaignent, excepté milord H... qui, depuis deux ans, est au service d'une femme dont le nez est célèbre par sa longueur.

» Les dames les plus sociables que j'aie encore vues sont les filles du Roi. J'ai causé avec elles un quart d'heure avec une sorte de familiarité, je leur ai parlé de Lausanne. Je me trouvais si à mon aise que j'ai tiré ma tabatière et pris du tabac deux fois devant elles, chose inouïe dans l'histoire des présentations. Enfin, tout en causant, je prenais mon attitude favorite, le corps penché, le premier doigt tendu en avant..... »

La cour de Turin, si maussade qu'elle parût à un étranger, n'en était pas moins le paradis désiré de toute la noblesse militaire; on y pratiquait à la surface une sorte de niaiserie, mais on pouvait croire que derrière ce rideau le diable ne perdait rien.

« Que va-t-on faire à Turin en si grande hâte? disait le marquis Henry.

---

(1) Sorte de jeu de cartes.

» On y est fort occupé des marionnettes que l'on montre le soir à la petite princesse Béatrix. Elle est assise dans un grand fauteuil, entourée de ses duègnes et tenant sa cour. On danse après le spectacle, et, les yeux fixés sur ces jolies scènes innocentes, chacun poursuit ses petites intrigues plus ou moins noires.

» Le Roi est souffrant, on le dit en couches d'une grande promotion que chacun attend pour faire parade de vanité et d'ingratitude. A force de dire du bien de soi et du mal d'autrui, chacun en est arrivé à vouloir, comme Gédéon, qu'il pleuve sur son manteau et qu'il fasse parfaitement sec ailleurs. »

Le caractère du Roi se prêtait à toutes ces intrigues. Victor-Amédée convenait lui-même qu'il péchait par trop de facilité et pour ne pas savoir refuser. Il jurait, tempêtait par faiblesse, comme il faisait tout le reste (1).

« Pour être heureux, disait-il souvent, il m'aurait fallu vivre avec une grande fortune au lieu d'un royaume, et un régiment de dragons au lieu d'une armée. » Victor-Amédée avait de l'esprit naturel, de la grâce, de la bonté, mais manquait absolument de caractère et de jugement. Il était passablement vain, faisait un cas particulier des gens médiocres par cela seul qu'il se sentait plus habile qu'eux. Il avait, parmi les soldats et les caporaux de tous les régiments, des favoris, dont il demandait souvent des nouvelles et auxquels il donnait beaucoup d'argent. Or, on remar-

---

(1) Ce portrait est emprunté aux *Mémoires historiques de la royale Maison de Savoie.*

quait que régulièrement ils étaient les plus mauvais sujets de leurs corps. Ce n'était donc point là un prince à la hauteur des terribles circonstances que traversait le Piémont. Hélas! il l'était d'autant moins, qu'à ses défauts, qui rendaient sa politique inconstante et sans suite, il joignait des qualités plus dangereuses à certaines heures que ses défauts eux-mêmes.

C'est ainsi qu'emporté par l'élan de son caractère chevaleresque, Victor-Amédée rejetait loin de lui la pensée de rompre les conventions de Valenciennes; il y répugnait malgré la mauvaise foi de ses alliés, de jour en jour plus évidente. Sa haine contre les idées nouvelles était exploitée par l'Autriche, plus désireuse que jamais de conserver entre la France et ses états de Lombardie une armée qu'elle ne payait pas. Les promesses ne lui coûtaient rien et donnaient au Roi une sécurité que ne pouvaient partager ses meilleurs serviteurs.

« L'ennemi ne menace pas encore, écrivait Henry, mais il bouge toujours; il va de sa gauche à sa droite, ce qui pour moi est une direction inquiétante. Mais nous ne voulons nous apercevoir de rien. Notre hiver finira comme il a commencé, à ne rien déterminer, à ne rien faire. Nous endormant sur les promesses de l'Autriche, qui se sert de nous comme de tampon, nous ne voulons point la paix et avons du temps de reste pour préparer la campagne prochaine. Je ne blâme pas les insouciants : à quoi sert de voir les périls où l'on court, d'entrevoir les moyens de s'en préserver, lorsqu'on n'y peut rien? »

Pendant que la République française traitait des préliminaires de paix avec la Hollande et la Prusse, la guerre à laquelle on se résignait avec tant d'insouciance devenait de jour en jour plus inévitable pour le Piémont. Le marquis en démontrait à sa femme la triste évidence :

« Puisque vous savez les dessous de cartes et que ces dessous de cartes sont à la paix, vous devriez bien, ma chère amie, me donner vos bonnes raisons. Je suis toujours à ne rien comprendre, sinon que la guerre au printemps sera plus implacable que jamais. C'est bien mal à vous de ne me montrer que quelques rayons fugitifs d'espérance; vous me renvoyez aux lettres de Maistre, qui ne m'écrit pas.

» On déraisonne, j'en ai peur, en Europe et à Lausanne en particulier, sur les affaires d'Italie, comme on déraisonne en Italie sur les affaires d'Europe et de Lausanne. On ne voit que ce que l'on veut voir, on ne croit que ce que l'on a intérêt à croire. Vous voulez la paix et la voyez prochaine, l'Autriche et l'Angleterre ont intérêt à la guerre, et soyez sûre qu'elles l'emporteront sur vous. Nous sommes entre leurs mains. Le traité de Valenciennes met le Roi à leur merci, comme votre bonté vous a mise vous-même à la merci de votre pauvre vieille Chagnot.

» Ceci prouve qu'il en est des petites comme des plus grandes choses : certains ennuis peuvent se prévenir; mais, quand on y est arrivé, il est difficile d'y porter remède.

» Puisque Chagnot a pris, me dites-vous, à la révolution un enragement d'égalité et que de femme de chambre elle veut devenir dame d'honneur, ne pourriez-vous tenter de lui faire entendre que le nivellement, qui a tout gâté en France, gâte aussi tout dans votre maison, qu'il vaut mieux jusqu'à nouvel ordre que tout y reste à sa place, que les dames d'atour et les dames du palais ont disparu avec les rois et les reines? »

Et retrouvant comme une lueur d'humour alors qu'il ne parlait ni de politique ni de guerre :

« Notre hiver, ajoutait le marquis Henry, continue à être rigoureux; il tue les vieillards. La nouvelle d'ici est la mort du comte de Malines et celle du comte de Duingt, deux vieilles perruques s'il en fut. Madame de Malines se trouve du même coup veuve de deux maris, parce que le comte de Duingt l'avait épousée par procuration en Savoie. On égaye la matière en disant que ces vieux ladres ont, par économie, pris une voiture à deux pour s'en aller dans l'autre monde.

» Voilà, ma chère amie, nos graves occupations auxquelles, comme vous, certaines gens ajoutent des hymnes à la paix. »

A Turin, en effet, on ne prétendait plus partager la France (1); on y était moins fou, mais encore passablement sot.

---

(1) Par le traité de Pavie en date du 30 juillet 1792 (dont plusieurs écrivains ont nié le texte), l'Autriche, la Prusse, la Sardaigne, l'Espagne, la Suisse et la Russie s'adjugeaient les provinces françaises qui étaient à leur convenance, et surtout les provinces frontières. (*Moniteur*, n° 323.)

« Cela suffit-il à nous donner la paix? écrivait encore le marquis Henry. Non, ma chère amie, le moment n'est point prochain où, selon vos visions, vainqueurs et vaincus, étendus sur le sable, se tendront la main et s'entr'aideront à bander leurs blessures.

» Demandez, pour vous en convaincre, à Maistre ce qu'il pense du discours si arrogant de Merlin de l'Oise. Je ne sais si ce discours a ouvert les yeux ou a fait peur ici; toujours est-il que l'on semble s'inquiéter davantage.

» Le Roi fait demander au Pape la permission de battre monnaie avec certains biens de religion; sur le chapitre des *on dit* on va jusqu'à un emprunt, qu'à l'inverse de ce qui se fait ailleurs, le Roi remplirait tout seul. On parle enfin de combiner le plan de la prochaine campagne; il en est temps... »

En effet, il en était temps si l'on tenait compte des lenteurs voulues du conseil aulique, des exigences de l'Angleterre, de l'insuffisance des armements du Roi et de la pétulance agressive des Français.

On réunit donc à Milan une sorte de congrès où intervinrent les généraux Wallis et Smidt pour l'Autriche, l'ambassadeur Trewor et l'amiral Goodal pour l'Angleterre, le général Colli et M. de la Tour pour le Roi.

Mais dès le premier jour on vit éclater entre les plénipotentiaires, à propos du plan de campagne, des désaccords qui trahissaient les divergences de leurs politiques comme celles de leurs intérêts.

Les représentants du Roi prétendaient porter les

efforts de la coalition sur Nice et la Savoie. Les Autrichiens visaient Gênes et se trouvaient naturellement appuyés par M. Trewor et l'amiral Goodall. L'issue des discussions engagées entre le Piémont et ses formidables alliés ne put être longtemps douteuse (1). Il fut décidé que l'on opérerait dans la Rivière de Gênes avec quarante-quatre mille hommes, que l'on chercherait à repousser l'ennemi au delà de la Roga, et qu'on se bornerait partout ailleurs à la défensive. L'ennemi repoussé au delà de la Roga, on devait occuper à la gauche du fleuve une ligne appuyée d'un côté sur Tende et de l'autre sur Vintimille. Ce mouvement devait se combiner avec l'action des flottes alliées auxquelles la rade de Vado était assignée comme objectif.

Nous n'avons point à discuter la valeur de ce plan dont le mode d'exécution fut réglé par le colonel allemand Simbschen; mais avec l'auteur de la *Storia militare*, auquel nous empruntons ces détails, nous pouvons dire que le seul bénéfice qu'en retirât le Roi fut de voir M. de Vins préféré comme général en chef à M. Walis. Le Roi fit ainsi l'économie d'une pension de trois mille florins qu'il payait au premier de ces deux grands hommes de guerre.

Pour le marquis Henry, le résultat de ces conférences fut plus important, car son général en revint investi du commandement en chef de l'armée piémontaise.

« Colli, mandait Henry à sa femme au mois de fé-

---

(1) *Storia militare del Piemonte*, p. 66, vol. I, p. 498.

vrier 1795, m'écrit de Milan une lettre fort caressante ; il me veut quartier-maître général de notre armée comme je l'étais du corps qu'il commandait. Il y a à cela une petite difficulté : c'est qu'un autre est quartier-maître général par patente du Roi, et que j'ai toujours eu en horreur le bien d'autrui.

» Il faudra donc que l'on me pousse par les épaules pour me faire arriver jusque-là. En attendant, les neiges fondent et remontent *à toutes jambes*. Je suis fort aise d'avoir vu finir le carnaval ; il a été ici d'une folie sans égale, au point que pendant les huit derniers jours il y a eu des bals sans interruption. Vous jugez bien qu'ils ne m'ont pas fatigué, mais ils m'ont impatienté. Je n'ai pas l'heureuse faculté de m'étourdir, et les images pressantes de guerre, de peste et de famine contrastent à mon gré d'une manière trop choquante avec les bougies, les panaches et les violons. Voilà les sermons qui vont prendre la place du carnaval ; ils ne seront guère plus adaptés aux circonstances, mais ce sont fruits de saison ; on ira pour ne pas intervertir l'ordre des choses.

» Une campagne me fera grand bien, elle ne peut être éloignée, quoique Colli soit encore à Milan. »

A son retour, le général avait vaincu les répugnances du marquis Henry, fort étonné de l'insistance que l'on mettait à le faire sortir de son obscurité.

« Je tenais à ne rien être, n'ayant jamais rencontré sur mon chemin qu'estime et défaveur, mais enfin j'ai accepté, sur les étranges insistances de Colli. Me voici faisant fonction de quartier-maître général à la principale armée et muni d'une belle patente qu'il m'a fallu payer. Le Roi a voulu de plus que je reprisse la décoration de gentilhomme de la chambre.

» Tout cela me fait sourire et me rappelle le marché du fils de Moïse, dans le *Ministre de Wackefield*, alors qu'il vendait son bon cheval de herse pour une balle de lunettes vertes montées en cuivre doré. »

Étrange était cette façon d'accueillir les premières faveurs qu'il rencontrait. Ne demeurait-il pas trace d'ambition dans cet homme qui d'un même œil moqueur et hautain dévisageait la bonne comme la mauvaise fortune? On le croirait mort à tout sentiment humain, si de son cœur que le dédain remplit on n'entendait monter qu'un sanglot. Le marquis Henry est tout entier dans ce contraste.

« Je suis venu à Turin pour remercier le Roi; il m'en a coûté de reparaître à la cour, mais ma bonne Henriette (1) m'a soutenu. Que j'ai souffert en rentrant dans la maison témoin de la passion et de la mort de notre enfant! Ma sœur et moi avons repris ensemble notre douloureuse histoire; Henriette m'a conduit au cimetière, et j'ai pu enfin embrasser cette terre sous laquelle mon cœur repose avec mon enfant.

» J'ai repris dans ces deux jours l'habitude de revivre avec cette douce et chère créature; quand il m'a fallu me traîner au palais, il me semblait voir l'enfant entre le Roi et moi.

---

(1) Madame de Faverges, que le marquis Henry n'avait pas revue depuis la mort d'Eugène.

» Quand je suis rentré chez Henriette, le cœur de cette excellente femme et sa bonne piété m'ont soulagé. Elle est courageuse comme je ne saurais l'être. C'est pitié de la voir gagner avec son aiguille trois francs par jour. Elle vit avec sa fille de ce moyen, et personne ne sait ce qui coule de larmes auprès de ce foyer éteint (1). »

Au même moment la marquise écrivait :

« Oh ! n'allez pas à Turin, mon ami ; cette ville est pour moi pire que la mort. Vous qui n'avez ni dénonciations à faire, ni intrigues, qui n'y pouvez porter qu'un cœur assommé d'angoisses, de malheurs et de pensées désolantes, ah ! qu'y feriez-vous, bon Dieu ! Laissez-les s'agiter, se grimper les uns sur les autres ; si l'on vous culbute, laissez-vous culbuter ; qu'importe d'être aujourd'hui caporal ou général ? »

C'est à cette lettre que le marquis répondait par l'expression d'un dégoût que justifiait le spectacle qu'il avait sous les yeux.

« Depuis mon dernier paquet, j'ai été quatre fois chez le Roi pour affaires de service, mais sans lui parler jamais des miennes, non plus qu'aux ministres et aux gens d'importance qui font la roue autour d'eux.

» On est étonné de ces façons de faire, et j'ai lieu de croire que l'on fait quelque estime de moi.

» Mais s'il est un pays où l'estime aille d'un côté

---

(1) Les deux fils de madame de Faverges étaient à l'armée du Roi ; tous leurs biens sous séquestre : de là la détresse de leur mère.

et la considération de l'autre, c'est bien celui-ci. L'amitié et la bienveillance forment un troisième chapitre qui ne saurait se souder aux deux autres. En général, ce qu'il y a de plus couru ici, c'est la considération indépendante de l'estime et de l'amitié.

» Tout le monde veut de cette considération, et comme elle tient aux entours, à la fortune, aux grades et à l'argent, on ne peut nombrer les gestes de vanité et de souplesse, les intrigues noires que l'on met en œuvre pour se pousser, les couleuvres que l'on avale, en un mot tout ce que l'on souffre, tout ce que l'on fait de vilain pour jouer un rôle et obtenir par là cette bienheureuse considération.

» Les gens qui prétendent à l'estime gênent tout le monde et font une triste figure. On n'a ici ni le cœur ni l'esprit de dissimuler des convoitises insolentes ; au milieu des calamités publiques, cela fait tressaillir d'indignation.

» Voilà de la morale, ajoutait le marquis Henry ; ma politique n'est pas plus gaie. La paix de la Vendée va faire refluer sur nous toutes les forces qui y étaient occupées. On ouvre enfin les yeux ici ; mais les chimères dont on s'est bercé tout l'hiver nous ont fait un mal irréparable.

» Pardonnez-moi de voir toujours les choses au pire, ma chère et douce amie. Aimons-nous tels que nous sommes : aimez-moi sombre et bourru ; moi, je vous aime triste et abattue. »

L'activité de la campagne et la situation plus que précaire de l'armée, au moment où la guerre était sur le point de recommencer, allaient faire dériver vers d'autres tristesses l'esprit du marquis Henry.

Il avait été décidé au congrès de Milan que les hostilités reprendraient à la fin d'avril. Autre chose malheureusement était de le décréter et autre chose de donner un corps à ces résolutions.

Les puissances italiennes qui devaient fournir un contingent de troupes manquèrent à leurs promesses; sur quarante mille hommes qu'ils s'étaient engagés à fournir, les Autrichiens n'en avaient pas réuni dix-huit mille, et le Roi lui-même n'avait pas réussi à compléter ses approvisionnements de guerre.

Il fallait donc, à force d'énergie et d'activité, suppléer à ce qui manquait. Le général Colli déployait à cette tâche les plus admirables qualités d'organisation; il était partout, voyait tout, donnant, disait le marquis Henry, la plus haute idée de sa présence d'esprit, de son sang-froid et de son coup d'œil.

« Je l'aide de mon mieux, ajoutait-il; lui part dans un instant pour Ceva, où l'ennemi paraît nous ménager quelque nouvel affront; moi, je vais reconnaître toutes nos lignes en commençant par le Tanaro et les vallées méridionales.

» Quand la neige sera fondue, j'irai voir les positions sur les Alpes. Le général fait des miracles, son plan et ses emplacements sont bons; mais les troupes nous manquent, nos alliés nous font banqueroute, nos coffres sont vides, nos magasins épuisés et le temps de ces longs quartiers d'hiver envolé. »

Sur ces entrefaites, la paix conclue avec la Hollande

et la Prusse, en même temps qu'elle faisait refluer vers l'Italie toutes les forces républicaines, prouva aux Autrichiens que le temps des hésitations était passé.

L'activité redoublait aux états-majors.

« Au point, disait le marquis Henry, que pour vous écrire quelques lignes il faut m'y reprendre à je ne sais combien de fois. Les visites des désœuvrés (il y en a encore qui ont une cruelle inclination pour les gens surmenés) achèvent de me faire perdre mon temps.

» J'ai passé quatre jours aux environs de Ceva en course avec le général et le prince de Carignan; j'escaladais les montagnes le jour et je griffonnais la nuit.

» Mes fonctions me font en outre dépouiller les correspondances ennemies que nous pouvons surprendre. Indépendamment des pièces officielles, il m'a fallu ces jours-ci lire plus de deux cents lettres d'officiers et de soldats demandant de l'argent à leurs parents ou disant force grivoiseries à leurs maîtresses. Bien peu parmi ces lettres ressemblent à celles que je vous écris, ma pauvre amie, mais au travers de toutes ces lettres se lit le projet d'en finir promptement avec nous. Dix bataillons de renfort sont déjà arrivés pour Nice, d'autres les suivent.

» J'ai la triste satisfaction de voir se réaliser, semaine par semaine, ce que j'avais prophétisé et, malgré tout, la douleur de voir prendre encore constamment le plus mauvais parti; mais que sert de gémir? Dites à Ferdinand, ajoutait le marquis Henry, qui ne pouvait s'empêcher de sourire à la pensée que son ami le comte de Divonne songeait dans un tel moment à soigner ses rhumatismes, dites à Ferdinand qu'il est le seul être humain qui pense cette année à prendre les bains d'Acqui; Acqui est le point de rassemblement de toute l'armée de M. de Vins, et trente mille hommes dans un trou comme celui-là ne laissent de place ni aux malades ni aux curieux. Par le temps qui court il faut être ingambe, et quand on n'a pas l'esprit de l'être, voyager dans sa chambre comme Maistre, si l'on a assez d'imagination pour cela. »

Parlant d'un certain baron de B..., qui, après avoir donné dans la révolution, cherchait à rentrer en grâce:

« B... est mélancolique, disait-il; mais ce qu'il fait miroiter de sa prompte rentrée en faveur le sert mieux que l'humilité que vous lui conseillez. Vos idées sur le monde, ma pauvre chère amie, ont besoin d'être rectifiées comme votre politique. Vous combinez les choses de votre fauteuil, et dans la droiture de votre cœur vous imaginez qu'elles vont telles qu'elles devraient aller.

» Vous imaginez que l'on soutient et que l'on préconise un homme parce qu'il est digne d'estime, qu'on en excuse un autre parce qu'il est modeste et contrit. Non point du tout. On sape le crédit de celui qu'on estime pour peu qu'on le voie sortir de la médiocrité et qu'on le juge capable de croiser votre route. On tombe avec la même lourde roideur sur le pauvre homme contrit, si on le croit par terre et hors d'état de se relever. Au contraire, le sot impudent ou le misérable effronté sont fêtés et entourés. C'est là ce qui arrive à B.... Bien des gens, persuadés qu'il est malhonnête, mais que cette malhonnêteté lui vaudra honneurs et profits, se montrent avec lui et l'admettent. »

Peut-on donner plus de relief à cette triste vérité que le monde appartient au mal?

Il y a chez le marquis Henry je ne sais quelle faculté d'analyse, je ne sais quel don de pénétration, qui marquent d'une singulière justesse tous ses jugements, que ces jugements s'appliquent aux choses de la vie morale ou aux choses de son métier.

C'est ainsi qu'à propos de l'insurrection de Toulon il faisait des Français et de leur caractère cette peinture si parfaitement ressemblante :

« Jamais nous n'avons eu une plus belle occasion de prendre le système dont il n'aurait jamais fallu s'écarter : celui de demeurer spectateurs et immobiles sous les armes de ce que peut faire notre plus dangereux ennemi. La destinée des Français est de s'entre-dévorer eux-mêmes ou de triompher par notre imprudence et notre sottise.

» On croit qu'en France le monstre révolutionnaire est agonisant. C'est possible, mais il ressuscitera chaque fois qu'il sera menacé d'une agression étrangère. Il n'y aura plus alors de jacobins, de constitutionnels, de modérés, de terroristes, tout cela sera Français; on ne sentira plus ni famine ni misère, on ne sentira que le fanatisme et l'orgueil national. Bien fous serions-nous donc d'intervenir et de chasser la poule aux œufs d'or (1). »

---

(1) Il s'agissait d'envoyer des troupes aux insurgés de Toulon.

Usant de toute l'influence que lui donnaient ses fonctions, le marquis Henry cherchait donc à faire prendre aux armées coalisées une attitude purement défensive.

« Que pouvons-nous, écrivait-il tristement à quelques jours de là, que pouvons-nous au destin dont nous suivons les lois tantôt en gens d'esprit et tantôt en imbéciles? Il était écrit que M. de Vins ferait une proclamation aux Génois, et que la République Sérénissime prendrait la chose de travers; il était écrit que les Français profiteraient de son mécontentement pour s'introduire dans Savone, et que dès le premier jour ils devineraient notre plan de campagne. »

Depuis quelques jours, en effet, M. de Vins avait poussé jusqu'à Dego avec une avant-garde de dix mille hommes.

Au même moment le général Colli, s'avançant par sa gauche, avait amené jusqu'à Montezemolo et Murialto les troupes dont il disposait à Ceva.

A la première nouvelle de cette marche en avant, les Français avaient traité avec le commandant de Savone, qui leur avait ouvert les portes de la place.

Malgré l'avantage que leur donnait ce point d'appui, Kellermann et Masséna furent battus dans des combats sans grande importance que leur livrèrent les Austro-Sardes le 21 et le 22 juin; il fallait profiter de ces avantages, si légers qu'ils fussent; mais le général autrichien n'en jugea pas ainsi, il laissa à l'ennemi le temps de se concentrer, de couvrir ses points faibles avec des ouvrages volants. Aussi lorsque le 25 M. d'Argenteau poussa vers Settepani son attaque décisive, il fut repoussé par les Français.

Comme toujours, M. de Vins accusa Colli d'avoir paralysé son offensive et compromis le résultat de ses combinaisons. Les plaintes du général autrichien étaient évidemment exagérées; mais le marquis Henry avoue dans une de ses lettres que le plan de M. de Vins plaisait médiocrement à son lieutenant, et que celui-ci, tout en enlevant brillamment la Spinarda, ne seconda que faiblement l'opération.

La peine qu'il avait eue à repousser l'attaque des Austro-Sardes fit comprendre au général Kellermann le danger que présentaient ses lignes trop étendues; il concentra rapidement ses troupes et put quitter la Rivière sans être sérieusement inquiété.

Comme le disait Henry, ces combats inutiles devenaient d'irréparables fautes :

« L'ennemi se retire, nous le suivons pas à pas en aboyant après et nous faisant donner de temps en temps de bons coups de patte.

» Au nombre de ceux-ci fut une malheureuse affaire au plan des Termes. Doucet, des grenadiers royaux, et Megève, des grenadiers de Savoie, ont été tués; d'Ozery et tant d'autres, blessés; ce fut un massacre de toute inutilité.

» Hélas! j'ai la triste consolation d'avoir de toutes mes forces déconseillé ce mouvement en avant, dont la conséquence est d'obliger l'ennemi, moins fort que nous, à se retirer d'une position mauvaise sur une position excellente.

» L'aigreur et la zizanie compromettent notre malheureuse armée plus encore peut-être que notre stratégie. »

Les dissentiments éclataient plus graves que jamais, en effet, entre les généraux ; les soldats eux-mêmes prenaient parti dans la querelle, à ce point qu'à chaque instant on craignait de voir les troupes alliées en venir aux mains.

Pour parer à cet effroyable péril, le Roi feignit de croire à un immense succès et noya le mécontentement général sous une pluie de proclamations et d'ordres du jour élogieux. M. de Vins en profita pour réclamer le repos que ses troupes avaient si bien mérité.

Il s'installa lui-même à Pietro, cantonna ses régiments autour de lui et se livra tranquillement, à l'encontre des malheureux Génois, à toutes les exactions imaginables.

Il poussa le cynisme jusqu'à armer en course, de ses propres deniers, quelques barques de pirates et jusqu'à leur faire écumer à son profit les eaux génoises. Navires génois comme navires français étaient de bonne prise ; on peut juger du scandale par cette dépêche que M. de Saint-Marsan adressait au Roi (1) :

« Ici, dans l'armée autrichienne, on fait l'encan des prises, les généraux sont les secrétaires, et un capitaine fait les fonctions de crieur de ville. »

A la plus honteuse concussion M. de Vins ajoutait ainsi une grande faute politique, car les Génois, dont

---

(1) *Storia militare,* vol. I, p. 543.

la neutralité était si importante pour les alliés, menaçaient, sous le coup d'une irritation suprême, de se déclarer en faveur de la France.

« Les Génois, écrivait le marquis Henry, sont exaspérés contre M. de Vins; Villard (1) exploite cette irritation et les bourre coup sur coup pour les obliger à se déclarer contre nous.

» S'il réussit à les y amener, et si les armées de Provence et des Alpes nous tombent à la fois sur les bras, nous serons à la merci de l'ennemi, qu'il veuille la guerre ou la paix.

» La paix, si la France nous l'impose, sera pour nous plus funeste peut-être que ne le serait la guerre, car le grand embarras après la paix sera de nous débarrasser

... dell' Aquila griffagna
Che per piu lacerare due becchi porta. »

Il n'y avait donc plus d'espérance.. Pendant que, pour ses États de terre ferme, ennemis et alliés étaient également redoutables au Roi, la plus effroyable fermentation ravageait la Sardaigne. Les insurgés y avaient massacré le gouverneur, et les partis qui se disputaient l'île appelaient tour à tour à leur aide les flottes anglaise et française.

On avait vu d'Albenga vingt gros vaisseaux se diriger vers l'île, et l'on ne savait ce qu'ils étaient.

« Il se pourrait, dit le marquis Henry, que la Sar-

---

(1) L'envoyé de la République française à Gênes.

daigne fût notre Saint-Domingue. Ce sera un sacrifice dont notre vanité aura plus à souffrir que nos intérêts. Puissent, à ce prix, les pauvres Savoyards n'être pas le troupeau que le fermier livre au boucher pour se libérer de ses dettes ! »

En écrivant ces choses, il avait comme un secret instinct de ce qui se passait à Turin. On y tenait conseils sur conseils où les éventualités de la paix étaient discutées. L'Espagne, qui venait de traiter avec la République, avait offert sa médiation, le gouvernement français semblait disposé à consentir à une entente, mais posait comme conditions préliminaires le maintien de toutes ses conquêtes, c'est-à-dire l'abandon définitif de Nice et de la Savoie (1).

Ces propositions semblaient acceptables au prince de Piémont et au général Silva, mais elles étaient énergiquement repoussées par le comte d'Hauteville (2). Le sentiment personnel de Victor-Amédée fit pencher la balance du côté de la guerre, et toute idée de traiter fut définitivement abandonnée.

Il entrait peut-être dans la détermination du vieux Roi plus d'esprit chevaleresque que d'esprit politique, mais ce côté si brillant de son caractère faisait pardonner bien des imprudences et ralliait autour de lui tous les cœurs.

« Faire la paix, écrivait le marquis Henry, semblerait à certaines gens plus politique, mais lutter avec le

---

(1) BOTTA, p. 76.
(2) Ministre de l'intérieur.

tronçon de son épée est plus digne de notre vieux sang royal. L'humiliation mène peut-être au paradis, mais les rois ne doivent prétendre qu'aux Champs Élysées des héros.

» Au surplus, quand on voit Louis XVIII en pension chez des moines à Vérone, pendant que l'Europe est en feu pour décider le procès de la royauté, on doit se réjouir de voir son roi à cheval. »

Et comme si ce spectacle de la vieille royauté française, errante à travers le monde, eût ramené ses souvenirs vers un passé à jamais fini, passé avec lequel il avait rompu pour sa part, mais auquel sa femme et ses amis de Lausanne se cramponnaient plus fiévreusement que jamais :

« O mon amie, écrivait-il, laissez dormir toutes ces poussières. Vos amis, en fait d'illusions, ressemblent à ces femmes russes qui refendent leurs perles pour les multiplier. Comment, après quatre ans, vos amis peuvent-ils en être encore au cérémonial de France et se disputer des pourpres en lambeaux? Comment! vous voudriez qu'on fût toujours grand chambellan, quand il n'y a plus ni grandes ni petites entrées; grand maître de cérémonies, dans un pays où l'on fait si peu de cérémonies!

» Il est sûr qu'au milieu de toutes ces transformations, dont un bal masqué seul peut donner l'idée, on a peine à se reconnaître; bien des choses comme bien des mots ont sombré, tandis que d'autres ont changé de signification.

» A ce propos, on s'étonnait l'autre jour à la table du

général que le mot de loyauté eût survécu, que même il fût en vogue et sans cesse répété dans les discours des orateurs constitutionnels, dans les arrêts des comités et dans les décrets de la Convention.

» Hélas! si nous cherchions la cause de nos malheurs, ne la trouverions-nous pas dans l'abus de ce mot? Antérieurement à la révolution, ne tendait-on pas à donner l'apparence de la réforme et de la droiture aux plus infâmes effets de la corruption? C'est ce qui explique que le mot loyauté ait surnagé. »

A l'heure même où le marquis écrivait, les alliés du Roi semblaient donner raison à sa théorie. Les Autrichiens protégeaient la Lombardie sans compromettre leur armée, ils mettaient les troupes du Roi aux prises avec l'ennemi pour éloigner d'eux et attirer sur lui tout le poids de la guerre.

Les Anglais, plus occupés de la Corse que de l'Italie, maîtres de la Méditerranée, n'y faisaient pas tourner leur supériorité au profit de la cause commune. Se plaignant sans cesse de leurs alliés, ils laissaient arriver aux Français les troupes que leur envoyait l'armée des Pyrénées et les convois de grains que leur expédiait le Levant.

Ces trahisons éclataient à tous les yeux.

« Quelle triste chose que ces alliances! écrivait Henry. L'Angleterre, maîtresse de la mer, ne s'y montre plus dès qu'on a besoin d'elle. Le grand vizir (1) est tou-

---

(1) M. de Vins.

jours à la même place et se console de n'être pas le conquérant du Midi en écumant la mer de Gênes. Il eût voulu nous jeter en avant, mais on est heureusement parvenu à déjouer sa petite fantaisie, et en cela la division et la haine entre nos généraux nous ont mieux servi que leur vaillance et leur science.

» Que ne pouvons-nous nous débarrasser de nos chers alliés qui se moquent de nous, s'ils ne font pis encore! Notre position sans eux ne serait point désespérée; car les frontières et les places sont intactes et notre pauvre armée piémontaise bonne encore!

» Imaginez qu'un certain M. d'Anglefort vient d'arriver pour recueillir, à destination de l'armée de Condé, les déserteurs français. Il fera ici les plus mauvaises affaires, car les Français ne désertent plus depuis qu'ils attendent des renforts et se voient en mesure de prendre l'offensive. Kellermann vient d'être remplacé par Scherer avec mission de dégourdir les troupes. Un courrier que nous avons enlevé à l'ennemi nous a découvert ce pot aux roses et nous a appris qu'il arrive des régiments du Rhin, de la Moselle et des Pyrénées. »

Malgré tout, M. de Vins, une fois encore, se laissa surprendre et donna le 23 novembre la mesure de ce que l'on pouvait attendre de sa capacité.

« Nous avons eu le 23, écrivait Henry, une bataille générale; tous nos postes ont été attaqués à la fois, depuis le Tanaro jusqu'à la mer, avec une violence extrême.

» La droite, où se trouvait l'armée du Roi avec M. le général Colli, n'a pas perdu de terrain. La gauche, composée du corps autrichien de M. Wallis, a un peu cédé; malheureusement le point où étaient les corps auxiliaires, commandés par M. d'Argenteau, a été enfoncé et a ouvert une large brèche par laquelle l'ennemi a gagné les crêtes de l'Apennin du côté de Savone, et a mis l'armée autrichienne dans le cas d'être coupée ou de fuir. M. de Vins a pris ce dernier parti, abandonnant magasins, artillerie, équipages. Il court en tête des fuyards dans sa chaise, tant que ses porteurs ont de jambes.

» Et voilà les alliés sur lesquels nous avons été assez naïfs pour fonder quelque espoir.

» Au dire de tous, nous ne devons qu'à une affreuse tourmente de neige d'avoir échappé à l'ennemi.

» Pour moi j'en fais honneur à l'intercession des Saints morts et vivants et suis de l'avis de M. l'ambassadeur de Venise qui prétend qu'il faut envoyer en Piémont tous ceux qui doutent de la Providence. »

Les Saints protecteurs du Piémont ne se démentaient pas.

L'ennemi, après avoir séparé les troupes sardes des troupes autrichiennes, pouvait revenir sur le général Colli et l'écraser à son tour; il n'en fit rien. On vit même les Français reprendre les détestables quartiers d'hiver qui, l'année précédente, leur avaient coûté autant de monde que les plus sanglantes batailles.

« Il faut convenir, disait à ce propos le marquis Henry, que la Providence, du haut de son trône, doit sourire parfois en voyant ici-bas les gens d'esprit et les sots ne faisant vis-à-vis les uns des autres que des bévues, et suivant les lois du destin pendant qu'ils croient à leurs combinaisons savantes et fines. »

Mais, en même temps qu'il se laissait aller à cet accès de fatalisme, le marquis savait donner à chacun la responsabilité qu'il pouvait avoir encourue dans les derniers événements :

« On vient enfin de déterrer M. de Vins à Tortone; on l'a trouvé crevant de scorbut, de honte et d'envie; il prétend qu'il va mourir. Sûrement barbouillera-t-on quelque épigramme mordante sur sa tombe. On vient de lui ôter à la fois son commandement en Italie et son gouvernement de la Croatie. Cet homme est la cause de tous nos désastres et les a rendus irréparables; généraux et officiers sont rebutés. Colli veut se démettre de ses fonctions. Il sent le danger de sa position (1), serviteur de deux maîtres dont les intérêts se croisent, il est presque impossible qu'il ne devienne pas suspect à l'un ou à l'autre de ses patrons, et il est à craindre que ce ne soit à tous les deux. Il croit l'armée du Roi insuffisante pour défendre seule le pays, et il ne voit aucun moyen de lui donner promptement la force d'être indépendante; d'un autre côté, il est si peu convaincu de la bonne foi des Autrichiens, quoiqu'il ne le dise pas ouvertement, qu'il n'attend rien d'eux. »

Le marquis Henry, bien qu'habitué à ne croire que

---

(1) On se souvient que M. Colli, officier général au service de l'empereur d'Autriche, était détaché pour commander l'armée piémontaise.

modérément à l'abnégation, avait une foi complète dans le désintéressement de son général.

Il prit auprès de M. d'Hauteville (1) la défense de M. Colli (2) :

« Il me semble, monsieur le Comte, que l'on juge trop librement les généraux. Si M. Colli a des côtés faibles, il prend lui-même trop peu de souci de les cacher et il blesse trop inconsidérément l'amour-propre d'autrui pour qu'on lui pardonne quelque chose dans ce genre; ainsi je crois inutile de convenir qu'il peut avoir, comme homme, de grands défauts, mais à côté de ces défauts il a de vraies et grandes qualités pour la place qu'il occupe et les circonstances où il se trouve. On ne peut lui refuser une vivacité et une pénétration très-rares, jointes à une connaissance acquise de son métier. Tout le monde lui accorde une valeur personnelle qui, si elle n'est pas la première des qualités chez un général, ne laisse pas d'être d'un prix infini quand elle est bien prouvée et que les troupes en sont convaincues.

» Le soldat suit volontiers un chef couvert de cicatrices honorables. A cette espèce de courage, il en joint un plus précieux encore et dont tout le monde convient : c'est la fermeté et la présence d'esprit dans les moments les plus dangereux. Il est alors calme et supérieur à lui-même. Il possède une agilité et une vigueur

---

(1) Ministre de l'intérieur.
(2) Brouillon de lettre trouvé dans les papiers du marquis Henry.

qu'à son âge, dans son grade et dans une guerre comme celle-ci, il faut mettre au nombre des qualités les plus précieuses. Cette agilité et cette force physique extraordinaires le mettent en mesure de reconnaître par lui-même les sites les plus difficiles et de se montrer sans cesse aux troupes; aussi connaît-il parfaitement le pays et l'armée qu'il commande. Quoique sévère et dur, il a acquis sur cette armée un ascendant très-remarquable. »

Et faisant allusion aux monstrueuses concussions de M. de Vins, le marquis Henry ajoutait :

« Le général est parfaitement désintéressé et n'entre dans aucune combinaison d'avidité dont quelques autres généraux font si peu de mystère. Nous le voyons dépenser noblement ce qu'il reçoit de la cour, il ne coûte rien au Roi ni au pays. Il est avare de l'argent du trésor, et l'on pourrait chiffrer par millions les économies qu'il nous a faites.

» M. Colli témoigne de l'estime et de l'affection pour les troupes du Roi qui ont partagé avec lui tant de fatigues et quelque gloire, ceci explique l'ascendant dont j'ai parlé plus haut.

» Pesez bien ceci, monsieur le Comte, et voyez si, malgré les jalousies, il ne convient pas de conserver celui qui possède de telles qualités, et s'il ne faut pas lui passer des défauts dont nous ne le corrigerons pas, surtout celui d'être un mauvais courtisan et de ne jamais parler de lui (1). »

---

(1) Le baron Colli, Italien de naissance et lieutenant général au

Être mauvais courtisan, ne jamais parler de soi, ne sont-ce pas là des fautes auprès desquelles les autres ne sont rien ? Un homme supérieur qui se tait se voit préférer sans cesse le sot ou le fat qui, sous tous les régimes, ont le don merveilleux d'être crus sur parole et de faire rarement en vain leur apologie.

« Comment les puissants se laissent-ils prendre à

---

service de Sa Majesté Impériale, avait fait la guerre de Sept ans et la guerre de Turquie ; il en avait rapporté force blessures. Il était de taille moyenne et fort maigre ; un nez aquilin, une bouche fort petite et fort gracieuse, de grands yeux bleus très-vifs, lui composaient un visage excessivement remarquable. Il joignait à cela beaucoup d'esprit naturel et une grande finesse. Il aimait beaucoup la bonne compagnie et le grand monde. Il dut sa fortune au maréchal de Laudon.

Les Turcs avaient battu l'armée impériale et l'avaient forcée à une reculade ; le maréchal voulut fortifier la position qu'il occupait. M. Colli, alors major du régiment italien Belgojioso et fort aigri de passe-droits qui lui avaient été faits, sut que le maréchal visiterait la ligne retranchée. Il mit tout son monde au travail, laissa ses officiers sous leurs tentes et prit lui-même une pioche.

Le maréchal arriva sur ces entrefaites. Colli fit semblant de ne pas le voir et travailla comme un homme harassé, ne pouvant presque plus se soutenir. Le maréchal l'accosta ; Colli fit l'étonné et s'excusa de n'avoir point rendu les honneurs militaires ; mais, tout en faisant ses excuses, il n'avait pas quitté sa pioche sur laquelle il s'appuyait en parlant comme un homme malade de la poitrine et qui se fait violence. M. de Laudon parut fort content du travail déjà fort avancé, et du zèle de son major. Il s'entretint longtemps avec lui sur différents sujets. Colli savait très-bien son métier et avait de l'esprit ; il satisfit le maréchal sur toutes les questions, et fit si bien qu'il l'amena à le questionner sur lui-même.

Colli vit se réparer bien vite toutes les injustices vraies ou fausses dont il se plaignait ; il fut fait colonel, puis général-major. La mort du maréchal lui rendit fort difficile à conquérir le grade de lieutenant général qu'il avait, quand, en 1794, il prit le commandement de l'armée piémontaise.

ces enseignes? dit à ce propos le marquis Henry; dans l'habitude de la vie pourtant, on ne s'attend point à être logé comme un roi dans une auberge parce que l'écriteau qui lui sert d'enseigne porte ces mots magiques d'hôtel royal.

» C'est ici, à Turin, le conseil des rats autour de Rominagrobis; on n'a pas idée des tripotages dont on va s'occupant; l'un n'est pas sûr de ne pas être général dans quinze jours, l'autre doute s'il le sera encore à cette époque. Depuis la disgrâce de M. de Vins, le commandant de l'armée autrichienne n'est pas encore nommé, ni le nôtre non plus. Colli veut s'en aller, comme je vous l'ai mandé déjà; tous les gens de bien en voudraient faire autant, et les intrigants de se pousser tant qu'ils peuvent, persuadés que le talent de l'intrigue doit suppléer à tout autre talent.

» Heureux qui pourrait tout planter là et aller vivre dans quelque vallon écarté où jamais on n'entendît parler de révolution ni d'intrigues de cour. Heureux qui serait jeune, pour apprendre quelqu'un de ces bons métiers qui rendent indépendants, qui font vivre des folies mêmes et des barbaries du temps!

» Les Cyclopes qui forgeaient les foudres étaient plus heureux que les vaines divinités qui les lançaient, et il vaudrait mieux aujourd'hui faire des bottes ou des sabres que de la mauvaise tactique et de la détestable politique.

» Ceux que Montaigne destine à être pâtissiers dans une bonne ville sont par le fait, en dernière analyse, les plus estimables et les plus heureux. »

N'a-t-on pas toujours vu, sous les princes faibles, l'intrigue développer ses moyens, faire agir ses ressorts et finir par triompher du mérite qu'elle dégoûte ? Alors tout va mal, tout peut crouler, s'il se présente des circonstances difficiles.

C'est ce qui devait arriver pour le Piémont pendant cette funeste année de 1796, qui allait, à la fois, mettre fin à la guerre et à la puissance séculaire de la maison de Savoie (1).

---

(1) Comme si l'Autriche eût voulu donner à son allié une dernière preuve de sa mauvaise foi au moment où ses troupes allaient entrer dans leurs quartiers d'hiver, M. Wallis, qui les commandait par intérim depuis la disgrâce du général de Vins, fut avisé par M. Craverana, de la part du Roi, que l'ennemi se préparait à une nouvelle attaque sur les Bormida. Il eût été naturel que Wallis suspendît son mouvement d'autant mieux que le ministre Thugut avait dit à M. de Castellalfero, envoyé de Sardaigne à Vienne, qu'il entendait que le Piémont fût énergiquement défendu par les troupes impériales.

M. Wallis ne tint aucun compte de l'avis de M. Craverana; il avait ses instructions secrètes, connaissait le jeu de M. Thugut; il s'achemina tranquillement avec ses troupes vers ses quartiers de Lombardie, abandonnant une fois de plus le Roi à tous les hasards de nouveaux désastres *.

* *Storia militare del Piemonte*, p. 401.

CHAPITRE QUATORZIÈME

MONDOVI ET LAUSANNE

1796

La marquise et ses enfants après quatre années d'émigration. — M. de Murinais et ses nouvelles. — Henry sauve un soldat condamné à mort. — Il refuse d'aller à Vienne traiter d'un nouveau plan de campagne. — Sallicetti et Bonaparte. — Rapports d'espions.

Un temps avait existé où l'horizon était sans nuages. Mais, après quatre années d'épreuves, le marquis Henry avait presque oublié cette époque heureuse, et, s'il s'en souvenait, c'était pour faire entre ces heures lointaines et l'heure présente de douloureuses comparaisons.

A ces dates, surtout à celles du 1ᵉʳ janvier, qui jalonnaient en quelque sorte ses douleurs, il sentait ses peines se renouveler plus aiguës. Ce sentiment se grandissait encore de la terreur avec laquelle le malheureux entrevoyait l'avenir : c'était quelque chose de semblable à cette vision du passé, qui, aux yeux du mourant, augmente l'effroi qu'inspire un redoutable inconnu.

Sa femme et ses enfants lui restaient cependant; c'était auprès d'eux qu'il se réfugiait, cherchant là comme une protection contre lui-même.

« J'ai besoin de sentir que vous vivez pour m'aimer et pour que je vous aime, écrivait-il le 1ᵉʳ janvier 1796. A cette date qui, comme tant d'autres déjà, servira de point de repère à de nouvelles souffrances, je demande à Dieu de nous laisser au moins notre mutuelle tendresse ; elle seule rend la comparaison moins cruelle de ce qui fut et de ce qui est de nous. Tant que vous me resterez, que les débris de ma famille ne me seront pas enlevés, mon cœur continuera de battre, et j'abandonnerai sans peine ma part des biens de ce monde. Pour vous seulement et mes enfants, je tremble et suis inrassurable.

» Caressez ces pauvres petits, ils sont dans l'âge où l'on prend toutes sortes de plis ; ils s'accoutumeront donc à ne pas être des seigneurs. Laissez-les insouciants et gais, *ânes* même, qu'importe? Pourvu qu'avec le don d'ânerie on ne se veuille pas mêler de grandes choses, on fait, bâté, suffisamment son chemin dans le monde.

» Pauvres enfants, bons ou mauvais, ma tendresse pour eux est comme le soleil qui se lève sur le pécheur et sur le juste! »

Après avoir écrit la lettre que l'on vient de lire, Henry laissa tomber sa plume, incapable de traduire ses pensées. Qui ne sent ce qu'elles étaient?

A ces heures d'abandonnement, l'âme s'empare parfois des traits du visage et perd, en s'y fixant, quelque chose de son immatérialité.

Parmi les reliques de la famille, il existe un portrait du marquis Henry. C'est bien l'âme qui illumine ce visage de sérénité, de noblesse et de bonté.

Telle devait être, au moment où abondaient ces tristes et tendres souvenirs, l'expression alanguie des yeux de Henry. Tel devait être, soucieux et pensif, son front qu'encadrent quelques mèches de cheveux grisonnants et en désordre. C'est bien ainsi que sa bouche entr'ouverte se relevait dans les coins par un triste et doux sourire.

A ce portrait on eût pu donner pour pendant, sous les traits de la marquise, la plus touchante image de la résignation.

Seule aussi elle commençait cette année, seule, sans avoir, pour vaincre ses tristes pensées, la ressource d'un travail écrasant. Malade, elle n'avait plus que la prière pour garder son chevet.

Car de nouveaux vides se faisaient autour d'elle. Depuis que les portes de la France s'étaient entr'ouvertes aux émigrés, ses amis disparaissaient. Près de son lit on ne voyait plus que la fidèle Chagnot et l'abbé Baret, malade lui-même et presque aveugle. Les enfants, dans cette affreuse détresse de quatre années, avaient été pour leur mère un cruel souci; encore, à l'heure présente, ils étaient un embarras, car elle les voyait grandir et ne pouvait, ainsi que le marquis Henry, se résigner à regarder comme un bien suprême ce don d'ânerie, si désirable pourtant, parce qu'il laisse au cœur toute son honnêteté.

A vrai dire, Camille et Sylvain le poussaient un peu loin. Mais pendant la Terreur, les ressources de la marquise, réduites à ce qu'il fallait pour ne pas mourir de faim, ne lui avaient pas permis le luxe trop coûteux de l'école; sa santé délabrée ne lui avait pas permis non plus d'y suppléer.

« Qu'ai-je pu pour nos pauvres petits, écrivait-elle,

sinon les abandonner au bon Dieu, qui leur a fait à tous deux un cœur excellent? J'ai tâché de les rendre un peu meilleurs en leur apprenant à croire en lui et à l'aimer; mais j'ai été si abîmée, que je n'ai pu leur apprendre autre chose. L'abbé pleure et gémit de ne s'utiliser à rien; il est presque aveugle et souffre si cruellement des entrailles qu'il est sur le point de s'évanouir dix fois le jour. Vous savez combien Chagnot est illettrée. Les enfants s'abêtissent de toutes ces impossibilités. Qu'y faire, mon ami? Je n'ai pu songer aux écoles, l'argent était trop rare.

» Cependant, à cet égard, ne vous inquiétez plus, mon frère m'a envoyé vingt louis; les visites du médecin qu'il me faudra payer pour l'abbé et pour moi les écorneront bien un peu, mais avec eux j'ai encore un long avenir. »

La situation semblait, en effet, s'améliorer un peu. Le marquis de Murinais, après lui avoir envoyé quelque argent, avait pu parvenir jusqu'à sa sœur.

« Les nouvelles que m'a apportées mon frère m'ont fait grand bien, écrivait-elle. Depuis sa sortie de prison, votre père est malade; mais on ne désespère pas de lui; votre mère et vos sœurs le soignent angéliquement. Le discrédit et l'horreur dans lesquels vont tomber les brigands qui nous ont fait tant de mal sont entrevus; à Chambéry, on les injurie publiquement, on les bat même sans que l'ordre public en soit troublé. Victor (1)

---

(1) **Le marquis de Murinais n'avait pas émigré.**

m'a raconté toutes les horreurs auxquelles il a assisté. Vingt fois il s'est cru à sa dernière heure; sa sainteté et l'affection qu'il avait inspirée l'ont préservé de toute persécution. Sa vue seule m'a été comme un baume.

» Il m'en coûte cependant de voir s'envoler l'un après l'autre tous les amis avec lesquels j'avais espéré, aimé, maudit et pleuré pendant ce long exil. Ils vont retrouver parents, amis, joies peut-être; moi seule, mon ami, je demeure loin de vous, loin du seul cœur qui maintenant soit à moi et pour moi, tout, tout, tout, mon ami. Mon Henry, quand finira cette guerre, quand finira l'épreuve, quand pourrons-nous pleurer ensemble? Je me dessèche de cette seule joie, qui est tout mon avenir. »

On eût dit que la pauvre femme groupait autour d'elle toutes les douleurs pour y enchâsser ses tendresses.

Si pour elle et pour son mari les joies étaient rares, ces joies devenaient inestimables lorsqu'à une bonne action ils pouvaient mêler le souvenir d'Eugène.

« J'ai eu ce matin un vif plaisir qu'il faut que je vous raconte, écrivait Henry. Je fus réveillé par un courrier m'arrivant de Mondovi, avec une lettre à trois cachets. Je crus Ceva attaqué; non, c'était un malheureux qui recourait à moi pour tâcher de n'avoir pas la tête cassée. Cet homme m'avait servi d'ordonnance aux grenadiers royaux; ce fut lui qui emporta mon pauvre Eugène après sa blessure. Blessé lui-même à la retraite de Tende, pendant que je m'appuyais sur son bras, il ne voulut point me quitter et me donna mille preuves d'attachement.

» Depuis je l'avais perdu de vue, et il avait déserté, avait été pris et allait être fusillé. Je courus au Roi, et j'ai eu le bonheur d'obtenir sa grâce; vous jugez si j'ai été heureux de ma journée.

» Du reste, je continue à faire ici bien platement ma petite figure de juste, ce qui n'a pas empêché le Roi de me donner l'autre jour un rang de colonel et la croix, ce qui m'a fait plusieurs ennemis et ôté quelques amis. Je n'avais ni demandé, ni désiré ces faveurs, et me voilà avec tous les revenants-bons dus à de plus ambitieux que je regrette de ne pas voir à ma place. »

A l'inverse de bien des gens, le marquis Henry ne savait point se complaire dans la jalousie qu'il pouvait inspirer. En homme d'esprit, il laissait cette jouissance à ceux qui se consolent des humiliations de leur conscience par la pensée qu'ils font des envieux.

Pouvait-il étayer son désintéressement d'une preuve plus convaincante qu'il ne le fit, en refusant d'aller à Vienne traiter d'un plan nouveau pour la prochaine campagne? A son défaut, cette épineuse mission échut au marquis de Carail, qui partit avec M. de la Tour vers la fin de janvier. Quant au marquis, il alla rejoindre Colli et son armée, campée sous les murs de Ceva. Là, soldats et officiers comprenaient qu'ils ne pourraient longtemps lutter contre la fortune de la France, et presque tous désiraient la paix. Mais, fidèles à leurs drapeaux qu'ils ne croyaient pas humiliés, ces braves gens attendaient l'heure de nouveaux sacrifices, se confiant dans la justice de leur cause et dans l'habileté de leur général.

Colli cherchait à recomposer ses régiments; mais la pénurie du Trésor, le manque d'hommes, paralysaient ses efforts. A force de prières, de décrets et d'argent, on finit par faire entrer dans les régiments quelques milliers de soldats appartenant aux milices, et l'on réussit ainsi à porter l'armée active du Roi à vingt-cinq mille hommes.

Si faible que fût cet effectif, le général Colli ne désespéra plus dès qu'il connut la nomination de Beaulieu au commandement de l'armée autrichienne. Une vieille amitié liait entre eux ces deux hommes de guerre et permettait d'espérer enfin une action commune vers un but commun.

La saison, extraordinairement mauvaise cette année-là, venait aussi en aide aux alliés.

«Les Saints protecteurs du Piémont viennent encore de se faire honneur. Il est tombé de la neige pendant huit jours avec une telle abondance que l'ouverture de la campagne est retardée au moins de trois semaines. Notre général a profité de cette embellie pour aller voir Beaulieu (1), destiné à prendre le commandement de l'armée autrichienne.

---

(1) La lettre par laquelle Beaulieu invitait Colli à venir le voir avait été copiée par le marquis Henry :

« MON CHER COLLI,

» Je reçois en ce moment votre lettre en date du 26.

» Je crois bien que l'on peut avoir quelques craintes à Turin; que ces craintes soient fondées ou non, il est non-seulement bon que l'on prenne des mesures, mais il est aussi indispensable qu'on se prépare à tout événement, afin d'arrêter l'orgueilleuse présomp-

» Colli et Beaulieu semblent fort unis et désireux de s'entendre. Dieu veuille que ce petit grain de bienveillance produise, comme le grain de sénevé, un arbre à nous abriter contre l'orage.

» En attendant, on est, parmi nos gouvernements, assez d'accord sur plusieurs points. On convient que les principaux efforts de la France se porteront cette année sur l'Italie; que de la destinée de ce pays dépen-

---

tion que des succès trop aisés ont donnée à nos ennemis, car il est vraisemblable qu'ils ont été surpris du peu de peine qu'ils ont rencontrée dans leur entreprise du 23 novembre.

» Quant à moi, je voudrais convenir avec vous, et certainement tout serait arrangé, car notre principe ne pourrait être que le bien général. Si vous obteniez des avantages par mon assistance, si j'en obtenais par la vôtre, deux amis auraient toujours lieu de se féliciter et de se réjouir cordialement. Jusqu'à présent, aucune jalousie ne peut avoir corrompu nos sentiments l'un envers l'autre.

» Mais que puis-je faire ? Je ne suis point aimé ici par le commandant d'intérim. Aussi n'ai-je point de pouvoir, et comme j'ai eu l'étourderie de me récrier contre l'aucromanie sans prendre bien garde où j'étais, j'ai beaucoup déplu. On ne me le pardonnera pas ici, et comme je devais disputer pour obtenir droit sur quelques avis, je me dispense de casser mes vieux poumons et d'échauffer peut-être ma bile. J'espère que la cour se décidera bientôt et qu'elle mettra chacun à la place qui lui convient; sans quoi je serais ici sans but, et par conséquent très-mal.

» En attendant, puisque la neige qui couvre sans doute les passages nous donne un moment de loisir, tâchons de nous voir. Écrivez-moi donc quand vous serez à Milan, quoique vous m'ayez promis de venir probablement à Pavie; mais enfin si cela ne se peut pas, écrivez-moi quand et combien de temps vous comptez vous arrêter à Milan et à quelle auberge; je tâcherai de vous y aller trouver.

» En attendant, que rien n'altère notre amitié, soyons un exemple de la possibilité d'être amis dans la même carrière.

» *Signé* : BEAULIEU. »

dra vraisemblablement le sort de l'Europe. On dit qu'avec un peu de bon sens et de bon accord on repousserait les entreprises de l'ennemi.

» Après qu'on est tombé d'accord sur tout cela, on n'en fait ni plus ni moins, et l'on va se perdre dans un labyrinthe à petites intrigues qui ressemblent bien plus à des intrigues de société qu'à toute autre chose.

» Je commence à croire que c'est faute de pouvoir prendre un plus noble vol que l'on voltige ainsi terre à terre. »

A quelques jours de là, le marquis Henry se reprenait cependant à espérer, tant est juste ce proverbe arabe qui dit : « La vie même, en s'en allant, laisse derrière elle l'espérance pour fermer les portes. »

« Nous sommes dans un moment où l'on voit ici tout en beau. Colli est arrivé ce matin de Pavie, gorgé de promesses. M. de Carail, M. de la Tour, en sont au même point à Vienne. L'ennemi dans la Rivière n'acquiert pas des forces suffisantes pour tenir tête aux cinquante mille Autrichiens à venir et à notre petite armée présente, le tout appuyé à nos places et couvert par ce qui nous reste de montagnes...

» Enfin, nous sommes dans nos jours lucides, et Maistre serait content de nous.

» Salicetti a révolté les Génois par ses violences et son indiscrétion. La grande république traite sa petite sœur avec une arrogance outrageante et en veut absolument à son argent. Salicetti a eu, dit-on, son grand-père pendu à Gênes ; on prétend qu'il en garde du fiel contre les Génois, comme si le cœur et le cerveau d'un philanthrope pouvaient se laisser impressionner par de pareilles misères.

» Toujours est-il qu'il pousse avec vigueur son projet, non pas de faire déclarer Gênes, mais bien de conquérir cette riche proie. Elle doit, d'après ses calculs, fournir aux premiers frais de la campagne, jusqu'au temps où la terre fera le fossé et où l'Italie nourrira ses envahisseurs. »

Salicetti regardait, en effet, comme un coup de partie de bousculer le gouvernement génois et de s'emparer à la fois des deux forteresses de la république (1). Il espérait y trouver de grands magasins et une artillerie de siége toute portée. Salicetti rêvait aussi plus d'argent comptant que le Directoire ne pouvait lui en donner.

Malheureusement les Génois se refusèrent aux emprunts d'argent et aux autres actes de confiance qu'exigeait le commissaire français. Salicetti ne désespéra pas cependant, et fit tant qu'il engagea quelques négociants à lui prêter des sommes considérables et à lui livrer des vivres et des fournitures pour plus d'argent encore. De là l'action et la vie rendues comme par miracle à l'armée républicaine, miracle dont un courrier enlevé vint révéler bientôt au chef d'état-major sarde et la cause et les formidables effets.

« Que se passe-t-il dans la Rivière de Gênes? écrivait le marquis Henry. Les troupes françaises se muti-

---

(1) Gavi et Savone.

naient et allaient en délabrement, et voilà qu'un courrier enlevé nous apprend qu'elles sont, suivant une nouvelle ordonnance, vêtues, chaussées de neuf et payées de leurs arrérages.

» Les intrigues de Cacault et de Salicetti ont amené les choses à ce point.

» De plus, Salicetti, mécontent des hésitations et des doléances de Schérer, a, paraît-il, écrit au Directoire que pour l'expédition d'Italie il ne fallait pas de vieux hommes, mais des généraux jeunes et hardis. Salicetti croit qu'une volonté déterminée, jointe à la morale d'un jacobin, doivent suffire pour renverser tous les obstacles. On annonce donc à l'armée l'arrivée d'un nouveau général en chef.

» On le nomme Bonaparte, Corse d'origine comme Salicetti; il était officier d'artillerie sous l'ancien régime, par conséquent gentilhomme, mais peu connu dans l'armée, où il n'a été employé que comme artilleur à la prise de Toulon. On ne le croit pas jacobin : il est homme d'éducation et de bonne compagnie. Il passe pour être plein de génie et de grandes vues : son entourage se compose d'anciens officiers d'artillerie.

» Que fera-t-il? Je n'en sais rien encore. Les coups se pressent moins qu'on n'avait lieu de le craindre.

» Cette quinzaine va être bien intéressante; notre jeu me semble superbe, il s'agit de savoir quel parti nous en saurons tirer. »

Il restait, en effet, à savoir quel emploi l'on allait faire des jours et des heures; il restait à savoir qui des Français ou des Autrichiens occuperaient le pas de la Boquetta et les hauteurs importantes auxquelles la ville de Gênes est adossée. Il s'agissait aussi de savoir de quel côté se rangerait le gouvernement génois, dans l'impossibilité où il était réduit de conserver la neutralité.

On conçoit l'anxiété de ceux qui, comme le marquis Henry, avaient leur lourde part de responsabilité.

« Le général m'a laissé à Ceva pour aller de nouveau conférer avec Beaulieu.

» Ils tomberont d'accord. Je crois qu'il fait le plus beau temps du monde.

» Et cependant les Français sont aux portes de Gênes, et nous ne bougeons pas pour les empêcher d'y entrer.

» Hélas! la morgue et la pesanteur autrichiennes seront toujours les mêmes. »

On savait au camp austro-sarde tout le parti que les Français comptaient tirer de l'habituelle lenteur des alliés; et cependant on agissait comme si l'on avait eu du temps de reste.

Grâce à ses espions, le marquis Henry envoyait tous les jours au général en chef un rapport où, comme dans celui que l'on va lire, la sûreté des informations le disputait à la justesse des vues militaires:

« Dans une espèce de conseil tenu à Port-Maurice le 18 mars, disait le marquis Henry, conseil où se trouvaient deux transfuges piémontais, Caula et Sicio, ainsi que le général Rusca, Salicetti a dit qu'il fallait mettre à profit la sécurité des Piémontais et la léthargie des Autrichiens; faire avancer une colonne par la vallée du Tanaro; en présenter une autre vers Montezzemolo pour tenir en échec l'armée de Ceva, pendant qu'une troisième filerait sur Alba. Il a dit encore que pour effrayer les paysans, il serait bon de brûler les premiers villages, ainsi qu'on l'a pratiqué en Espagne.

» Rusca demanda le commandement d'une de ces colonnes, et chercha apparemment à faire sa cour au commissaire, en ajoutant que le feu lui ferait trouver plus de partisans que la douceur.

» Pendant cette conversation, Caula reçut des dépêches volumineuses apportées d'Alba par deux hommes habillés en paysans, et il en fit la lecture à haute voix. D'après la personne qui a rendu compte de tout ceci, on peut conclure en gros de cette lecture que les Français ont de nombreux partisans dans les villes d'Asti, de Verceil et d'Alba.

» Salicetti a dit : « Je connais Beaulieu, c'est un » général habile; mais l'ignorance républicaine et la » pétulance des sans-culottes pourront bien déconcerter » sa tactique autrichienne. » Il a dit encore dans une autre occasion : « Je voudrais trouver à faire argent » des canons que j'ai de trop, car dans cette campagne » on ne fera usage que de pièces de 8 et de 12, chargées » à mitraille, contre la cavalerie des coalisés. Nous ne » ferons pas de siéges, nos intelligences dans les places » nous en épargneront les frais. »

» De plusieurs propos du même genre, échappés à des généraux ennemis et à des officiers d'état-major, on pourrait conclure que leur projet est plutôt de faire une irruption en Italie qu'une campagne régulière.

» Dans tous les cas, ce qui pourra déconcerter leur premier projet, ce sera de trouver deux armées réunies en masse ; l'une au-devant de Ceva, l'autre au-devant d'Aqui, toutes deux assez fortes pour se soutenir d'elles-mêmes, et à portée de s'entr'aider au besoin.

» Pendant qu'un de ces corps se présentera de front à l'ennemi, l'autre menacera toujours de le prendre en flanc, en marchant par sa droite ou par sa gauche.

» Les coalisés doivent prévenir les Français partout, et il n'est nullement à supposer que ceux-ci osent s'avancer entre leurs deux armées pour essayer d'arriver sur Alba et Asti. L'ennemi ne pourrait tenter ce mouvement qu'en nous prêtant le flanc avec toutes sortes de désavantages. »

CHAPITRE QUINZIÈME

BONAPARTE

1796

Premiers mouvements de l'armée française. — Bataille de Montenotte. — Défaite des troupes sardes. — Le marquis Henry et le général Latour sont chargés de demander une suspension d'armes au général Bonaparte.

Mais on comptait sans ce général qui, pour le marquis Henry et pour l'Europe, était un inconnu appelé Bonaparte.

Les mouvements de l'armée française, pendant la dernière quinzaine de mars, avaient été très-remarquables. Dès le commencement d'avril, ces troupes s'étaient resserrées sur Final; celles qui restaient à Savone firent un mouvement qui les porta sur les hauteurs de l'Altare, de Saint-Jacques et de la Concevola. Elles furent dès lors en mesure de prendre l'offensive sur les Bormida. Les troupes du haut Tanaro, déjà poussées jusqu'à Garessio et Priola, coopéraient au mouvement sur le col de Cassoto et vers le sommet du vallon d'Enfer.

On voyait d'autre part l'ennemi relever avec activité les retranchements de sa ligne défensive de l'année précédente, sur les hauteurs de San-Spirito, y amener des canons et reporter en arrière de cette ligne une partie de ses magasins.

Il était évident que ces dispositions étaient prises pour protéger la retraite en cas de revers.

La situation de l'armée française était, malgré cela, fort critique. Scherer, qui commandait encore en attendant l'arrivée du général Bonaparte, avait poussé une partie de ses régiments jusqu'à Voltri et se trouvait hors d'état de les soutenir ou de les rappeler à lui. La colonne avait en flanc les avant-gardes autrichiennes, tandis que l'armée piémontaise pouvait, en se portant sur Savone, la cerner et lui couper toute retraite. Ce danger, vivement senti par l'ennemi, suspendit toute opération considérable jusqu'au moment où Bonaparte parvint à dégager ces troupes.

Voici, d'après les notes laissées par le marquis Henry, la relation de ce remarquable mouvement qui marqua le premier pas du conquérant en Italie :

« Pendant quelques jours, il mit tout en œuvre pour tromper les généraux austro-sardes sur ses véritables intentions, et ébaucha dans ce but une démonstration vers le col de Tende et celui de la Tinée ; tous les postes français avaient été en l'air de ce côté-là. Le 15 au soir, une avant-garde de deux mille hommes s'avança jusqu'à Calissan et Caragna ; de fortes reconnaissances parurent sur les crêtes qui séparent la Bormida du Tanaro et se portèrent en avant jusqu'à la redoute des Zouets. Ce rassemblement fut évalué par nous à douze mille hommes. Les Français occupèrent en même temps le village de Mindino, réparèrent le chemin de Casotto, et leurs sapeurs, soutenus par quelques troupes, s'avancèrent jusqu'à la Chartreuse.

» Menaçant ainsi à la fois Ceva et Mondovi et laissant leurs adversaires dans l'incertitude de leur objectif, les Français paralysèrent l'armée piémontaise et réussirent à se tirer sains et saufs du péril où les avait jetés l'imprudence de Scherer.

» Quelques faibles attaques des Autrichiens contre les avant-postes de Voltri hâtèrent cette retraite, qui s'effectua dans la soirée du 10 avril. Le mouvement fut protégé par un corps de quinze mille hommes que le général français plaça sur les hauteurs de Varraggio; ces troupes se trouvèrent par là même en mesure de soutenir la position de Montenotte et de Montenegino lors de l'attaque du lendemain. La mobilité des troupes et la promptitude du général à prendre son parti sauvèrent les Français; il est vraisemblable que ce premier résultat précipita les événements.

» La position de Montenotte, attaquée le 12 au matin par l'avant-garde du lieutenant général d'Argenteau, fut d'abord emportée; l'ennemi fut repoussé jusqu'à ses retranchements de Montenegino (1). Les Autrichiens passèrent sur le terrain la nuit du 11 au 12; mais, pendant la nuit, les Français, grâce à la supériorité de leurs forces et à l'agilité de leurs mouvements, manœuvrèrent tellement autour de la colonne autrichienne, que celle-ci courut le risque d'être enveloppée, et n'échappa qu'en se sauvant par le vallon de Lerro, dont l'ennemi tenait déjà les hauteurs dominantes (2).

---

(1) Défendus par 1,500 hommes, sous les ordres du général chef de brigade Rampon.

(2) Le général La Harpe, avec des renforts venus de Savone et du canon, attaqua le front des Autrichiens, pendant que le général Masséna avec sa division, descendant des hauteurs de Saint-

» On ne peut calculer les suites funestes de ce premier échec, et l'on sent combien il en résulta de confiance d'une part et d'abattement de l'autre.

» Le même jour, une colonne considérable, conduite par La Harpe, marcha vers Sasello, dans la vue de tenir en échec les troupes autrichiennes qui pouvaient encore s'y trouver, et de prendre le Cayro à revers. Une seconde colonne, conduite par Masséna, fila sur les hauteurs de Dego par les crêtes qui séparent Lerro de la Bormida. Enfin, une troisième colonne, sous les ordres du général Ménard, se rendit, le soir du même jour, au pied du mont Cosséria par les hauteurs de Biestro.

» Le 13 au matin, le général Augereau déboucha sur Cosséria avec une partie des troupes réunies depuis quelques jours dans le creux de Bardinetto. Les gorges de Millésimo furent forcées, tous les postes qui flanquaient le château de Cosséria furent culbutés, et ce château, très-fort par sa situation et dans lequel s'était renfermé le lieutenant général Provera avec neuf cents hommes, se trouva brusquement investi. Onze mille hommes l'entourèrent, se tenant hors de portée de fusil (1), sachant que les assiégés n'avaient pas de ca-

---

Jacques, prit leur aile droite à revers. Le général d'Argenteau, dans son rapport officiel, ne détaille pas sa perte; le commissaire français, Salicetti, parle de six cents morts; il évalue à mille le nombre des blessés. En y ajoutant quatre cents tués ou blessés de la veille, il porte la perte des Autrichiens dans l'affaire de Montenotte à trois mille quatre cents hommes, ce qui paraît exagéré.

(1) La garnison du château se composait du 3e bataillon des

nons. L'ennemi savait aussi que la garnison n'avait ni eau ni vivres, et il pouvait aisément calculer le moment où le château serait forcé de capituler.

» On attaquait en même temps vers Dego; impatient de s'y rendre, le général Bonaparte était irrité d'éprouver quelque retard dans sa grande opération; c'est ce qui lui fit d'abord employer du canon contre les masures du château et y jeter des grenades. Il le somma ensuite de se rendre (1), et lui fit enfin donner vers le soir un violent assaut. L'impatience du général français lui coûta beaucoup de monde, mais ne hâta point la reddition du château, qui n'ouvrit ses portes que le 14 à huit heures du matin (2).

» Au moment où Cosséria capitulait, une fumée s'élevant du sommet du pic de la Guardia servit de signal à l'attaque générale.

» Elle se prononça à la fois sur la droite et sur la gauche de Dego, sur la droite et sur la gauche du Tanaro. Le général Masséna, avec une partie des troupes qui avaient bloqué Cosséria, avait déjà filé par les hauteurs qui séparent les deux Bormida, et descendait par San-Giuglia et par l'Odisio sur les derrières de la ligne de Dego afin de couper la retraite aux Autri-

---

grenadiers piémontais, fort de 315 hommes, et de 597 Croates de Giulay.

(1) La première sommation fut faite à huit heures du matin et la seconde à onze heures; l'assaut fut donné à quatre heures et dura jusqu'à cinq.

(2) Les pertes des Français dans cette attaque furent de près de 600 hommes tués ou blessés. Les généraux Bonel et Guenin y furent tués.

chiens. Le général La Harpe, avec sa division, s'était mis en mesure de tomber sur la gauche de cette même ligne, pendant que deux autres colonnes, sous le commandement des généraux Causse et Cervoni, protégées par des batteries, gagnaient la Bormida pour attaquer de front sur différents points.

» Cette grande manœuvre réussit aux Français ; les troupes impériales, vivement poussées de toutes parts et se voyant couper la retraite, se débandèrent, perdant un monde énorme.

» Au moment où commençaient les attaques sur la Bormida, commencèrent aussi celles sur le Tanaro.

» L'avant-garde du général Rusca et la division du général Augereau manœuvrant pour envelopper les redoutes des Zouets et de Saint-Jean de Murialdo, les troupes qui défendaient ces postes reçurent, après quelques heures de combat opiniâtre, l'ordre de les évacuer. Les Austro-Sardes abandonnèrent en même temps les redoutes de la Crocetta et de Montezzemolo, et l'armée du Roi se resserra tout entière dans la position de Ceva.

» A la gauche du Tanaro, le général Serrurier chassa, dans la journée du 14, les troupes légères piémontaises de Bagnasque, et s'empara du fort de Mucetto et des hauteurs de Batiffolo et de Scagnello.

» Dans la journée du 15, les mêmes troupes légères furent encore battues et forcées de se retirer sur la gauche de la Corsaglia. Une colonne de la division Serrurier traversa le col de Cassoto et s'avança jusqu'à Pamparat.

» Les événements qui s'étaient succédé si rapidement depuis cinq jours prouvaient combien était fondée l'annonce si souvent répétée d'une campagne prématurée et très-vive contre l'Italie. Les échecs que venaient d'essuyer les troupes impériales les avaient considérablement affaiblies, et l'on ne pouvait se dissimuler qu'elles ne fussent hors d'état de secourir leurs alliés. Elles se trouvaient morcelées, et formaient moins une armée qu'un cordon étendu depuis Tersi jusqu'à la Boquette.

» D'après cet état de choses, continue le marquis Henry, il est indiqué que les Français vont laisser respirer l'armée autrichienne et se ruer sur nous. Tout annonce une bataille générale qui les débarrassera de l'armée du Roi.

» Autant donc il nous importe de gagner du temps, autant il est nécessaire pour les Français de ne pas perdre un jour.

» Leur supériorité numérique et la mobilité de leurs troupes leur donnent un très-grand avantage pour manœuvrer autour de nous, comme ils l'ont fait autour de l'armée impériale; mais l'infériorité de leur cavalerie doit leur faire souhaiter, s'ils engagent une grande action, que ce soit en montagne.

» Maîtres des Bormida et des sources du Belbo, maîtres de toutes les têtes de vallées sur la gauche du Tanaro, il est très-probable qu'ils menaceront de front la position de Ceva et qu'ils chercheront à la tourner par ses flancs; leur position actuelle l'indique, et l'on peut croire qu'ils tendront à déboucher entre Cherasco et Carru, par les vallées de Cassotto et de Corsaglia, pour cerner le Mondovi et prendre en flanc l'armée royale. »

Le 16, à l'aube du jour, la colonne française de Dego fut surprise et faillit être enveloppée par un corps autrichien venant de Sassello.

Wolkanowitz, qui le commandait, prit le village de Dego, délivra les prisonniers austro-sardes et s'empara d'un grand nombre de canons; mais le combat, qui dura la plus grande partie de la journée, finit encore à l'avantage des troupes françaises.

Au moment où les coalisés croyaient tenir la victoire, une demi-brigade d'infanterie légère, ralliée à la hâte et portée rapidement sur le flanc gauche de l'attaque, enveloppa les Autrichiens et décida du sort de la journée.

Battus et dispersés, les impériaux perdirent près de deux mille hommes, tués, blessés ou prisonniers.

A partir de ce moment, le général Bonaparte, croyant avoir mis ceux-ci pour quelque temps hors d'état d'agir, se retourna contre l'armée piémontaise, comme l'avait prévu le marquis Henry.

Les points avancés du camp de Ceva furent attaqués par la division du général Augereau, venant de Montezzemolo. Les généraux Beyran et Joubert firent les plus grands efforts pour s'emparer des redoutes de la Pedaggera et du village retranché de Mondon; ils voulaient arriver, par là, à couper en deux l'aile gauche piémontaise, l'isoler de Cherasco par Murazzan et de Mondovi par le pont de Castellino.

Si l'opération avait réussi du premier coup, si en même temps le général Serrurier avait tourné ou battu l'aile droite piémontaise, qui était très-faible, le désastre de l'armée du Roi eût été plus complet que celui de l'armée impériale à Dego; elle eût été détruite ou forcée de mettre bas les armes.

Mais le général Colli eut alors une inspiration que plus tard le général Bonaparte loua beaucoup. Abandonnant en toute hâte le camp retranché de Ceva et laissant la place à ses propres forces, il replia son aile gauche derrière le Tanaro.

Bonaparte, plus pressé que jamais d'engager une bataille générale, s'avança simultanément sur les rives de la Corsaglia et sur celles du Tanaro.

Il avait résolu une grande attaque pour le 10; mais le Tanaro ne s'étant pas trouvé guéable, il dut se contenter d'inquiéter les Piémontais de ce côté par ses tirailleurs, tandis que la division Serrurier passait la Corsaglia à Saint-Michel et cherchait à prendre d'assaut le poste important de la Bicoqua.

Mais Serrurier fut battu, et ses troupes furent repoussées en désordre au delà de la rivière.

Dès lors le général Bonaparte renonça au projet d'attaquer l'armée du Roi dans une position aussi forte, et il se mit à manœuvrer pour l'obliger à en sortir. Pendant toute la journée du 20, ses démonstrations ne permirent pas de prévoir s'il tournerait ses principaux efforts contre Carru par les hauteurs de Murazzan, ou bien contre la madone de Vico par les passages de la Corsaglia. Il menaçait en même temps l'angle saillant de la ligne piémontaise vers les moulins de Lezzegno, pour augmenter encore l'incertitude dans laquelle on était sur ses projets.

Enfin, vers le soir, il devint évident qu'il allait attaquer par la droite. Deux brigades occupèrent la Torre et s'emparèrent de la Corsaglia; une forte colonne menaçait de passer la rivière aux Moulines.

Il devenait urgent pour l'armée piémontaise de se porter sur Mondovi afin de ne pas y être prévenue, et d'utiliser une admirable position qui se trouve entre la ville et le bourg de Vico.

Une crête décrivant un angle ouvert couvre de ce côté la butte sur laquelle s'élève la ville, et y forme une contre-garde naturelle où six à sept mille hommes peuvent être mis en bataille. Les côtés de l'angle s'appuient par leurs extrémités à l'Ellero, tandis qu'à son sommet se trouve une large butte appelée le Briquet.

Ce poste excellent était armé de canons; cinq à six mille hommes, en réserve dans la ville, devaient tenir lieu de seconde ligne et renforcer, au besoin, toute la disposition. La cavalerie, étendue sur la gauche de la rivière, couvrait les flancs de l'armée et devait l'empêcher d'être tournée.

Au point du jour, les Français débouchèrent sur les hauteurs de Vico en plusieurs colonnes venant de Pamparat, de la Torre et de Lezzegno. Trouvant malheureusement les troupes piémontaises encore en marche ou mal affermies dans leurs positions, ils les chargèrent avec impétuosité et les culbutèrent sans beaucoup d'efforts. Arrivés à portée du Briquet, les généraux

Fioretta et Dommartin en firent leur principal point d'attaque; ils s'obstinèrent à emporter la batterie qui le couronnait et qui pendant plusieurs heures fit sur eux un feu terrible.

En même temps une colonne française filait par les hauteurs qui font face à la crête de Ligari et dominent de l'autre côté le vallon d'Ermena; une seconde colonne suivait les hauteurs parallèles à la crête de la Toretta, où s'étendait la gauche des Piémontais.

Le point décisif était le Briquet, qui continuait à être attaqué et défendu avec la plus grande intrépidité, pendant qu'on se contentait de se fusiller sur tout le reste de la ligne.

Au troisième assaut, le Briquet tomba enfin aux mains des Français; la ligne piémontaise se trouvant ainsi rompue au centre, les troupes du Roi se retirèrent dans la ville. Elles ne firent que traverser la place pour se former en bataille sur la gauche de l'Ellero, entre les deux corps de cavalerie dont nous avons parlé.

Quelques régiments de dragons républicains, venant de Lezzegno par la Niella, passèrent la rivière à gué et tombèrent sur le flanc des Piémontais; cette charge fut repoussée par la cavalerie royale. Après ce dernier incident, l'armée piémontaise se mit en marche sur deux colonnes pour couvrir Fossan et jeter une garnison dans Coni.

Les Français entrèrent le soir même dans Mondovi. L'occupation par leur armée de toute la partie du Piémont méridional qui s'étend à droite de la Sture et du

Tanaro fut la conséquence inévitable de la funeste journée du 21 avril.

Quel désespoir dans les lignes suivantes ! Le marquis Henry apprenait à sa femme le désastre de l'armée, la convention qui en était la suite, et le rôle que son dévouement lui avait fait accepter :

« Je viens de passer une nuit affreuse. J'ai signé, par ordre du Roi, une suspension d'armes avec le général Bonaparte aux conditions les plus humiliantes et les plus dangereuses.

» Il a fallu subir la loi du plus fort et donner en otages les places de Coni et de Tortone, et tout ce que l'ennemi a envahi sur la droite de la Sture et du Tanaro. Le tout en attendant qu'il lui plaise de nous donner une paix à sa fantaisie, ou qu'il revienne sur nous après avoir chassé les Autrichiens.

» Il y a de quoi mourir de dépit et de honte. Je voudrais avoir fait toute autre besogne ; cependant on avait tellement peur, qu'on trouve celle-ci la plus belle du monde.

» Cherchez-moi, chère amie, quelque autre métier : le mien est trop affreux quand on le fait si mal. »

CHAPITRE SEIZIÈME

CHERASCO

1796

Arrivée des plénipotentiaires à Cherasco : aspect de la ville. — Berthier. — Apparition du général. — Ses premières paroles. — Conclusion de la suspension d'armes. — Medianoche. — Simplicité républicaine de Bonaparte. — Sa conversation avec le marquis Henry. — Ses plans pour révolutionner l'Italie. — Portrait du général. — Aspect du camp français. — Les adieux du marquis Henry au général Bonaparte.

Voici, racontées par le marquis Henry, les circonstances douloureuses au milieu desquelles fut signé l'armistice de Cherasco. Si le général Bonaparte se montra vainqueur impitoyable dans les conditions qu'il imposa, il sut remarquer l'honneur avec lequel le marquis Henry défendit pied à pied les intérêts qui lui étaient confiés (1).

Mais que pouvaient le dévouement et l'intelligence pour racheter tant de fautes commises? Ils devaient se briser contre la volonté du vainqueur, comme ils s'étaient brisés, depuis quatre années, contre l'incapacité et l'égoïsme des généraux autrichiens.

---

(1) Le général piémontais la Tour et le colonel la Coste *(sic)*, dit Napoléon dans ses *Mémoires*, étaient chargés des pouvoirs du Roi. Le comte la Tour était un vieux soldat, lieutenant général au service de Sardaigne, très-opposé à toutes idées nouvelles, de peu d'instruction et d'une capacité médiocre.

Le colonel la Coste, natif de Savoie, était dans la force de l'âge; il s'exprimait avec facilité, avait de l'esprit et se montra sous des rapports avantageux.

A ce moment-là même, Beaulieu donnait une nouvelle preuve de son mauvais vouloir. Il écrivait à Colli (1) que, battu quatre fois dans l'espace de cinq jours, il abandonnait la partie et qu'il se retirait sur Alexandrie.

En même temps arrivait de Turin l'ordre formel de ne plus compromettre l'armée, de couvrir la capitale et de proposer un armistice au chef de l'armée française. Des plénipotentiaires partirent pour Gênes afin de traiter des préliminaires de la paix.

Bonaparte n'eut garde de rejeter une ouverture qui devait lui aplanir tant d'obstacles et lui épargner tant de longueurs dans son grand dessein de frapper la coalition d'un coup mortel en Italie.

Murat, son premier aide de camp, apporta à Fossan les dures conditions auxquelles le vainqueur consentait à suspendre contre le Piémont le cours rapide de ses opérations.

Ces conditions, présentées sous la forme d'un « ultimatum », non-seulement obligeaient le Roi à déposer les armes, mais le mettaient immédiatement, par le fait, dans une dure dépendance en lui faisant presque une nécessité de devenir l'allié de ses ennemis actuels.

Pendant que l'on controversait à Turin sur ces propositions, Bonaparte, pour leur donner plus de poids, fit un mouvement décisif.

---

(1) Ce récit a été écrit, par le marquis Henry, pour M. le comte Salmatoris, dans la maison duquel l'armistice de Cherasco a été conclu et signé.

Il lança rapidement trois têtes de colonnes sur Alba, sur Cherasco et sur Fossan. La prise d'Alba répandit l'effroi jusqu'aux portes de la capitale; l'arrière-garde de l'armée fut obligée d'évacuer Fossan. Un corps volant de deux mille hommes sous le commandement du brigadier Brempt, ne se croyant pas assez fort pour s'y enfermer et y soutenir un siége, repassa sur la rive gauche de la Sture, suivant l'ordre qu'il en avait reçu, et l'ennemi entra sans résistance dans la ville.

Mais à peine la division de Brempt était-elle sur les hauteurs de Bra, qu'un courrier de Beaulieu vint annoncer que ce général s'était décidé subitement à dégager Cherasco, qu'il marchait avec la plus grande hâte et que son avant-garde était déjà à Nice-de-la-Paille.

Sur cet avis, le général Colli ordonna au corps de Brempt de rentrer dans Cherasco, l'informant qu'il marchait lui-même avec toute l'armée pour l'y soutenir; mais il n'était plus temps. Un moment d'indécision avait fait perdre cette place importante; pour la reprendre, il eût fallu l'assiéger. Beaulieu, prévenu que cette forteresse était au pouvoir des Français, retourna sur ses pas, et l'armée du Roi, n'ayant plus un moment à perdre pour prévenir l'ennemi sur les collines de Montcalier, vint occuper le camp de Carmagnole.

Ce fut là que le marquis de Sommariva, aide de camp de S. A. R. Mgr le duc d'Aoste (1), apporta le 26, à

---

(1) Victor-Emmanuel-Gaétan, marié à Marie-Thérèse, archiduchesse de Milan.

deux heures après midi, l'ordre exprès du Roi de conclure la suspension d'armes. M. le lieutenant général baron de La Tour (1) et le colonel marquis Costa, chef de l'état-major de l'armée de Colli, étaient désignés par Sa Majesté pour remplir cette mission.

Les plénipotentiaires partirent sur-le-champ pour Cherasco, où se trouvait Bonaparte. M. de Seyssel, capitaine dans Savoie-cavalerie, se joignit à eux auprès de Sommariva.

L'avant-garde française s'étendait jusqu'au village de Saint-Fré; ses feux éclairaient la plaine et la colline; ce fut à leur clarté que les commissaires s'avancèrent jusqu'à Bra. Ils y furent courtoisement reçus par Masséna et passèrent avec lui trois quarts d'heure employés à préparer l'escorte de hussards qui devait se joindre aux dragons amenés de Carmagnole.

Les commissaires arrivèrent à Cherasco à dix heures et demie du soir et descendirent au quartier général établi dans le palais de M. le comte de Salmatoris.

Aucune garde ne défendait les abords de la maison qui était presque sans lumières. On ne voyait que quelques soldats endormis sur le seuil de la porte et sur les marches de l'escalier. Point de chevaux, de fourgon ni de mulets d'équipage, point de domestiques. Le silence et le calme paraissaient régner dans le reste de la ville.

Après quelques recherches et quelques moments

---

(1) Depuis chevalier de l'Annonciade et grand maréchal de Savoie.

d'attente, parut un jeune homme attaché à l'état-major. Il introduisit le baron de La Tour et le marquis Henry dans une chambre à recevoir où était allumé un grand feu, et alla avertir le général divisionnaire Berthier, chef de l'état-major, qui ne tarda pas à paraître. Après s'être informé du sujet qui amenait les commissaires, il passa dans la chambre voisine où reposait le général en chef et y resta enfermé avec lui près d'une demi-heure.

Bonaparte parut enfin. Il était en uniforme de général-commandant et botté, mais sans sabre, sans chapeau et sans écharpe; son maintien était grave et froid. Il écouta en silence le préambule du général piémontais, et, pour toute réponse, il lui demanda s'il n'avait pas copie des conditions qu'il avait proposées, si ces conditions n'avaient pas été acceptées par le Roi. Et, sur quelques plaintes relatives à la dureté de ces conditions, il ajouta :

« Depuis que je les ai offertes, j'ai pris Cherasco, j'ai pris Fossano, j'ai pris Alba. Je ne renchéris point sur mes premières demandes : vous devriez me trouver modéré. »

Sur la crainte témoignée que Sa Majesté ne fût forcée peut-être, vis-à-vis de ses alliés actuels, à quelques mesures contraires à la délicatesse et à la loyauté de ses principes, Bonaparte s'écria d'un ton solennel :

« A Dieu ne plaise que j'exige de vous rien de contraire aux lois de l'honneur ! »

Aux efforts qu'on fit pour lui démontrer le peu d'utilité qu'il retirerait de certaines concessions exigées, et particulièrement du passage sur le Pô à Valence, il répliqua avec un peu d'aigreur :

« Ma République, en me confiant le commandement d'une armée, m'a cru assez de discernement pour juger de ce qui convient à ses intérêts, sans que j'aie à recourir aux conseils de mon ennemi. »

A part ce léger sarcasme, où le ton s'éleva et parut amer et dur, Bonaparte fut constamment froid, poli et laconique dans la partie de la séance qui précéda la rédaction des articles.

A une heure du matin, il tira sa montre, et voyant que les discussions se prolongeaient sans amener rien de décisif :

« Messieurs, dit-il aux commissaires, je vous préviens que l'attaque générale est ordonnée pour deux heures, et que si je n'ai pas la certitude que Coni sera remis dans mes mains avant la fin du jour, cette attaque ne sera pas différée d'un moment.

» Il pourra m'arriver, ajouta-t-il, de perdre des batailles, mais on ne me verra jamais perdre des minutes par confiance ou par paresse. »

On se mit à écrire.

Les conditions de la suspension d'armes furent rédigées d'après la minute apportée à Fossan par Murat, sauf quelques points de détail.

A peine fut-on d'accord, que le chevalier de Seyssel partit en toute diligence pour en apporter la nouvelle au Roi et obtenir de Sa Majesté l'ordre de remettre Coni et Tortone au vainqueur.

De son côté, Bonaparte expédia le contre-ordre de l'attaque générale qui devait avoir lieu cette nuit-là.

Tout le temps que dura la discussion, il n'y eut dans la chambre que Bonaparte, Berthier, M. de La Tour et le marquis Henry. Un jeune adjoint de l'état-major servit de secrétaire lorsqu'on en vint à la rédaction.

Le général baron de La Tour ayant alors demandé du café, Bonaparte ordonna qu'on en cherchât dans la ville. Il tira lui-même deux tasses de porcelaine d'un petit nécessaire de voyage qui se trouvait sur un sopha avec son épée; mais n'ayant pas de cuillers à café, on servit en place des cuillers à bouche en cuivre jaune à l'usage des soldats.

Après la signature des articles, parurent Murat, Marmont, le général d'Épinoi et deux ou trois officiers de l'état-major.

On passa dans la salle à manger, où était préparée une espèce de médianoche sur une table chargée d'une multitude de flambeaux.

Le plat du milieu était une jatte de bouillon clair; il y avait de plus deux ou trois plats de viandes grossières, quelques entremets fort médiocres et du pain de munition. Le plat le plus apparent était une pyramide de gimblettes que les religieuses de Cherasco avaient offertes au vainqueur à son arrivée. Plusieurs bouteilles de vin de l'Astésan garnissaient les grands vides de cette table.

Après le repas, qui dura peu de temps, la conversation devint plus intéressante.

Bonaparte fut moins réservé, et laissa échapper plusieurs traits pleins de force et de génie.

Il parla des événements des jours précédents d'une manière fort ouverte. Blâmant lui-même l'attaque inutile et meurtrière du château de Cosseria, il rejeta cette faute sur l'impatience où il était de séparer l'une de l'autre les armées autrichienne et piémontaise auxquelles ce poste servait de point de liaison. Il insista sur l'avantage de frapper à coups précipités un adversaire indécis et lent, et dit qu'en 1794, étant chef de l'artillerie de la colonne qui s'avança jusqu'à Dego, il avait conçu et proposé le même plan qui venait de lui réussir si complétement dans les journées du 12 au 16, mais que ce plan avait été alors rejeté par un conseil de guerre.

Le général fit à ce sujet, sur les conseils de guerre, des réflexions lumineuses, protestant que jamais rien ne serait décidée par cette voie dans une armée dont il aurait le commandement.

« Un conseil de guerre, dit-il, n'est convoqué que lorsqu'il s'agit de prendre un parti lâche et d'en atténuer le blâme en le partageant entre plusieurs individus. »

A propos de la discipline qu'il exigeait de ses soldats, il parla d'un soldat coupable de violence envers une femme, et qu'on avait fusillé la veille. Très-surpris de la médiocrité de Beaulieu, il rendit justice aux troupes piémontaises, loua la position de la Bicoque et les deux mouvements du 17 et du 21; et il ajouta :

« Vous vous êtes tirés deux fois très-adroitement de mes griffes. »

L'usage des Autrichiens de surcharger leurs armées d'équipages lui parut blâmable. Pour prouver à quel point il avait su s'affranchir lui-même de tout embarras assujettissant, passant avec le marquis Henry dans la chambre voisine, il lui montra un mince portemanteau qui composait, avec le nécessaire de voyage dont on a déjà parlé, tout son équipage. « J'avais bien plus de ces superfluités pendant que j'étais simple officier d'artillerie que depuis que je suis général commandant », ajouta-t-il.

Bonaparte s'accouda alors sur le balcon d'une fenêtre pour voir naître le jour et continua à causer avec le marquis Henry pendant plus d'une heure.

La position actuelle du Piémont, les changements nécessaires qu'amenaient dans la politique les événements de la guerre, furent les sujets de l'entretien. Le général se montra assez instruit de l'histoire du pays.

D'après lui, dès l'instant où il avait été investi du commandement, sa résolution avait été prise d'écraser à tout prix le roi de Sardaigne. Le nouveau gouvernement français avait eu tort de s'aliéner ce prince et de l'avoir forcé à se jeter sans réserve dans les bras de la ligue.

Le but était atteint; la dernière victoire remportée par les armes françaises était le coup décisif qui allait dissoudre la coalition en Italie.

« M. de Beaulieu, ajouta le général, ne peut plus m'arrêter jusque sous les murs de Mantoue; il doit s'attendre à avoir toujours dans les flancs mon armée victorieuse. »

Il compara la manœuvre employée pour séparer les Piémontais des Autrichiens et pour les battre successivement, au combat du plus jeune des Horaces, distançant ses trois adversaires pour les affaiblir et les égorger l'un après l'autre.

Des explosions révolutionnaires devaient éclater de toutes parts dans l'intérieur. Bonaparte insista vivement sur ce point : « Votre pays, dit-il, est entièrement miné. J'ai trouvé à Gênes une somme de sept cent mille francs en numéraire, consignée par des révolutionnaires cachés, lombards et piémontais, pour favoriser les progrès de l'armée française. »

Le marquis Henry se hasarda à répondre :

« Pourvu de tant de talents et de moyens de premier ordre, vous dédaignez sans doute des armes aussi perfides ; vous faites peu de fond sur des traîtres, et vous ne voudriez pas associer des scélérats à la gloire de vos triomphes ? »

Il sourit et répondit vivement :

« Si le sort des armes eût été favorable aux coalisés et que vous eussiez pénétré en France comme nous avons pénétré en Italie, auriez-vous négligé de vous prévaloir du mécontentement intérieur qui fermente partout, dans nos départements comme dans vos provinces ?

» Le droit de la guerre n'autorise peut-être pas à faire éprouver à son ennemi tout le mal possible, mais il prescrit de ne négliger aucun moyen pour l'abattre et le garrotter. »

En général, les discours de Bonaparte étincelaient

de clarté; ils étaient concis, nerveux, pleins de force et de raison, mais ils manquaient de sentiment.

L'impression qu'on éprouvait auprès de ce jeune homme était une admiration pénible; l'esprit était ébloui par la supériorité de ses talents, mais le cœur restait oppressé.

On cherchait vainement en lui des traces de cette magnanimité généreuse qui va au-devant de la confiance et qui forme le plus beau trait du caractère des héros.

Il fit au marquis Henry différentes questions sur les ressources du Piémont, sur ses savants, sur ses artistes, et il était aisé de s'apercevoir qu'il avait déjà reçu à cet égard des renseignements assez étendus.

« J'avais envie, dit-il, d'exiger, dans le traité que nous venons de conclure, un fort beau tableau de Gérard Dow que possède le Roi, et qui passe pour un des chefs-d'œuvre de l'école flamande; mais je n'ai su comment placer le tableau dans un armistice, et j'ai craint qu'il n'y parût une nouveauté bizarre, surtout ayant la forteresse de Coni pour pendant. »

Ses questions eurent ensuite pour objet la réputation dont jouissaient les gens en place, celle des généraux, leurs talents, leur génie, leur âge, le caractère même du Roi, des princes royaux; et il ne parut ni blessé, ni surpris de ne recevoir que des réponses évasives.

A propos de l'âge des généraux piémontais, il dit que lui-même, à cette époque, n'avait pas encore vingt-sept ans, et qu'il n'était cependant pas le plus jeune des généraux en chef de la République; et il ajouta ces paroles remarquables :

« Il est presque indispensable d'être jeune pour commander une armée; il faut, pour cette tâche éminente, tant de bonheur, d'audace et d'orgueil! »

Le général Alexandre Berthier, avec lequel le marquis Henry s'entretint plusieurs fois pendant le cours de cette longue et mémorable nuit, parlait avec plus de réserve que le général commandant. Il montrait dans ses discours plus de douceur et d'aménité, et faisait admirer un grand sens uni à beaucoup de lumières. Il parla de Bonaparte avec éloge, mais point en courtisan; il traita les autres sujets avec autant d'adresse que de simplicité apparente.

Salicetti parut à six heures. Le traité lui ayant été communiqué, il eut l'air d'en trouver les conditions trop modérées; mais, sous son masque sévère, on devinait sa joie d'un événement si favorable à l'accomplissement de ses desseins sur l'Italie.

A sept heures, le comte de Luzerne, qui venait d'arriver avec les ordres du Roi, fut désigné pour conduire à Coni la garnison française; après quoi, les commissaires piémontais reprirent le chemin de Carmagnole.

Bonaparte et tout son état-major accompagnèrent le général baron de La Tour et le marquis Henry jusqu'à leur voiture avec les démonstrations les plus amicales. Un détachement de dragons suivit le carrosse jusqu'à Saint-Fré.

Le jour éclairait alors les troupes bivouaquées de l'avant-garde française. Tout y présentait l'aspect du plus grand délabrement; on n'y voyait point de canons;

les chevaux y étaient rares, maigres et harassés; mais le sentiment de la victoire réparait tout.

Le maintien du soldat exprimait une espèce d'indifférence leste et gaie; la vue d'un général parlementaire qui venait de conclure un armistice semblait ne lui inspirer que peu d'intérêt et de curiosité. Il en était de même des officiers, dont les manières, pleines de désinvolture, tenaient le milieu entre le sans-gêne républicain d'alors et l'ancienne courtoisie française.

Parmi les personnages qui avaient été en vue dans les différentes scènes qu'on vient de décrire, Bonaparte seul annonçait ces habitudes et cet air d'aisance que donne l'usage du monde.

Ses cheveux châtains et lisses étaient en queue, ils étaient sans poudre et pendaient fort bas sur son front et sur les côtés de son visage; les yeux étaient rouges et fatigués. Il avait cette carnation égale et blême que les physiologistes attribuent aux tempéraments mélancoliques, et qui, suivant eux, est l'annonce des plus grandes facultés de l'âme. Enfin, comme on l'a déjà dit, il manquait entièrement d'aménité et de grâce.

Son action et ses discours portaient toujours l'empreinte d'une fierté amère, où la supériorité se faisait toujours sentir, mais toujours en mettant mal à l'aise.

Au moment du départ, le marquis Henry rendit avec assez de bonheur le sentiment pénible qu'il avait éprouvé :

« Général, lui dit-il en le quittant, que ne peut-on vous aimer autant qu'on est forcé de vous admirer et de vous estimer ! »

CHAPITRE DIX-SEPTIÈME

LES VAINCUS

1796

Henry est attaché à l'état-major de M. le duc d'Aoste. — MM. de Revel et Tonso partent pour traiter de la paix à Paris. — Leur passage à travers la Savoie — Le général Cartault et le général Kellermann. — Anecdotes sur Bonaparte. — Les officiers savoisiens et niçards sont déclarés émigrés. — M. d'Hauteville, ministre de l'intérieur. — Arrivée de madame Bonaparte à Turin. — Le marquis Henry à Raconis. — La petite vérole et la Révolution. — Les emplois militaires du marquis Henry sont supprimés. — Son départ pour Lausanne.

Par une dernière ironie de la fortune, le marquis Henry venait de signer l'acte qui rendait inutiles ses efforts et son dévouement passés.

La suprême douleur du soldat est de signer la paix en vaincu.

A de telles heures il a pour sa patrie des tendresses inconnues; il lui semble qu'il trahit, que les morts de la guerre lui demandent compte de leur sang.

On voit alors pleurer les plus vaillants.

Cette lettre du marquis Henry retrace bien tant de souffrances :

« En dépêchant au Roi le courrier qui devait rapporter la sanction de Sa Majesté et son ordre particulier pour la remise des places de sûreté, je ne lui ai point dissimulé les terribles conséquences de notre traité. Je l'ai supplié de nous désavouer et de ne point ratifier nos conventions.

» On n'a point voulu m'entendre, je me suis brisé à

Turin comme à Cherasco contre la fatalité ou plutôt contre cette volonté supérieure qui inspire la sagesse ou affole, et dont l'homme de génie lui-même n'est que le ridicule instrument, s'il est assez sot pour se glorifier de ce qu'il fait.

» Je me sens moins abattu en envisageant ainsi les choses, et moins humilié en pensant que nous ne pouvons rien à nos destinées. Ne suis-je pas la triste preuve, mon amie, de l'imprévoyance dans laquelle il nous faut vivre du lendemain? Pas plus que l'orgueil et la présomption n'avaient préparé tant d'autres à leur rôle, mon obscurité ne m'a préservé d'être aussi quelque chose. »

Ce dernier trait ne frappe-t-il pas au visage bien des ambitions qui perdent les meilleures causes en prétendant les servir (1)?

La guerre qui finissait ne l'avait que trop prouvé, et si l'on dit parfois que le malheur n'arrive jamais seul, c'est que ses conséquences sont souvent plus funestes qu'il n'est désastreux lui-même. Aux tristes conditions de la suspension d'armes de Cherasco devaient succéder les conditions plus douloureuses encore du traité de Paris. Le 28 avril le Roi, sous l'étreinte du vainqueur, avait livré ses forteresses de Tortone et de Coni; il allait abandonner, un mois plus tard, le

---

(1) M. de Maistre dit dans ses *Soirées de Saint-Pétersbourg*, vol. I, p. 233 : « Certainement une grande partie des maux de la société vient des dépositaires de l'autorité, mal choisis par le prince; mais la plupart de ces mauvais choix sont l'ouvrage de l'ambition qui l'a trompée. »

berceau de sa famille, sans même songer à ces vaillants Savoyards qui, pour lui, avaient risqué leur vie sur tant de champs de bataille.

Il faut chercher la raison de ces défaillances dans cette révélation du général Bonaparte disant au marquis Henry : « Votre pays est entièrement miné. »

Le pays, en effet, était devenu le foyer du plus ardent jacobinisme. Victor-Amédée le savait. Pris entre le double danger d'une révolution intérieure ou d'une conquête, il crut sage de traiter avec l'ennemi, qu'il estimait loyal. Il se trompait : l'avenir prouva que ces deux ennemis n'étaient qu'un.

Si, comme le dit un illustre écrivain italien (1), le Roi commit, en ne luttant pas jusqu'au bout, un acte pour lequel l'histoire doit être sévère, la manière dont il sut traiter avec le général Bonaparte fut habile, et rendit les conséquences de l'alliance franco-sarde moins désastreuses qu'on n'aurait pu le craindre tant que celui-ci commanda en Italie.

D'après les stipulations de Cherasco, et sans même attendre la paix définitive que MM. Tonso et de Revel allaient traiter à Paris, l'armée du Roi fut mise sur le pied de paix, ou plutôt s'effondra dans une sorte de remaniement général.

Les Autrichiens, qui formaient en grande partie les cadres des régiments, quittèrent leurs grades et se retirèrent. Colli naturellement fut des premiers à se

---

(1) BOTTA, vol. I, p. 358.

démettre, et le marquis Henry fut, avec tout l'état-major du général, attaché à la personne de Mgr le duc d'Aoste, qui prenait le commandement.

« Me revoilà en fonction auprès de Mgr le duc d'Aoste, écrivait-il, ayant à connaître force nouveaux visages et à prendre de nouveaux plis. L'utilité qui résulte de tant de soins et de peines ne vaut en vérité pas le souci que l'on se donne, car je suis intimement persuadé qu'avant deux mois, après avoir tout fait pour ne jamais le devenir, je serai un républicain français, et vous, mon amie, une citoyenne de la grande République.

» Il ne nous restera, comme consolation à tant de douleurs et de maux, que le sentiment d'avoir fait pour le mieux, et la satisfaction de n'avoir trempé d'une manière ni active ni tacite dans les abominations qui se sont commises depuis quatre ans. Mais l'avenir dépourvu et inoccupé qui me menace est une cruelle inquiétude; déjà, depuis les quelques jours où je n'ai plus rien à faire, je me sens revivre, c'est-à-dire que je me retrouve aux prises avec ce qu'il y a d'affreux souvenirs dans ces quatre ans. Le travail m'avait fait la chose de l'heure et du moment présents, il m'avait tiré hors de moi, m'avait fait oublier; de tout cela, de cette sorte d'existence étrangère à moi-même, il ne va rien rester, et mon impassibilité s'écroulera comme le reste. »

Cette oisiveté était plus cruelle encore au cœur si aimant du marquis Henry, parce que son devoir le retenait, malgré tout, loin de sa femme. A Lausanne, il eût retrouvé quelque force. C'est un des grands secours de la vie que l'union de deux cœurs, secours trop peu compris du grand nombre qui va chercher loin du foyer ce que Dieu n'a placé que là.

Comme on voit souvent dans la campagne la femme du moissonneur lier les gerbes qu'il a fauchées et essuyer son visage d'où découle la sueur, de même dans l'adversité la femme est le soutien de son mari, elle lie les gerbes et lui offre doucement la pitié et la tendresse de son cœur.

Le marquis Henry avait besoin de se réfugier dans ces tendresses :

« Si au moins j'entrevoyais un terme à notre insupportable séparation, j'aurais dans cette pensée de vous revoir un aliment à ma fièvre, et j'échapperais dès aujourd'hui à cette solitude où me laisse l'inaction. Si j'avais ce bonheur de pouvoir vous rejoindre, notre pitié réciproque nous défendrait contre ce que nos regrets auraient de trop cruel, et notre tendresse raviverait ce désir de vivre que le malheur a presque éteint en moi. Mais rien n'annonce que je puisse quitter d'ici avant longtemps. Mgr le duc d'Aoste tient à ce que, sous son commandement, l'armée conserve une figure. Sépulcre blanchi s'il en fut, puisque nos places aux mains de l'ennemi lui sont à jamais un gage de notre nullité.

» Si je n'ai rien à faire, je mourrai, car je ressemble à l'âne de M. Talbot. Ce pauvre âne, qui avait vieilli dans le charriage des matériaux du temple, fut déclaré sacré pour être, le reste de sa vie, exempt de tout travail. Mais l'habitude du charriage était si forte chez cet âne laborieux, qu'il prétendait aller s'accoter à ceux qui l'avaient remplacé. On ne voulut pas de lui, et il en mourut. »

Les événements n'avaient cependant rien amené de décisif. Le général Bonaparte se refusait à traiter lui-même de la paix et renvoyait à Paris pour achever son œuvre.

M. le chevalier de Revel et M. Tonso partirent donc munis des pouvoirs du Roi. Leurs instructions étaient les mêmes que celles qu'ils avaient reçues dès leur infructueuse tentative de Gênes. On y avait ajouté l'autorisation de céder la Sardaigne à la France, pourvu que le titre de Roi fût affecté à une partie quelconque des États de terre ferme.

On lit dans les Mémoires de M. de Revel, publiés par son fils, cette relation assez curieuse du voyage que firent les plénipotentiaires à travers la Savoie (1) :

« L'adjudant général Perrin, dit M. Genova de Revel, reçut ces messieurs à Sollières avec toute l'honnêteté possible. Le souper, vu la réception extraordinaire, se fit attendre jusqu'à deux heures après minuit. Le cuisinier, ayant fini sa besogne, vint s'asseoir à table avec eux. La conversation fut joviale et roula principalement sur la paix prochaine et les événements de la guerre.

» Le colonel Constantini accompagna les plénipotentiaires jusqu'à Saint-Michel, quartier général de

---

(1) *Guerre des Alpes.*

Carteaux. Ils trouvèrent ce dernier entouré d'officiers, entre autres le général Pougel. Madame Carteaux, véritable mégère, était assise et ne daigna même pas se déplacer. Qu'on se représente un spadassin, un fier-à-bras, un sot vaniteux, un caporal ivrogne et brutal, tout cela identifié à un terroriste massacreur : tel était Carteaux.

» Il fit aux plénipotentiaires des questions sur le ton le plus insolent ; dit qu'on avait bien fait de se presser, car il était sur le point de rendre visite aux Piémontais. « Nous l'aurions reçu », répondit sèchement Revel. Il continua en disant qu'il était heureux pour les Piémontais d'avoir prévenu ce moment, qui du reste n'était suspendu que de vingt-quatre heures, n'ayant pas encore reçu l'ordre de ne pas attaquer.

» En effet, Kellermann confirma depuis à Revel qu'ayant su qu'on avait amené des troupes de Suze, il avait l'intention de les faire tâter.

» Carteaux, après avoir tenu encore quelques propos insultants, balbutié quelques lieux communs de républicains, congédia les plénipotentiaires au bout de quelques minutes.

» Il fallait bien de l'empire sur soi-même pour soutenir une pareille arrogance, écrivait Revel à de Hauteville. Je réfléchis que puisque ce sauvage méconnaissait notre caractère à ce point, c'eût été le compromettre davantage que de répondre autrement que par un silence dédaigneux. Cette scène était pénible pour nous, surtout par les pronostics fâcheux qu'elle nous présentait.

» A notre arrivée à Chambéry le 3, l'affluence était

immense. Le général Kellermann nous avait envoyé une garde d'honneur à cheval, et la municipalité, un détachement de garde nationale qui nous précédait. La musique jouait des airs républicains, des cris de « Vive » la République! » se faisaient entendre. Notre position délicate rendait notre contenance difficile et pénible; nous allions devenir les amis de la République, nous ne devions pas nous montrer choqués de ces cris. D'autre part, c'étaient des sujets du Roi, que nous devions considérer comme devant redevenir tels, qui poussaient ces cris. Nous ne pouvions qu'être sensibles et affectés de l'expression d'un sentiment opposé à ceux que nous aurions désiré trouver et qu'ils n'eussent pas cependant pu manifester.

» Tout le long de la route on s'était pressé autour de la voiture des plénipotentiaires, on fixait sur eux des regards interrogateurs sur le destin futur de la Savoie. L'anxiété, les regrets se peignaient, mais n'osaient pas se manifester.

» Kellermann reçut les plénipotentiaires avec toute la distinction imaginable; lui et ses officiers étaient en grand costume. Il les invita à un grand dîner d'apparat et les retint encore à souper. Le président du département et les autres dignitaires du pays qui y prirent part furent fort embarrassés de leur contenance. La tenue générale fut parfaite.

» Le général causa longuement sur la situation; il conseilla aux plénipotentiaires une marche franche et décidée. Il fallait renoncer absolument à la Savoie, que la France était décidée à garder à tout prix; il croyait

pouvoir en dire autant du comté de Nice. « N'insistez,
» dit-il, qu'autant qu'il le faudra pour obtenir des dé-
» dommagements en Lombardie; car nous en chasse-
» rons les Autrichiens, ce sera beaucoup plus à votre
» convenance; on vous sacrifiera aussi les Génois, qui
» sont des gueux que nous n'aimons pas; mais allez
» rondement avec le Directoire. »

» Kellermann est un homme de cinquante-cinq à soixante ans, qui annonce la bonhomie d'un Allemand par ses manières et par son accent tudesque; il a en même temps l'ancienne gaieté et l'affabilité des Français. Cette franchise couvre beaucoup de finesse et de connaissance de ses intérêts. Le principe de sa conduite dans la révolution a été, selon lui, de servir sa patrie comme elle voulait l'être. Son caractère doux, humain, ses manières polies et nobles, annoncent un homme de l'ancien régime que son intérêt et les circonstances ont attaché au nouveau. Il a acheté des biens nationaux en Savoie.

« Le général Sandors, qui avait connu Revel dans la campagne de l'année précédente, lui dit que le général en chef avait écrit au Directoire pour le prévenir en sa faveur.

» Partis le 4 au matin de Chambéry, les plénipotentiaires retrouvèrent le même accueil sur la route, devinant l'anxiété et l'espérance, ne voulant pas la rebuter, ni non plus exposer les personnes par des témoignages dangereux.

» J'ai causé particulièrement avec plusieurs officiers français, dit Revel; ceux-ci cherchaient à épancher leur chagrin; leur langage a été uniforme, ils détestent la révolution et désirent la paix. C'est la peur, nous dit l'un d'eux, qui nous fait servir la République avec plus de zèle qu'aucun roi de France, depuis Pharamond, ne l'a été. Suivant eux, c'est l'incroyable valeur des soldats et la crainte des officiers d'être suspects de lâcheté qui font réussir leurs opérations. »

Douloureuses et curieuses confidences! C'était le vieux monde s'écroulant autour de ce vaillant cœur pour lequel la bravoure ne pouvait exister sans le dévouement au prince, l'honneur militaire sans la hiérarchie. Qu'allaient devenir ces choses?

Au souffle révolutionnaire qui s'engouffrait en Piémont, on vit bientôt s'évanouir les vieilles idées qui, plus encore que sa ceinture de montagnes, avaient, depuis des siècles, protégé la maison de Savoie.

Victor-Amédée s'était trompé en imaginant que la paix pourrait préserver sa couronne; le malheureux prince tomba bientôt dans un découragement que justifiaient trop bien les allures de son vainqueur.

« C'est en vain, raconte le marquis Henry, que nous ne nous épargnons nulle humiliation, que nous envoyons, les uns après les autres, grands seigneurs et princes faire leur cour *au Français*; il se laisse courtiser, mais nous nous apercevons bientôt que notre encens parfume en pure perte cette carmagnole brodée.

» Peu de jours après l'armistice de Chérasco, Bonaparte trouva à Alba tous les jacobins en émoi et au désespoir de se voir abandonnés au ressentiment du Roi dont ils avaient espéré l'expulsion. Comme ils faisaient valoir au général leur dévouement à la cause républicaine : « Ne vous attendez pas, répondit celui-ci, que je fasse rien de contraire à l'honneur et aux engagements que je viens de prendre avec le Roi ; mais, ajouta-t-il, votre position est assez belle entre la France révolutionnaire et mon armée victorieuse. Si votre gouvernement est aussi faible et aussi vicieux que vous le dites, vous en aurez facilement bon marché. »

N'était-ce point là engager les Piémontais à la révolte et violer ouvertement les engagements pris ? Qu'importaient ces misères à celui qui avait pour lui la force, sinon le droit ?

« Je crois, écrivait le marquis Henry, qu'après avoir perdu le poil, il nous va falloir encore laisser la peau. Les Français exigent de nous la stricte exécution de nos conventions, sans se soucier de les observer eux-mêmes ; ils viennent de loger ce jour même quatre mille hommes en contravention à Asti.

» La morale de leur général est vraiment admirable. Voici l'anecdote du jour : M. de Saint-Marsan (1), lisant une gazette près de sa cheminée, se récria tout à coup, frappé d'une nouvelle fausse et extravagante.

« Mais, monsieur, lui dit Bonaparte avec le plus
» grand calme, qu'avez-vous à vous étonner, et comment
» en êtes-vous encore à croire que c'est pour vous et les
» gens de votre sorte que nous faisons mettre ces arti-
» cles-là ? »

» Quant aux Autrichiens, ils ont repassé le Pô et ont

---

(1) Le représentant du Roi au quartier général de Bonaparte.

emporté les pontons du pont de Valence, promettant de payer en des temps plus heureux. L'article est au mémoire avec beaucoup d'autres. L'Angleterre, d'un autre côté, ne nous a point payé les subsides promis ; leurs ambassadeurs, malgré ces manques de parole, mènent ici grand bruit de ce qu'ils appellent notre défection. Comme toujours, les battus payent l'amende. »

Ce récit ne saurait avoir la prétention de suivre Bonaparte dans ses victoires et Beaulieu dans ses revers ; nous n'avons point non plus à raconter la fin de toutes les petites puissances italiennes qui expièrent si cruellement leur égoïsme ; mais en parcourant les lettres du marquis Henry on voit s'y refléter la haine, l'admiration, la terreur que Bonaparte laissait derrière lui comme un sillage.

« Bonaparte fait songer à ces héros qui d'un revers d'épée fendaient les montagnes, d'un coup de talon détournaient les fleuves, et chevauchaient les nuages pour aller plus vite. Il bourre les Autrichiens de telle manière que, sans bataille ni siége, il leur fera prendre bientôt le chemin du Tyrol ; son avant-garde est déjà à Plaisance.

» Il vient de nous imposer le passage de neuf mille hommes débouchant par la vallée de la Stura et de huit mille par la vallée d'Aoste. Il faut bien vouloir ce qu'on ne peut empêcher. Nos nouveaux amis sont comme les sauterelles d'Égypte, ils affament les lieux où ils passent, et sous prétexte de réquisitions prennent sans façon ce qui leur convient. Tout cela est au mémoire.

» Il est à désirer, au point où nous en sommes, que les Français consomment au plus vite leur invasion.

» Vos inquiétudes me touchent, ma douce chère amie, mais que puis-je à moi-même? Je regrette le temps des agitations qui parait à sa fin, car celui des dégoûts n'est pas près de finir. »

En effet, ainsi qu'il avait été facile de le prévoir, la paix ne fut accordée qu'aux plus dures conditions.

Par le traité signé le 15 mai à Paris, la Savoie devenait définitivement française, et il ne restait aux officiers savoyards d'autres perspectives que de mendier leur pain en exil ou de se faire jacobins.

« Vous avez, écrivait le marquis à la date du 28 mai, reçu, je l'espère, ma dernière lettre dans laquelle je vous exprimais mes inquiétudes sur ce qui était près d'arriver.

» Le traité qui vient d'être signé à Paris prouve que j'avais fort bien deviné.

» On ne nous a point encore découvert officiellement le pot aux roses, mais de ce qui a transpiré l'on peut conclure aux plus honteuses conditions. Le Roi abandonne la Savoie et Nice dont les frontières seront déterminées à la paix générale à l'avantage de la République française.

» Le Roi livre encore les forts de Brunette et d'Exille qui, à l'époque de la paix, seront rasés aux frais de Sa Majesté. Il désavoue ses ordres dans l'affaire de l'ambassadeur Semonville; il donne l'essor à tous les perturbateurs emprisonnés, voilà ce qui court la ville. »

Mais la question la plus intéressante pour le marquis Henry demeurait un mystère :

« Quel sera notre sort personnel, voilà ce que nul ne sait encore. Évidemment le silence que gardent nos puissants est de mauvais augure ; le vague de mes idées et l'incertitude dans laquelle on nous laisse m'empêchent de rien projeter ; que dire quand toutes bases aux raisonnements font défaut ? »

Et comme il arrive si souvent lorsque toute base sérieuse manque aux raisonnements, Henry se mettait à bâtir dans les nuages.

« Si la clémence royale et nationale, disait-il, m'autorise à choisir mon domicile en Savoie, nous louerons une maisonnette à Chamounix, j'y porterai la médecine domestique de Brécani et des drogues pour faire le médecin de village ; je gagnerai ma journée avec mon petit savoir-faire. Chamounix est charmant en été, et l'hiver, qui ne laisse pas d'y être long, nous aurons le plaisir d'être séparés du monde par d'énormes amas de neige. Ce sera charmant ; qu'en dites-vous, mon amie ?

» En attendant, je me prépare à cette douce séquestration des humains en ne sortant point de mon trou et en faisant ma cour au moins que je le puis, c'est la meilleure manière pour moi de faire bonne contenance. »

Il faut parfois contraindre son visage et dissimuler le dégoût que l'on éprouve, car la grimace d'un honnête homme mortifié est la joie suprême des méchants et des sots.

Telle était la situation de tous les officiers niçards et

savoyards. En admettant pour eux la dénomination d'émigrés du Mont-Blanc, le Roi les égorgeait.

« On cherche bien à modifier dans le traité l'article 5 qui nous concerne, mais il est aisé de prévoir qu'on n'y parviendra pas ; on compte pour la chose sur la justice, sur la condescendance et l'humanité des Français, comme si tout cela était prouvé et reconnu.

» Dans ce désastre, je fais la mouche du coche, je harcèle M. d'Hauteville comme si mes mémoires et mes notes avaient jamais produit quelque effet, et comme si l'activité et l'intérêt de M. d'Hauteville avaient redoublé depuis qu'il n'est plus ministre que par intérim. »

Le premier acte du gouvernement, après la paix, avait été de sacrifier M. d'Hauteville (1) aux rancunes des Français ; il les avait noblement encourues, en effet, par son dévouement au Roi.

« Les ennemis de l'ex-ministre sont triomphants de sa chute, non moins que nos nouveaux amis, écrivait le marquis Henry. Tous ceux qu'il avait fait attendre dans son antichambre ou dont il n'avait pas pris conseil trouvent que rien ne pouvait arriver de plus heureux. Cela fait pitié et mal au cœur, rien n'est si bête que les petites passions, ni si puant qu'une rancune sotte et mal entendue. »

Bonaparte connaissait trop bien les hommes pour ne

---

(1) On lui donna une charge de conservateur de la religion de Saint-Maurice et une pension de dix mille francs.

pas laisser aux rancunes des vaincus le soin de couvrir sa marche victorieuse.

« Il a passé le Mincio, son avant-garde est à Chiusa. Mantoue, par conséquent, est livré à ses propres forces. Il arrive des secours à Beaulieu, et Bonaparte n'ose, je crois, le perdre de vue, malgré l'envie qu'il aurait de poursuivre son voyage d'Italie; entre temps nous nous querellons, nous récriminons et avançons en nous désagrégeant les affaires du vainqueur; il nous bat et nous rançonne fort à l'aise, chacun se gaudissant de voir battre et rançonner son voisin.

» On vient à ce propos de faire une triste pasquinade : Salicetti joue la clarinette et fait danser la carmagnole à Beaulieu. Les princes d'Italie, assis en rond, regardent le spectacle; Bonaparte, le chapeau à la main et le pistolet de l'autre, fait la ronde pour recueillir le prix de la représentation. Le roi de Sardaigne, en chemise, tient la chandelle et éclaire la scène, et cela rend tout le monde ici fort gai.

» Heureux qui peut être Démocrite dans ces temps épouvantables et rire des calamités qui nous égorgent; c'est peut-être un sage parti à prendre quand le mal est fait et qu'il n'y a pas de remède.

» Un autre meilleur encore cependant est de tourner ses yeux vers le ciel comme le bon Murinais. Celui-là a toujours été heureux; quand il était follet et léger, on l'aimait pour sa gaieté qui le rendait charmant. Depuis qu'il est devenu saint, il vit dans un autre monde qui vaut sans doute mieux que celui-ci.

» Nos pauvres compatriotes sont ici, en attendant le

résultat d'une dernière démarche tentée en leur faveur, dans une consternation déraisonnante qui fait pitié; je les vois peu, moins encore les gens du pays, et pas du tout mon prince. Je crois faire ma cour en ne montrant pas un visage mécontent, et je suis incapable de leur dire à tous qu'ils ont fait des merveilles. »

La ratification définitive du traité de paix arriva le 20 juin à Turin. On n'avait rien obtenu pour les malheureux Savoyards. Le marquis Henry se voyait livré par ceux-là mêmes pour lesquels il avait combattu. Si grandes que fussent ses désillusions, il avait cru cependant qu'il existait un pays où la foi et l'honneur ne couraient pas risque d'être bafoués, et que ce pays était celui auquel il avait sacrifié son enfant.

« Avions-nous donc mérité d'être ainsi flagellés par le malheur? Ah! bon Eugène, combien tu es mieux au ciel qu'en ce pays pour lequel tu es mort! Tu ne vois pas tout ceci, et c'est la récompense que tu as méritée.

» Vous gémissez, mon amie, et je gémis avec vous. Et cependant, à quoi serviront nos désolations? Il faut subir nos destinées écrites là-haut; après l'épouvantable sacrifice que nous avons fait, pouvons-nous compter avec les autres? Nous irons donc où il plaira à Dieu de nous conduire.

» En dernière analyse, si nous retournions chez nous, nous retrouverions notre maison démantelée, nos plantations détruites, nos amis absents. Il nous faudrait adopter des idées nouvelles, renoncer à toute considération, nous résigner à vivre comme les juifs en pays catholiques.

» Pour moi, plus heureux que tant de pauvres compatriotes, dont les Français exigent le départ immédiat, j'ai la perspective de quelque temps encore pour aviser à l'avenir. On ne saurait, paraît-il, se passer de mes services, et je viens de recevoir la mission de dresser les plans et de rédiger les mémoires relatifs à nos dernières campagnes. Après quoi, on m'accrochera à un clou comme un manteau quand la pluie est finie. Si précaire que soit ma situation, elle me fait cependant bien des jaloux parmi mes plaintifs camarades ; je commence aussi à essayer de quelque chose que je ne connaissais pas encore, de la haine. Une partie de celle dont jouissait le général Colli est retombée sur moi. Comme je n'ai nui à personne dans le temps où je pouvais influer sur quelque chose, j'espère que ce fiel dont on m'abreuve se tarira, car il me fait grand mal. Hélas! je passe par toutes les épreuves du saint homme Job, sans espérance de retrouver comme lui des jours de gloire. »

Ramer en sens inverse des illusions, des ambitions ou de la sottise, c'est s'exposer à être englouti. L'homme de bien doit le prévoir et se fortifier le cœur, en faisant sienne cette noble devise : « Pas n'est besoin d'espérer pour entreprendre, ni de réussir pour persévérer (1). »

Mais c'était le petit nombre qui pensait ainsi, et beaucoup en Piémont voyaient dans le nouvel ordre politique un horizon sans limites pour leur ambition;

---

(1) Devise de Guillaume d'Orange.

ceux-là avaient pour la France des tendresses, pour les Français des obséquiosités qui soulevaient le cœur.

« Madame Bonaparte arrive ici; il sera curieux de voir l'accueil qu'on va lui faire, écrivait le marquis Henry, qui ne le prévoyait que trop; sans doute nos gens de cour vont s'empresser autour d'elle. Puissent-ils, au milieu de leurs platitudes, trouver moyen de venger l'Italie vaincue par son mari!

» En attendant, celui-ci continue sa marche foudroyante. Le duc de Modène s'est sauvé à Venise en emportant son trésor, ne laissant derrière lui que six millions pour étancher la soif du Dragon. Le duc de Parme est frappé de plus de contributions qu'il n'en peut porter. Le Pape a député au nouvel Attila des ambassadeurs en robe courte pour lui faire entendre raison. Entre autres fantaisies, Bonaparte veut absolument emporter l'Apollon du Belvédère. Comment trouvez-vous cette idée-là? Ils veulent nous persuader qu'ils ne sont pas des barbares, parce qu'au lieu de briser les statues ils les volent. »

A propos de fantaisies, le marquis Henry raconte qu'à Livourne, à la fin de juin, le général Bonaparte voulut visiter le berceau de sa famille; il ne trouva plus de son nom que le chanoine Philippe Bonaparte, chez lequel il alla loger. Il y passa la nuit et la moitié de la journée suivante, toujours occupé de conseils avec ses généraux. Le bon chanoine, mis en demeure de formuler un désir, pria son cousin le *général* de lui obtenir l'ordre de Saint-Étienne. Bonaparte partit immédiatement pour Florence, se fit donner une audience et exposa respectueusement la requête de dom Philippe ; on juge si le grand-duc eut garde de refuser.

Le grand-duc savait quelles étaient à son égard les intentions du Directoire, auquel pourtant, seul, parmi les princes italiens, il avait envoyé un ambassadeur.

« Occupez Livourne, mandait-on de Paris au général Bonaparte, confisquez, pillez toutes les propriétés anglaises, napolitaines, portugaises ; si le grand-duc s'y oppose, ce sera de sa part une grande perfidie, et vous aurez le droit de traiter alors la Toscane comme une alliée de l'Angleterre..... (1). »

Les particuliers étaient, comme les gouvernements, frappés de stupeur. L'avenir apparaissait à chacun plus incertain qu'aux jours mêmes de l'émigration, car la révolution, pendant la Terreur, était circonscrite par les frontières de la France, tandis qu'en 1796 cette frontière était franchie, et l'idée révolutionnaire se propageait au dehors comme un immense incendie devant lequel chacun fuyait sans voir à ses ravages d'autres limites que le vide.

« L'état des choses doit vous rendre ma correspondance pénible, écrivait le marquis Henry ; de quoi peut-on s'entretenir qui ne soit inutile ou dangereux ? Je suis abattu, malheureux, aigri. Les réformateurs de notre temps, après avoir banni de la terre la paix, l'aisance, la confiance, l'honneur des hommes et des femmes, le respect pour le serment et l'hospitalité, ont

---

(1) Botta, *Storia d'Italia.*

entrepris d'effacer les dernières traces de l'humanité en nous rendant féroces après nous avoir dépouillés. On vient, par exemple, d'ordonner à tous les Savoyards au service du Roi d'avoir à quitter le Piémont dans quinze jours. Il ne reste pas un asile pour eux, et quand on demande : où iront-ils? personne ne peut le dire. J'aurai une petite paye jusqu'à la fin de septembre, après quoi je me déciderai à voler sur les grands chemins ou à demander l'aumône, car, après m'avoir ôté d'un coup de plume tout asile et toute fortune, on m'a dit que le petit emploi que j'avais demandé était pour un autre.

» Au milieu de tout cela, madame Bonaparte trouve qu'on l'a fêtée gauchement. Nous ne disons pas, paraît-il, à nos vainqueurs : Je vous aime, avec le ton et l'accent d'un sentiment assez vrai. Ah! je vous le répète, si nous pouvions avoir une cabane à Chamounix et de quoi n'y pas mourir absolument de faim, nous serions trop heureux; nous y lirions l'*Arioste* avec les *Mille et une nuits*. Le bonheur consiste aujourd'hui à vivre dans un monde imaginaire où l'on soit à toute distance des vainqueurs et des vaincus, des oppresseurs et des opprimés.

» Adieu, ma chère amie; vous voyez bien qu'il vaut mieux se concentrer et se taire, quand on n'a que des choses fâcheuses dans la tête et sur le cœur. »

On peut suivre pour ainsi dire pas à pas, en feuilletant la correspondance du marquis Henry pendant cette douloureuse période, les progrès d'une misanthropie dont il se rendait compte et contre laquelle il cherchait à réagir. Mais il ressemblait à ces malades qui ne croient guère à leur guérison et pour lesquels le remède est en quelque sorte une aggravation de souffrances.

« Je vais, pour dissiper un peu mon humeur noire, écrivait-il, passer quelques jours à Raconis (1). Je ne sais trop comment je me tirerai d'affaire; toutes mes facultés ont pris une trempe si dure, toutes mes idées une teinte si sombre que je ferai, je crois, une triste figure dans ce tourbillon d'élégance. Il faudra sentir le benjoin et dire des riens agréables, ou transformer en riens les choses les plus difficiles. Raconis est un des plus beaux lieux du monde, et la princesse du Piémont m'ayant invité et fait inviter plusieurs fois, je me trouve obligé de lui aller faire ma cour. Je vous rendrai compte de mon voyage, qui sera de cinq ou six jours. »

Il en revint aussi oppressé et aussi triste qu'il était parti.

« Voilà huit grands jours que je vous ai dit un mot, ma chère amie. Je vous écrivais en partant pour Raconis; j'y ai passé six jours et le reste à Savigliano. Ce voyage m'aurait distrait et amusé, si le cours et la teinte qu'ont pris mes idées depuis quatre ans ne m'avaient pas émoussé sur une infinité de jouissances. La princesse est vraiment comme Armide, au milieu des enchantements. Je ne lui souhaiterais qu'une en-

---

(1) Château royal aux environs de Turin.

ceinte de précipices autour de sa demeure avec des dragons et des cyclopes pour en défendre à jamais l'approche à tous les révolutionnaires français, lombards et piémontais.

» On mène dans cette superbe demeure, en les attendant, la vie la plus agréable. Tout le jour se passe en plaisirs d'une élégance rare, mêlés d'occupations. On y est libre d'ailleurs comme dans une maison particulière, et la maîtresse du lieu y est d'une grâce et d'une amabilité parfaites. Mes connaissances de Savigliano m'ont aussi rendu très-agréables les deux jours que j'y ai passés.

» Au point où nous en sommes, c'est en vérité une conquête que huit jours arrachés aux tristes réflexions..... »

Comment les réflexions du marquis Henry n'eussent-elles pas été douloureuses? De la prospérité d'autrefois, il ne demeurait que ce vain éclat de cour destiné à rassurer les uns, à éblouir les autres et à tromper enfin ceux qu'on avait intérêt à tromper. Mais en feignant d'être rassuré, on ne trompait personne; l'ascendant de la République française devenait irrésistible. Modène s'était déclarée république; la république lombarde s'organisait et s'affermissait. La fin de la monarchie sarde devenait fatale.

« Les États du Roi sont cerclés de républicains, écrivait le marquis Henry, et serrés comme dans un étau; il est impossible que la monarchie résiste à pareille étreinte et ne soit pas étouffée. Finir, c'est le sort des choses humaines arrivées à leur apogée.

» Les corps politiques comme les corps animés, en recevant l'existence, recoivent un principe de destruction qu'ils portent dans leur sein et qui tôt ou tard doit se développer. Je compare les révolutions à la petite vérole, elles sont épidémiques comme cette maladie. Il faut qu'une révolution suive son cours; une contre-révolution n'est autre chose qu'une petite vérole rentrée. La révolution réduit souvent à l'agonie le corps politique qui l'éprouve; elle ne l'embellit point, quoiqu'elle l'assainisse quelquefois. Sans parler de la mort, qui en est trop souvent la suite, elle laisse des cicatrices, des taches et des principes de langueur. »

Comme symptôme d'une indéniable gravité, le marquis Henry citait encore la multitude de fausses nouvelles qui s'abattaient sur le pays.

« Elles tendent toutes, disait-il, soit à éprouver les opinions particulières et le vœu général, soit à discréditer notre malheureux gouvernement; tantôt on fait craindre la disette dans ce pays le plus riche du monde, tantôt on atteint notre papier-monnaie, meilleur mille fois cependant que les assignats de nos vainqueurs. La méfiance est partout. On reconnaît ici l'infernale main de Bonaparte, qu'après avoir baisée avec terreur hier, on commence à baiser avec amour aujourd'hui. »

Le sentiment d'un dégoût profond inspiré par ce qu'on appelle habileté ou nécessité politique ajoutait au désir que le marquis Henry avait de quitter la cour.

Il venait de remettre au Roi le dernier mémoire sur les opérations de la guerre, et son emploi de quartier-maître général se trouvait par le fait supprimé. Le marquis n'était plus qu'un de ces émigrés que l'on chassait du Piémont.

« Je viens d'écorcher la queue de ma grande affaire, écrivait-il, j'ai rendu tous mes comptes au prince, au bureau de la guerre et à celui de la topographie. J'ai reçu beaucoup d'éloges, mais pas un mot qui fixât mes idées sur ce que je puis devenir. Le Roi m'a accordé en revanche tout ce que je lui ai demandé pour mes officiers. C'est la dernière fois que j'ai fait le colonel, que j'ai pu rendre service avant d'en demander à la charité publique.

» Je ne sais si, en se séparant de moi, le Roi a eu le crève-cœur que j'ai éprouvé à me séparer de mes bons et fidèles domestiques qui avaient émigré pour me suivre ; je n'ai pas voulu attendre pour me séparer d'eux le moment où je ne pourrais plus les payer. Voilà l'effet de la misère.

» Je vais vous rejoindre, mon amie, je touche à cet instant si désiré et si horrible ; comment supporterons-nous de nous revoir ? »

CHAPITRE DIX-HUITIÈME

BEAUREGARD

1796

Les émotions du retour. — Un intérieur d'émigrés. — Politique du comte de Maistre et du marquis Henry. — Voyage à Beauregard. — La traversée du lac. — Ruines et souvenirs. — Le chien d'Ulysse. — L'idiot et la *Marseillaise*.

Les circonstances ne suffisent pas à expliquer la violence et la diversité de nos impressions. Le même souffle qui ride la surface d'un paisible cours d'eau soulève des tempêtes dans l'Océan.

De là naissent parfois l'injustice et l'impertinence avec lesquelles on juge les sentiments que l'on n'éprouve pas.

Après quatre années d'absence, après surtout les lettres si tendres que l'on a lues, ce cri poignant qu'arrachait au marquis Henry la pensée du retour : « Comment supporterons-nous de nous revoir? » aura pu sembler étrange.

Doutait-il de la tendresse de sa femme et des siens? Non, mais il doutait de lui-même et de sa force à souffrir davantage.

Tout ce qu'il pensait, tout ce qu'il éprouvait, se rapportaient désormais à une heure qui dominait sa vie, l'heure où il avait perdu Eugène; à cette somme de douleurs, il ne se sentait pas le courage de rien ajouter; il fuyait l'affection, la pitié comme le reste; semblable à ces blessés auxquels la main secourable est un objet d'effroi.

Retrouver dans le cœur de sa femme toutes les tortures de son propre cœur, redire à celle à laquelle il avait arraché son fils ce que ce fils avait été, Henry ne le pouvait.

A lui, père et soldat, la mort avait laissé un autre Eugène transfiguré par la gloire, et qu'il était parvenu à aimer comme une réalité vivante, Dieu sait au prix de quel effort. Mais son amour à elle, c'était pour l'enfant de ses entrailles, l'amour de la femme et de la mère; c'étaient des choses à jamais mortes que cet amour allait lui redemander!

Il tremblait à la pensée d'aller vers celle qu'il méconnaissait cependant en la croyant incapable de comprendre ce qu'il y avait eu de grandeur dans le sacrifice.

L'affection même de ces enfants que Dieu lui avait laissés ou prêtés comme Eugène semblait indifférente au malheureux Henry; il sentait qu'il regrettait trop sans pouvoir regretter moins, et, comme le dit lord Byron, son désespoir était que son cœur ne se fût pas brisé à sa première chute.

Il partit néanmoins. Le voyage de Turin à Lausanne, qu'il fallut faire par le grand Saint-Bernard et le Valais, dura douze jours, pendant lesquels rien ne put distraire le cours de sa pensée.

Victor suivait avec Comte; celui-ci n'avait pas voulu quitter son maître, surtout depuis qu'on ne le payait plus. A la dernière étape, il prit les devants pour aller prévenir la marquise et M. de Maistre. Vers le soir, en arrivant aux portes de Lausanne, Henry les trouva sur la route qui l'attendaient.

C'était l'épreuve qu'il avait tant redoutée et qu'à présent il appelait fiévreusement. Que se passait-il en lui ? il n'aurait pu le dire ; sa pensée était vague, flottait de cette femme en noir à Eugène, à lui-même. C'était le néant dans son esprit, dans son cœur, dans tout son être.

Elle, d'une pâleur de morte, tendait les bras. Un mot eût brisé le charme fatal qui les clouait immobiles ; ce mot, ni l'un ni l'autre ne le trouvait.

« Henry, Henry ! » cria-t-elle enfin. Le marquis la saisit dans ses bras, et ce fut fini.

Elle sanglotait, lui ne pleurait pas encore, il souffrait trop. Les larmes tout à coup jaillirent de ses yeux comme des flèches. « Henry, mon Henry ! » répétait-elle en se pressant contre lui.

Ils se tenaient ainsi tous les deux, refoulant le seul mot qui leur vînt aux lèvres ; le seul nom dans lequel leurs cœurs se fondaient, qui plus que leurs tendresses allait désormais les unir ; sans l'avoir prononcé, ce nom, ils se le redisaient mille fois dans leur première étreinte.

Quand ils revinrent à eux, ils se regardèrent comme s'ils ne s'étaient point encore vus et se cherchèrent dans le passé sans se retrouver.

De ce qu'ils avaient été autrefois, il ne demeurait rien ; ces quatre années les avaient marqués au visage. C'était une vieille femme avec ses flétrissures et ses cheveux blancs ; chacune des larmes que ces années avaient coûté à la marquise s'était enchâssée dans une ride de son visage; sa douce voix seule n'avait pas changé.

Lui, marchait courbé par les fatigues; on l'eût dit un vieillard sans l'éclat de ses yeux. Là s'était réfugiée son âme, de là elle prêtait à ses traits amaigris cette majesté dont la souffrance a l'imposant privilége.

Mais de leur jeunesse, encore une fois, il ne restait rien.

Heureusement, il en est de l'amour comme de tant de choses charmantes à leur printemps, nobles et belles seulement à leur automne.

On s'aime à vingt ans, comme les oiseaux de mai qui par delà leur nid et leurs gazouillements ne savent rien. Mais après vient la bise qui emporte le nid et la chanson d'amour; de ce qu'elle disait, l'écho ne se souvient plus!

Il nous faudrait mourir alors, si nous étions de la terre, si à ces destructions ne survivaient les tendresses de l'âme, immortelles comme l'âme elle-même.

C'est ainsi que désormais le marquis Henry et sa femme entendaient s'aimer. En s'acheminant appuyés l'un sur l'autre vers la ville, ils semblaient reprendre leur marche dans la vie.

Ils échappaient à ces déchirements que Henry redoutait et que craignait plus encore peut-être pour ses amis la tendre affection du comte de Maistre.

M. de Maistre n'avait point voulu les abandonner dans un tel moment; tout ému, il était à quelques pas, adressant coup sur coup à Victor, et cela pour se donner une contenance, ces mille questions dont on n'entend pas la réponse. Mais ses yeux étaient fixés sur Henry, son cœur montait plus haut encore. Le comte de Maistre voyait dans ce spectacle la justification de la Providence, qui frappe pour glorifier les siens. Jamais la figure du juste ne lui était apparue si saisissante; c'était du respect bien plus que de la pitié qu'il éprouvait pour cet homme de bien si malheureux. Un serrement de main avait fait comprendre à Henry ce qu'il sentait. Dans ce témoignage, si simple pourtant, de son affection, il avait su mettre tant d'âme, que le marquis le regarda tout en larmes.

Henry ne croyait plus avoir d'amis; depuis son malheur, il s'était isolé de ces banales sympathies, odieuses à celui qui souffre et fausses comme tous les sentiments qu'exprime l'indifférence.

L'une après l'autre, il sentait donc vibrer des fibres qu'il croyait à jamais brisées en lui ; il s'étonnait de la vivacité des impressions qui renaissaient; les cris joyeux de Camille et de Sylvain lui causèrent un tressaillement qui le surprit lui-même, en lui prouvant une fois de plus que son cœur n'était point mort.

Les enfants amenés par Chagnot accouraient avec toute la vitesse de leurs petites jambes. Ils le couvrirent de caresses; quand leur père les remit à terre, ils s'accrochaient à ses vêtements, baisaient ses mains, prenaient celles de leur mère. Ils allaient ainsi de l'un à l'autre, les regardant tout étonnés de voir leurs yeux rougis et du spectacle d'une douleur que leur joie enfantine ne savait ni comprendre ni expliquer.

Et puis ce fut le tour de l'abbé Baret; le marquis le rencontra sur l'escalier. Le pauvre homme s'était traîné tout grelottant de fièvre. Il avait quitté son lit pour ne pas perdre une minute des joies de ce retour qu'il attendait sans doute pour fermer les yeux.

En embrassant le vieillard qui l'avait élevé et la pauvre Chagnot qui pleurait de joie sur sa main, Henry comprit encore quels dévouements lui étaient demeurés.

Il ne trouvait donc autour de lui que de douces et fortifiantes impressions; à leur contact, ce qu'il y avait d'amer et de sauvage dans sa douleur s'était exhalé peu à peu; et si quelques semaines après son retour il n'était pas moins malheureux, sa tristesse du moins aimait à se laisser consoler.

Elle était devenue religieuse plus que jamais. Les grandes pensées chrétiennes qui avaient soutenu Henry aux premiers jours de son malheur semblaient avoir, dans le calme où il vivait, plus de puissance encore sur son cœur. La marquise le savait bien; quand elle le voyait s'assombrir, elle appelait à son secours, pour le consoler, ses propres raisonnements, surtout ses admirables lettres d'autrefois.

« Dieu a rappelé notre enfant pour son bien. Si je n'avais jamais entendu parler du Ciel, je l'inventerais pour y placer notre enfant..... »

« Mon Henry, c'est vous qui m'avez écrit ces touchantes choses, disait-elle; consolez-vous à votre tour avec elles. C'est vous encore qui m'avez dit que le bon Dieu nous laissait sur la terre pour y expier par notre patience et notre résignation nos fautes, qui nous excluraient du pays qu'habite Eugène.

« Mon Henry, pourquoi pleurer sur notre enfant? Ce Ciel que votre amour eût inventé pour lui n'eût pas été digne de notre ange autant que celui qu'il habite, et où bientôt nous le rejoindrons. »

En relisant ces pages, les yeux de la pauvre mère pleuraient, mais son visage trahissait tant de confiance en Dieu, tant de résignation, que Henry ne se pouvait pardonner d'avoir eu peur de revenir et d'avoir douté d'elle comme de lui-même.

Elle l'amenait parfois aussi dans la chambre dont elle s'était fait à Lausanne, comme à Genève, la chapelle de souvenirs. Tout ce qui restait d'Eugène était là. Au-dessus du portrait de l'enfant, sa petite épée, ses derniers dessins, les deux lettres qu'il avait écrites, datées de son lit, son petit sac et une paire de souliers.

Il y avait, parmi ces reliques, une relique plus précieuse que les autres; mais le marquis et sa femme osaient à peine s'avouer qu'elle était là. Dans un coffret reposait la balle, que madame de Faverges avait recueillie. C'était au milieu de ces souvenirs que les surprenait le comte de Maistre. Il ne se passait guère de jours qu'on ne le vît dans cette chambre à rideaux rouges, aux tentures déchirées, où le poêle et la lampe réunissaient la famille après le repas du soir; c'était l'heure où la marquise cousait les vêtements des enfants, l'heure où l'abbé récitait tout bas son chapelet, entre Chagnot qui filait et Comte qui disait des histoires à

Sylvain et à Camille, jusqu'à ce qu'ils se fussent endormis sur ses genoux.

Le comte de Maistre et le marquis Henry traitaient les plus hautes questions de la philosophie, de la guerre ou de la politique devant ces simples de cœur et d'esprit, muet auditoire qui admirait dans ces belles choses le soulagement qu'en recevait leur maître, et l'amitié de celui qui savait ainsi tromper ses désespérants souvenirs.

Quand M. de Maistre se levait, tous se levaient, et la soirée était finie. Ordinairement, le marquis l'accompagnait à quelques pas. Parfois, lorsque le ciel était beau, ils allaient ensemble jusqu'au bord du lac; c'était, entre toutes, la promenade que préférait Henry.

Pourquoi? Est-il besoin de le dire? par delà, à quelques lieues à peine était Beauregard.

« Jamais, dit brusquement un soir le marquis Henry, l'exil ne m'a paru si lourd de peines ; ce lac est-il donc une barrière infranchissable entre moi et ces pics qui découpent là-bas l'horizon? Le souvenir de mes vieux murs m'obsède.

» Je ne sais ce qui me retient d'aller à eux tout de suite; de sauter dans cette barque. »

M. de Maistre l'emmena, car il avait compris que devant ce désir du marquis tout raisonnement était inutile. Il préféra servir une fantaisie qu'il était impuissant à combattre. Il en voulut atténuer les dangers en les partageant, et se résolut à accompagner le marquis dans sa triste visite.

Au reste, les moindres périls qu'affronteraient les

voyageurs étaient les décrets encore en vigueur contre l'émigration. On se dérobe aux gendarmes de la République, mais comment dérober cette pauvre âme brisée à la brusque invasion des souvenirs que recelait chaque pierre de Beauregard ?

Beauregard n'avait pas trouvé d'acquéreur. La nation avait pillé le château, l'avait un peu brûlé, mais ne l'avait ni vendu, ni démoli. On savait ces ruines désertes et inhabitées; à peine de temps en temps un citoyen du voisinage venait-il en passer l'inspection, ou bien emporter les débris dont il avait besoin. En 1796, ce mode d'emprunt par effraction se pratiquait en plein jour sur les domaines nationaux. Le soir, le marquis pouvait se risquer chez lui sans crainte d'y rencontrer un hôte indiscret.

Les préparatifs de l'expédition ne pouvaient être longs à faire. Comte eut bientôt trouvé la barque qu'il voulut conduire lui-même. M. de Maistre et lui avaient pensé qu'il serait imprudent de se confier à des étrangers. Puis les violentes émotions ont leur pudeur et n'aiment pas à se donner en spectacle.

La soirée qui précéda le départ fut triste. Les enfants, qui avaient conservé de Beauregard un vague souvenir, accablaient leurs parents de mille questions importunes auxquelles la marquise et son mari laissaient à l'abbé le soin de répondre; les circonstances d'ailleurs semblaient si graves au digne homme, que ce soir-là il était intarissable; parlant à tort et à travers, fiévreux, agité, il s'épuisait en conseils donnés au marquis ou à M. de Maistre; et comme ceux-ci n'en prenaient nul souci, l'abbé se retournait vers Comte, fort occupé de son côté à frapper de petits coups sur le baromètre pour s'assurer du temps qu'il ferait le lendemain.

La nuit fut mauvaise pour chacun; dès cinq heures, tout le monde était debout et la maison pleine de tumulte; seule, la marquise était silencieuse. Déjà sa pensée errait à Beauregard; elle était presque jalouse des joies amères qu'allait y chercher Henry.

Si quelque Vaudois matinal eût rencontré M. de Maistre et le marquis Henry, certes, il n'eût pas soupçonné leur émotion, tant leur marche était naturelle et indifférente, moins cependant peut-être encore que celle du brave Comte les suivant avec trois lignes de pêche et un panier rempli de provisions.

La voile fut hissée, et une jolie brise chassa la barque loin de la terre d'exil; mais, comme toute chance heureuse dans la vie du marquis Henry, la jolie brise ne dura guère; il fallut bientôt se mettre à tirer des bordées.

La barque toucha donc Évian pour retourner à Morges, sur la rive opposée; de là elle courut sur Thonon en Savoie et regagna péniblement la côte de Suisse. Ainsi ballotté entre l'exil et une patrie plus inhospitalière encore, le pauvre esquif indécis ne savait où se prendre.

Enfin, il s'arrêta en face du vieux donjon d'Yvoire, qui semblait marquer sa dernière étape.

Beauregard était là, derrière cette pointe de Messery s'allongeant dans le lac avec sa forêt de peupliers que le vent agitait comme un dernier rideau.

« Pique en avant! » cria Henry; mais la voile avait

tourné brusquement, ou s'en retournait vers le haut lac.

« Pas encore, monsieur le marquis, répondit simplement Comte, il fait trop jour. »

Comte avait raison ; mais pendant que l'avant du bateau fendait l'eau vers Nyons, Henry regardait d'un air désolé la côte qui continuait à fuir.

« Le voilà, voilà Beauregard », dit-il tout à coup... Comte, non moins ému que son maître, se leva et ôta le bonnet de laine qu'il portait.

Ce salut, que le serviteur adressait à la maison de son maître, que le paysan adressait au château, disait assez combien les colères révolutionnaires avaient été injustes en découronnant ces tourelles et en proscrivant celui qui les habitait.

Beauregard, en effet, émergeant des arbres qui l'entourent, apparaissait aux passagers ; Comte ne songeait plus à tourner sa voile.

Henry demeurait absorbé dans une contemplation vide de pensée.

« Vous me faites songer à Job, lui dit M. de Maistre ; c'est bien le vent du désert qui a ébranlé votre maison.

— Et mes enfants ont été accablés, et ils sont morts... » murmura le marquis.

M. de Maistre se leva, le spectacle de cette douleur l'inspirait. Tandis que la barque abandonnée semblait attendre d'elle-même que le soleil se fût caché derrière le Jura, tandis que le soir répandait sur Beauregard les rayons d'un symbolique incendie, il développa les arguments de sa philosophie hautaine et implacable.

Il expliqua au marquis, brisé par l'émotion, ces théories effrayantes qu'il devait développer quelques années plus tard sur les bords de la Newa. Il révéla les desseins de la Providence et initia le pauvre père d'Eugène à la reversibilité sur l'innocence des châtiments mérités par le crime. Il dévoila les mystères de l'expiation par le sang.

Le marquis Henry écoutait, mais, au fond du cœur, était tenté de se révolter contre le Dieu vengeur de M. de Maistre.

« Devant ces ruines, disait-il, vous avez raison de vous faire l'avocat de la Providence. »

Une grande barque croisa le canot : « Bonsoir, dit l'homme du gouvernail. — Bonsoir », répondit Henry d'un ton plein de douceur qui contrastait avec son visage.

« Le connaissez-vous ? demande M. de Maistre. — Non, je crois seulement qu'il n'est pas de ceux qui ont fait les ruines de là-bas; c'est donc un indifférent et presque un ami. Il est désolé sans doute comme nous.

— Henry, vous prêtez à cet homme vos émotions comme vos désirs; vous les avez prêtés même au bon Dieu. De là ces désillusions vis-à-vis de la Providence comme vis-à-vis des hommes. Vous ne comprenez pas la nécessité de ces ruines, comme vous n'avez pas compris la loi divine qui a soustrait Eugène au temps où nous vivons. Vous ne voulez pas comprendre qu'il n'y a en ce monde que des usufruits, et que la propriété est à Dieu. Vous ne savez pas vous confier dans cette parole que le Seigneur dicta à son prophète : « Je vous » aime d'un amour éternel. »

» Regardez l'œuvre de la Révolution, elle vous a frappé dans vos biens, elle vous a frappé dans la chair de votre chair, mais elle vous a laissé ce qu'elle a ravi à tant d'autres, l'honneur, qui ne dépend pas des événements. Elle vous a laissé ces affections que l'infortune grandit.

— Hélas ! que sont les meilleures affections vivantes auprès des autres ? » reprit Henry presque blessé de la sublime brutalité du comte de Maistre.

Écrire l'histoire d'un cœur, c'est écrire l'histoire de ses contradictions.

Si empressé d'aborder tout à l'heure, lorsque la barque s'éloignait de Beauregard, le marquis semblait devenir indifférent; lui qui, un instant auparavant, voyait avec envie les petites vagues qui s'en allaient vers la côte, fût, au moment où il parlait, retourné à Lausanne sans même regarder derrière lui.

M. de Maistre n'avait rien ajouté; il comprenait que toute parole eût été hors de saison, et que ce pauvre cœur malade avait surtout besoin de pitié.

Il fit un signe à Comte; la barque, depuis une heure immobile, s'achemina doucement vers Beauregard; de petites lumières scintillaient aux maisons étagées sur la montagne. L'heure était venue de débarquer.

Le marquis regardait toujours vers le château.

« Le voilà qui s'avance à notre rencontre, ne rame plus..... attendons-le ici..... », disait-il à demi-voix.

Les aboiements d'un chien interrompirent sa rêverie. « Le chien d'Ulysse », dit M. de Maistre, essayant par cette plaisanterie de le ramener à la réalité.

Comte venait d'engager son bateau sur le sable. Tous trois descendirent, mais ils demeurèrent comme enracinés au sol, ne sachant même plus reconnaître, tant leur émotion était violente, ces chemins pourtant si souvent parcourus.

Tous trois se mirent à grimper la rampe qui du lac mène au château.

C'était, aux abords de la maison, un amas de poutrelles noircies, de tuiles brisées, de plâtras et de décombres; les fenêtres avaient été enlevées, volées probablement; trois ou quatre volets grinçaient à la bise, et la grande porte ouverte pendait sur un de ses gonds.

L'âme de la vieille maison s'était envolée!

Pour arriver jusqu'à la cour intérieure, il avait fallu franchir les troncs de grands platanes qui flanquaient autrefois l'entrée, et gisaient là maintenant en travers du chemin.

« Ils les gênaient, murmura le marquis, et cela aussi, ajouta-t-il en ramassant un fragment d'écusson. Mon Dieu! s'ils n'avaient brisé que cela!

— Courage, Henry, souvenez-vous de Job.

— J'aurai du courage, mais vous n'auriez pas dû me laisser arriver jusqu'ici.

— Vous avez raison, retournons à notre bateau.

— Non, continuons, dit Henry; pardonnez-moi ma faiblesse, mon ami.

— Par ici! » appelait au même instant Comte, qui venait d'ouvrir un passage au travers des gravois qui encombraient la porte.

Le marquis le suivit en se tenant aux murailles; son

émotion était si violente que, malgré la petite lanterne que Comte avait allumée, il ne voyait pas à marcher.

« Oh! disait-il en tâtant machinalement de la main, là, c'était ma chambre; là, celle de ma femme; là….. oh! n'entrons pas ici; entrez-y seul, Comte.

— C'était la chambrette d'Eugène. Ils n'y ont rien laissé, monsieur le marquis, dit Comte en revenant. Allons-nous-en.

— Non, maintenant je veux y entrer. »

Cette fois, le pauvre père était à bout de forces; il se laissa tomber sur une poutre qui était là.

De ces trois hommes, pas un ne disait un mot.

« Partons », dit M. de Maistre; les autres le suivirent hors de ces ruines.

Henry semblait se diriger vers le lac, mais il revint sur ses pas et se mit à faire le tour du château : c'était le pillage qu'il retrouvait là aussi. Tantôt marchant, tantôt s'arrêtant, sans en avoir conscience probablement, il était revenu à son point de départ, devant la porte de la maison.

L'idée ne lui venait pas d'y rentrer, mais non plus de s'en aller. Combien demeura-t-il assis là? Ni M. de Maistre, ni Comte ne l'auraient su dire plus que lui; tous trois étaient si abîmés dans leurs pensées, qu'ils n'avaient point entendu marcher derrière eux.

« C'est moi le maître ici, dit tout à coup une voix en colère; c'est moi le maître ici, allez-vous-en… »

<blockquote>Qu'un sang impur abreuve nos sillons,</blockquote>

chantait en même temps l'être bizarre qui avait parlé.

Henry et M. de Maistre s'étaient levés en sursaut.

C'était Jacques, un pauvre enfant idiot, qu'autrefois le marquis avait recueilli et nourri par charité, et qui depuis l'émigration était le seul maître de Beauregard.

« Ça faisait un beau feu quand ils l'ont brûlé. Le marquis, ils l'ont chassé; c'était un aristocrate. Je suis le maître ici », continuait le malheureux.

Pour Henry, c'était le dernier mot de la révolution. Il s'enfuit vers la barque; elle était bien loin déjà, qu'il entendait encore l'idiot chanter la *Marseillaise*.

CHAPITRE DIX-NEUVIÈME

TURIN

1797

Les théories du comte de Maistre. — Un oncle de Bavière. — Le grand électeur Maximilien. — La partie de *trucq*. — Mort de Victor-Amédée. — Charles-Emmanuel IV lui succède. — Reconstitution de l'armée sarde. — Le marquis Henry est nommé quartier-maître général. — Réformes, bals et conjurations. — La reine Clotilde. — Comment Quirini, ambassadeur de Venise, apprend les projets de Bonaparte sur sa République. — Miot, ambassadeur de France.

Les détails que l'on vient de lire sont empruntés à une lettre de la marquise. Ce papier, jauni, froissé, est demeuré le seul témoin de ces scènes si douloureuses. Les larmes dont il est taché çà et là sont vieilles de quatre-vingts ans, et cependant toujours jeunes, comme ce qui émeut le cœur. Tant il est vrai que si le bonheur sied aux vivants, la douleur seule peut donner de vrais amis aux morts. Qu'elle les absolve comme Marie Stuart, qu'elle les sanctifie comme Jeanne d'Arc, qu'elle les poétise comme le Tasse, ou simplement les fasse aimer comme le marquis Henry dans leur obscurité, encore un coup, la douleur a le privilége de ceindre la mort d'une auréole.

C'était à la rencontre de ses enfants et de ses petits-enfants que Henry portait sans doute sa pensée tandis qu'il fuyait ainsi loin de Beauregard, poursuivi par les huées d'un fou. Il demandait sans doute à ses larmes de mériter un avenir moins cruel pour ceux nés ou à naître de son sang.

« Cet avenir est entre les mains de Dieu, murmurait-il...

— Oui, regardez vers lui, montrez-lui les larmes de votre visage et les amertumes de votre cœur, reprit M. de Maistre; sans doute Dieu aura pitié. » Presque aussitôt il ajouta : « Ce que Dieu fait n'est point sans raison pour votre bien. Levez-vous, Henry, c'est Dieu qui fait chanter là-bas cet idiot sur vos ruines pour vous montrer le néant des vanités humaines. Regardez en face le spectacle, car il est digne de vous, et redites-le à vos enfants. »

Sous cette parole inspirée, le marquis Henry s'était redressé. Ces deux hommes, d'une si grande doctrine et si grands par le cœur, s'étaient compris.

Ils s'inclinèrent l'un auprès de l'autre pour prier. Par l'anéantissement de leur raison, comme par l'essor de leurs âmes, ils glorifièrent la main qui frappait.

C'est une admirable chose que la raison qui s'abdique ainsi! Il y a d'incomparables grandeurs et d'invincibles forces dans ces soumissions mêlées à la misère!

Les forces revinrent comme par miracle au marquis Henry. On eût pu entendre, pendant le reste de la traversée, les deux nobles amis causer des événements avec une admirable sérénité d'esprit et les croire devenus indifférents aux injures de la fortune.

Et cependant l'homme est ainsi fait, qu'il ne puisse se soutenir à de telles hauteurs par le seul vol de son esprit. Dieu a complété en lui l'intelligence par le cœur, et à ce cœur il a voulu donner la femme pour guide et pour appui.

N'est-ce point, en effet, la sublime mission de la femme que de consoler les malheureux? Elle sait prier, et amène l'orgueilleux frappé dans son orgueil à s'incliner avec elle; elle croit et rend une espérance immortelle à l'âme effrayée, prête à se réfugier dans l'espoir du néant. Lorsqu'on voit la femme traverser une existence chrétienne et douloureuse comme celle du marquis Henry, elle apparaît alors comme l'ange du Paradis perdu.

Pourquoi le romancier poursuit-il si souvent au travers du scandale ses études du cœur humain? Pourquoi faut-il que dans ses livres l'homme soit si souvent un libertin sceptique, et la femme une femme perdue?

Pourquoi chercher la fiction dans le mal, quand la réalité est parfois, comme dans cette lettre, si touchante et si vraie?

« Henry, depuis son voyage à Beauregard, est plus abattu que je ne le voudrais, qu'il ne le voudrait lui-même, j'en suis sûre, écrivait la marquise à son frère. Devant lui, je me garde de mon propre chagrin et souris plus qu'il ne conviendrait. Si je ne faisais ainsi, il se cacherait de moi; je veux au moins qu'il ait la liberté et la jouissance de ses larmes. Autour de lui, nous rivalisons de belle humeur pour qu'il ne voie pas notre misère. Pour moi, je vais chercher au fond de mon cœur la prière et la pensée qui me consolaient hier pour les prodiguer à celui qui est plus triste que moi aujourd'hui. Par une grâce de Dieu, mon amour pour Henry rend ma souffrance ingénieuse à se dérober. Est-ce parce que sur mon pauvre cœur plane sans cesse la pensée d'une expiation nécessaire et d'une soumission méritoire? Peut-être.

» Maintenant je sais prier, et maintenant je prie avec Henry; la prière, cette chose de luxe à nos heures heureuses et que tant de fois nous avions traitée en étrangère et en importune, est devenue notre compagne de tous les instants et s'est fait une place au plus intime de notre foyer. »

Ces chutes, ces relèvements, ces rechutes d'un cœur malade, qui ne les a éprouvés? Comme tous les malheureux, Henry revenait à la vie parmi ces secousses, mais si lentement, mais si douloureusement qu'il eût voulu demeurer à chaque étape. C'était malgré lui qu'il marchait vers la guérison. On eût dit qu'il aimait son mal et se défendait de se le laisser arracher.

La marquise parvint cependant peu à peu à le détacher de sa maladive recherche pour la solitude; elle lui rendit le besoin d'échanger ses pensées comme le goût du travail, et combla ce vide de son esprit que M. de Chateaubriand, en parlant de lui-même, comparait à une rade sans vaisseaux.

Subissant comme malgré lui ce charme de tous les instants, Henry songea, pour la première fois, à recueillir ses souvenirs, et, sa pensée remontant des douleurs et des humiliations présentes à la gloire et à la prospérité passées, il sentit naître en lui le désir de raconter ce qu'avaient été ces gloires et ces prospérités, il ébaucha le plan de ses Mémoires historiques sur la royale Maison de Savoie.

Mais la misère vint bientôt lui arracher la plume;

le séquestre de tous ses biens et sa radiation des cadres de l'armée le laissaient sans ressources; quelques leçons de dessin données çà et là dans Lausanne assurèrent le morceau de pain du jour, sans assurer celui du lendemain.

Un grand-oncle, sur lequel il ne comptait guère, lui vint en aide au moment où tout semblait désespéré.

Barthélemy Costa, mort, quelque cinquante ans auparavant, général au service de Bavière et grand chambellan de l'électeur Maximilien, avait été, comme tous les cadets du temps, chercher fortune loin de son pays. C'était vers l'Allemagne qu'il avait tourné la tête de son cheval en franchissant, lesté de quelques écus, la porte de la maison paternelle.

Arrivé à Munich et chaudement recommandé par le grand prince Eugène de Savoie, il avait promptement obtenu une compagnie dans les gardes à cheval de l'électeur. Raconter la vie de Barthélemy serait hors de propos; il suffit de dire que partout, à la bataille comme à la cour, il se conduisit en digne gentilhomme, et que, peu d'années après son arrivée en Allemagne, il était devenu, grâce à sa bravoure et à son esprit, général de cavalerie, aide de camp général et grand chambellan de Maximilien.

Maximilien était le prince que Voltaire nous peint comme aimable, vaillant, chéri de ses sujets, mais ayant dans l'esprit plus de magnanimité que d'application.

Parmi ses défauts, il portait la passion du jeu à l'extrême, et rendait ainsi son amitié dangereuse pour ceux qu'il en honorait. On en donnera cette curieuse preuve d'une carte conservée dans les archives de la famille; elle porte un règlement de jeu à la date du 7 janvier 1701 entre Maximilien et son chambellan Barthélemy; or, il résulte de ce singulier document qu'en quinze parties jouées au *trucq* (1), Son Altesse avait perdu 450,000 escalins, soit, en monnaie actuelle, la somme énorme de 350,000 francs.

Les avait-il payés? Rien ne le prouve. Ce qui est certain, c'est qu'à la mort de Maximilien les États de Bavière refusèrent de reconnaître les dettes qu'il laissait, s'élevant à plus de 18 millions de florins, et que Barthélemy perdit ainsi des sommes importantes.

A la mort du général, ses héritiers ne les firent figurer que pour mémoire dans l'inventaire de sa succession, et jamais on n'avait songé à en réclamer, en Bavière, ni le capital ni les intérêts. Il fallait des circonstances aussi douloureuses que celles où se trouvait le marquis Henry pour tenter une semblable aventure.

Il essaya cependant, et, cette fois, par une fortune étrange dans sa vie, le succès dépassa son espérance. Où avait-il rencontré le prince de Saxe auquel il s'adressa? Je ne saurais le dire. Mais celui-ci prit avec tant de chaleur les intérêts du marquis Henry, qu'il finit par obtenir pour lui le remboursement, sur ses créances, d'une somme d'environ 20,000 francs.

C'était la fortune qui revenait à Lausanne et permet-

---

(1) Sorte de billard.

tait au marquis d'échapper à ces soucis matériels si douloureux et si bien faits pour ravaler l'intelligence la plus haute; car, s'il est vrai que la pauvreté fasse monter comme sur un piédestal certaines âmes d'élite, combien succombent au contact de souffrances vulgaires!

Ce serait à désespérer de soi si, Dieu merci, aux grandes heures, on ne se trouvait parfois meilleur qu'on ne mériterait de l'être.

Henry eut-il de lui-même cette impression quand un ordre du Roi vint tout à coup l'arracher une seconde fois à sa famille et à ce repos qu'on lui avait si cruellement imposé quelques mois auparavant?

Peut-être, car il quitta tout à ce mot magique du devoir!

Le devoir, en effet, pour tous les serviteurs de la monarchie, était de se serrer autour du trône à cette heure, la plus critique que le Piémont eût encore traversée. Le vieux roi Victor-Amédée était mort frappé d'apoplexie; il n'avait pu survivre à la honte du dernier traité de paix.

Sa mort avait appelé au trône le prince du Piémont. On peut dire qu'en acceptant cette douloureuse succession à un tel moment, le nouveau roi donnait la preuve d'un grand courage et d'une héroïque abnégation. Il se trouvait en quelque sorte garrotté par les Français; trop loyal pour user de trahison vis-à-vis d'eux, trop indécis et trop faible pour prendre contre eux une attitude énergique, Charles-Emmanuel IV n'eut pas un jour d'illusion ou d'espérance. Il était d'ailleurs souffrant dès son enfance d'une maladie nerveuse qui avait imprimé à tout son être une mélancolie inguérissable. Sans cesse hanté par les visions les plus funestes, il se comparait à son beau-frère Louis XVI et se disait condamné à une fin aussi tragique que la sienne. Rien n'était douloureux comme l'abattement dans lequel se traînait ce malheureux prince. Sa femme seule avait assez d'empire sur lui pour lui rendre quelque énergie. « C'est, dit le marquis Henry, une adorable princesse que la reine Clotilde. Elle est plus confite en Dieu qu'on ne saurait l'imaginer. »

Au ton dont il en parle, on voit quelle admiration passionnée inspirait au marquis cette sainte d'un autre âge. L'impression qu'il éprouvait était partagée par le pays tout entier et tournait au profit du Roi. Charles-Emmanuel, par lui-même, avait d'ailleurs une sorte de prestige : on le connaissait peu, son caractère sombre et défiant l'avait tenu dans l'ombre jusque-là. Nul ne songeait donc à lui imputer les malheurs du pays, et Victor-Amédée avait emporté seul dans l'autre monde toute la responsabilité des fautes commises.

Parmi ces fautes, la plus grave assurément avait été le licenciement de l'armée; ce fut aussi la première que Charles-Emmanuel IV se mit en devoir de réparer. Pendant les dernières guerres, deux ou trois commissions importantes avaient rapproché de lui le chef d'état-major de Colli; le marquis Henry avait frappé le prince par la portée de son esprit, la justesse de ses vues et son entente des choses militaires. Ce fut donc lui que le nouveau roi préféra à bon nombre d'intrigants qui briguaient l'emploi de quartier-maître général, c'est-à-dire de réorganisateur de l'armée.

Henry était à mille lieues de prévoir une faveur, dont, à vrai dire, il se fût passé, maintenant que recommençait pour lui une existence presque heureuse. Cependant il ne balança point à obéir; chez les hommes de sa taille, l'intérêt et les convenances personnelles n'existent pas quand on a un devoir à remplir. Volontaire, il avait commencé la guerre en 1792; volontaire, il allait reprendre l'uniforme quatre ans après pour obéir à ce sentiment de fidélité qui, chez lui, n'était autre que l'attachement au droit et à l'autorité, représentés par le prince.

En même temps que lui arrivait l'ordre de repasser les Alpes, le marquis Henry était avisé qu'un article secret du traité de Paris autorisait le Roi à employer, sous son bon plaisir, les émigrés savoyards dans son armée. Ainsi la même volonté qui l'avait banni quelques mois auparavant le réintégrait aujourd'hui dans son emploi, cela non point pour réparer une injustice, mais bien parce qu'on y voyait quelque utilité.

Mais, encore un coup, Henry avait le cœur trop haut pour marchander sur ces misères. En fait d'honneur, il était prime-sautier. Sa femme le laissa partir; elle aussi s'entendait en honneur et n'était point de celles qui hésitent entre une action moins bonne, dont elles profiteraient, et une action meilleure, dût celle-ci leur arracher le cœur.

Henry partit; de Lausanne à Turin, il dépelotonna lentement le fil de cette route qu'allongeaient la tristesse dans son cœur, la neige et le verglas sous ses pieds.

Il trouva, en arrivant en Piémont, l'accueil affectueux que les rois, comme leurs moindres sujets, savent faire à l'ami des mauvais jours; ses patentes de quartier-maître général furent signées sur-le-champ. Charles-Emmanuel y voulut joindre celle de directeur général de la topographie; de deux jours l'un, il fallait aller rendre compte des progrès que faisait la nouvelle organisation. Sans cesse en rapport avec le Roi, le marquis Henry partageait ses angoisses et pouvait sûrement apprécier les événements qui poussaient le pays aux abîmes.

« On m'a reçu ici en grande perfection, mon amie, et cependant ce n'est pas le meilleur de moi-même que j'y ai apporté. Le Roi m'a embrassé et m'a gardé auprès de lui pendant deux heures. Il m'a demandé, comme à son *vieil ami*, de l'aider dans sa tâche épineuse. Il m'a dit cela d'un air si triste que j'en avais du mal. Avant de me congédier, il a voulu signer mes patentes de quartier-maître et celle de directeur de la topographie.

» J'avais, paraît-il, pour ma charge, bon nombre de concurrents, qui ne sont pas les plus contents du monde, non plus que ceux qui, tout naturellement, maigrissent de l'embonpoint d'autrui. La majorité indifférente, à ce que l'on m'assure, ne désapprouve cependant pas le choix que l'on a fait de moi.

» Hélas! la ruine est ici partout; il faut frapper, frapper encore ce malheureux pays, et le frapper si fort que la mort s'ensuivra. On se jette dans le gouffre pour tâcher de le combler. Curtius n'était qu'un pauvre martyr auprès du Roi, qui donne les plus héroïques exemples d'abnégation. Les princes rivalisent de sacrifices avec lui. Malgré cela, les railleries contre ce que fait le gouvernement sont infinies. Bien des gens raisonnent à merveille qui s'en tiennent là et se récrient d'avoir à supporter leur petite part d'un mal si général. Cependant, à mon avis, le gouvernement est sage de mettre pied à terre pour n'être pas désarçonné par son palefroi que harcèlent plus que jamais toutes les mouches infernales de la révolution.

» Depuis mon arrivée à Turin, je travaille sans cesse, je travaille chez moi, je ne sors guère que pour aller travailler ailleurs. Vous savez mon triste penchant à faire des trous dans l'eau, j'en vais faire d'énormes avec mon état-major. »

Comme chez le marquis Henry, il existe dans certains esprits excellents une tendance à voir les choses par leur côté douloureux. On les en blâme alors que cette disposition devrait faire admirer davantage leur persévérance à poursuivre un but qu'ils désespèrent d'atteindre. Ceux-là d'ailleurs sont le plus rarement trompés par l'événement, qui d'avance en escomptent les mauvaises chances.

« C'est prudence, disait le marquis Henry, de prévoir le contre plus que le pour de mon entreprise, surtout depuis que j'ai vu le Roi. Mardi, en lui disant ce que j'avais à lui dire et en écoutant de lui les choses les plus intéressantes, je n'ai que bien peu avancé mes affaires; jugez s'il me faut appuyer sur mes rames pour faire marcher ma galère dans un moment où l'on supprime, par économie, une foule de légations, où les ministres feuillettent leurs portefeuilles, où les grands de cour exercent leurs charges sans appointements; c'est d'un bon exemple de servir ainsi le Roi, mais je ne puis faire vivre mes officiers, ni organiser ainsi mes bureaux.

» Vous ai-je fait savoir le nouvel édit qui vient d'être publié? Il demande à peu près une année de revenus aux rentiers et aux propriétaires, plusieurs millions au clergé, cinq cent mille francs aux juifs, de grosses contributions aux commerçants et aux fournisseurs de l'armée.

» Mon Dieu, si tout cela était payé, la dette publique serait assurée et le gouvernement reprendrait toute la force dont ses dernières mésaventures le rendent capable. Mais je crains bien que nous n'ayons à déchanter, car notre misérable monarchie, noyée au milieu des républiques comme un clou de girofle dans un pâté, est exposée à trop de secousses. »

Ses pressentiments ne devaient point tromper celui qui jugeait ainsi l'avenir de la monarchie sarde. Les mesures prises par le gouvernement avaient tout d'abord produit un heureux résultat. Quatorze millions de papier-monnaie furent retirés de la circulation, trois ou quatre millions de dettes urgentes furent payés, de grands achats de blé assurèrent un hiver tranquille. La confiance semblait prête à renaître; mais c'était là précisément ce que ne voulaient pas les jacobins piémontais, pas plus que ne le voulait le gouvernement français, dont ces gens étaient les misérables instruments.

« On ne parle ici que de bals et de conjurations, singulier amalgame, convenez-en, mais qui est bien la vérité des choses, écrivait le marquis Henry; heureusement, ajoutait-il, que jusqu'ici le gouvernement s'occupe plus des conjurations que des bals, et le public plus des bals que des conjurations; mais il est bien évident pour moi que la gent républicaine nous mine sourdement, et qu'avant peu nous aurons du fil jacobin à retordre. »

Il eût fallu être aveugle pour ne pas voir le résultat qu'avait cherché le Directoire en stipulant par l'article 8 du traité de Paris la mise en liberté de tous les patriotes arrêtés sous le règne précédent. Le citoyen Jacob, ministre de France, avait impérieusement réclamé cette amnistie dès son arrivée à Turin et s'était, sous prétexte de surveiller l'exécution du traité, constitué ouvertement le patron des plus dangereux sectaires. Le palais de la légation française devenait un lieu de rendez-vous pour tous les mécontents.

Jacob ne dédaignait pas de présider même parfois les conciliabules que ces gens tenaient hors de Turin; il s'y rendait sous prétexte d'herboriser dans les jardins botaniques du Valentin.

Le résultat de toutes ces intrigues ne devait pas se faire attendre longtemps.

« Une véritable conspiration vient d'éclater à Turin, écrivait Henry à sa femme. Les malheureux, les mécontents qu'ont créés ici les réformes auxquelles nous nous livrons se sont joints aux têtes folles et aux régénérateurs à brevets pour bouleverser et ensanglanter notre malheureux pays. Ils devaient commencer par exterminer la famille royale à coups de *caga foco* pendant qu'elle défilerait par le salon des Suisses pour aller à la messe. Le hasard a tout dérangé au moment de l'exécution. Il s'agissait, comme bien vous pensez, de proclamer les droits de l'homme. Le nombre des conjurés est très-grand. La pauvre Reine est bien malade de saisissement. »

Et le marquis Henry, tout bouillonnant d'indignation en présence de l'attitude du Roi et de l'humiliation de son pays, ajoutait :

« Charles-Emmanuel a expédié un courrier à Paris. Pourquoi faire ? Ne peut-il ou n'ose-t-il plus venger lui-même les attentats dirigés contre sa personne ? Voilà où nous en sommes. Les rois consultent le Directoire pour savoir s'ils doivent ou non se laisser assassiner. Qu'ils aillent donc à Paris, ils apprendront, non pas à gouverner, mais comment on fait respecter le pouvoir que l'on a et comment on acquiert celui qui ne vous appartient pas.

» Les gouvernements paternels et honnêtes sont tellement décriés et passés de mode, qu'ils doivent fatalement disparaître ; on n'aime et l'on n'admire plus que ceux qui frappent et qui foulent ; on ne se prosterne que devant l'ange exterminateur et devant sa grande épée flamboyante.

» Voilà une des maladies de cette abominable fin de siècle. Du reste, ma chère amie, voulez-vous un mot qui peigne notre avilissement ? L'autre jour, un acteur français, complimentant ici son public, a commencé sa harangue par ces mots : Illustres étrangers ! »

L'invasion rendait, en effet, les Italiens étrangers en Italie. Depuis la capitulation de Mantoue, Bonaparte et ses légions disposaient en maîtres de ce malheureux pays.

« Mantoue a capitulé le 8 de ce mois, les avant-postes du Saint-Père ont été battus le même jour sur le Cénio, où ils s'étaient retranchés. Dieu seul sait où va s'arrêter la débâcle de cette malheureuse Italie; on y pleure, on s'y désole de nous voir abandonnés!

» On en est à ne pas savoir ce que va devenir le Saint-Père. J'ai peur que ce démon de Bonaparte, après avoir semé l'épouvante à Rome, ne fasse s'avilir quelque apostat. Ce serait là une *ritrovato* digne de lui, digne d'un Attila philosophe, et qui ferait rire l'enfer et le Directoire. »

Ces nouvelles avaient été apportées à Turin par le marquis de Carail, qui arrivait d'Ancône, où il avait laissé Bonaparte. Les avant-gardes françaises étaient à Lorette, que venait d'abandonner précipitamment la petite armée du Saint-Père.

« Bonaparte, racontait M. de Carail, s'était fait apporter la madone et avait donné à dîner au chanoine qui l'accompagnait, se bornant à interdire de nouveaux miracles. »

C'était, disait un sceptique de Turin,

> De par le Roi, défense à Dieu
> De faire miracle en ce lieu.

Presque en même temps que M. de Carail, parvenait à Turin la nouvelle du traité de Tolentino.

« Les Français, disait Henry, espèrent briser la papauté spirituelle comme ils jettent la statue temporelle à bas de son piédestal. »

Mais, par un calcul habile, Bonaparte ne voulut point exagérer ses sévérités à l'égard du Pape : il espérait s'en servir. Après avoir rendu compte à sa femme des stipulations de Tolentino, le marquis Henry ajoutait :

« Voilà comment et à quelles conditions la paix s'est faite avec le Saint-Père. Il est, hélas ! dans la triste position où nous sommes nous-mêmes, c'est-à-dire à la merci de notre impitoyable vainqueur. On lui a ôté jusqu'à la petite rapière avec laquelle il aurait pu être tenté de couper les oreilles de Malchus !

» Hélas ! les bons anges protecteurs du pays semblent vouloir l'abandonner; notre pauvre princesse est à l'agonie; son grand courage, sa résignation, sa bonté, ont pris un caractère d'exaltation. C'est une désolation parmi ses amis; ceux qui ne l'étaient pas se reprochent de n'avoir jugé cette âme grande et juste que d'après ses dehors d'élégance et de frivolité.

» Si la patience et la résignation dans d'horribles souffrances suffisent en ce monde pour épurer une âme, notre princesse doit aller droit au ciel.

» On lui a apporté hier le buste de sa mère par Le Moine et une partie des diamants de la princesse de Lamballe, sauvés du pillage de la révolution. C'est le dernier petit plaisir que la sainte aura éprouvé en ce monde.

» La Reine, avant d'être elle-même malade, passait

sa vie auprès d'elle et lui donnait des soins admirables ; elle-même est déjà plus qu'à moitié dans le ciel. »

Depuis l'attentat auquel elle avait échappé, la Reine était dans le plus triste état de santé; la présence des armées révolutionnaires à Turin lui rappelait de trop déchirants souvenirs. Hélas! elle-même rappelait à ses persécuteurs un crime dont leurs mains portaient encore le sang. Elle était Reine, son époux était Roi; tous deux étaient donc voués à la haine des jacobins piémontais et de leurs nouveaux alliés. Partout où se manifestaient des soulèvements, on découvrait bien vite la main du Directoire. Quand on demandait à ses représentants en Italie de ne pas aider aux perturbateurs, ces gens-là plaisantaient.

« Que pouvons-nous, disait douloureusement le marquis Henry, faibles et usés que nous sommes, contre ces attaques unies à l'éclat que leur donnent la victoire et la liberté? Les Français mettent le feu aux poudres partout ici, et leur pouvoir n'a pas plus de bornes que leur conscience n'a de frein. »

Depuis l'avénement de Charles-Emmanuel, les Français l'avaient d'abord comblé de promesses pour l'amener à conclure avec eux une alliance offensive et défensive; les conspirations avaient succédé aux promesses sans obtenir un meilleur résultat, car la résistance du Roi venait de ce que, pour rien au monde, il n'eût voulu porter les armes contre le Saint-Père.

Malheureusement, quand, par la paix de Tolentino, l'infortuné prince crut ce danger écarté, il céda et se jeta pieds et poings liés entre les bras de l'ennemi.

Le marquis de Carail et le général Clarke signèrent un funeste traité d'aillance le 7 ventôse de l'an V.

« Voilà, écrivait Henry, une proclamation de Bonaparte qui constate l'alliance entre le Directoire et nous; il ne s'agit que des déserteurs que l'armée française doit rendre à la division sarde et *vice versa*.

» Mais, en même temps, arrive l'ordre à nos troupes légères de faire un mouvement vers Buffalora. Évidemment elles vont passer le Tessin, et il n'y a guère de doute que ce ne soit pour occuper quelque concession faite par nos grands amis aux dépens de ceux qu'ils ont volés. Voici un moment de grand intérêt, il s'agit de donner à Jacques ce qui est à Jean !

» Vous comprenez l'émotion que doit causer une telle nouvelle, car, depuis un mois, on disait l'alliance arrangée par le général Bonaparte et rejetée par le Directoire. Celui-ci refusait, pensant évidemment que s'allier à un Roi était une infraction à ses maximes fondamentales ! Mais consolons-nous de ces mépris passés, nous sommes dores et déjà les alliés de la grande République; c'est le crapaud qui, une fois avalé, nous rendra indégoûtables de tout le reste. »

Charles-Emmanuel, exact à remplir ses nouveaux engagements, rassemblait dans le Novarais l'artillerie et les troupes qu'il s'était engagé à fournir. Partageait-il les théories du marquis Henry sur le profit moral qu'il tirait de son alliance avec la République ? C'est possible; mais ce qui est certain, c'est que ce malheureux prince espérait trouver dans le traité conclu une garantie contre l'insolence et les agissements des agents français.

« La réunion de nos troupes à celles de notre vainqueur est, pour nous tous ici qui entourons le Roi, un dernier et bien amer calice à boire, écrivait Henry. Si du moins la couronne pouvait ainsi échapper aux griffes qui jouent avec elle comme le chat avec un peloton de fil, si tant de honte pouvait amener la paix! On est ici dans une fermentation d'idées et de bavardage qui ne finit pas.

» Pour moi, l'état d'incertitude dans lequel je vis et le dégoût que j'en éprouve m'enlèvent jusqu'à l'envie de vous écrire. Peut-on former un plan de vie lorsqu'on ne sait même pas si dans le nouveau traité d'alliance il a été fait mention de nous, pauvres émigrés niçards et savoyards?

» Dans cette angoisse universelle, ce qui constitue ma petite part de misères personnelles, c'est qu'une multitude d'amours-propres blessés se jettent en travers de mes roues. Les adjudants généraux du département, gens outrecuidants et gonflés d'importance, finiront par étouffer dans l'œuf mon pauvre état-major.

» Figurez-vous qu'on n'a pas daigné me parler de la formation du nouveau corps auxiliaire que nous avons à fournir. J'ai lieu de croire que je n'y serai pas employé, grâce à toutes ces intrigues qui me battent en brèche. Aussi bien suis-je tout consolé de ne pas armer en course et de ne pas prendre rang parmi les forbans qui écument ce malheureux pays. »

Le tour de Venise était arrivé. Chacun sait les pratiques de Bonaparte à l'égard de l'infortunée République; mais la manière dont l'éveil fut donné au

Sénat vénitien sur les desseins du vainqueur est contée ici d'une façon assez piquante :

« A propos de Venise, ce pauvre Quirini, ici ambassadeur de la Sérénissime République, affectait, pendant que Clarke et M. de Saint-Marsan réglaient les conditions de notre alliance avec la France, de vivre dans une espèce de familiarité avec le premier et d'aller chez lui à toute heure. Or on le fit prier, un matin, d'attendre dans le salon qui précédait le cabinet de M. Clarke. En se promenant, Quirini remarqua une superbe carte déployée sur la table; c'était celle des États de Venise, toute disséquée au moyen de soies vertes tenues avec des boules de cire. Jugez de sa surprise, de son effroi! On en rit encore à Turin.

» La présence de M. Clarke semble mettre ici les uns à mal, les autres en belle humeur; parmi les premiers, M. le ministre de Vienne, qui meurt de s'être promené deux heures au soleil avec lui, ce qui fait dire que nous n'avions plus qu'un Autrichien en Italie et qu'il a suffi d'un Français pour le tuer. »

M. de Maistre venait d'arriver et avait apporté des lettres à Henry :

« J'ai enfin de vos nouvelles, chère amie; au milieu de vos vues originales et prophétiques, répondait-il à la marquise, la première chose que je recherche, ce sont vos douces paroles d'amitié : aussi jugez si j'ai tendrement reçu votre messager. Maistre est trop dans notre vie intime pour qu'une seule de ses paroles, quand il me parle de vous et de mes petits; ne me tombe sur le cœur comme une rosée bénie. Vivre loin de vous est pour moi *inhabituable,* depuis surtout que rien dans mon cœur ni dans mes peines n'a plus de but. Je tourne comme un écureuil dans sa cage, ou comme ces misérables animaux que l'on attelle après leur avoir bandé les yeux et qui, après une journée de labeur, s'imaginent avoir dévoré l'espace pour se dételer au même point. Depuis que je vous ai quittée, j'en suis là. Après avoir travaillé, pensé, je me retrouve aussi inutile et aussi moulu. Vous savez peut-être que notre pauvre oncle de Murinais est nommé au conseil des Anciens. Qui eût dit, quand il ramait pour devenir maréchal de France et cordon bleu, que ce serait là qu'aboutiraient ses peines? Que vous dirai-je encore de moi, sinon que j'ai un bel uniforme neuf avec une broderie et un collet de velours cramoisi? Je vais l'étaler tout à l'heure chez le Roi, dont c'est aujourd'hui la fête. Il m'a fallu, pour l'endosser, mettre à mal trois cents livres, et faire comme votre homme qui cassa, en agonisant, son pot de tisane et s'en alla dans l'autre monde, ne laissant à sa femme et à ses enfants que les yeux pour pleurer. »

Dans une autre lettre, le marquis Henry revient encore avec découragement sur l'inutilité de tant de sacrifices, et donne sur la façon dont fut accueilli M. de Maistre ces curieux détails :

« J'ignore si le monde se sanctifie là où vous êtes, mais ici moins que jamais c'est la prud'homie qui fait la loi. Maistre a vu les puissants, et l'on a déjà trouvé qu'il parlait trop haut, qu'il était trop tranchant. Autant on a raison d'être toujours soi-même, autant il serait bon, pour les formes, de se plier au goût d'autrui; mais il sera toujours le même, regorgeant de bonnes qualités et de toutes sciences, et avec cela roide et dogmatique, c'est dire peu fait pour réussir ici, où l'on ne sait rien, mais où, en revanche, les échines ont la souplesse de l'osier. Pour le moment, il vit dans un grenier, où il s'est enfermé pour travailler je ne sais à quoi; il s'épargne ainsi d'entendre bien des sottises et de dire ces belles vérités qu'il dit si crûment et qui ne réussissent pas. »

Que de belles vérités, en effet, pouvait dire le comte de Maistre, lui, l'homme de l'autorité, en retrouvant en Piémont l'anarchie partout et la faiblesse sur le trône! Pour dégager sa responsabilité, et plus encore pour se dépouiller avant qu'on le dépouillât, le Roi venait d'instituer une sorte de conseil qu'immédiatement on ridiculisa sous le nom de Conseil des Exarques.

« On joue sur la ressemblance de ce Directoire avec celui de Paris; je souhaite, disait Henry, qu'il prenne autant de bonnes mesures qu'il va faire éclore de sonnets malins.

» Miot, le nouvel ambassadeur de France, est arrivé et a été présenté avec sa femme. L'étiquette voulant que la pauvre Reine embrassât l'ambassadrice, elle s'est bravement exécutée. Oh! mon amie, quel temps! Je demeurerai cependant, car Dieu me fait la grâce suprême de gagner mon pain. L'oisiveté et la douleur de peser sur autrui pour vivre me seraient de trop terribles accessoires de la misère. »

La misère, c'est bien là le dernier mot de la révolution! Mais si la misère chez les uns faisait éclore de nobles sentiments, chez les autres elle était exploitée, et elle allait jouer en Piémont le rôle qu'on lui fit jouer en France à la fin de 1790.

« Des soulèvements viennent d'éclater dans plusieurs provinces, sous prétexte de la cherté des grains, qui, par des manœuvres, sont effectivement arrivés à des prix extravagants. Le peuple a partout désarmé les faibles détachements envoyés pour le morigéner. On prend coup sur coup des mesures tardives, qui sont aujourd'hui comme l'emplâtre que le barbier de Séville mettait sur les yeux de la mule aveugle du docteur Bartholo. On a hypothéqué les billets d'État sur la totalité des biens du clergé et des ordres de Saint-Maurice et de Malte. On a établi des loteries pour le compte des finances; on a donné le ministère de l'intérieur à un avocat, le gouvernement de Turin au comte de Saint-André. Les troupes du camp de Novare sont accourues ici, mais c'est toujours l'emplâtre de Figaro.

» Le Roi a invité tous ses sujets à venir au secours de ses finances. En trois jours, il a reçu des sommes considérables; mais ce ne sont que les princes, la grande noblesse et les pauvres gens qui s'empressent de mettre dans la tirelire.

» Madame Félicité a envoyé cent mille francs; la pauvre comtesse d'Artois, cinquante mille, produit de tout ce qui lui restait de breloques et de diamants. Le marquis de Brême a donné au Roi la moitié de sa fortune, c'est-à-dire le capital de soixante mille livres de rente; le comte de Caira, quarante mille; le prince de la Cisterne, vingt mille; le comte Massin, vingt-cinq mille. Il n'est fils de bonne maison qui n'apporte son offrande au moins de dix mille francs, les cadets bien appris à proportion de leurs avoirs, et le bon peuple des billets de vingt livres. C'est bien là le denier de la veuve. Pour moi, vous le savez, on ne m'a rien laissé à donner; mes offrandes patriotiques datent de 1792.

» Pendant que la noblesse donne ainsi au Roi plus qu'elle ne peut donner, le Roi la déshabille et jette sa dépouille à la révolution. C'est presque une nuit du 4 août, tant on rogne dans les droits féodaux; et cependant les frondeurs, qui ne donnent rien, qui ne font aucun bien et n'empêchent aucun mal, déclament, trouvent que tout se fait mal, trop tard et de mauvaise grâce. »

N'en est-il pas toujours ainsi de ces gens que le marquis Henry peint dans les lignes suivantes :

« On voit s'étaler maintenant une foule de gens qui soupirent après la révolution pour faire une pêche en eau trouble, ou mettre à l'air leur sot orgueil comprimé; d'autres étaient moins avides autrefois de prouver l'antiquité de leur origine, leur propre valeur ou leurs glorieux services, qu'ils ne le sont aujourd'hui d'établir leurs titres à l'ignominie. On cherche à prouver son alibi un jour de bataille, son inaction pendant la guerre, sa foi douteuse envers son souverain; on démontre qu'en faisant par hasard quelques bonnes actions, on a cédé à la peur, qu'on n'a jamais eu d'opinion à soi, qu'on s'est laissé outrager en paroles et en actions; en un mot, qu'on était dandin, suivant les anciennes formes, avant que de l'être constitutionnellement.

» Voici un rogaton pour finir cette lettre à réflexions. On me raconte que mesdames de Bellegarde ont paru dans une fête à Genève, portant un costume tel que tout le monde en a été scandalisé, et qu'un magistrat est venu les prier de quitter la salle. On ajoute que, revenues à leur auberge, elles ont trouvé l'ordre de quitter immédiatement la ville.

» Je vous disais que cette lettre était à réflexions : n'en trouvez-vous pas d'étranges à faire en voyant chasser ces deux belles pour avoir montré leurs jarretières au magnifique petit conseil? »

CHAPITRE VINGTIÈME

FIN DE LA MONARCHIE PIÉMONTAISE

1797-1799

M. l'ambassadeur de Venise après le traité de Campo-Formio. — Bonaparte quitte l'Italie. — Souvenirs qu'il y laisse parmi les jacobins. — Propagande républicaine. — Insurrection armée. — Hostilité des Génois. — Prise de Serravalle. — Attitude de Brune. — Abdication de Charles-Emmanuel. — Récit du général Grouchy. — Causes qui amenèrent le départ du Roi.

Les Autrichiens avaient été battus par les armes; Venise disparaissait par la diplomatie. Le résultat était le même pour tous les princes de l'Italie; qu'ils eussent été braves ou lâches, fourbes ou loyaux, tous avaient trouvé leur vainqueur. Le traité de Campo-Formio achevait de bouleverser la Péninsule.

« Je me dis en voyant ce qui se passe, écrivait le marquis Henry, que nous serions trop malheureux si nous n'avions pour nous consoler un peu du mal d'autrui, celui de nos jacobins surtout. Ils sont stupéfaits du sort de la république de Venise; voilà qui confond et embrouille leurs idées, et vraiment il y a de quoi s'étonner. La maison d'Autriche se trouve, par le traité, plus puissante qu'elle ne l'était. Figurez-vous, et ceci est ici le sujet de toutes les gorges chaudes, qu'au moment précis où son pays était trafiqué de la manière que vous savez, M. l'ambassadeur de Venise s'était mis à faire le Français de toutes ses forces; il s'était établi le sigisbée de madame Miot, et avait été jusqu'à se costumer en incroyable. Maintenant le voilà sujet de l'Empereur; M. de San Fermo et lui doivent, sans nul doute, bien regretter aujourd'hui leurs démonstrations et leurs frais de toilette. Pour avoir été moins ridicules, nos hommes d'État piémontais n'en sont pas moins joués et à bout de voie. L'ordre dans un pays si longtemps et si parfaitement gouverné que le nôtre n'a pu être détruit tout d'un coup; les demi-mesures prises par Charles-Emmanuel ont calmé momentanément les effervescences, mais à quel prix, mon Dieu! au prix des plus tristes concessions.

» Deux affreux conjurés ont été fusillés au lieu d'être pendus, comme le voulait la loi, et cela par ménagement pour la bourgeoisie qui a fait intervenir l'ambassadeur de France, tandis que le comte de Saint-Martin, d'une des plus illustres familles du pays, a été pendu sur les instances de ces mêmes gens. Cette double entorse donnée à la loi et à la coutume me paraît un grand mal; c'est accabler une classe pour satisfaire l'autre qui exige et qui menace.

» Ce n'est point en agissant ainsi que l'on peut conserver un grand espoir de maîtriser le mal. »

Le mal qui rongeait le Piémont eût paralysé une main plus forte que ne l'était celle du malheureux Charles-Emmanuel. Les républiques cisalpine et ligurienne accueillaient comme des frères les patriotes qu'une peur exagérée faisait sortir du royaume; à l'abri du danger, ils entretenaient de là les correspondances les plus révolutionnaires et excitaient contre le

Roi ces misérables petits États, trop bien disposés déjà à les seconder. Les conspirateurs savaient, d'ailleurs, de quel secours leur serait le Directoire s'ils parvenaient à mettre le roi de Sardaigne aux prises avec les démocraties italiennes.

Charles-Emmanuel le savait aussi, et se déterminait à écrire au général Bonaparte pour lui exposer les faits et lui rappeler l'article 3 du traité d'alliance.

Le meilleur moyen de trouver de l'honneur chez son ennemi n'est-il pas de lui en supposer?

Bonaparte, qui était alors à Vérone, écrivit au Directoire cisalpin de faire sortir à l'instant de son territoire tous les patriotes piémontais; en même temps il ordonnait à ses généraux de prêter main-forte aux troupes sardes toutes les fois qu'elles auraient à sévir contre les rebelles.

Depuis longtemps on n'avait pas entendu un pareil langage. Malheureusement ces bonnes dispositions furent inutiles; Bonaparte retournait à Paris, et son successeur ne pouvait, comme lui, opposer ses volontés à celles du Directoire, qui secrètement soutenait l'insurrection.

« Le dur et glorieux conquérant est arrivé ici à six heures et en est reparti à dix, écrivait Henry. Il a passé tout ce temps chez l'ambassadeur de France et n'a point vu le Roi. Il n'a reçu que le chevalier Priusca, le marquis de Saint-Marsan et le comte de Saint-André. J'ignore s'il a accepté le présent qu'on lui destinait : on avait plaqué de diamants la bride d'un cheval sarde qui devait lui être offert. S'il a daigné nous sourire, estimons-nous trois fois heureux, car il ne peut être de nous que ce qui plaira à ce grand distributeur du bien et du mal. Ces gens qui versent à pleines coupes les fléaux sur la terre sont bénis, quand ils suspendent leur passe-temps.

» Nos jacobins le voient partir de bon cœur. Ils ne lui pardonnent pas d'avoir, après la victoire, usé de quelques ménagements envers les vaincus, de n'avoir pas aboli le Saint-Siége, pendant que la chose leur semblait si facile, d'avoir supprimé leurs clubs dans toute la Lombardie, d'avoir traité trop librement leurs députations en diverses rencontres. Mais ce qu'ils lui pardonnent moins que toute autre chose, c'est d'avoir sacrifié leurs frères du pays vénitien, en les plaçant sous un joug qu'ils abhorrent, celui de la maison d'Autriche. »

Dès que Bonaparte eut quitté l'Italie, la révolution piémontaise voulut prendre sa revanche. Le pays fut de nouveau inondé de brochures, de proclamations invitant les soldats à la désertion et le peuple à une révolte ouverte.

Ces écrits, dont quelques-uns étaient dans l'idiome du pays, rappelaient ces pamphlets qui avaient bouleversé la France au commencement de la Révolution.

Imprimés sans beaucoup de mystère, à Gênes et à Milan, ils portaient comme date : *An premier de la république piémontaise.*

C'était au nom d'un comité révolutionnaire subalpin qu'ils étaient distribués. La cour, les ministres, comme la magistrature, y étaient indignement calomniés ; les généraux étaient taxés de lâcheté et d'ineptie, tandis que les subalternes s'y trouvaient portés aux nues.

On promettait aux soldats et aux sous-officiers des grades proportionnés à leurs talents jusque-là méconnus, et de l'avancement à tous ceux qui abandonneraient l'armée royale pour servir la cause de la liberté.

On faisait espérer l'abolition de tout impôt aux bourgs et aux villages qui lèveraient les premiers l'étendard de la rébellion ou qui fourniraient des vivres, des armes et de l'argent aux insurgés.

Comme toujours, ce déluge d'écrits ne devait précéder que de peu de jours le soulèvement armé.

Les révoltés se montrèrent bientôt à la fois sur les confins du Novarais, de l'Alexandrin et de la vallée de Luzerne. C'était un ramassis de jacobins et de déserteurs piémontais, génois, italiens et français. Ils s'étaient donné le nom d'armées infernales du Nord, du Levant et du Midi.

« Tout cela, dit le marquis Henry, ne les eût pas rendus bien redoutables sans leur entente avec les démocraties italiennes et sans la protection cent fois plus redoutable des Français. »

Celle-ci était flagrante, car les insurgés marchaient armés, vêtus et organisés à la façon des troupes républicaines, leurs drapeaux étaient tricolores, et enfin ils étaient commandés par Colignon, adjudant général de l'armée de Brune, et par Léoto, aide de camp du général Fiorella. Ces bandes, à l'origine peu nombreuses, devaient servir de brûlots pour allumer partout l'incendie.

Le Roi se contenta d'envoyer contre elles quelques régiments que de fortes réserves devaient soutenir au besoin ; peu de temps après, il publia un manifeste (1) par lequel il invitait ses sujets à s'armer pour le maintien de la tranquillité publique. Le Roi les engageait à se joindre aux troupes; il promettait l'impunité aux déserteurs qui rentreraient dans le devoir et, en même temps, condamnait à être fusillés sur-le-champ les bandits pris les armes à la main.

« Pauvre prince, écrivait le marquis Henry, obligé de verser tant de sang et de voir crimes et châtiments se multiplier sous son triste règne. Ne pas désespérer de son pays dans un pareil moment est héroïque à lui.

» Mais ces sortes de proclamations sont toujours une preuve de faiblesse. Le Roi n'avait pas besoin d'appeler le peuple à juger sa conduite, ni d'invoquer son secours contre ces hordes incapables de résister à une répression sérieuse. Peut-être a-t-il, comme Louis XVI, la faiblesse de vouloir être populaire. Peut-être veut-il prouver aux Français que, malgré tout, l'affection de ses peuples lui est demeurée. »

Cette lettre était écrite quelques jours avant que la division de Léoto violât le territoire sarde. La bande traversa l'extrémité du lac Majeur sur une flottille de barques escortées par deux bâtiments pontés dont l'un portait pavillon français et l'autre pavillon cisalpin. Comme rien n'était prêt pour les arrêter, les patriotes

---

(1) 19 avril 1798.

s'emparèrent des bourgs d'Intra et de Palenza et les rançonnèrent. Ce premier succès enhardit les bandits, et on les vit remonter sans obstacles le long de la Toccia, petite rivière dont la source est au mont de la Fourche. Là, ils firent déclarer en leur faveur quelques patriotes et pillèrent plusieurs hameaux.

Deux jours après, Domo d'Ossola tombait en leur pouvoir; l'armée infernale trouva dans le vieux château deux ou trois pièces de canon, quelques munitions et des vivres. Mais là devaient se borner les exploits de Léoto. Surpris au bord du lac Majeur par le général comte Alicetti, sa troupe fut taillée en pièces.

« La moitié des patriotes, leurs drapeaux, leurs canons, nous sont demeurés; le reste s'est enfui dans les montagnes, où les paysans en ont fait une justice un peu sommaire. On crie bien haut dans le monde philanthropique, et l'on reproche à ces paysans certaines exécutions. Vraiment ceux-ci avaient-ils la ressource de reléguer leurs prisonniers dans leurs possessions d'outre-mer? D'ailleurs vous savez que, quoi qu'on fasse, le paysan aime le Roi et veut la stabilité. Les drapeaux pris aux rebelles ont été mis en pièces par les vainqueurs ou suspendus aux gibets qui portaient les rebelles. Léoto vient d'être fusillé à Cazal avec vingt-sept des siens. Il est fort bravement mort. On fait circuler ici une pièce de vers qu'au moment de mourir il a remise à l'officier qui commandait l'escorte; ce sont ses adieux à sa maîtresse. »

La division du Nord avait disparu presque aussi

promptement et sans combat, grâce à la sagesse et à la prudence du lieutenant-colonel marquis de Ceva.

Mais au Midi, l'insurrection avait eu un tout autre caractère de gravité. Le 19 avril, on vit les insurgés se répandre dans le haut Montferrat et y mettre tout à feu et à sang. Les colonnes mobiles réunies dans les provinces d'Acqui et d'Alexandrie se bornèrent à fortifier les positions défensives qu'elles venaient de prendre. Peut-être eût-il mieux valu se contenter de cette simple démonstration et enlever ainsi aux Génois tout prétexte à une intervention dans la querelle. Mais une chance ennemie poursuivait le Roi.

Les patriotes s'étaient cantonnés à Carrosio, petit village enclavé dans les montagnes de la Ligurie, entre la Boquette et le fort de Gavi. Ils ne pouvaient, à la vérité, ni entrer ni sortir de leur repaire, sans emprunter le territoire des Génois; mais ils connaissaient leurs amicales dispositions; on les vit donc, pendant quelques semaines, se répandre impunément dans l'Alexandrin et dans le Tortonais. Leurs excursions étaient si habilement conduites que parfois ils parvinrent à surprendre les troupes royales.

Comme le disait le marquis Henry :

« Rien de décisif ne se faisait, malgré bien des charrettes embourbées, bien des gens et des chevaux crevés.

» Ce que vous me dites, mon amie, des confiscations m'étonne bien moins que votre étonnement de voir la continuation des maux qui s'abattent sur le monde. Comment avez-vous pu imaginer que les autels élevés à la raison le fussent à l'honneur et à la probité? Il faut espérer que l'on se dégoûtera du brigandage comme on s'est dégoûté du meurtre; votre impatience est un mauvais *criterium* pour mesurer le temps en révolution. »

Il avait raison; l'impatience en des temps troublés est funeste conseillère; le Roi, malheureusement, ne put maîtriser la sienne en se voyant ainsi provoqué tous les jours. Il pensa que les ménagements dont il usait vis-à-vis de la démocratie génoise ne feraient qu'accélérer une rupture. Il ordonna donc au général chevalier d'Osasque d'investir les patriotes à Carrosio, dût-il, pour arriver jusqu'à eux, violer le territoire de la république.

L'ordre fut exécuté le 5 juin. Les patriotes, au comble de la joie en voyant les troupes royales donner dans le piège qu'ils leur tendaient, évacuèrent Carrosio la veille même du jour où ils devaient y être attaqués et se retirèrent sous le fort de Gavi. Grand émoi naturellement au sein du Directoire ligurien. Le Roi s'empressa de déclarer que la mesure prise n'avait rien d'hostile, que son intention n'était ni d'insulter la république ni de troubler son repos. Ce ne fut là qu'une humiliation inutile.

« Les expressions modérées de Charles-Emmanuel ont fait singulièrement hausser le ton de nos fiers voisins. Ces républicains deviennent gens terriblement farouches sur le point d'honneur; ils crient au droit des gens. La grande sœur est venue pondre quelque diablotin en leurs chausses, écrivait le marquis. »

Dans le bouillonnement de leur première colère, les

Génois consacrèrent un demi-million aux frais de la guerre et se donnèrent un généralissime dans la personne du citoyen Siry, qui commandait le fort d'Avado.

Tout cela était ridicule, depuis cinquante ans les Génois n'avaient pas tiré un coup de fusil ; on ne pouvait donc croire à Turin que des voies de fait suivissent ce premier éclat. Cependant, le 9 juin, c'est-à-dire quatre jours après l'attaque du Carrosio, les troupes du Roi furent assaillies par huit mille hommes que guidait bien certainement une main exercée ; les troupes royales plièrent et se réfugièrent sous Rocca-Grimaldi et sous le fort de Serraval. Des corps français entiers étaient mêlés aux milices italiennes ; on leur prit même deux obusiers, que le général d'Osasque eut soin de renvoyer au commandant d'Alexandrie, qui ne répondit rien.

Les Génois, enflés par ce premier succès, continuèrent leur marche et vinrent mettre le siége devant le fort de Serraval. Leurs forces s'accroissaient, ils en formèrent deux divisions ; la première fut employée au siége, la seconde marcha à la conquête d'Oneille et de la vallée du Tanaro. Il n'est pas besoin de dire que les patriotes piémontais formaient partout l'avant-garde des Génois.

Ces dispositions forcèrent le général d'Osasque à diviser également en deux le corps qu'il commandait. Il garda quelques troupes pour défendre les approches de Serraval et poussa le reste sur Oneille et sur Orméa, recommandant au lieutenant-colonel marquis Palavicini d'arrêter le premier élan des Génois. En même temps, il demandait lui-même, à grands cris, des renforts à Turin.

Les choses devenaient graves : au lieu d'avoir affaire à une poignée de rebelles, le Roi se trouvait avoir affaire à une nationalité en proie aux plus mauvaises passions. Ces passions étaient partagées par la République cisalpine, qui, selon toute apparence, ne devait pas tarder à embrasser la querelle des Génois.

« Les traîtres de l'intérieur, que la peur seule de l'échafaud avait contenus jusqu'à présent, répondent au signal qui leur est donné du dehors, écrivait le marquis Henry. Une grande fermentation se manifeste à Turin et dans les principales villes du Piémont, pendant que les dispositions du gouvernement français deviennent de jour en jour plus équivoques et plus alarmantes. »

Les événements confirmèrent bientôt ces prévoyances.

Le Roi, qui attachait avec raison la plus grande importance à la conservation du fort de Serraval (c'était la seule place qu'il pût opposer aux Génois depuis que la citadelle d'Alexandrie et la forteresse de Tortone étaient occupées par les Français), fit marcher des troupes en toute hâte pour dégager la place assiégée; mais Agro, commandant français de Tortone, les arrêta et les retint sous un prétexte quelconque pendant quarante-huit heures. Ce retard fit tomber Serraval aux mains des Génois et valut au commandant d'Alexandrie les compliments de sa République.

On recevait en même temps à Turin d'autres nouvelles fâcheuses. Pendant que l'armée du haut Apennin (c'était ainsi que les Génois appelaient leur aile droite) forçait Serraval à capituler, l'armée d'Occident, c'est-à-dire leur aile gauche, avait fait des progrès rapides sur les hauteurs d'Albenga et de Final. Louan était pris; les postes de Sambrico et de Balestrino étaient occupés, ainsi que la plupart de ceux de la vallée du Tanaro. Le Cairo était menacé, Oneille était aux abois; la contenance timide, les mouvements rétrogrades des troupes royales faisaient craindre que l'invasion ne s'étendît jusqu'aux portes de Turin.

Plein d'inquiétude, mais convaincu qu'il était inutile de paraître suspecter la bonne foi de ses funestes alliés, le Roi s'adressa directement au général en chef alors à Milan; mais ce n'était plus à Bonaparte qu'il avait affaire, Bonaparte voguait vers l'Égypte. Son successeur, le général Brune, soit qu'il eût ou non l'ordre de son gouvernement, refusa durement de se mêler de l'affaire si, pour prix de ses bons offices, on ne remettait immédiatement, comme compensation, la citadelle de Turin entre ses mains, à titre de dépôt, ajoutait-il hypocritement.

« Si Charles-Emmanuel avait pu acheter à tout autre prix seulement une neutralité franche et loyale des Français, écrivait le marquis Henry après avoir donné à sa femme les détails précédents, il aurait bien mal fait d'accéder à la demande qui vient de lui être faite de la citadelle; mais il sait, à n'en pouvoir douter, que le Directoire ne cherche qu'un prétexte pour le traiter ouvertement en ennemi; il sait qu'au mépris de la foi publique, ce sont ses prétendus protecteurs qui sous main ont armé contre lui les républiques italiennes. Pour parer à ces dangers dont on le martyrise, il a été forcé de conclure une convention avec Brune. C'est bien pour ce pauvre infortuné prince que Voltaire inventa ce vers :

> Si vous n'avez su vaincre, apprenez à servir. »

L'accord proposé par Brune fut conclu à Milan le 28 juin 1798.

A peine ce malencontreux traité était-il signé, qu'arrivaient à Turin des nouvelles aussi favorables que les dernières étaient alarmantes. Toute la droite du Tanaro venait d'être reprise aux Génois, avec la plupart des postes dont ils s'étaient rendus maîtres dans la vallée de Luccaret. Le comte des Geneys, défenseur d'Oneille, bloqué dans cette mauvaise place par plus de six mille hommes, foudroyé par quarante-six bouches à feu, était parvenu non-seulement à écarter ceux qui d'heure en heure le sommaient de se rendre, mais il avait taillé en pièces un gros corps de troupes venu de Gênes pour renforcer les assiégeants.

Ce brave officier, comme trophées de sa victoire, envoyait au Roi vingt-trois enseignes, trente-cinq pièces de canon, six mille fusils et un nombre considérable de prisonniers, parmi lesquels se trouvaient presque tous les officiers supérieurs génois de cette division et le frère d'un des membres du Directoire ligurien.

Ces succès venaient trop tard, à peine en parla-t-on.

Il avait été stipulé qu'au moment où ils prendraient possession de la citadelle de Turin, les Français n'y entreraient que par la porte de secours, qu'ils n'y demeureraient que pendant un temps limité, et qu'enfin ils ne pourraient disposer de rien de ce qui s'y trouvait. Qu'importaient ces conditions à des gens déterminés à ne les pas respecter?

« Le but que poursuivaient les Français est enfin atteint, écrivait le marquis Henry. La veille même du jour où ils ont pris possession de la citadelle, le ministre de France, résidant auprès du Directoire ligurien et cisalpin, a signifié à ces misérables gouvernements que la guerre avec le Roi de Sardaigne était finie, et qu'on eût à désarmer conformément aux volontés de la grande nation.

» N'est-ce pas comme s'il leur avait dit en leur tapotant sur la joue : Mes petits enfants, la France vous avait engagés à faire la guerre au Roi de Sardaigne; vous l'avez faite, la France en a recueilli le prix : tout est fini. Elle est contente de votre docilité et vous ordonne, jusqu'à nouvel ordre, de rester en paix avec votre voisin.

» Ceci fait, le ministre de France, Sottin, n'avait qu'à quitter Gênes. Il a pris congé. Jugez, par ces quelques lignes que j'emprunte pour vous à un journal génois, du rôle qu'il a joué :

» Sottin a pris congé du Directoire ligurien le 19 à midi. Les Génois sont dans la désolation; la perte d'une bataille n'aurait pas répandu autant de tristesse parmi les vrais patriotes. Sottin était l'ami de la liberté. Ils lui ont présenté un sabre turc, avec une lettre dans laquelle ils épanchent toute leur tendresse pour lui.

» Le pauvre roi Charles se laissera duper par tous les sycophantes qui l'entourent. Les Français ont beau se chamarrer, se draper de justice et de loyauté, ce sont pour moi de vraies figures de carnaval, auxquelles j'ai crié depuis longtemps : Masque, je te connais! En les voyant ainsi armer et désarmer d'un signe les puissances italiennes, comment ne pas se rappeler ces chefs de factions déchaînant à Paris une populace furieuse contre la prison du Temple, puis arrêtant tout à coup ces forcenés à la vue d'un ruban tricolore!

» Le Directoire se fait un jeu des détresses du Roi; il tourne en dérision son impuissance, son abandonnement forcé entre ses mains, et jusqu'à son inflexible probité.

» Nous gémissons et jalousons nos parents, nos camarades, nos amis morts sur le champ de bataille; ils n'ont pas vu ces temps d'opprobre, et ils ont cru, en mourant, que leur sang n'avait pas inutilement coulé pour leur prince et leur pays. »

Les humiliations et les épreuves ne touchaient cependant point encore à leur fin, et une fois de plus le malheureux Charles-Emmanuel allait avoir à se repentir de sa confiance. Il avait été convenu que le général Brune délivrerait le Piémont des jacobins armés, se chargerait de les enrégimenter et de les envoyer en Espagne. Or, trois jours ne s'étaient pas écoulés depuis la remise de la citadelle, que le Roi découvrit un nouveau complot pour surprendre l'arsenal de Turin et la ville d'Alexandrie. Ces deux coups de main devaient s'exécuter le même jour : le premier fut déjoué sans bruit; l'autre ne put aboutir, grâce à la vigilance et à la fermeté du chevalier Solar.

« Je suis ici le spectateur de bien étranges et de bien douloureuses choses, mon amie; parfois, cependant, je ne puis m'empêcher de sourire des petites déconvenues de nos grands amis. On me conte, par exemple, le bon tour que voici, à propos du coup de main que les Français ont voulu tenter sur Alexandrie :

» Le commandant français jouait le bon apôtre et comptait, dans cette affaire, que Solar prendrait les vessies pour des lanternes; or, Solar creva les unes et alluma les autres, au grand scandale du Français, qui le vit à sa barbe placer son avant-garde sur le chemin de Tortone d'où le coup dirigé contre Alexandrie devait partir.

» Le détachement était depuis quelques heures au bivouac, et le jour commençait à paraître, lorsqu'on vit une colonne considérable, avec des canons et des drapeaux, arriver à grands pas sur le chemin de Marengo. Alicetti, commandant du poste sur la route, se laissa dépasser par l'ennemi, puis le chargeant en flanc, à la baïonnette et au pas de course, termina cette guerre de patriotes comme il l'avait commencée à Gravelonne, en tuant et en détruisant tout.

» Un tiers de ces malheureux insurgés resta sur la place; un autre tiers fut pris, et le reste, ayant jeté ses armes, se cacha dans les broussailles et les champs de maïs, où les paysans, rassemblés par le tocsin, les égorgèrent en grand nombre. Scala, chef de cette troupe, fut tué; Tardo et Trombetta, deux de ses officiers principaux, eurent le bonheur d'échapper, grâce à la vitesse de leurs chevaux. Ils avaient promis à leurs soldats de les rendre ce jour même maîtres de la ville d'Alexandrie, grâce aux intelligences qu'ils y entretenaient, et de les y faire nourrir à discrétion et habiller aux frais des aristocrates.

» Solar envoya, m'a-t-on dit, au général Brune, comme on l'avait déjà fait plusieurs fois, un assez grand nombre de Français pris dans l'affaire de la Spinetta; non-seulement le général fut sourd à ce reproche, mais encore il crut devoir jouer la plus grande indignation et s'abandonner même aux menaces les plus déplacées. Il osa se plaindre de la barbarie dont on avait usé envers des hommes persécutés et qu'on avait attirés, disait-il, dans un piége pour leur rendre inutile la protection de la France. Il alla jusqu'à demander impérieusement le rappel du chevalier Solar, comme si cet officier avait manqué au gouvernement français, comme s'il avait attenté aux lois de l'honneur et au droit des gens, en empêchant qu'une place confiée à sa garde ne tombât au pouvoir d'une troupe de brigands sans aveu. En vérité, ma chère amie, on ne se peut faire une idée de pareilles choses, il faut les voir de ses yeux et à travers les larmes de sang qui en jaillissent. »

Brune, comme l'écrivait le marquis, prétendit exiger du Roi que les paysans de la Frachea fussent châtiés et refusa, en se moquant, la destitution du commandant de Tortone. Sur ces entrefaites, Brune fut brusquement rappelé, et le Roi voulut absolument voir dans son remplacement une satisfaction donnée à ses réclamations.

Combien il se trompait! Le général Ménard remplaça Brune, et ce changement n'influa pas sur la marche des choses. Du 1ᵉʳ juillet au 15 décembre, chaque jour ajoutait aux inquiétudes du gouvernement piémontais.

Du haut de la citadelle, les Français insultaient impunément la ville et le palais par des huées et des chants patriotiques accompagnés par la musique des régiments; des hommes masqués d'une manière indécente, portant le collier de l'Annonciade ou les rubans des ordres du Roi, parcouraient les remparts, tournant en dérision, par leurs propos et leurs travestissements, le Roi, les ministres et la cour de Turin.

« Charles-Emmanuel affecte de mépriser les avanies dont les Français l'abreuvent, écrivait le marquis Henry, mais le peuple est indigné; il répond par des cris de fureur, par des *Vive le Roi!* répétés à ces insultantes provocations.

» Imaginez que l'on fut obligé, l'autre jour, d'envoyer à l'ambassadeur de France *une garde d'honneur pour la sûreté de sa personne;* la populace, ameutée, menaçait de le brûler vif dans son palais.

» Dans une autre occasion, le général Joubert faillit être étouffé dans la rue Sainte-Thérèse par une foule qui dépavait déjà la rue pour le lapider. Il s'était jeté hors de sa voiture et cherchait un lieu de refuge, lorsque, heureusement, le comte de Saint-André, gouverneur de Turin, suivi d'un groupe nombreux d'officiers piémontais, accourut pour le délivrer; ils formèrent un cercle autour de lui et l'accompagnèrent jusqu'à son logement.

» On est obligé chaque jour de refréner le peuple, qui sent profondément les injures faites au Roi. »

La cour de Turin n'aurait eu certainement qu'à laisser faire pour voir éclater dans sa capitale un mouvement spontané et tout semblable à celui qu'on a tant vanté dans l'histoire de la révolution de Gênes en 1746.

Mais à mesure que Charles-Emmanuel cédait, on l'accablait davantage. Chaque jour voyait se produire de nouvelles demandes que ne prévoyaient en rien les traités de Paris, de Turin et de Milan : c'étaient ses armes, sa poudre, ses subsistances qu'on mettait en réquisition. On en vint à lui demander impérieusement les clefs de l'arsenal, dont les jacobins avaient voulu s'emparer par surprise quelque temps auparavant. Le Roi, après avoir cédé sur tous les points à toutes ces demandes, refusa d'accéder à cette dernière exigence et répondit qu'il en traiterait avec le Directoire.

Il devenait évident qu'on voulait pousser à bout la patience de ce malheureux prince, et le porter à quelque démarche capable de justifier l'indigne violence qui se préparait contre lui. Le Directoire ne se souciait plus de le laisser sur son trône; mais il voulut être hypocrite jusqu'au bout, et en voici la preuve :

Ce document, émané du général Grouchy, vient justifier certaines appréciations que l'on aura peut-être trouvées exagérées et dures au cours de cette histoire (1).

---

(1) Rapport secret sur l'abdication de Charles-Emmanuel IV, roi de Sardaigne, écrit par le général Grouchy. — Une note du marquis Henry indique qu'une copie de ce document fut trouvée

« Le général en chef Joubert ayant appris, pendant sa tournée dans les divisions et les places de la Cisalpine, que les Napolitains avaient attaqué l'armée française à Rome, et sachant que les intentions du Roi de Sardaigne devenaient des plus douteuses, sentit la nécessité de prendre des mesures décisives à l'instant pour empêcher que son armée ne se trouvât, si les Autrichiens rompaient le traité de Campo-Formio, dans la position critique d'être attaquée par eux sur la ligne de l'Adige et de l'Adda, tandis qu'elle serait occupée sur ses derrières par ces mêmes Autrichiens descendant du pays des Grisons et réunis aux Piémontais.

» Il se détermina donc à envoyer l'adjudant général Meunier porter au Roi une espèce d'ultimatum relatif au contingent de dix mille hommes à fournir aux Français et à la remise de l'arsenal de Turin, résolu, si les réponses étaient évasives, de marcher sur cette ville avec toute son armée, afin de forcer le Roi à se prononcer.

» La citadelle de Turin était, depuis un couple de mois, occupée par les troupes françaises; mais il lui paraissait convenable de changer quelques-uns des officiers qu'il y avait employés pendant le temps où des relations amicales existaient entre le Roi de Sardaigne et la République, au moment où elles devaient se changer en des démonstrations hostiles. Les mêmes hommes ne pouvaient convenir dans des circonstances si différentes. En conséquence, le général Joubert me donna

---

dans les bureaux de la guerre, où elle avait été oubliée lors de la retraite précipitée des Français à l'approche des Austro-Russes.

ordre, le 7 frimaire (28 novembre), de partir à l'instant pour venir prendre le commandement de la citadelle de Turin, qu'il regardait comme devant être bientôt son avant-garde.

» Il ne se trompa point. Le Roi éluda de fournir à l'instant le contingent et de livrer l'arsenal. Le général en chef se détermina donc à marcher avec diverses colonnes afin de prendre des mesures propres à prévenir une cour perfide qui jetait enfin le masque.

» Je reçus l'injonction de mettre la citadelle de Turin dans l'état de défense le plus respectable. Il était intéressant de le faire, car une grande sécurité avait régné jusqu'à ce jour. Les espions piémontais circulaient librement dans la citadelle; les moyens défensifs étaient négligés. J'eus infiniment à travailler pour rétablir l'ordre de manière à pouvoir répondre de l'état des choses. J'y parvins cependant bientôt, secondé comme je le fus par les officiers d'artillerie Henry et Alix, dont le zèle et le dévouement égalent le civisme.

» En m'envoyant ses instructions, le général en chef me prescrivait de ne négliger aucun moyen d'avoir des intelligences à la cour, chez les ministres, dans la ville, afin d'être parfaitement au courant des projets et des déterminations que prendrait le gouvernement sarde. Le général en chef ajoutait :

» Ne serait-il pas possible, au premier mouvement de nos troupes, de gagner le confesseur du Roi et de l'engager à déterminer son pénitent à abdiquer?

» Ce seul acte de Sa Majesté opérerait la révolution, et vous sentez combien il est essentiel, dans la position où nous nous trouvons, que l'exécution projetée ne rencontre pas d'obstacles et soit promptement terminée.

» Il faudrait que l'acte d'abdication portât ordre aux Piémontais et à l'armée de se tenir tranquilles et d'obéir au gouvernement provisoire, sans cela il ne ferait qu'inviter le peuple à la révolte.

» Donnez donc votre attention à ce projet, conférez-en avec l'ambassadeur et le citoyen X...

» Le premier objet, celui d'obtenir des renseignements exacts, me fut facile à atteindre. En arrivant à Turin, je m'étais tenu caché pendant deux jours et uniquement occupé à sonder l'esprit public, à me ménager des intelligences et à me rapprocher de quelques patriotes, d'autant plus disposés à nous seconder, que, persécutés si odieusement et si longtemps, ils brûlaient de servir quiconque leur ferait entrevoir l'heure de la liberté prête à sonner pour tous les Piémontais. Je travaillais dès lors, et notamment par un individu tenant à la cour même, à me ménager un accès jusqu'auprès du Roi.

» Les premières ouvertures furent faites ; elles furent absolument infructueuses. Quant au but principal, les résultats se bornèrent à obtenir d'exactes notions sur les moyens défensifs adoptés par le Roi, tant dans Turin qu'au dehors. Je rendis encore plus hostile l'attitude prise dans la citadelle ; le front qui regardait la ville fut hérissé de bouches à feu, et l'effroi commença à se manifester parmi les habitants. La cour cependant était calme, ne prévoyant pas, dans toute son étendue, le danger qui la menaçait ; elle paraissait résolue à attendre tous les événements.

» Le 13, le général en chef marqua qu'il allait agir et que je fisse entrer dans la citadelle l'ambassadeur Aimar et celui de la Cisalpine. Il était aussi d'un grand intérêt d'y introduire une foule d'objets qui manquaient à l'approvisionnement de la place. Il n'y existait point encore assez de provisions de bouche, ni tous les projectiles nécessaires pour écraser Turin et l'incendier si l'armée se trouvait contrainte de s'en emparer de vive force. Avec autant d'adresse que d'esprit, le chef de brigade Alix trompa jusqu'au dernier moment la défiance piémontaise, et de la poudre, des artifices, des boulets furent versés de l'arsenal et introduits dans la citadelle, alors même que la retraite de l'ambassadeur et des Français annonçait formellement que les hostilités allaient recommencer.

» Dans la nuit du 15, en exécution des ordres du général en chef, qui me furent apportés par l'adjudant Chevalier, lequel me seconda dans tout le cours de mes opérations avec autant de zèle que de *patriotisme* et de *dévouement,* je donnai celui d'attaquer Chivas, et je fis partir de la citadelle une colonne destinée à *emporter cette place*. Elle sortit si discrètement, qu'on ignora en ville et dans la citadelle sa direction et sa marche. Chivas fut enlevé avec *habileté,* la garnison fut faite prisonnière de guerre, et ses armes données à des conscrits qui, se trouvant là par hasard, contribuèrent à l'opération et débutèrent par un *succès*.

» Nombre de Français et de patriotes piémontais

étaient encore dans Turin. Il était urgent d'assurer leur liberté et leur existence au moment d'une explosion dont les résultats pouvaient leur être funestes, étant sous la main de ministres vraiment perfides et qui se montraient d'autant plus cruels qu'ils étaient plus complétement dupés. L'intérêt dont il pouvait être pour le Roi de correspondre avec le général en chef fut le prétexte d'une lettre que j'adressai au gouvernement de Turin. J'insinuai que les mesures que je prenais étaient toutes de précaution. J'annonçai que si, par suite de circonstances, on attentait à la liberté d'un seul patriote français ou piémontais, j'incendierais à l'instant la ville et n'y laisserais pas pierre sur pierre. Cette lettre fut portée par l'adjudant général Clausel et remplit complétement mon objet. Une proclamation du gouvernement sarde en fut la suite; elle tranquillisa les habitants et assura le peuple que les Français étaient ses fidèles alliés et qu'on ne devait rien craindre de leur part.

» Cette proclamation s'afficha et se répandit au même instant où la cour recevait la nouvelle de la prise de Novare, de Suze, de Chivas, d'Alexandrie et du désarmement d'une partie de ses troupes; il était impossible de donner à l'esprit du peuple une direction entièrement opposée à celle imprimée en faveur des Français. L'opinion publique, rendue incertaine, commença à pencher de notre côté; les troupes s'étonnaient et les mesures de la cour devinrent timides, embarrassées et par conséquent infructueuses.

» Le lendemain, le gouvernement fit publier une autre proclamation en sens contraire; elle fut signée par le ministre Priusca. C'est celle dont j'exigeai que le désaveu fût joint à l'acte d'abdication. Le 16, le Roi écrivit au général en chef une lettre dilatoire. Elle me fut apportée par un aide de camp du Roi afin que je la fisse passer, ainsi que j'avais proposé de le faire dans ma lettre écrite le matin au gouverneur. Cette lettre me fut présentée ouverte. Je la lus sur l'invitation qui m'en fut faite, et je saisis cette occasion pour assurer le Roi qu'il était absolument inutile de recourir à des voies temporatives; que je ne demandais pas mieux que de faire passer sa lettre, mais que je devais faire connaître le danger auquel le Roi s'exposait; qu'il était trop tard pour des demi-mesures, et qu'il n'y avait pas un moment à perdre pour qu'il adoptât un grand parti propre à garantir sa personne et sa famille. Ceci fut rapporté au Roi et la lettre envoyée au général en chef.

» Le moment était venu de faire jouer tous les ressorts secrets que j'avais préparés. Je les mis en mouvement, et bientôt un envoyé du Roi m'arriva. C'était l'avocat ...., homme à gagner, et il le fut. D'autres personnes l'étaient également; mais la grande difficulté était que les propositions émanassent du Roi; qu'il fît ce qu'on voulait, et que sa volonté seule le lui fît faire sans que rien d'écrit ne vienne de moi afin que, dans tous les cas, je puisse être désavoué.

» *Cette conduite était d'autant plus nécessaire que la guerre n'était pas déclarée au roi de Sardaigne, qu'on ignorait le parti que seraient forcés de prendre le Directoire et le Corps législatif, et qu'il fallait agir de telles manières que l'acte du Roi, paraissant volon-*

taire, ne pût ameuter l'Europe entière contre la République française et faire rompre le congrès de Rastadt.

» Je me bornai donc à redoubler l'effroi de l'envoyé et je le fis sortir de la citadelle. Une demi-heure après, on me le dépêcha de nouveau, et je le renvoyai encore à raison de la demande qu'il me fit de mettre par écrit les conditions que j'exigeais. Toutefois, j'insinuai ce qu'elles pouvaient être, mais je défendis au député de revenir, ajoutant que c'était au Roi de se tirer comme il pourrait de la situation où il s'était mis; que la République ne lui demandait rien; que son intérêt seul devait l'éclairer; que, quant à moi, je serais certainement blâmé des délais que je prenais sur moi.

» Cependant mes agents cachés agissaient de tous côtés; diverses lettres avaient été remises. Les membres de la famille royale et d'autres personnes puissantes avaient parlé, l'envoyé me revint, porteur cette fois d'ouvertures par écrit. Je les rejetai bien loin, elles ne remplissaient point entièrement mes vues; puis j'annonçai l'arrivée des colonnes dont je n'avais cependant aucune nouvelle. Je donnai connaissance de la proclamation du général en chef du 15, en déclarant que le moment de la *vengeance était venu,* qu'il n'était aucune ressource pour le Roi, que tous les moyens d'évasion lui étaient interdits; que Turin était cerné de toutes parts; qu'enfin il était à peu près impossible que j'entendisse rien maintenant. Un quart d'heure après, l'envoyé reparut. Le conseil du Roi et toute sa famille étaient en permanence depuis le matin, les individus puissants qui me servaient l'avaient emporté; les propositions qu'on m'envoya touchaient au but, on demandait seulement un officier pour traiter. Je chargeai mon adjudant général Clausel de terminer cette importante négociation. Je lui donnai ordre d'exiger avant tout et au préalable que toutes les troupes qui avaient été introduites dans la ville depuis un mois en sortissent à l'instant et que la garnison fût réduite au minimum de ce qu'elle est dans le temps de la paix la plus profonde. En présence de Clausel, le Roi signa l'ordre et le fit porter aux différents corps. Huit bataillons, dont plusieurs venaient d'arriver à marche forcée, sortirent sur-le-champ de la ville et retournèrent aux points d'où ils avaient été tirés pour venir défendre Turin. Après neuf heures de continuelles allées et venues du palais à la citadelle et de la citadelle au palais, après de vifs débats, Clausel amena enfin le Roi à signer tous les articles que je voulais. Ils furent consentis par le duc d'Aoste, connu par sa haine pour nous et capable de se mettre à la tête d'un parti; le ministre Priusca, que je demandai comme otage et comme un garant authentique du désaveu du Roi pour la proclamation qu'il avait faite en son nom, me fut envoyé à la citadelle.

» Je dépêchai alors Clausel vers le général en chef pour lui porter l'acte d'abdication; il le rencontra à trois milles de Verceil. Les colonnes françaises étaient à plus de douze lieues de Turin quand le Roi se détermina à abdiquer. Cet acte, que j'avais dicté, fut agréé par le général en chef, il surpassait toutes ses espérances. De suite il se rendit à la citadelle, où il arriva à une heure du matin. Il signa le traité que le général Clausel rapporta au château pour l'échanger, et aussi pour régler ce qui était relatif au départ du Roi, décidé pour neuf heures du soir (1). »

« Pendant que cela se passait et que Turin flottait dans l'incertitude, je sortis de la citadelle à la tête d'une colonne de grenadiers et de chasseurs à cheval, à l'effet de m'emparer de l'arsenal. J'ordonnai aux troupes piémontaises comme j'aurais ordonné à des soldats français d'en évacuer à l'instant toutes les portes et de rentrer dans leurs quartiers. J'avais fait traduire en italien et imprimer à Turin même, par les soins hardis du capitaine du génie Henry, l'ordre du 16, qui déclarait les troupes piémontaises partie intégrante de l'armée républicaine. Les troupes étaient ébranlées, mon assurance les détermina; elles rentrèrent dans leurs quartiers, où je les consignai. Peu de moments après, j'occupai de la même manière la *porte Susine,* dont je pris possession avec une autre colonne.

» De là, presque seul, accompagné du capitaine Henry et de quelques chasseurs à cheval, je me rendis, en traversant toute la ville et suivi d'une foule immense, à la porte du Pô, confiée aux volontaires de Turin, sorte de garde nationale monarchique. J'annonçai, au nom

---

(1) Le général Clausel se fit donner le tableau de Gérard Dow, représentant l'*Hydropique;* le même que, pendant la nuit de Cherasco, Bonaparte ne voulut pas demander aux plénipotentiaires sardes.

du général en chef, à ces braves volontaires, que je leur confiais cette garde; qu'ils seraient aussi chargés de maintenir la tranquillité dans l'intérieur; que je comptais sur leur loyauté et sur leur attachement aux Français, qui n'étaient pas faits pour être leurs ennemis.

» Cette marque de confiance produisit les plus heureux effets; elle circula de bouche en bouche, gagna les volontaires, et ce fut aux cris de *Vivent les Français! vive la liberté!* que je retournai à la citadelle rendre compte au général de l'état des choses.

» Cependant le peuple commençait à se livrer ouvertement à la joie. Les espérances de paix et d'union succédaient aux plus vives alarmes. Les patriotes exprimaient avec autant d'enthousiasme que d'énergie leurs élans vers la liberté, comprimés si longtemps. Ils achevèrent de se développer lors de la proclamation que le Roi fit publier et afficher dans la soirée. De toutes parts alors, le peuple se répandit dans les rues et manifesta la plus vive satisfaction. Aucun désordre n'eut lieu, et un si complet changement s'opéra sans en apporter aucun dans les relations commerciales, dans les transactions ordinaires de la société, et sans qu'une seule goutte de sang ait été versée.

» Il importait cependant que les troupes piémontaises fussent affermies dans les heureuses dispositions préparées par l'ordre imprimé du général en chef. Diverses mesures furent prises à cet effet. La plus décisive fut celle de faire ordonner par le Roi lui-même, aux divers corps qui étaient à Turin, de prendre la cocarde et de prêter serment de fidélité à la République. Je le déterminai, avant son départ, à envoyer vers eux à cet effet les officiers de la couronne qui l'entouraient. Ils s'acquittèrent *loyalement* de cette mission.

» Dès le lendemain du départ du Roi, tous les corps qui étaient à Turin, même ceux de sa maison, m'apportèrent leur serment de fidélité à la République et prirent la cocarde nationale.

» D'après l'ordre du général en chef, je fis rassembler les volontaires de Turin le 21, et je leur ordonnai de prendre le nom de *garde nationale*; je fis, en outre, recevoir un nouveau chef. L'allégresse des volontaires fut unanime et me rappela les premiers beaux jours de notre révolution.

» Le 22, le gouvernement provisoire fut installé, et cette cérémonie se passa de la manière la plus satisfaisante pour les amis de la liberté.

» Aujourd'hui j'expédie dans les provinces des proclamations relatives au serment de l'armée, à l'établissement du gouvernement provisoire, enfin à l'acte d'abdication du Roi.

» Des gardes du corps ont ambitionné d'être porteurs de cette dépêche, et l'esprit militaire piémontais est tellement *francisé* que j'ai dû regarder comme également sûr et politique de les charger de cette mission, pour laquelle ils m'ont voté des remercîments.

» Turin, 22 frimaire an VII de la République française.

» *Signé* : GROUCHY,

» Général de division. »

CHAPITRE VINGT ET UNIÈME

SOUWAROFF

1799-1800

Aspect de Turin après le départ du Roi. — Funérailles des *Pères de la patrie*. — Dénonciations portées contre le marquis Henry. — Réunion du Piémont à la France. — Les vainqueurs. — Prise de Turin. — Anecdotes sur Souwaroff. — Installation d'un conseil de Régence. — Le marquis Henry en fait partie. — Marengo. — Dernières lettres du marquis Henry.

Comme on l'a vu à la fin du chapitre précédent, le Roi avait quitté Turin pour aller bientôt se réfugier en Sardaigne.

La stupeur et l'effroi produits par ce départ ou plutôt par cette fuite furent immenses.

Tout ce qui était honnête se cachait et pleurait à portes closes; une sorte de vertige s'était emparé des vainqueurs et une sorte d'abêtissement des vaincus.

« L'aspect de Turin est méconnaissable depuis le départ du pauvre Roi, disait Henry. Les ambassadeurs se sont envolés, le faste des grandes maisons s'est éteint, plus de chevaux ni de livrées; les juifs des pays voisins, semblables aux corbeaux des champs de bataille, accourent et emportent à vil prix les objets dont chacun va se défaisant par peur, ou pour payer les contributions que nous imposent nos grands associés devenus aujourd'hui propriétaires de la maison. Et cependant on s'efforce ici, tout en changeant de peau, de paraître content.

» Les jacobins sont dans une joie parfaite qui trompe

leurs bons amis sur l'esprit général. Ceux-ci se mettent à coloniser, à féconder, disent-ils, ce sol barbare; ils mènent grand bruit d'avoir supprimé l'inquisition, comme si les auto-da-fé du saint Office ne se bornaient pas depuis longtemps à la seule et innocente surveillance de la librairie. Toutefois, à côté des grands biens qu'ils nous prodiguent, ils prennent leurs sûretés contre notre reconnaissance et emmènent comme otages les gens marquants de Turin et de la province. Tout ceci appellera bientôt une réaction violente. »

Trois semaines, en effet, ne s'étaient pas écoulées, que des murmures s'élevaient de toutes parts.

Le général Grouchy mécontentait les troupes sardes en les envoyant loin de leur pays. Une loi française interdisait la circulation des billets d'État et de la monnaie de billon frappée à l'effigie du Roi; mille vexations venaient récompenser les habitants du Piémont de leur trahison ou de leur inertie. La suppression du chapitre de Superga (1) et la destination que le gouvernement provisoire prétendit donner à la basilique portèrent le mécontentement à son comble. L'édit voulait que les caveaux fussent purgés des cendres royales; que toute trace des faits qui avaient donné lieu à l'érection de ce monument disparût. Enfin, Superga, purifié, allait recevoir les cendres des Subalpins tués pendant la guerre de l'insurrection et prendre le nom de Temple de la reconnaissance.

---

(1) On sait que Superga est devenu, après Hautecombe, le Saint-Denis de la Maison de Savoie.

Ce décret était à peine porté que les jacobins en réclamèrent à grands cris l'application en faveur de deux pères de la patrie, ainsi que les appelait plaisamment le marquis Henry ; voici le récit de l'aventure :

« Nous avons perdu deux de nos pères de la patrie, Avogadro de Formian et l'abbé Parerio, morts à trois ou quatre jours de distance l'un de l'autre. Malgré notre pénurie, on a fait en leur honneur une fête funèbre digne des beaux jours de la Grèce. Au milieu du salon des Suisses, les élèves de Galcari avaient élevé un magnifique sarcophage de vert antique, terminé par un obélisque de granit sur la pointe duquel était assis un génie en pleurs, éteignant son flambeau. Les guirlandes de chêne, symbole du civisme ; le serpent se mordant la queue, symbole de l'immortalité du citoyen Avogadro ; les inscriptions, multipliées à l'infini, achevaient de rendre le spectacle imposant. La principale de ces inscriptions annonçait que le glorieux chef des troupes révoltées, aussi recommandable au conseil qu'à la tête des armées, après avoir chassé *Charles le tyran*, avait rendu son corps aux éléments et laissait ses concitoyens dans le deuil. Vous jugez bien qu'il n'a pas manqué de cassolettes fumantes, d'oraisons funèbres, ni de musique : toute la chapelle du Roi officiait. Les garde-meubles avaient fourni tapisseries et banquettes de velours ; il n'y avait de neuf que la peinture à la détrempe, le crêpe et les drapeaux tricolores. Tous ces objets incohérents faisaient un *pot pourri* inconcevable. Les hallebardes des suisses étaient encore au râtelier. Charles-Emmanuel Ier, sur son cheval de marbre, saluait d'une courbette les autorités constituées. Quant à l'expression des visages, je n'ai su y démêler que la curiosité ordinaire à une exécution et beaucoup d'insouciance. »

En même temps que l'on fêtait les grands morts de l'insurrection, on n'avait garde de priver des honneurs qu'ils avaient si bien mérités les plus humbles soldats. On vit donc les jacobins piémontais, voulant donner à ces inhumations patriotiques tout l'éclat qu'elles méritaient, marcher tumultueusement vers Superga, chargés des ossements de leurs frères. Ils étaient à moitié chemin sur la colline, lorsque tout à coup une garde, placée à quelque distance du sanctuaire par ordre du général Grouchy, leur enjoignit de laisser là leurs cadavres et de se retirer. Les patriotes, déconcertés, se rebiffèrent et furent mis en fuite à coups de bourrades.

Ainsi, c'est qu'après avoir déchaîné les jacobins du Piémont, les Français eux-mêmes les empêchèrent de se porter aux excès qu'ils avaient rêvés. Le marquis Henry fit une expérience personnelle de cette modération politique.

Il avait, ainsi que tous les chefs de corps, reçu l'ordre exprès du Roi de demeurer à sa place aussi longtemps qu'il le pourrait; l'autorité française, de son côté, lui avait enjoint de conserver son commandement jusqu'à son remplacement. Il attendait donc impatiemment son successeur, lorsqu'il découvrit un complot tramé contre lui par ses subordonnés, par ces officiers mêmes qu'il avait choisis et qu'il aimait comme ses enfants.

Mal informés évidemment du point où en était la révolution en France, ces gens ne doutaient pas que celle qui éclatait en Piémont ne leur donnât le droit de choisir eux-mêmes leur chef et de l'élire parmi eux. Dans l'impatience où ils étaient d'user de ce droit, ils dénoncèrent leur directeur comme un aristocrate qui avait fait passer à Vienne tous les plans et tous les mémoires du bureau militaire.

La délation fut portée simultanément au gouvernement provisoire, au ministre de France et au général César Berthier, qui commandait à Turin. Ce dernier n'en tint compte et fut, pour le marquis Henry, plein d'égards et de bons procédés. Après quelques explications, les délateurs furent cassés et renvoyés.

Mais tout cela ajoutait aux dégoûts dont était abreuvé le malheureux marquis. Il n'y avait pas en lui un sentiment qui ne fût froissé; après avoir vu la révolution s'en prendre au trône, il la voyait s'en prendre à l'Église. La suppression des ordres hospitaliers de Malte et de Saint-Maurice, celle du chapitre de Superga, ne suffisaient plus; les sectaires tentèrent d'anéantir les moines, et, pour cela, voulurent les ridiculiser et exciter contre eux l'esprit populaire, qui, en Piémont comme dans le reste de l'Italie, était encore loin de leur être hostile.

« Nous venons d'avoir hier, écrivait le marquis Henry, un bien horrible et bien dégoûtant spectacle : on promena en carrosse, dans les rues de Turin, une religieuse, et l'on mit en scène un récollet. La première, disait-on, réclamait contre des vœux forcés;

l'autre, disait-on encore, venait d'être arraché aux prisons souterraines de son couvent, où il était inhumainement chargé de fers depuis quarante ans. Ce spectacle, heureusement, ne tourna qu'à la honte de ses inventeurs. Il fut reconnu que le moine, aliéné depuis longtemps, devenait furieux à certaines époques de l'année; quant à la religieuse, personne d'un esprit borné, après avoir joué son rôle en public, elle demanda à être remise dans le monastère d'où on l'avait tirée.

» On expulse, du reste, les religieuses de la manière la plus philanthropique; on eut besoin, l'autre jour, d'une de leurs maisons pour y mettre l'œuvre des accouchements, et on les en chassa. »

Pour soustraire son fils Victor au spectacle de ces orgies écœurantes, comme aussi jugeant l'avenir de l'enfant absolument brisé en Piémont, le marquis Henry eût voulu le renvoyer auprès de sa mère, rentrée en France depuis quelque temps et mise en surveillance dans le département de l'Isère. C'était au château de Marlieu, chez son frère, M. de Murinais, que la pauvre femme s'était réfugiée; c'est là que le marquis Henry l'eût rejoint, si l'ordre exprès du Roi ne l'avait obligé de rester à son poste : il y demeurait comme une sentinelle perdue.

« Mes chers enfants, écrivait-il à ses deux fils cadets, qui se lamentaient de leur inaction, il m'est cruel de vous voir grandir dans un temps comme celui-ci; mais il vaut mieux ne rien être et ne rien faire que de jouer un rôle auquel l'honneur et le sentiment répugnent.

» Ceci durera-t-il? Il n'est point dit que les honnêtes gens, surtout à votre âge, soient réprouvés à jamais. Peut-être un jour, quand ce ne serait que pour les encadrer, recherchera-t-on ceux qui n'ont pas failli. S'il m'en souvient bien, pour être sénateur au temps de Numa, il valait mieux n'avoir pas enlevé de Sabines.

» Hélas! mes pauvres enfants, on nous va disant : Brûlez ce que vous avez adoré, adorez ce que vous avez brûlé; mais ce ne sont pas des saints que les apôtres du jour, ils sont moins encore gens dont les actions donnent crédit à leurs paroles. »

Bientôt, comme pour justifier cette prédiction, plusieurs membres du nouveau gouvernement piémontais, effrayés de la responsabilité qui leur incombait et de la détestable réussite de leur folle entreprise, demandèrent à abdiquer; d'autres opinèrent pour la réunion pure et simple du Piémont à la France, renonçant à leur plus chère espérance, celle de former un État indépendant, une République subalpine, immuable et indivisible.

« Joubert est parti, écrivait le marquis Henry quelque temps avant que le fait se produisît, et l'on a recueilli de sa bouche les propos suivants :

» Je crois que la réunion du Piémont est décidée, mais qu'elle ne sera proclamée qu'à la publication de la paix. Alors la commune de Turin deviendra le lieu du monde le plus florissant par son commerce entre la France et l'Italie; elle sera le point intermédiaire d'où partiront les connaissances philosophiques. Comme ce sera dans l'arsenal de Turin que se forgeront les foudres physiques propres à mettre en exécution le grand système, c'est dans l'Université de Turin que se forgeront les foudres contre la tyrannie.

» N'y a-t-il pas là de quoi épanouir les physionomies?

» En attendant, dites-moi, ma chère amie, comment on existe politiquement là où vous êtes et comment y sont vus les réprouvés de notre espèce. Dites-moi si les gens y sont tenus de penser de même, ou du moins d'en faire semblant. Ici l'on en est dispensé, mais d'ailleurs nous sommes tous souples comme des gants; mes sentiments sont connus, et l'on me laisse tranquille. Même dans cette dernière échauffourée, je n'ai point encore été tracassé; il est vrai que je me suis fait si petit, que je me suis tellement pelotonné depuis six mois, que ma vue ne peut blesser l'œil de personne.

» Pour vous dérider, imaginez que nos vainqueurs prétendent que nous nous amusions. Ils s'avisent de donner des bals, mais quels bals! avec un très-petit nombre de chandelles et la fenêtre ouverte pour rafraîchissements.

» Entre eux, ils se réjouissent plus luxueusement. Leur ministre ici a donné hier un dîner magnifique. La salle était décorée de peintures allégoriques : l'homme d'Égypte était partout; au milieu, en surtout il était en sucre, tenant un drapeau à la main. Une musique dans la salle voisine. Enfin, il y a eu des toasts sans nombre : à la prospérité des Républiques, à la liberté des mers, à la liberté des femmes de l'Asie. Puissions-nous, aux dépens de leurs maris, bien mériter du sexe dans les quatre parties du monde! Jugez combien les femmes présentes ont trouvé cela délicat..... »

C'est au milieu de ces jolis propos et de ces plaisirs raffinés que la réunion définitive du Piémont à la France fut décidée. On obligea les Piémontais à en émettre le vœu, et ce vœu fut porté au Directoire, qui se garda bien de le rejeter. Un gouvernement nouveau s'établit à Turin sous le nom de *Centralité*; il se composait de cinq magistrats présidés par un commissaire du pouvoir exécutif français, pendant qu'un de ses collègues, avec le titre d'organisateur, se chargeait d'établir les nouvelles autorités, de fixer les attributions de chacune d'elles et de diviser le Piémont en quatre départements.

Ainsi, en moins de quatre mois, ce malheureux pays vécut sous trois gouvernements différents. Les chances de la guerre devaient deux fois encore déranger ces combinaisons politiques.

Comme il le disait dans la lettre que l'on a citée plus haut, le marquis Henry vivait assez tranquillement à l'abri de son obscurité. Les choses changèrent de face après la bataille de Vérone. A l'approche des Austro-Russes, un grand nombre de personnes marquantes furent conduites en France comme otages; tous les Savoyards suspects d'attachement à l'ancien gouvernement furent en même temps condamnés à la déportation en Sardaigne. Un grand nombre de ces malheureux avaient été dénoncés au gouvernement par les municipalités niçardes et savoyardes qui agissaient sous l'influence des acquéreurs et des voleurs de leurs biens

Beaucoup d'entre eux, se voyant portés sur ces listes, pouvaient se dire comme le Romain : « C'est ma belle maison d'Albe qui fait mon crime. »

Le marquis Henry devait naturellement être du voyage; les vaisseaux étaient prêts à Gênes : il ne fallut rien moins que la rapidité de la marche de Souwaroff pour le sauver avec ses tristes compagnons.

Une note du marquis Henry donne ces curieux détails sur Souwaroff, et sur la façon prodigieuse dont en huit jours il eut achevé la conquête du nord de l'Italie :

« L'insurrection toujours croissante contre les Français était excitée depuis quelque temps dans les environs de Turin par un partisan, Branda Luccioni, lequel, commandant une petite troupe et feignant d'avoir des forces considérables à sa disposition, ameutait les paysans des campagnes et leur promettait de les affranchir bientôt du joug étranger. Quelques détachements envoyés par le commandant de la citadelle avaient été maltraités par ces paysans, qui formaient pour ainsi dire le blocus de la place et ne permettaient pas qu'on pût savoir ce qui se passait au delà d'un certain rayon. On n'avait plus de nouvelles des Austro-Russes, et l'on ignorait, depuis le passage du Tessin, de quel côté ils avaient dirigé leur marche. Chacun, dans l'intérieur de la ville, cachait ses craintes et ses espérances, lorsque, le 25 mai, à deux heures après midi, les portes de Turin furent fermées. Quelques coups de canon tirés du dehors contre la porte du Pô et la porte du palais annoncèrent un assaillant plus redoutable que ne pouvait être Branda Luccioni. On était bien loin de croire, cependant, que les armées impériales de Russie et d'Autriche fussent sous les murs de la capitale. Le feu recommença assez tard dans la matinée du 26, et ne se fit entendre que par intervalles. On n'apercevait rien des remparts qui pût faire soupçonner la vérité. Enfin, à midi, Fiorella (1) ayant annoncé par une proclamation le dessein où il était de défendre la ville à outrance, quoiqu'on sût qu'il n'avait aucun moyen pour y réussir, et le feu ayant pris à quelques maisons vers la porte du Pô, la garde nationale piémontaise se jeta sur les quelques Français qui gardaient ce poste avec elle, les désarma et baissa les ponts-levis.

» Ce ne fut pas sans le plus grand étonnement qu'on vit alors se précipiter dans Turin vingt mille hommes des plus belles troupes de l'Europe dans leur tenue de parade, la cavalerie au galop, l'infanterie au pas de charge, servant d'escorte au généralissime prince Souwaroff, au baron de Mélas et au prince Constantin, frère de l'empereur de Russie. Les plus vives acclamations les accueillirent partout; les arbres de liberté, entourés d'emblèmes démocratiques, tombèrent à l'instant comme une décoration de théâtre et furent hachés par la populace; les ruisseaux, qui rafraîchissent en été les rues de Turin, furent jonchés de cocardes tricolores. Peu s'en fallut que Fiorella ne fût pris dans un café où il était entré pour écrire quelques ordres, et que la citadelle ne fût enlevée par surprise,

---

(1) Général français commandant la citadelle de Turin.

tant l'apparition des Austro-Russes fut brusque et imprévue. Quatre ou cinq cents soldats français et quelques officiers furent pris dans la ville, sur laquelle la citadelle tira immédiatement. La place ayant rappelé pour parlementer, tout resta tranquille jusqu'à deux heures du matin.

» Cependant Fiorella, aigri par les témoignages de joie avec lesquels avaient été accueillis les Russes, tourna pendant la nuit toutes ses bouches à feu contre la ville, et jura d'en faire un monceau de décombres. La précaution prise d'avance de retirer dans la citadelle les pompes à feu, les échelles, les seaux de cuir et tout ce qui sert à éteindre les incendies, devait seconder son barbare dessein. Un feu épouvantable recommença donc dans l'obscurité; beaucoup de maisons furent incendiées, d'autres souffrirent de grands dommages. Enfin, à cinq heures du matin, la ville demanda de nouveau à parlementer, et il fut convenu que, pendant toute la durée du siége, la citadelle ne tirerait que lorsque commenceraient les attaques régulières.

» Ces attaques n'eurent lieu pour la première fois que le 14 juin, et le 21 la place se rendit. Cette forteresse fameuse, contre laquelle les armées de Louis XIV avaient échoué après quatre mois de siége et plusieurs assauts, ne tint que sept jours.

» Le commandant, instruit par les signaux des jacobins de la ville que Souwaroff se disposait à brusquer les choses par une escalade, jugea nécessaire de se rendre. La garnison, qui n'avait perdu que deux cent quarante hommes, sortit le 22 juin au matin, jetant gaiement ses armes et emportant d'énormes fardeaux d'équipages, outre les dépouilles cachées dans les chariots couverts : c'était un des articles de la capitulation de Fiorella. Un autre article était la déportation de ce général en Hongrie, non que les alliés tinssent beaucoup à l'envoyer si loin de sa patrie, mais parce que lui-même voulait apparemment se soustraire aux recherches du Directoire, fort irrité alors contre les généraux malencontreux, et qui, bien peu de temps après, traduisit en conseil de guerre tous les commandants des places d'Italie qui les avaient livrées à l'ennemi sans avoir opposé une sérieuse résistance.

» Ce fut le général autrichien Kaim qui reçut les clefs de la citadelle de Turin ; le maréchal Souwaroff s'était éloigné depuis quelques jours pour s'opposer à la jonction de Moreau et de Macdonald, jonction prête à s'effectuer dans le duché de Parme. »

Tous ceux qui avaient été en fonction sous le gouvernement républicain s'enfuirent avec les Français ; les vieux serviteurs de la maison de Savoie retrouvèrent leurs places. Le marquis Henry reprit la sienne, et poussa la bonté d'âme jusqu'à faire revenir dans ses bureaux les misérables qui l'avaient si indignement calomnié.

A propos de Souwaroff, il n'est peut-être pas sans intérêt de rapporter ici ces lettres, l'une écrite par le marquis Henry, l'autre par son fils ; toutes deux rendent avec assez de bonheur les allures pittoresques du personnage.

« Pendant que Souwaroff était au camp d'Asti, dit le marquis Henry, M. le chevalier de Revel lui fut envoyé pour traiter je ne sais quelle affaire. Il arriva justement au moment où le Russe sortait de table et disait ses grâces devant une image de la Sainte Vierge qu'il avait accrochée à sa tapisserie. Dès que le chevalier se fut fait annoncer, Souwaroff vint à sa rencontre et lui dit : « Puisque vous êtes le fils de mon ami » Saint-André, vous êtes donc mon fils, et vous gar- » derez toujours ce titre. »

» Pendant un quart d'heure qu'il parla debout, il lui tenait les deux mains sur les épaules et faisait des contorsions jusqu'à mettre presque le cul en terre. Il lui fit plusieurs signes de croix en appuyant sa main sur sa tête, vers ses épaules et sur le ventre; ensuite il le baisa en croix sur le front, sur les deux joues et au menton. Alors, il le mena sur un sofa et s'assit à côté de lui.

» Le chevalier de Revel, l'un des hommes qui a le plus d'esprit, en fut enchanté; il ne pouvait revenir qu'avec un extérieur si fol et une originalité si particulière, un Tartare pût avoir des connaissances si étendues en tout, et tant de netteté à s'énoncer en langue française.

» Dans ce moment arrivèrent plusieurs généraux autrichiens que le maréchal introduisit lui-même. Le chevalier de Revel fut étonné de les voir tous devant lui comme des caporaux à l'ordre. Comme Revel insistait pour avoir certaines explications de détail, il lui dit : « Nous sommes un peu fous dans mon quartier » général, mon ami Chateler et moi; ne vous gênez

» donc pas pour la lettre de nos ordres de détail, faites
» suivant vos lumières et pour le mieux. Quant aux
» mesures générales, c'est autre chose; il n'y faut pas
» toucher. »

« Trois jours après que le maréchal Souwaroff fut maître de Turin, écrivait à son tour Victor, les chevaliers de Malte se réunirent pour lui faire une visite de corps. J'y fus convié comme frère coupe-choux.

» Dès que nous fûmes annoncés, le maréchal vint lui-même à notre rencontre, et embrassa d'abord les commandeurs d'Osaques et de Collegno qui se trouvaient le plus près de lui. Ensuite, il nous invita tous à passer dans le salon, où il y avait une grande table sur laquelle la nappe était encore mise. Pendant que nous défilions, il tenait lui-même la porte et baisait la croix de tous les commandeurs. Quand nous fûmes entrés, il fit asseoir MM. d'Osaques et de Collegno auprès de lui; il fit signe à plusieurs Cosaques, qui se tenaient contre les murs avec les genoux pliés, d'avancer des siéges. Quand tout le monde fut assis, il nous donna sa bénédiction et nous dit qu'il y avait longtemps qu'il désirait voir des confrères, et espérait que ce ne serait pas la dernière fois, qu'il se flattait que nous lui ferions quelquefois l'honneur de le voir en amis. Ensuite, il nous dit que, de toutes les distinctions que lui avait accordées l'empereur de Russie, la croix de commandeur de Malte était celle qui l'avait le plus flatté, puisque toutes les familles les plus distinguées de l'Europe se faisaient une gloire de compter des chevaliers parmi leurs aïeux. Il nous dit qu'il avait eu la consolation de voir les chevaliers et l'ancien grand maître de l'Ordre à son passage à Trieste.

» M. de Collegno lui fit des compliments sur ses exploits en Italie; il répondit en levant les yeux au ciel : « Dieu nous a pardonné nos péchés, et la Sainte » Vierge a écouté les prières que nous lui avons adres- » sées pour le succès de nos armes. »

» Le même commandeur lui dit, à propos du dés- ordre et de la retraite des Français : « Le nom de Votre » Altesse les fait pâlir; toutes les fois qu'ils voient des » Russes, ils fuient. » Il répondit en souriant : « Ils ne » connaissent pas encore les Russes; mais quant à moi, » je ne suis pas aussi méchant, et je sais qu'il faut être » poli avec des Français. »

» A propos de son activité et de son *infatigabilité* au travail, il avoua qu'il n'existait rien qui le fatiguât autant; qu'il aimait mieux rester sept heures de suite à cheval un jour d'action que de travailler une heure avec ses officiers, mais qu'il se faisait effort, parce que cela est nécessaire; que toutes les fois qu'il sortait d'un travail, il se sentait beaucoup d'oppression, jusqu'à ne pouvoir plus parler.

» Il nous parla ensuite des faits de guerre qui venaient d'avoir lieu; il n'oublia pas un nom propre. En parlant du Roi, il nous dit des choses très-obligeantes; toutes les fois qu'il le nommait, il s'inclinait.

» Il nous proposa ensuite à déjeuner, et donna même des ordres pour cela. Il insista sur notre refus, et enfin ne nous contraignit pas davantage; il se leva brusque- ment, et nous prîmes congé. Il embrassa de nouveau les commandeurs, toucha la main aux autres chevaliers, et nous redonna sa bénédiction, en nous souhaitant de vivre cent ans.

» Il ne rentra que quand nous l'eûmes perdu de vue.

» Le maréchal est d'une taille au-dessous de la moyenne; il marche un peu plié, et comme s'il allait danser. Il a le nez très-court, avec une petite verrue sur le côté, les yeux vifs et noirs fort écartés, la bouche grande avec toutes ses dents; les épaules et les bras sont gros, les cuisses et les mollets excessifs, les talons ainsi que les pieds fort longs. Sa parure, ce jour-là, était une petite veste de basin blanc, des pantalons serrés de même étoffe et de petites bottes sans éperons. Sa chemise avait un jabot excessivement haut, mais sale et chiffonné; une petite cravate large de deux doigts, et un casque de maroquin vert avec un gros plumet de plumes de coq.

» Quand il fit son entrée dans Turin, il était monté, m'a-t-on dit, sur un petit cheval tartare, dont le mauvais bridon et la selle cosaque ne valaient pas six francs; le coussin qui était sur la selle était en drap vert. Il était en uniforme et décoré de tous ses ordres; il avait son casque, et se prosternait pour ainsi dire aux acclamations de la foule. Le prince Constantin était sur un assez beau cheval, et marchait à côté du maréchal; de l'autre côté était son aumônier. »

Dès que Souwaroff s'était vu maître de Turin, il avait envoyé en Sardaigne une députation au Roi pour l'inviter à reprendre les rênes du gouvernement et à se joindre au plus tôt aux libérateurs de l'Italie. Le maréchal revenait sans cesse et avec affectation sur les ordres qu'il avait de rétablir Charles-Emmanuel IV sur son trône, mais la cour de Vienne n'y voulut pas consentir; elle exigea que le Roi demeurât jusqu'à nouvel ordre en Toscane, auprès du grand-duc qui venait d'y être rétabli après la retraite des Français.

Le Roi, revenant de Sardaigne, céda à cette exigence et fixa sa résidence au Poggio Imperiale, près de Florence; mais en même temps un conseil de régence devait gouverner en son nom : ce conseil, présidé par le lieutenant général gouverneur du Piémont, était composé du régent de la chancellerie, des chefs des deux cours souveraines, des secrétaires d'État aux différents départements ou de leurs suppléants, du premier syndic de la ville de Turin, du quartier-maître général de l'armée et de quelques autres officiers généraux.

C'est en qualité de quartier-maître général que le marquis Henry en fit partie.

Les attributions dévolues au conseil embrassaient toute l'administration, mais ses moyens d'action ne répondaient guère à la grandeur d'une semblable tâche. L'embarras des finances était extrême au moment de son installation, et allait devenir plus désastreux tous les jours. L'armée n'existait plus, il fallait la créer en réunissant les éléments les plus disparates. On avait à se procurer assez de blé pour subvenir aux besoins du peuple affamé, et du salpêtre pour alimenter les moulins à poudre.

Les Austro-Russes n'en demandaient pas moins des fourrages pour leur armée; faute d'avoine, on leur livrait de l'orge et du froment pour nourrir leurs chevaux.

De grandes et promptes réparations étaient indispensables aux places de guerre. Il est difficile d'imaginer ce qu'il fallut de courage et de dévouement aux hommes qui composaient le conseil de régence; car, forcés d'émettre de nouveaux billets d'État et de tenter d'autres opérations financières, celles-ci n'aboutirent point; le crédit était absolument perdu.

Comme il arrive toujours aux gens de cœur dans les moments de crise, ceux qui composaient le conseil de régence virent bientôt leur popularité s'évanouir. Ce fut bien pis encore quand les Russes eurent abandonné le Piémont.

Comme membre du conseil de régence, le marquis Henry put se convaincre une fois encore de l'égoïsme politique que mettait en œuvre la maison d'Autriche. Il était clair qu'elle ne songeait à délivrer le Piémont du joug des Français que pour s'en emparer elle-même. Les rebuffades que le comte de Valaise, ambassadeur à Vienne, éprouvait de la part de l'amiral Tuguth, l'opposition que l'Empereur mettait au retour du Roi, le serment qu'il voulait exiger des troupes piémontaises (serment qu'elles refusèrent hautement), les manœuvres employées pour affamer le Piémont, étaient autant d'indices de ces coupables desseins. Dans cette situation désespérée, on ne pouvait faire preuve que de dévouement; beaucoup servirent l'État gratuitement: le marquis Henry fut de ce nombre pendant les neuf mois que dura la régence

Mais tout devait se modifier encore. L'homme d'Égypte était revenu. La journée de Marengo allait fixer les destinées du Piémont, et mettre fin aux guerres qui depuis sept ans dévastaient ce malheureux pays; c'était en même temps la fin de toute carrière pour le marquis Henry.

Il se décida à quitter Turin et à rejoindre sa famille qui, depuis plus d'un an, s'était réfugiée au château de Marlieux, où le meilleur des parents l'avait recueillie.

Voici la dernière lettre du marquis Henry :

« Vous me demandez ce que je fais au milieu de ces bouleversements. La tête à la fenêtre, je prends des notes dont je ferai peut-être usage quelque jour. La manie de réunir des matériaux me possède depuis longtemps; vraisemblablement le temps me manquera pour mettre la main à la truelle, mais c'est toujours quelque chose de réunir des pierres. Je me compare quelquefois à ce fou qui voulait épargner à Dieu le soin de réunir, lors de la fin du monde, les petits cailloux ronds dont il avait parsemé les chemins; ce pauvre fou courait comme moi le jour et la nuit pour les ramasser et les porter devant sa maison. »

Ce sont ces souvenirs recueillis par le marquis Henry que l'on vient de lire au cours de ce trop long récit.

CHAPITRE VINGT-DEUXIÈME

ÉPILOGUE

Ma tâche est terminée, car, selon la charmante expression du poëte (1), j'ai, l'une après l'autre, ramassé les feuilles tombées sur les racines de l'arbre.

Hélas! les feuilles mortes ne doivent pas reverdir. Mais quelle peut être dans leurs tombes, ou plutôt auprès de Dieu, la pensée de ceux dont on évoque ainsi la vie? Ont-ils de nous quelque souvenir et pour nous quelque tendresse?

Douter de ce souvenir et de cette tendresse, ce serait renoncer à l'espérance; car si les plus nobles sentiments du cœur survivent à ce monde, nos morts nous aiment de cet amour presque divin dont on aime ceux pour lesquels on a souffert. Ils savent que ces souffrances, qui leur ont valu la vue de Dieu, retombent en bénédictions sur leur race, et que leurs mérites justifient l'inégalité établie sur la terre entre les familles comme entre les individus : « A cause de l'unité morale qui rattache les ancêtres à leur descendance, Dieu tient compte aux générations de ce qu'ont été dans la grâce celles qui les ont précédées et produites, même à longs intervalles de temps. Il reconnaît Abraham dans Isaac, Isaac et Abraham dans Jacob. Il se rappelle, en voyant

---

(1) Lamartine.

le petit-fils, ce qu'a fait pour lui l'aïeul, et lorsque la mémoire des hommes est impuissante à retrouver loin d'elle les traces du passé, celle de Dieu y discerne encore des motifs de disgrâce et surtout de faveur (1). »

Que ceux-là sont à plaindre, qui n'ont point d'intercesseur auprès de Lui, qui ne peuvent faire remonter leur pensée vers ces régions, où ils ne sont pas certains de rencontrer ceux dont ils suivent la marche fatigante dans la vie, ceux dont ils portent le nom, dont ils ont presque vécu les années, dont ils ont acquis l'expérience, cette expérience cruelle, qui dans la vieillesse s'appelle résignation pour les uns, désillusion ou désespoir pour les autres !

« Il ne reste plus en moi qu'une soumission sans bornes et sans mérite aux volontés de Dieu », disait le marquis Henry. Comme tous les miens, l'âge et l'infortune m'amènent à cette résignation religieuse, dernière étape où nous nous arrêtons pour saluer le passé, avant d'aller recueillir la récompense qu'il nous a méritée. »

En pensant ces choses, le marquis Henry ne confessait-il pas cette vérité, que le malheur sanctifié par la foi est le suprême consolateur de nos derniers jours? Quand Dieu eut condamné nos premiers parents à la mort, il voulut leur adoucir ce triste passage, en les y conduisant par les voies de l'exil et de la misère.

Le marquis Henry s'acheminait ainsi vers ces régions où il allait retrouver Eugène, et où sans cesse il demandait à rejoindre son enfant.

---

(1) Lacordaire.

Les vieillards qui ont connu le marquis m'ont raconté la fin de sa vie. Bien jeunes alors, ils ont cependant conservé le souvenir de l'indicible tristesse demeurée sur son visage, tristesse que les plus tendres affections ne purent jamais absolument bannir.

Dieu sait pourtant si elles se multiplièrent autour de lui, et quel adorable intérieur était celui de Marlieux, où il passa presque tout entières ses dernières années.

Le marquis Henry y était arrivé, comme nous l'avons dit, quelques semaines après la bataille de Marengo, alors que toute espérance de restauration lui semblait perdue et que la misère le chassait enfin du réduit où depuis les derniers événements il luttait avec elle pied contre pied.

Faut-il dire ce qu'il en coûta à sa fierté pour accepter, même de son beau-frère, une hospitalité qu'il était et croyait être à jamais hors d'état de reconnaître ? Non, mais cette fierté se fondit au rayonnement de la plus miraculeuse bonté qui fut jamais; on eût dit le marquis et la marquise de Murinais, ses hôtes, pétris de tout ce que le cœur peut avoir de générosités, et de tout ce que l'esprit peut donner de charmes.

Il n'est pas aujourd'hui encore un château en Dauphiné où le marquis Victor de Murinais ne soit demeuré le type légendaire de l'homme de bien, de l'homme généreux et de l'homme aimable. En ces tristes temps où tout était deuil, après ces années plus tristes encore où tout avait été sang et ruines, il s'était vraiment fait la providence des orphelins, des proscrits et des veuves. C'était une providence fort occupée, on peut le croire, mais inépuisable, et de si douce humeur, d'une amitié si discrète et si profonde tout à la fois, si calme à la surface et si active, que la reconnaissance l'eût insuffisamment payée.

Le marquis Henry subit bientôt le charme de l'atmosphère bienfaisante qui l'entourait; il se rasséréna un peu. A sa descente de cheval, M. de Murinais l'avait pris par le bras, l'avait en quelque sorte « engouffré » dans une salle voûtée pleine de livres, en lui signifiant que c'était là désormais son domaine; il entendait que chacun eût ainsi le sien à Marlieux.

Le *patron* (c'est ainsi qu'on appelait M. de Murinais bien loin à la ronde) donnait de cette façon le droit de bourgeoisie chez lui, et il multipliait les domaines à mesure que survenait quelque nouveau titulaire à pourvoir.

Le nombre de ceux-ci grandissait toujours, et avec eux se renouvelait le miracle de la montagne : vrai miracle en effet, si l'on n'avait su que monsieur et madame de Murinais, n'ayant point émigré, demeuraient aussi riches qu'avant la Révolution.

Tout en sauvant cette fortune dont ils faisaient un si royal usage, ils n'avaient rien perdu des leçons qu'avait reçues la France, leçons que ne comprenaient pas ceux qui revenaient. Ils avaient donc à les leur apprendre, à leur dire bien doucement que le passé était mort.

Ce n'était point une tâche aisée que de parler ainsi raison à de pauvres gens revenus d'un exil misérable, pour se retrouver dans leur pays plus misérables encore. Que de déceptions à éviter, que de sages avis à donner, dans un temps où l'on n'entendait en France que le heurt des haines et des colères qui se rencontraient à tout propos !

S'il est vrai que les émigrés n'avaient rien oublié, combien d'autres, demeurés dans leur pays, se montraient alors trop oublieux !

Ces rancunes de l'émigration n'avaient pas, dans le salon de Marlieux, d'interprète plus convaincu que ne l'était le chevalier Victor de La Forêt, le frère de madame de Murinais. Vieux garçon toujours grondant, pétillant d'esprit et de verve, il déroutait absolument sa sœur et son mari, lorsque l'un ou l'autre tentait de l'entreprendre et de le raisonner. Seul, le marquis Henry parvenait parfois à le fixer, mais leurs querelles ne les convertissaient pas. Pour M. de La Forêt, esprit charmant, mais léger jusqu'à l'impénitence, il n'y avait pas plus de compte à faire de la Révolution que d'un mauvais hiver; pour lui, le printemps était revenu, il fallait balayer les neiges, et voilà tout. Pour le marquis, au contraire, la Révolution commençait à peine, et la légèreté même de M. de La Forêt semblait à ses yeux promettre encore à la Révolution de bien longs jours.

Henry portait, il est vrai, sans trop d'effroi ses regards vers l'avenir. En 1789, il avait salué avec quelque enthousiasme les réformes sociales et politiques que la Révolution semblait promettre. Plein de noblesse et de désintéressement, il avait tressailli à ces grands mots de liberté et de vertu que Versailles renvoyait à la

France. Profondément chrétien, il avait rêvé, dans l'avénement du régime populaire, une sublime application de la charité évangélique.

Les hommes l'avaient trompé, mais non la vérité. Alors même que le désordre et le sang avaient pris la place de la paix, que la plus odieuse dictature s'était imposée au nom de la liberté, et que la proscription avait fait son œuvre au nom de la justice, Henry ne pouvait cesser d'aimer les belles et saintes choses, auxquelles sa jeunesse avait cru.

Il se distinguait de tant d'autres par cela seul qu'il ne songeait pas à se révolter contre les faits, que sa raison regardait comme providentiels. Ce fut dans cette croyance qu'il sut toujours et partout trouver la force de demeurer inaccessible aux entraînements, et inébranlable entre les courants contraires.

Que l'on prenne l'une après l'autre les lettres du marquis Henry, on les trouvera toujours inspirées par cette sagesse qui faisait de toutes choses une estime indépendante des préjugés comme des regrets du moment.

Aussi son jugement, parfois sévère jusqu'à la brutalité, est-il toujours, à son point de vue personnel, d'un désintéressement parfait. S'il flétrit les trahisons de l'Autriche et les intrigues de la cour de Turin, s'il est sans pitié pour les illusions de l'émigration, c'est qu'il voit de misérables querelles se substituer au bien général et l'intérêt privé prendre la place des grandes causes pour lesquelles le monde était en feu.

Alors, il se retourne contre ses amis avec la même ardeur qu'il déploie contre ses ennemis; moins courtisan de lui-même encore que de personne, lorsque, après ces indignations si véhémentes contre ce qui l'environne, il fait un retour sur lui-même, il se traite sans plus de conséquence et parle de ses propres faiblesses avec cette ironie dont il se sert à l'égard des faiblesses d'autrui.

Jamais un sot orgueil et bien moins encore un sentiment de vanité n'a trouvé place dans son cœur. Comme les gens vraiment supérieurs, il est le dernier à croire dans sa supériorité; mais lorsqu'à certaines heures les événements le forcent à en convenir vis-à-vis de lui-même, il en écrase alors tout ce qui prétend lui barrer la route.

Témoin cette admirable lettre, où il se redresse pour parler de son sang :

« Tant qu'ils ne nous auront pas arraché le cœur, dit-il, ils ne pourront l'empêcher de battre pour ce qui est vertueux et grand; ils ne pourront nous empêcher de préférer la vérité au mensonge et l'honneur au reste. Tant qu'ils ne nous auront pas arraché le cœur, ils ne pourront l'empêcher d'être réchauffé par un sang qui n'a jamais failli. »

Voilà tout ce que le marquis Henry sait dire de sa noblesse, et mieux encore ce qu'il en pense.

S'isolant ainsi de toutes les passions grandes ou mesquines qui troublaient les meilleurs esprits, s'inclinant sous la main de Dieu, voyant dans le cataclysme qu'il avait sous les yeux le châtiment du vieux monde et la naissance d'un monde nouveau, le marquis Henry avait traversé la Révolution sans être étonné de rien et en pleine possession de lui-même. Que de sages conseils furent par lui donnés, que de fois il avertit du péril que l'on courait! Quand il se voyait dédaigné par les sots, il se repliait sur lui-même, certain que l'avenir lui donnerait raison.

Mais lorsque l'événement s'était produit, on le voyait indifférent au succès, persévérant jusqu'à l'héroïsme, lutter pied à pied contre la mauvaise fortune et, comme à Cherasco, assumer la responsabilité de fautes qu'il n'avait pas commises.

Ce portrait du marquis Henry serait-il complet si l'on ne disait que son cœur était plus grand encore que son intelligence? A-t-on jamais mieux aimé qu'il n'a aimé Eugène?

Inconsolable de la mort de son enfant, il ne voulut sourire qu'à ses petits-enfants : à ceux-là on ne résiste pas. Je ne sais rien de meilleur ni de plus charmant que ces vieillards touchés par le malheur, et que l'on voit se reprendre à la crainte ou à l'espérance pour ces affections nouvelles qui se pressent autour d'eux et sont venues remplacer les affections d'autrefois.

Tel était le marquis Henry. Son fils aîné s'était marié, et bientôt de jolis petits enfants blonds se disputèrent les genoux de leur grand-père.

Pour eux, il consentit à revivre son vieux temps et à retrouver ses souvenirs, véritables fleurs desséchées qu'il tirait de son cœur comme des feuillets d'un livre.

Pour eux encore et pour leur faire aimer leurs princes, qu'il avait tant aimés lui-même, et dont l'honneur avait été le sien, il reprit et acheva ses Mémoires sur la Maison royale de Savoie.

ÉPILOGUE.

O princes savoyards, que dirait de vous aujourd'hui votre vieux serviteur?

Dans votre lointain exil, il vous suivait de son cœur et de ses espérances; il vous renierait à l'heure où vous êtes vainqueurs et tout-puissants.

Vous avez repoussé le berceau de votre enfance, vous avez méconnu les hommes dont le sang a formé goutte à goutte les rubis de votre couronne royale, ces hommes qui ne savaient au-dessus de vous que leur conscience et Dieu.

Ils se sont détournés quand ils ont vu votre cheval de guerre regarder vers Rome. Ils ne pouvaient vous suivre, vous le saviez, car votre palais Carignan a gardé le souvenir de celui auquel, avec son nom, le marquis Henry avait légué les croyances et les éloquences de son cœur (1).

Vous n'avez rien entendu, et, « trop fiers pour vous exprimer un regret, nous nous sommes éloignés ».

Mais pourquoi ces souvenirs amers?

On ne songeait en 1815 qu'à ressouder les anneaux de la chaîne brisée par la Révolution. Le Roi exilé était revenu, et avait rappelé autour de lui ses vieux serviteurs. Le marquis Henry avait essayé de reprendre son rang et sa vie d'autrefois. Mais il était trop désaccoutumé de l'existence de cour, pour pouvoir la partager longtemps. Comme ces vieux compagnons de Henri IV, qui refusèrent d'entrer avec lui dans Paris, et reprirent le chemin de leur manoir, il demanda à revoir son

---

(1) Le marquis Léon Costa, député au parlement sarde.

foyer qu'il retrouvait enfin après vingt ans d'absence.

On verra, en lisant cette lettre, combien tristes étaient les pensées qui l'y ramenaient :

« Me voilà libre, enfin, de retourner à Beauregard, écrivait-il à son fils Victor. Je suis hors de la cour et d'une place que je ne remplissais qu'avec dégoût et avec peine. Le Roi m'a promis de me faire lieutenant général à la prochaine promotion qui sera à la fin de juillet; mais tout cela n'est qu'honoraire, et je suis heureux de ne plus rien être. Je sens chaque jour plus le besoin d'être chez moi, pour certaine échéance que l'on ne peut éviter et dont on approche fort à mon âge.

» Mon premier soin, en arrivant à Beauregard, sera de faire bâtir un petit mur autour du cimetière, pour empêcher que l'on n'y vienne troubler le repos de ceux qui, comme moi, espèrent trouver là enfin un peu de tranquillité. Ma santé, mon pauvre enfant, est bien flageolante; c'est la lampe près de s'éteindre dans une vieille lanterne. »

Tandis que le marquis Henry se retirait à Beauregard, disant ainsi un dernier adieu au monde et se réfugiant pour y mourir, au milieu des souvenirs heureux de sa vie, à mille lieues de lui, le comte de Maistre semblait deviner sa pensée et vouloir, dans cette lettre si pleine d'affection, lui rendre quelque courage :

« Comment vous peindre, mon très-cher et excellent ami, le plaisir que m'a fait votre délicieuse épître apportée en trente-cinq jours par le comte de Vernanson?

» Ce plaisir eût été parfait, si vous ne m'annonciez

pas le projet de vous en aller *planter vos arbres à Beauregard*. Est-il possible, mon cher ami ? Quand j'aurais, comme disent les poëtes, une langue de fer, je ne pourrais vous exprimer combien ce projet me désappointe.

» J'ai eu deux amis dans ma vie, — c'est un nombre prodigieux — le bon Salteur et vous; quoiqu'il ne vous égalât pas en chaleur d'entrailles, c'était cependant un excellent homme, que je ne cesserai jamais de regretter. Mais vous me restiez, et je m'étais arrangé pour radoter auprès de vous, voire même avec vous si nous étions condamnés à cette triste conformité. Depuis que mon retour est au rang des choses probables, je n'ai cessé de vous contempler comme un point fixe devant mes yeux, de penser à ce que je vous dirais, à ce que vous me diriez, au plaisir inexprimable de relier une liaison jadis si douce et si intime, aux réflexions sans fin que nous ferions sur tout ce qui s'est passé dans le monde depuis notre séparation à Chatillon.

» Le croiriez-vous ? J'ai pensé plus d'une fois à m'enfermer avec vous sous clef, pour nous faire encore, de ma propre main ministérielle, du café aussi bon que celui dont sans doute il vous souvient et que nous prenions dans mon galetas, près de la *Madone des Anges*, l'an de grâce 1798, mais vous avez cassé ma cruche, et me voilà plus capot que Pierrette.

» Vous allez à Beauregard, quel nerf vous avez pincé dans mon cœur. Cher et digne ami, avec ce mot de Beauregard, vous m'avez fait rebrousser de trente ans vers l'âge des jouissances et des enchantements.

» C'est là que j'ai passé quelques jours de ma vie si pleins et si heureux; c'est là que je composai, en 1784, ce discours sénatorial dont je possède encore une copie écrite de la main de l'infortuné Lavini, et suivi de vos animadversions très-soigneusement reliées à la fin du volume.

» Savez-vous bien, mon cher ami, que si je m'avisais de passer huit jours à Beauregard, à moins d'être bien entouré, bien soutenu, bien choyé, j'étoufferais infailliblement. Quelles personnes, bon Dieu! quelles soirées! quelles conversations! Et vous, mon cher ami, comment ferez-vous? Croyez-moi, n'y allez pas, à moins que vous ne soyez bien défendu. Il faut surtout avoir des femmes à présent, surtout qu'il en est entré de si aimables chez vous, qui puissent vous papoter et roucouler tout le long du jour à vos oreilles.

» J'aurais lu avec un profond chagrin ce que vous me dites de votre accident, si votre lettre ne vous réfutait pas d'une manière si aimable. Pour moi, j'ai joui jusqu'à présent d'une santé insolente, mais ce sont précisément ces tempéraments qui sont les plus sujets à s'abîmer brusquement. Ils ressemblent à ces terres riveraines minées en dessous par l'onde fugitive; couvertes d'herbes et de fleurs, rien ne les distingue des autres; puis tout à coup, *plouf*......... »

Comme cette onde fugitive dont parle M. de Maistre, le chagrin avait miné la vie du marquis Henry. Un dernier coup l'atteignit, qui, celui-là, devait le renverser tout à fait :

« Ma pauvre femme a terminé aujourd'hui sa triste

et sainte existence par un martyre de vingt-huit jours ; son âme est montée au ciel pour conduire et protéger de là sa famille, comme elle la conduisait sur la terre par la force de sa raison, les charmes de son esprit et la bonté de son cœur. Dans ce jour déplorable finit une union sans trouble qui a duré trente-quatre ans, et avec elle tout le bonheur de ma vie. »

Ces lignes sont tracées d'une main tremblante à la dernière page d'un livre d'heures.

Et plus bas, le marquis Henry avait encore écrit :

« Mon Dieu ! vous voyez mes cheveux blancs et mon cœur brisé..... »

Il n'avait pas achevé sa prière, mais Dieu l'avait entendue.

Car un jour on le trouva sans parole ; à peine depuis ce triste jour reconnut-il les siens.

Une cruelle paralysie avait appelé la nuit sur son intelligence, et comme si son âme, avant de le quitter, eût voulu se recueillir, elle parla dès lors si bas qu'on ne l'entendit plus.

Cependant, durant ces derniers jours, pareille aux beaux lacs endormis qui tout à coup se rident aux baisers d'une brise tombée du ciel, son intelligence eut parfois encore comme un frisson de vie. Ou bien le cœur du marquis Henry avait-il seul survécu ?

Comte ne voulut jamais le dire, et pourtant il le savait ; car on le voyait sans cesse conduire auprès des malheureux son vieux maître bien-aimé, pour qu'il leur empruntât quelque joie ou encore un dernier sourire.

Un soir, son bras passé sous celui du marquis, il cheminait comme il en avait la coutume, à petits pas, le soutenant et cherchant pour lui les derniers rayons du soleil qui se couchait.

Un pauvre passa qui croisa leur chemin et s'arrêta en tendant son bonnet de laine. Comte voulait lui donner quelque monnaie; mais, tout à coup, il sentit comme frémir à son bras le marquis Henry. Il le regarda et le reconnut à peine; sa tête s'était redressée, son œil si tristement voilé avait repris de l'éclat; c'était le sourire du beau temps passé, c'était l'intelligence qui perçait son nuage.

L'émotion du pauvre serviteur fut si violente que, sans y songer, il lâcha le bras du marquis. L'idée ne lui vint pas de le reprendre, quand il le vit, sans chanceler, faire tout seul trois ou quatre pas vers le mendiant. Celui-ci, de son côté, tout étonné, regardait le marquis venir à lui; ce pauvre le connaissait bien, c'était un des amis de la maison.

Quand il fut auprès de lui, Henry fit un vain effort pour parler; il demeurait immobile et semblait ressaisir ses souvenirs. Par deux fois il essaya de se faire entendre, et il ne put pas.

Alors il pencha la tête, Comte affirme qu'il vit des larmes dans ses yeux. Il voulut reprendre le bras de son maître, de peur qu'il ne tombât; mais Henry se dégagea, et par une grande force de volonté parvint à indiquer avec sa main la poche de son vêtement où il devinait quelque argent.

Le pauvre cherchait à comprendre et s'était rapproché. A mesure qu'il le voyait plus près de lui, Henry se calmait et son sourire s'épanouissait.

Comte saisit enfin le pauvre par la main, et voulut l'obliger à prendre lui-même l'argent dans la poche du marquis.

L'autre hésitait, mais Henry le regarda de telle façon, qu'il s'enhardit jusqu'à le faire.

Comte et le mendiant virent alors sur son visage quelque chose de si indiciblement heureux, qu'ils l'eussent pu croire au paradis.

C'est qu'en effet Henry était revenu des limbes où vivaient son intelligence et son cœur, pour placer la dernière obole de son trésor à l'abri de la rouille et des voleurs.

Aussi, calme et sereine comme elle devait l'être fut la dernière heure de l'homme de bien.

Il mourut, ses beaux yeux attachés sur un objet visible pour lui seul. Était-ce Eugène, ou le pays qu'habitait Eugène? Nul ne le sait. Mais lorsque son âme s'envola, ses bras se tendirent vers ce qu'il voyait.

. . . .

. . . .

Il y a de cela cinquante-trois ans, et, cependant, là-bas, à Beauregard, on n'a pas oublié le marquis Henry (1).

---

(1) 24 mai 1824.

TABLE DES MATIÈRES

CHAPITRE PREMIER
EN SAVOIE AVANT LA RÉVOLUTION (1752-1766)

Le château du Villard et ses habitants. — Henry Costa dans sa première enfance. — Portraits de famille. 1

CHAPITRE DEUXIÈME
DU VILLARD A PARIS (1767)

Comment et pourquoi Henry fit à quatorze ans le voyage de Paris.—Sa politique à propos du jugement de M. de La Chalotais. — Aventure de Moulins. — Arrivée à Paris. — Première échappée sur le grand monde. — Courses au travers des ateliers en renom. — Greuze, Vanloo, Boucher. — Rencontre de M. Diderot. — Versailles. — Madame de Choiseul. — La ville après la cour. — Madame Geoffrin. — Marmontel, le président Hénault. — Retour au Villard 15

CHAPITRE TROISIÈME
VINGT-DEUX ANNÉES PAISIBLES (1767-1789)

Le printemps dans les Alpes. — Mort de M. de Murinais. — Voyage en Italie. — Henry renonce à la peinture et entre au service. — Le roi Victor-Amédée II de Sardaigne. — Mariage du marquis Henry. — Fête au Villard. — Émigration à Beauregard. — Vie intime. — Henry et ses enfants. — Ce que pensait M. de Maistre. — La meunière de Tougues. — Eugène et ses frères en pages du roi Charles VIII. — Un officier de quatorze ans. 57

CHAPITRE QUATRIÈME
LE COMTE DE MAISTRE (1789-1792)

Divergences d'opinions entre le comte de Maistre et le marquis Henry. — Le marquis Henry se laisse éblouir par les réformes nouvelles. — Son admiration pour Necker. — Journées du 5 et du 6 octobre racontées par M. de Maistre. — La Savoie aux premiers jours de la Révolution. — Dorat-Cubières. — Les patriotes de Thonon. — Lettres de M. de Maistre sur l'état de la Savoie. — La petite colonie genevoise se ressent de la crise révolutionnaire. — Maladie de la marquise. — Comment, à la fin de 1791, le marquis Henry vendit de la chandelle à Genève. 81

CHAPITRE CINQUIÈME
L'INVASION DE LA SAVOIE (1792)

Premiers bruits de guerre. — M. de Semonville. — Le marquis Henry reprend du service. — Son départ avec Eugène pour l'armée. — Le mulet du Villard. — MM. de Lazary et Pinto. — Le 22 septembre 1792. — Retraite des troupes sardes sur le petit Saint-Bernard. — Blessure d'Eugène. 105

CHAPITRE SIXIÈME
A LAUSANNE (1792)

Nice est abandonnée comme la Savoie. — Sommation faite aux officiers savoyards d'avoir à déserter. — Réponse du marquis Henry. — La marquise abandonne Genève pour se réfugier à Lausanne. — L'émigration à Lausanne. — Maladie de la marquise. — Madame du Roseray. — Illusions des émigrés et colères du marquis Henry. — Quelques mots sur la situation de la Savoie à la fin de 1792. 131

CHAPITRE SEPTIÈME
AUX QUARTIERS D'HIVER (1793)

Philosophie chrétienne. — Ce que le marquis Henry pensait de la noblesse. — Le régiment de Maurienne. — La cité d'Aoste. — Mort de Louis XVI. — Illusions de la marquise. — Campagne d'hiver sur les Alpes. — Portrait d'Eugène. — La coalition jugée par le comte de Maistre. — M. de Maistre à Lausanne. 145

CHAPITRE HUITIÈME
SUR LES ALPES (1793)

Cruelles anxiétés du marquis Henry. — Insurrection des paysans du Haut-Faucigny. — Le *Ristauro* du petit Saint-Bernard. — François Buffet. — Récit des événements de Thônes. — Le duc de Montferrat refuse les services du marquis Henry. — Maladie d'Eugène. — Voyage sentimental de mesdames de Bellegarde. 165

CHAPITRE NEUVIÈME
LA MARCHE EN AVANT (1793)

Singulière attitude du général autrichien de Vins. — Il prend l'offensive à la fin d'août. — Entrée des alliés en Savoie. — Impressions du marquis Henry et de son fils en descendant les rampes du petit Saint-Bernard. — Halte de l'armée à la Roche-Cevins. — Combats philanthropiques en attendant la chute de Lyon. — Retraite des Piémontais. — Henry, malade, quitte l'armée. — Attaque des Français. — Horribles inquiétudes pour Eugène. — Réaction en Savoie. — La Révolution au Villard. — L'abbé Grégoire. — Le marquis Alexis Costa est arrêté. — Huitième béatitude 185

CHAPITRE DIXIÈME
EUGÈNE (1794)

Quartier d'hiver à Asti. — Les moines émigrés. — Le grand séminaire. — Correspondance d'Eugène avec son frère Victor. — Henry de Faverges. — Détresse à Lausanne. — Mademoiselle Rosalie Roth et sa légende amoureuse. — Maladie de la marquise. — Henry dans les montagnes de Nice. — Pressentiments d'une mère. 201

CHAPITRE ONZIÈME
LA MORT D'EUGÈNE (1794)

Combat de la Saccarella. — Eugène est blessé. — Nuit à l'ambulance. — Départ de l'enfant pour Turin. — Sa tante madame de Faverges. — Lettre de Comte.

— L'honneur. — Nos morts de la dernière guerre. — L'abbé Frainier. — Communion en viatique. — Derniers adieux. — Comte et le marquis Henry. — M. de Maistre auprès de la marquise. — Ce que peut inspirer un cœur chrétien.. 219

CHAPITRE DOUZIÈME
LE LENDEMAIN DU SACRIFICE (1794)

Victor vient prendre auprès de son père la place d'Eugène. — Angoisses du marquis Henry. — Mieux vaut un trou qu'une tache. — Le général Colli nomme le marquis Henry quartier-maître général de son corps d'armée. — Difficultés auxquelles il se heurte. — Coup d'œil rétrospectif sur les faits militaires accomplis depuis la blessure d'Eugène. — Le 9 thermidor sauve l'armée piémontaise. — Nouvelles défaites des Autrichiens. — Lettre du comte de Maistre sur les suites de thermidor. — Le marquis Henry jugé par lui-même. — Invocation de M. de Maistre à Eugène........... 245

CHAPITRE TREIZIÈME
A TURIN (1795)

Continuation probable de la guerre. — Le marquis Henry aux quartiers d'hiver. — Le sigisbéisme. — Gibbon à la cour de Turin. — Le roi Victor-Amédée III. — Congrès de Milan. — Colli, nommé général en chef des troupes piémontaises, prend le marquis Henry pour son chef d'état-major. — Le marquis Henry et les intrigues de la cour. — Reprise des hostilités dans la Rivière de Gênes. — M. de Vins et les Génois. — Bataille du 23 novembre. — Lettre du marquis Henry au ministre, M. d'Hauteville. — Portrait du général Colli... 269

CHAPITRE QUATORZIÈME
MONDOVI ET LAUSANNE (1796)

La marquise et ses enfants après quatre années d'émigration. — M. de Murinais et ses nouvelles. — Henry sauve un soldat condamné à mort. — Il refuse d'aller à Vienne traiter d'un nouveau plan de campagne. — Sallicetti et Bonaparte. — Rapports d'espions..................... 303

CHAPITRE QUINZIÈME
BONAPARTE (1796)

Premiers mouvements de l'armée française. — Bataille de Montenotte. — Défaite des troupes sardes. — Le marquis Henry et le général Latour sont chargés de demander une suspension d'armes au général Bonaparte........ 317

CHAPITRE SEIZIÈME
CHERASCO (1796)

Arrivée des plénipotentiaires à Cherasco : aspect de la ville. — Berthier. — Apparition du général. — Ses premières paroles. — Conclusion de la suspension d'armes. — Médianoche. — Simplicité républicaine de Bonaparte. — Sa conversation avec le marquis Henry. — Ses plans pour révolutionner l'Italie. — Portrait du général. — Aspect du camp français. — Les adieux du marquis Henry au général Bonaparte............... 329

CHAPITRE DIX-SEPTIÈME
LES VAINCUS (1796)

Henry est attaché à l'état-major de M. le duc d'Aoste. — MM. de Revel et Tonso partent pour traiter de la paix à Paris. — Leur passage à travers la Savoie. — Le général Cartault et le général Kellermann. — Anecdotes sur Bonaparte. — Les officiers savoisiens et niçards sont déclarés émigrés. — M. d'Hauteville, ministre de l'intérieur. — Arrivée de madame Bonaparte à Turin. — Le marquis Henry à Racconis. — La petite vérole et la Révolution. — Les emplois militaires du marquis Henry sont supprimés. — Son départ pour Lausanne.. 343

CHAPITRE DIX-HUITIÈME
BEAUREGARD (1796)

Les émotions du retour. — Un intérieur d'émigrés. — Politique du comte de Maistre et du marquis Henry. — Voyage à Beauregard. — La traversée du lac. — Ruines et souvenirs. — Le chien d'Ulysse. — L'idiot et la *Marseillaise*.. 369

CHAPITRE DIX-NEUVIÈME
TURIN (1797)

Les théories du comte de Maistre. — Un oncle de Bavière. — Le grand électeur Maximilien. — La partie de *trucq*. — Mort de Victor-Amédée. — Charles-Emmanuel IV lui succède. — Reconstitution de l'armée sarde. — Le marquis Henry est nommé quartier-maître général. — Réformes, bals et conjurations. — La reine Clotilde. — Comment Quirini, ambassadeur de Venise, apprend les projets de Bonaparte sur sa République. — Miot, ambassadeur de France.. 385

CHAPITRE VINGTIÈME
FIN DE LA MONARCHIE PIÉMONTAISE (1797-1799)

M. l'ambassadeur de Venise après le traité de Campo-Formio. — Bonaparte quitte l'Italie. — Souvenirs qu'il y laisse parmi les jacobins. — Propagande républicaine. — Insurrection armée. — Hostilité des Génois. — Prise de Serravalle. — Attitude de Brune. — Abdication de Charles-Emmanuel. — Récit du général Grouchy. — Causes qui amenèrent le départ du Roi.... 411

CHAPITRE VINGT ET UNIÈME
SOUWAROFF (1799-1800)

Aspect de Turin après le départ du Roi. — Funérailles des *Pères de la patrie*. Dénonciations portées contre le marquis Henry. — Réunion du Piémont à la France. — Les vainqueurs. — Prise de Turin. — Anecdotes sur Souwaroff. — Installation d'un conseil de Régence. — Le marquis Henry en fait partie. — Marengo. — Dernières lettres du marquis Henry....... 441

CHAPITRE VINGT-DEUXIÈME

Épilogue.. 461

www.ingramcontent.com/pod-product-compliance
Lightning Source LLC
Chambersburg PA
CBHW050245230426
43664CB00012B/1832